国际畅销作品

[美]鲁奇尔·夏尔马 著
鲍栋 刘寅龙 译

国家兴衰

THE RISE AND FALL OF NATIONS

识别一国经济前景
布局全球投资的
十大原则

『一带一路』机遇图谱

Forces of Change in the Post-Crisis World

新世界出版社

The Rise and Fall of Nations: Forces of Change in the Post-Crisis World by Ruchir Sharma
Copyright © 2016 by Ruchir Sharma
Simplified Chinese edition Copyright © 2018 by Grand China Publishing House
Published by arragement with W. W. Norton & Company, Inc., through The Wylie Agency(UK) LTD
All rights reserved.

No part of this book may be reproduced or transmitted in any form or by any means, electronic or mechanical, including photocopying, recording or by any information storage and retrieval system, without permission in writing from the Publisher.

本书中文简体字版通过 Grand China Publishing House（**中资出版社**）授权新世界出版社在中国大陆地区出版并独家发行。未经出版者书面许可，本书的任何部分不得以任何方式抄袭、节录或翻印。

北京版权保护中心引进书版权合同登记号：图字 01-2018-7392 号

图书在版编目（CIP）数据

国家兴衰 /（美）鲁奇尔·夏尔马著；鲍栋，刘寅龙译．-- 北京：新世界出版社，2018.12
书名原文：The Rise and Fall of Nations: Forces of Change in the Post-Crisis World
ISBN 978-7-5104-6574-1

Ⅰ．①国… Ⅱ．①鲁… ②鲍… ③刘… Ⅲ．①经济学－研究 Ⅳ．①F0

中国版本图书馆 CIP 数据核字（2018）第 168738 号

国家兴衰

作　　者：	[美] 鲁奇尔·夏尔马（Ruchir Sharma）	
译　　者：	鲍　栋　刘寅龙	
策　　划：	中资海派	
执行策划：	黄　河　桂　林	
责任编辑：	贾瑞娜	
特约编辑：	闵耀洋　韩愈欣	
责任印制：	王宝根　胡小瑜	
出版发行：	新世界出版社	
社　　址：	北京西城区百万庄大街 24 号（100037）	
发 行 部：	(010) 6899 5968　(010) 6899 8705（传真）	
总 编 室：	(010) 6899 5424　(010) 6832 6679（传真）	
网　　址：	http：//www.nwp.cn　http://www.newworld-press.com	
版 权 部：	+8610 6899 6306	
版权部电子信箱：	frank@nwp.com.cn	
印　　刷：	深圳市精彩印联合印务有限公司	
经　　销：	新华书店	
开　　本：	787mm×1092mm　1/16	
字　　数：	400 千字	
印　　张：	23	
版　　次：	2018 年 12 月第 1 版　2019 年 10 月第 3 次印刷	
书　　号：	ISBN 978-7-5104-6574-1	
定　　价：	68.00 元	

版权所有，侵权必究
凡购本社图书，如有缺页、倒页、脱页等印装错误，可随时退换。
客服电话：(010) 6899 8638

权威推荐

郭万达
中国（深圳）综合开发研究院常务副院长

夏尔马的《国家兴衰》生动有趣，他从10个方面来观察国家出现危险的信号。在当今动荡的世界，这种预警更加有价值。

林永青
价值中国新经济智库总裁

鲁奇尔·夏尔马指出："中等收入陷阱"是个伪命题。历史表明，所有国家在经济发展的过程中，必然会遭遇阶段性的停滞。唯一的解决之道，就是根据现实条件，不断深化改革。

谢红星
湖北大学校长　教授

鲁奇尔·夏尔马提出的10条预警可能无法透示这个动荡的世界，但对于正在崛起的中国无疑具有重要的借鉴意义！

孙行之
《第一财经日报》

夏尔马在其作品《国家兴衰》中，很少引用经济学理论，但充满有趣而丰富的案例。许多观点都来自他的亲身见闻和对历史事件信手拈来的回顾，而不是理论推导，这些都让他的这部作品很接地气。

威廉·伊斯特利（William Easterly）
世界银行前首席经济学家
纽约大学经济学系教授兼发展研究院院长

你会如何撰写一部讨论未来 5 年各国兴衰问题的有趣书籍？很可能你会说，只要不出现重大政策失误，各国的经济发展形势应该是随机的。但是在《国家兴衰》中，鲁奇尔·夏尔马提供的观点要深刻得多。

夏尔马记叙了自己在全球各地的所见所闻，上一页他还在和弗拉基米尔·普京会面，下一页他就在聆听乔治·W. 布什对普京的分析。最后，基于对许多国家的翔实分析，夏尔马把自己多年的研究成果，总结为 10 条清晰明确的原则。

法里德·扎卡利亚（Fareed Zakaria）
美国《外交》杂志主编

该书包含各种令人惊奇的数据、深刻而奇妙的观点以及不为人知的奇闻逸事。《国家兴衰》是带领你概览全球经济的最佳指南。无论你是一名观察者还是调查员，错过该书都是一个严重错误。

普拉诺伊·罗伊（Prannoy Roy）
新德里电视集团联合执行主席

如果你好奇这个世界正在发生什么，比如为什么英国通过投票，以离开欧盟的方式进行经济自杀……美国人为什么要投票给唐纳德·特朗普……唐纳德·特朗普？怎么搞的？是美国出现了一股右翼反移民潮流，还是更加复杂呢？

事实上，世界上正在发生的事情，都遵循着一定的规律，这种规律，就是该书详细探讨的全球趋势……这是一部了不起的书，我从中学到了很多东西，它那种跳出框架的思维方式令人惊叹。

拉娜·弗洛哈尔（Rana Foroohar）
《时代》杂志经济专栏作家，畅销书《制造者与索取者》作者

在一个充斥分歧、不平等、政治平民主义以及技术突变的新经济时代，

夏尔马旨在提出一些新的原则，帮助全世界的投资者更好地理解各个发达国家和新兴市场国家的发展前景。

马丁·沃尔夫（Martin Wolf）
《金融时报》副主编兼首席经济评论员

在这部有趣而极具知识性的著作中，夏尔马介绍了识别高潜力经济体的10大原则。

《经济学人》(The Economist)

愉悦、尖锐而真诚……夏尔马很擅长进行对比。例如，把澳大利亚的高移民性和日本社会的僵化相互映照……他的行文十分简练……夏尔马先生的书，是解读新兴市场繁荣与萧条的绝佳指南。

《金融时报》(Financial Times)

深入剖析影响了今日世界运行的各种力量，《国家兴衰》是一部刺激而实用的指南。

《图书馆杂志》(Library Journal)

掷地有声……向所有对全球经济感兴趣的读者强烈推荐。夏尔马提供了评估自2008年金融危机以来全球经济增长的10大原则……夏尔马用海量的数据和深刻的洞见，剖析了后危机时代世界经济的形势。

《时代》(Time)

新经济秩序的重要指南……

《泰晤士报》(The Times)

夏尔马的写作生动有趣……该书包含大量的案例和逸闻趣事……它或许能帮你避开可能遭遇的投资灾难。

《科克斯书评》（Kirkus Reviews）

这部高效、积极的指南，向全世界的经济观察者和投资者展示了如何选择健康的新兴市场……该书对全球经济提出了客观、准确和审慎的建议。

路透社（Reuters）

是什么力量决定了国家的兴盛和衰落？这就是《国家兴衰》的作者鲁奇尔·夏尔马试图在该书中回答的问题。书中的原理和论述经过了严格论证，任何想要理解国家命运的人，都将从中获益良多。

《展望》（Prospect）

引人注目的著作……该书的一大特色是充满本地化视角和各阶层人民的观点，但书中的大量坚实数据又向我们保证，他的分析不仅仅基于当地出租车司机的对话……他的观点或许不会百分之百地正确，但是他的预测更容易得到检验……夏尔马的书，将带你领略这个世界将要发生的事情。

《印度快报》（The Indian Express）

这部书如此生动有趣，读者或许一不小心就会忽略10大原则，完全沉浸在了夏尔马的旅途当中。

《今日印度》（India Today）

史上最有趣的问题是，为什么有的国家贫穷，有的国家富裕……《国家兴衰》进行了一次了不起的回答尝试……该书将带你游历世界，理解各个国家最值得关注的问题。

推荐序

从全球经济荣枯的视角看中国发展

吴 晨
《经济学人·商论》执行总编辑

国家经济发展的兴衰有没有规律？发展中国家应该怎样去做才能稳步迈上发展的阶梯？如何避免陷入"中等收入陷阱"？摩根士丹利的新兴市场专家夏尔马在《国家兴衰》中试图找到解读经济体荣枯的法则。

夏尔马的这本著作有三大特点。

首先，这本书的视野广阔，几乎列举了二战后所有曾经有过亮点的经济体。据说，夏尔马平均每个月有一周的时间待在发展中国家，实地考察，也和当地的政商高层沟通。同时，他也是欧美主流媒体的专栏作家，所以他从投资人和媒体人两个相互交替但是又截然不同的视角，去分析不同国家经济的发展，视角独特。

其次，夏尔马把自己观察的焦点聚焦在 5 到 10 年这样的中等距离，也就是一般经济周期的长度。他认为，预测一国经济中长期发展，尤其是基于某段时间的快速发展而类推未来 50 年甚至 100 年的发展，很难靠谱。日本就是一个非常好的例子。如果拿 20 世纪 80 年代日本的发展速度在 1990

年预测日本经济的发展，有人就提出21世纪初日本就会超越美国成为全世界最大的经济体。但谁也没有想到，1990年恰恰是日本经济停滞的"失去的20年"的开始。相反，5年是最好的焦距。所以在这本出版于2016年的书中，很多分析并没有因为大环境的变化而失焦，反而令人更清楚问题的所在，无论是新兴市场的风险还是货币战争的影响。

第三，这本书提出的一些分析国家兴衰的经验法则，对于我们分析中国经济的风险和韧性，以及考察"走出去"政策，"一带一路"投资的风险和机会，都非常有裨益。

从全球经济发展史的视角看中国改革开放40年

根据世界银行的研究，二战之后，有13个国家进入了高等收入水平，但是有31个国家从中等收入水平重新沦落到贫困水平。这一组数据表明，国家经济的兴衰，并非一条坦途。中国经济经过40年的发展，走对了一条人口大国发展的路，并非易事。

新兴市场国家如何发展，夏尔马提出了全方位开放、制造立国和坚持投资"供应网络"这三条经验，而在这三点上，中国改革开放都做出了正确的选择。

首先是开放，沿着全球贸易路线，对邻国开放，加入全球贸易体系，同时对国内纵深开放，充分发挥一个国家的地理优势和市场优势。中国2001年加入WTO是全面对外开放、整体融入全球化的一个标志。中国二线城市的发展，放在全世界城镇化的图谱中，都是令人瞩目的。夏尔马特别对比了中国和印度在过去20年的城镇化发展：如果说中国是一个有着众多快速成长大都市的国家的话，印度就是一个巨型城市充满裂痕的国家。

此外，对比一下东亚和南美就能明显看出开放与否对经济发展至关重要。巴西是南美洲贸易不开放的典型，南美一万英里长的海岸线，只有巴西桑托斯一个港口名列全球排名前五十。

相反，中国却创造了进入全球前十繁忙港口中的六大港口，而且这六大港口都是自然条件并不太好的人工深水港。太平洋航线取代大西洋航线成为全球更重要的贸易线路，都得益于全面开放的政策。

第二点是制造业立国。制造业有韧性，能更具包容性地发展，可以在新兴市场发展初期极大地调动廉价劳动力这一重要资源。夏尔马的研究发现，在战后经济发展的案例中，制造业带来的正景气循环的案例比比皆是：当投资占GDP的比重超过30%的时候，会保持在这一比例相当长一段时间，平均是9年。有了制造业的基础，也可以更好地抗击全球金融风险，哪怕陷入本币贬值、外资撤离的窘境也可以摆脱，韩国和泰国在1998年亚洲金融危机之后的经历就是最好的例证。

第三点是要加强国家对供应网络的投资。所谓供应网络，就是营造良好的商业环境所必需的基础设施，包括发电厂、铁路和公路、仓储、通信设施等。供应网络可以说是对中国发展经验中"要致富，先修路"理念的一个很好的注解。

供应网络投资不足限制了很多新兴经济体的发展，巴西和墨西哥就是两个典型例子。两国的投资占GDP比例长期低于20%，供应网络的不足成为制约经济发展的瓶颈。因为缺乏对基础设施的投资，一些国家特别容易遭受通胀的压力，因为一旦消费兴起，需求却因为道路、铁路、电力缺乏而无法满足，商品价格就会上涨，引发通胀。对比一下中国和巴西、墨西哥的经验，不难发现在过去的20年，中国的高增长、低通胀与拉美这两大新兴市场国家长期以来的通胀高企、增长不足，形成了鲜明对比。

正视中国经济面临的风险和潜在的危机

经过40年经济高速发展，中国经济面临的风险也在累积，总体而言有三点：投资占GDP比例过高所带来的投资缺乏效率和坏投资积聚的风险；因为投资依赖信贷导致的债务过高和负债增速过快的风险。而这两大风险又集中表现在房地产占GDP比例过高，以及以房地产为代表的资产价格泡沫带来的风险。第三大风险则是人口结构变化的风险，尤其是老龄化和少子化加速给经济带来的失速风险。

投资是拉动经济的主要引擎，投资的变化体现了市场中信心的变化。

但投资也不是越多越好，平衡很重要，所谓过犹不及。当投资加大了之后，需要追踪投资到底投向了哪里。按照夏尔马提出的经验法则，投资占GDP的比例最好在35%以下，25%~35%是保持良好投资势头的合适比例，超过了就会出现过量和浪费。而且站在发展的角度，夏尔马认为投资也明显有好坏之分：制造业、科技和基础设施是好的投资，而房地产和资源类的大宗商品则是坏投资。

这种好坏的分野并不是单纯从经济效益上来区分的，房地产和资源类投资短期都可能带来巨大的经济效益，相反基础设施投资的回报周期很长，过度投资也可能产生"大白象"工程。但是房地产投资对经济的刺激是短期的，而且可能因为加杠杆而加剧债务负担，而资源类大宗商品可能带来的权力寻租行为，是非常值得警惕的。

债务在一段较长时间内增长持续快于GDP的增长，流动性丰沛会导致生产率下降的问题，会引发泡沫，还可能引发金融危机，这是夏尔马给中国经济提的醒。2010年以来，根据一些国际机构估算，中国不仅债务占GDP的绝对比重已经上升到300%的水平，债务的增速也是惊人。

而二战之后，所有30个债务激增的国家，经济发展无一例外都以严重的衰退告终，尤其当投资从好的投资领域转移到坏的投资领域之后。类似的规律在战后经济发展中屡屡生效，如日本和意大利，产业发展之后引发房地产泡沫，泡沫破裂，一地鸡毛。

根据夏尔马的预测，债务危机一般都有临界点。过了临界点之后，不仅可能引发金融危机，还肯定会导致经济衰退。临界点一般在负债快速增长的第5年，当负债连续5年超过GDP增速40个百分点，经济就会出问题。

人口结构的变化对经济发展也至关重要。人口结构变化最重要的判断标准是，国家的人才库是在增加还是在缩水。其中两个指标很重要：一个是未来5年劳动力人口增长的预测曲线（这里劳动力人口的定义是15~64岁的人口总数），另一个则是政府在采取什么措施来抵消人口增长的放缓。

中国劳动力人口发展已经走过了拐点，从2003年劳动力人口年度增长开始低于2%，到2015年人口年度增长第一次为负数，劳动力人口变化的速度惊人。中国人口政策面临的最大问题是人口变化的速率问题。中国比发达国家人口增长放缓、老龄化加剧的步伐要更快，给我们进行政策调整的窗口也因此更短。

投资泡沫、债务风险、房地产泡沫和人口增长放缓，是中国改革进入深水区需要解决的问题。

评判新兴市场的经验法则

中国的"一带一路"倡议涵盖了六七十个新兴市场国家。如果从经济发展史的经验来看，期待所有这些国家全部经济开足马力发展是不切实际的，如何判别它们各自的优势和问题，有所辨别，有所区分，对中国"走出去"战略的成败至关重要。

夏尔马提出，一个新兴市场国家的地理优势、开放程度、对"供应网络"的投资、管理利率与汇率的能力，是衡量它经济发展潜力的几个重要指针。而恰恰是这些因素之间的交叉组合，决定了一个国家未来5年发展的方向。

越南和柬埔寨就充分挖掘了国际贸易的区位优势，它们承接中国市场转移出来的劳动力密集型产业，又依托美亚、欧亚贸易大动脉，发展迅速。类似的区位优势也体现在中欧国家的发展中。中欧的波兰、捷克、斯洛伐克和匈牙利都依托贴近德国这一欧洲经济发动机的区位优势发展，甚至斯洛伐克已成为欧洲最重要的汽车生产地。

相比越南和柬埔寨，其实南亚的印度、巴基斯坦和斯里兰卡以及北非的利比亚等国更靠近欧亚贸易线路，劳动力成本有时候甚至更低，但是从经济发展来讲，却是越南和柬埔寨更成功。这说明其他方面的因素——比如说对外开放、对基础设施的投资等，有时候比地理优势更重要。新兴市场需要有区位优势，但更需要政府拥有利用区位优势的能力。

通胀和汇率变化则是衡量一个国家的财政金融政策以及应对风险能力的指标。

很多新兴市场国家，如巴西和阿根廷，出现持续的通胀，就是因为长期缺乏对基础设施的投资导致供求失衡的通胀——当经济周期变好，老百姓需求增加，而供给因为基础设施瓶颈而跟不上需求的提升，从而导致价格上涨。所以夏尔马判断通胀的经验法则是——商品价格通胀是坏事。

汇率问题上，争执的焦点是一个国家的货币坚挺到底是好事还是坏事？坚挺意味着本国货币对美元升值。夏尔马的经验法则是，新兴市场国家本币的汇率有竞争力比汇率坚挺好，汇率坚挺会导致资本外逃。巴西就曾经一度如此，受益于大宗商品价格增长推动本币升值，国内的少数精英在海外不断购买奢侈品和房地产。相反，本币的升值会吸引外资乏力，因为标的资产太贵了。

但是，依赖本币竞争性贬值加强出口竞争力的经验法则目前已经过气了。因为供应链的深度整合，在制造业立国的很多新兴市场，劳动力在最终出口商品中的占比并不大，贬值带来的好处会因为进口零部件的升值而被冲销。

所以夏尔马给出的判断一国汇率的经验法则也很简单：汇率有竞争力且保持稳定。经常项目赤字不超过 GDP 的 3% 是判断一国汇率稳定与否的标杆。反观 2018 年 8 月发生的土耳其货币危机，可谓冰冻三尺，非一日之寒。过去 4 年，土耳其的经常项目赤字在 4% 上下徘徊，今年更是超过 7%，这是它出现货币暴跌的内因。类似保持长期经常项目赤字的国家还有南非和阿根廷，两国货币大跌也并不令人意外。

未来发展的思考点

夏尔马提出的三个有关未来发展的思考点，值得我们深思。

首先，经济增长不可能是线性的，预测经济增长的一大忌讳就是从短期经济的增速出发，画出条直线来预测未来。因为就长期而言，所有经济发展"回归平均"是每个国家经济发展的大势所趋。美国前财长萨默斯的研究发现，二战后不同国家经济经历了快速发展之后，都会回到平均值，也就是 GDP 增长在 3.5% 左右的发展速度。

用线性思维来预测未来经济发展，可能会被"锚定思维"的偏差蛊惑，即使是 IMF 也会犯同样的过度夸大经济成长的长期性的错误。文前引述的在 1990 年预测日本经济将在 10 年内超越美国就是一例。经济有周期，经济很难保持长期的快速发展。一旦经济发展的数字被锚定为目标，就可能陷入投资效率差、负债高企的陷阱。

其次，不存在什么中等收入陷阱，发展陷阱在一个国家的任何发展阶段都有，改革必须成为常态。跌落发展阶梯的国家有很多：阿根廷在 100 年前是可以和英美媲美的发达国家，现在却成为不断需要向 IMF 求助的发展中国家。委内瑞拉曾经在 20 世纪 70 年代的石油危机时期人均收入跃入发达国家行列，现在却深陷超级通货膨胀的旋涡。

第三，危机最有可能推动改革，但改革带来发展之后，可能引发自满、自负和自大的情绪，值得特别警惕。未来的发展仅仅依靠"摸着石头过河"显然不够了，需要创建一整套系统来敏锐捕捉变化的迹象，推动改革，即使其他人都顺势而为，也不能低估改革的重要性。

《经济学人·商论》是《经济学人》2015 年 5 月推出的旗下首款中英双语 APP，萃取《经济学人》在商业、金融、科技等领域的精华文章，为中国读者呈现全球视角的深度分析。

THE RISE and FALL of NATIONS / 前言 ▶

倾听经济的脉动

在过去 25 年里，我每年都要进行一次远足，要么去印度，要么去非洲。在一次非洲之旅的途中，我听到一个故事：国王派他的儿子去学习辨别丛林中不同的声音。年轻的王子第一次到丛林，就从嘈杂的昆虫嗡嗡声和小鸟鸣叫声中，听出狮子隐隐的吼声和大象雄浑的沉吟声。之后，王子一次又一次走进丛林，逐渐能够辨别许多常人难以区分的声音。到后来，他竟然可以分辨蛇爬行时的沙沙声及蝴蝶扇动翅膀的声音。国王告诉王子，为了治理国家，他必须继续下去，直到能够察觉无声的危险和日出的希望。

我居住的纽约离丛林很远，但这个古老的非洲传说却映衬出了以纽约为中心爆发的 2008 年全球金融危机如何肆虐世界：破坏贸易及货币流动，引发一系列政治动荡，严重减缓全球经济发展，以至于在当下全球大转型的背景下，我们很难分辨哪些国家将走上繁荣之路，哪些国家会一蹶不振。**本书旨在滤除喧闹与噪声，找出国家即兴或将衰的清晰信号。**对任何一个热衷于了解全球经济的人来说，这将是一次非洲王子式的"丛林体验"。

置身全球金融体系中的人，往往将自己想象成雄狮、猛虎、猎豹，或是其他敏锐的捕食者。但事实上，猛兽与其他动物的差异可能会瞬间消失。从肯尼亚的马赛马拉大草原到坦桑尼亚的塞伦盖蒂大草原，上百万只角马为了种群繁衍，年复一年踏上迁徙之路，往返近 2 000 英里①。这些外表丑陋的角马顶风冒雨，与斑马、瞪羚一样，随时可能成为狮子与猎豹的午餐。看起来这是一场一边倒的围猎，然而狮子的速度不够快，体力也不够充沛，它们狩猎成功的概率不到 20%。猎豹的速度虽然快，但它们体型较小，习惯单独行动，有时不得不将到手的猎物拱手让给集体狩猎的食腐动物。实际上，10% 的非洲猎豹寿命不足一年。狮子的命运稍好一点，但很多公狮会在年轻时死于种群内部的领土之争。像众多处于食物链顶端的猛兽一样，某些全球经济的主宰者也要面对生死轮回的残酷现实。

自从进入经济丛林之中，我便时刻活在为生存而担忧的恐惧中。我的投资生涯始于 20 世纪 90 年代中期，那时的我，还只是一个二十几岁的青年人。当时美国经济一片繁荣，新兴市场似乎还是野蛮成长的外来物种。然而，三场金融风暴席卷墨西哥、泰国和俄罗斯，很多正蓬勃兴起的经济体和世界领导者遭受重创。许多投资者在这些全球市场的动荡中血本无归，其中包括我的多位导师、同行与朋友。

回顾那段历史，国家领导人与全球投资者的更替似乎都遵循一种模式：他们都曾走上一条通往经济繁荣的光明之路，但随后形势陡变。这种模式先见于 20 世纪 90 年代新兴市场，而后是 21 世纪初的互联网，并在 2008 年再度浮现。每一次，人们都习惯性地遵循顺境时的行为模式。当身处陌生境地时，他们只能在惊慌中自食苦果。

市场在狂热的欢愉和痛苦的绝望中周而复始，"羊群效应"（herd behavior）②一再出现。然而，即便是在最原始的丛林中，生活也不会一成不变。一种特定的"集群智能"（swarm intelligence）③指引着角马的行为，在这种情况下，群体的生存需要以许多个体的牺牲为代价。角马的周期性迁徙，可以用"雨季的草更嫩"来解释。它们跟随着非洲草原的雨季迁徙，春天涌向马赛马拉，秋季来到塞伦盖蒂。

每年两次"穿越"马拉河是角马面对的最大威胁，无论北上还是南下，

---

① 1 英里约 1.61 千米，1 英尺约 0.3 米，全书同。——译者注（下文如无特别说明，均为译者注）
② 这个概念被金融学家借来描述金融市场中的一种非理性行为，指投资者趋向于忽略自己有价值的私有信息，而跟从市场中大多数人的决策方式。
③ 在某群体中，存在着众多无智能的个体，它们通过相互之间的简单合作所表现出来的智能行为。

马拉河都是它们的必经之路。一般情况下，为了避开捕食者，角马群始终遵循一套古老的警报系统：狒狒声嘶力竭的吼叫，画眉鸟的刺耳啼鸣。但在迁徙季的马拉河上，成千上万的角马必须面对水中虎视眈眈的鳄鱼，守在河边的狮群，还有无处不在的泥潭。

面对马拉河，角马们低着头，似乎在窃窃私语。它们发出低吼，就像参加华尔街电话会议的股票分析师，正盘算着下一步行动。所有角马都在等待某一个伙伴率先行动。如果这只迈出第一步的角马退回来，恐惧马上会传递给整个群体。不过它们的记忆很短，不出几分钟，就会有另一只角马开始尝试。当它跳入奔涌的马拉河，其他角马便会如法炮制，纷纷跃入致命的湍流，游向张着血盆大口的鳄鱼。据估计，角马的年均死亡率约为10%，其中大部分死于横渡马拉河的过程中。

从纽约到香港，置身全球金融市场的每个人，都会像角马一样，陷入持续运动的模式化状态。每天有各类研究报告对这些金融都市狂轰滥炸，催促人们紧跟下一个投资热潮，或者避开下一次剧烈波动。每年，甚至是每一个季度，这种冲动都会引发一轮新热点。在经历2008年全球金融危机后，冲动变得愈发强烈。以2015年为例：第一季度，全球市场都在谈论是否应该进入火热的中国股市；第二季度，人们讨论的主题迅速转向希腊将如何拖累全球经济。这些讨论有时会切中要害，有时会混淆视听，但人们依旧我行我素。他们转换话题时，经常没有任何前兆或理由，甚至能将昨天刚讲的故事和观点忘得一干二净。

人们相信华尔街是个偏执者乐园，并信奉"适者生存"的法则。对此，我想换种说法：在华尔街，最大的挑战是如何引导一个理智的偏执狂为生存而奔波。每一次危机，都是唤起他们行动的号角，危机越严重，他们的行动也越疯狂。2008年金融危机带来的巨大损失让人心有余悸，以至于华尔街的大玩家从考量年度投资收益率，改为考量月度甚至单日收益率。这迫使基金经理不得不频繁交易，避免在任何一个月份中出现亏损。即使有大量证据表明，低频交易者更有可能实现盈利，基金经理却不为所动。

2014年夏季，在历经多次游历后，我终于在马赛马拉大草原第一次亲眼看到猎豹的捕猎过程。那天下午，我和朋友偶然遇到一只猎豹，急切盼望能一睹它的雄姿。随行的向导告诉我们，这只猎豹今天已经历了两次捕猎失败。在随后的两个小时，这只猎豹一直屏住呼吸，趴在隐蔽处等待猎物出现。随着夜幕降临，加上风向的转换吹散猎豹的气味，一只孤独的雄性瞪羚放松了警惕。猎豹开始行动。它先是小心翼翼靠近目标，动作非常缓慢，非常轻微。它的身体完全隐藏在低矮的草丛中，即便在距离不到 50 英尺的位置，也没引起瞪羚的注意。突然之间，猎豹腾身而出，以每小时 60 英里的速度冲向瞪羚，在不到 1 秒的曲线冲刺后，它便将瞪羚压在身下。

爆发前的静止比爆发后的急速更有震撼力。尽可能保持体力是猎豹的生存本能，它们决不会做无谓的消耗，所以我们常看到它们在打盹。据说，猎豹每天睡觉的时间长达 18～20 个小时。在成功捕猎之后，它们不会为获取更多食物而花费时间，也不会为变幻莫测的天气惊慌失措。我注意到，在这场席卷马塞马拉大草原的午后暴雨中，所有野生动物都待在原处。即便是猎物近在咫尺，捕猎者也纹丝不动，直到暴雨停息。它们似乎很清楚，暴雨只是日常生活中的插曲，恐慌只会带来更大的混乱。

除了狮子、老虎和猎豹，许多动物都在丛林中成功生存了下来。体型庞大、笨重的食草动物，如大象和犀牛，拥有最有效的防御系统。即便是一只骄傲的狮子，也极少去招惹一只重 7 吨、象牙长 6 英尺的非洲大象；而借助由狒狒和小鸟鸣叫构成的警报系统，角马或许是最出色的间谍；最优秀的猎手或许是非洲鬣狗，尽管在人们的传统印象中，这种食腐动物只是潜伏在成功狩猎者四周的盗猎者。和大型猫科动物不同的是，非洲鬣狗耐性十足，它们的韧性足以拖垮其他动物，而且目标不限老幼。它们成群活动，一群最多可达 60 只。因此，非洲鬣狗不惧怕任何猎手，可说没有天敌。在塞伦盖蒂大草原，我曾目睹一群狮子将到手的猎物拱手让给二十几只锲而不舍的鬣狗。

职业生涯早期的痛苦经历告诉我，要想熬过至少为期 5 年、给全球经济带来严重冲击的政治或经济周期，就必须遵循若干丛林法则：不要浪费有限的资源，去追逐每天或每季度的数字；努力适应不断变化的环境，而不是持固有的观念阻碍应有的理性和审慎；关注大趋势，在转折点来临时做出明智选择；在所有人追随潮流之时，努力建立合理的甄别体系。这就是我在过去25年的主要工作——构建一套能够识别经济形势变化的规则体系。

更重要的是，这种适用于自然界和华尔街的生存法则，同样适用于国家在世界经济格局中的生存。当然，世界上不存在放之四海而皆准的法则，每个国家都不可避免地要经受经济涨跌的洗礼。2008年金融危机的余波让许多国家至今依然深陷低谷。在这种循环往复的周期中，强劲的经济增长终将止步，全力冲刺后的猎豹也会筋疲力尽。不论国家是否强盛、经济是否发达，只要遵循良性的经济增长模式，时代的新星可能会出现在人们忽视的角落。就像慢条斯理的食草动物一样，它们的崛起或将十分低调。

任何一个试图理解国家兴衰的人，都需要接受这样一个事实：全球经济就是一片喧闹的丛林，崛起、陨落和对抗，就是这片丛林的主旋律。本书归纳出了10个预示国家即将发生重大转折的信号，有些信号显而易见，有些则悄然无声。

目录

001　绪　论　繁荣之路

019　第 1 章　增长之源——人
国家的人才库是否增长？

025　低于 2% 的人口增长率，创造经济奇迹谈何容易

028　断崖式下降的生育率影响国家的兴衰

031　人口红利的"副产品"是经济的重要推动力

035　提高女性就业率关乎 GDP 增长

037　持续有序的移民政策为经济注入活力

041　人才争夺战的核心在于留住人才

045　经济增长的积极信号——机器人崛起

049 第 2 章 生命周期
国家是否做好支持改革者的准备？

- 056 平民主义的理想和现实：到底是口号还是目标
- 061 "解雇改革派"是经济倒退的征兆
- 067 平民主义的陷阱
- 069 技术派——晦暗中的一线曙光
- 073 子弹 vs 选票
- 077 回归生命周期

081 第 3 章 "好富翁"与"坏富翁"
贫富不均是否威胁经济增长？

- 090 《福布斯》排行榜背后的真相
- 092 巨富与经济失衡
- 096 "好富翁"与"坏富翁"的较量
- 100 "富二代"的原
- 103 传统大亨与互联网新贵
- 106 贫富不均如何扼杀增长
- 108 "坏富翁"都是经济杀手
- 110 权衡公平与增长，知易行难

113　第 4 章　不省心的政府
政府干预到底是太多还是太少？

116　政府开支规模多大算合理？
119　最能花钱的政府
121　"小政府"与黑市经济
123　对亚洲经验的误读
124　发过的补贴，取消都很难
128　当国有银行制约信贷体系时
130　当国有企业成为政治工具时
131　没有免费汽油
133　俄版"扎克伯格"远走他乡
136　政府的角色

139　第 5 章　地理甜点
一个国家是否善加利用其地理位置优势？

146　富裕的贸易小国根本找不到
149　地理禀赋不代表成功
152　"雁形模式"：层出不穷的贸易联盟
156　地理位置决定国家命运？
160　3∶1 规则
167　互联网时代的地理博弈

171 第 6 章　工业先行
　　　投资占经济的比重是升是降？

177　制造业保卫战
180　为什么不选服务业？
183　工业 4.0：新兴市场国家还有机会吗？
185　工业的"稳定器效应"
187　大潮退却，沙滩上留下什么
190　不良投资热：不动产
191　不良投资热：来自大宗商品的诅咒
196　投资不是越多越好

199 第 7 章　洋葱的价格
　　　通货膨胀到底是高是低？

204　经济体的肿瘤
206　食品价格与法国大革命
208　印钞者的独立
211　土耳其的短暂胜利
214　印度：下一个中国，还是另一个巴西？
216　通货紧缩，一刀两刃
220　物价不能代表一切

225　第 8 章　便宜就是好事
你觉得这个国家便宜还是昂贵?

- 228　为什么便宜只是一种感觉
- 232　危机引爆点:5 年与 5%
- 234　非理性繁荣
- 236　土耳其的货币危机
- 237　去全球化
- 240　"储蓄过剩"好不好?
- 241　危机来了,本地人逃得更快
- 245　让货币流动起来
- 250　单纯贬值不会带来繁荣

257　第 9 章　债务之吻
债务增长率是否高于经济增长率?

- 263　债务的诞生
- 266　死于债务,生于债务
- 270　不要患上债务恐惧症
- 272　如何偿还很重要

275　第 10 章　吹捧炒作
全球舆论如何看待各国？

281　《时代》封面诅咒
285　"捧杀"：集体狂热之后
287　是"金砖五国"，还是"一金四砖"？
289　玫瑰色的灾难大片
290　"中等收入陷阱"存在吗？
293　角落里的经济明星
296　媒体关注当下，国家需要未来

301　第 11 章　国有三分：优异、普通、差劲
下一个经济奇迹在哪？

305　美　国
309　其他美洲国家
313　南　亚
318　东南亚
322　东　亚
325　欧　洲
332　土耳其及中东地区
333　非　洲
335　再谈长期增长的神话

339　致　谢

绪论

繁荣之路

2008年金融危机爆发的前几年,整个世界享受了前所未有的经济繁荣。尽管这段繁荣仅仅持续了4年,而且其根基并不牢固,但在危机爆发前,很多观察家却将之视为全球化(globalization)黄金时代的开端。很多人认为,货币流、商品流和劳动力流将以创纪录的速度扩张,从而使财富持续增加。这些人也认为,更多贫困国家将跻身富国行列,而在这些国家也会有更多的居民摆脱贫困,过上舒适的生活,进而缩小与世界1%最富裕的国家及其他国家的差距。他们还认为,财富的增长将为政治自由和民主创造条件,而政治自由与民主将让经济更加繁荣兴盛。

但是好景不长,2008年的风暴来袭,人类社会从"危机前时代"进入"后危机时代"。危机爆发后,所有关于黄金时代的预言,被一个全新的现实取代。人们不再狂热追求全球化,"去全球化"(deglobalization)的呼声越来越强烈。全球格局变得越来越复杂,因为并非所有全球化带来的流动都出现减缓。举个例子,互联网带来的信息流增长依然迅猛,以游客数量和航班乘客数量为标志的人员流动也在快速增长。不过整体而言,从穷国到富国的人数在持续下降,对经济增长影响最为直接的货币流,包括国家间的资本流动及商品、服务贸易,也大幅下降。

世界各国开始重建贸易壁垒,阻绝本国人和邻国之间的交流。自 2010 年以来,全球贸易增速逐渐低于经济增速,这是 20 世纪 80 年代以来的第一遭。大型跨国银行对海外贷款心有余悸,纷纷将业务重心收回本土。历经 30 多年的迅猛增长,2007 年资本流动额达 9 万亿美元,创历史新高,占当年全球经济总量的 16%。但目前资本流动额已跌至 1.2 万亿美元,仅占全球经济总量的 2%,退回到 1980 年的水平。

当流动性不足、贸易增速减缓时,经济增长也将同步放缓。尽管经常有国家遭遇衰退,但世界上也从不缺少快速增长的国家,全球经济也很少出现整体性萎缩。因此,国际货币基金组织(IMF)并没有以 GDP 负增长来定义全球性衰退,而是以收入增长放缓、就业数量减少及其他标志全球衰退的因素来定义。IMF 认为,典型的全球性衰退有 4 次,分别出现于 20 世纪 70 年代中期、20 世纪 80 年代初、20 世纪 90 年代初及 2008~2009 年。在这几段时期中,全球 GDP 增长率降至 2% 以下,而全球 GDP 长期的年均增长率为 3.5%(这里在计算全球 GDP 增长率时,以市场确定的汇率为准)。此外,全球 GDP 增长率还曾在 2001 年美国科技股泡沫破裂之际降至不足 2%。因此我们可以说,自 1970 年以来,人类社会经历过 5 次全球性衰退,而且这 5 次衰退有一个共同之处:它们均起源于美国。

不过,中国已然成为世界第二大经济体,是对全球 GDP 年增长率贡献最大的国家,下一次全球衰退有可能从中国开始。2015 年,正是由于中国经济增速放缓,全球经济仅实现 2.5% 的增长。中国经济增速的放缓对其他新兴市场国家的冲击尤为沉重。除中国外,其他新兴市场国家的增速均下跌至勉强超过 2%,低于远比它们富裕的美国。这些国家的平均收入失去了赶超全球领先经济体的机会。从巴西到南非,大多新兴市场经济体均跌下发展的阶梯。对全球繁荣的持续预期,就此转化为抢夺生存空间的竞争。

在充斥着混乱和矛盾的世界,借助繁荣实现自由和民主的希望也趋于暗淡。根据自由之家(Freedom House)发布的报告,自 2006 年起,每年政治权利发生退化的国家数量,已超过政治权利得到加强的国家。该报告的研究对象涉及 110 个国家,占全球一半以上。在过去 10 年,超过一半以上的研究对象自由度降低。

2010年，全球经济繁荣与政治稳定遭受重击，始于美国和欧洲的经济衰退逐渐向新兴市场国家扩散。在此前10年中，整个世界已陷入动荡之中，平均每年发生14起造成全球震荡的重大事件。从2010年开始，这个数字飙升至22起，其中绝大部分事件的诱因，来源于日趋壮大的中产阶级对社会不平等的不满。

第一轮震荡来自阿拉伯世界。食品价格引发的抗议活动，让当时的人们隐约感觉民主之花或将在中东地区生根发芽，但这种希望很快化为泡影。到2011年，动荡蔓延到更多新兴市场国家。这些抗议活动出现的根源，既有对经济发展的不满，也有全球经济的放缓，比如印度的通货膨胀、俄罗斯的裙带政治和南非的工资、劳动环境恶化等原因。这一轮动荡在2013年夏天进入白热化状态，当时在巴西、土耳其等新兴市场国家里，数百万民众涌上街道举行抗议活动。

美国剧作家亚瑟·米勒（Arthur Miller）曾这样描述："当人们最基本的幻想破灭，便意味着一个时代的终结。"今天，前危机时代对无止境繁荣的期望，已彻底化为泡影。中国经济的长期繁荣，支撑着包括俄罗斯、巴西、委内瑞拉、尼日利亚等许多新兴市场国家的发展，因为向中国出售大宗商品始终是这些国家繁荣的重要支柱。中国对资源近乎无止境的需求增长，形成了一轮大宗商品价格的上涨周期，无论是新兴市场国家的代表俄罗斯，还是相对落后的尼日利亚，都从中受益。但是到2011年，铜和钢材等金属价格纷纷开始下跌。进入2014年底，原来的预期彻底破灭，在短短几个月时间里，原油价格便拦腰减半。

不过，最能体现全球趋势变化无常的例子，莫过于"金砖四国"（BRIC）在21世纪的发展前景。"金砖四国"包括巴西、俄罗斯、印度和中国，在许多人看来，这些国家有统治全球经济的潜力。不过在后危机时代，中国的年均GDP增长率已从巅峰时期的14%跌至不到5%（私人机构预测），俄罗斯的年均GDP增长率则从7%降至-2%，巴西也从4%下降到-3%。最初的"金砖四国"中，只有印度还有望在21世纪第二个10年里继续维持此前的增长势头。

之前的超级繁荣，加上极少有人意识到危机来临这一事实，加剧了后危机时代的动荡。所有人都认为，新兴中产阶级需求的增长将持续高企，而事实是，在许多国家，愤怒的中产阶级正在用减少消费发泄他们的不满。在这样紧张的全球形势下，对通货膨胀的担忧自然不及对通货紧缩、物价下跌的担忧。毕竟，在某种情况下，通货紧缩对经济增长的危害更大。

许多危机前曾享誉全球的热门公司已灰飞烟灭。随着货币流总量的枯竭和方向上的逆转，新兴市场国家的货币开始剧烈贬值。自1978年以来，这些国家始终是资本的净流入国，但是在2014年，新兴市场国家首次迎来净资本流出。到2015年，阻挡资本外流的大坝轰然崩溃，资本流出一发不可收拾，当年流出总额超过7 000亿美元。资本的突然流失，让这些国家丧失了偿付外债的能力。许多费尽周折才摆脱债务负担的新兴市场国家，再次被拖入债务泥潭。2005年是危机前繁荣期的顶点，那时IMF没有提供任何经济救助，看似已准备彻底放弃这项业务，但是到2009年，IMF财务救助项目的数量迅速增长。自那以后，IMF每年都会启动10～15项新的救助计划，目标遍布全球，从欧洲的希腊到拉丁美洲的牙买加。

在后危机时代，增长的危险已被广泛承认。2009年后的全球化进程创下二战后的历史最低点。在全球金融危机来袭前的2007年，经济增速放缓的国家仅占1/20。但是2013年，这个比例已高达4/5，而且这种同步放缓已是连续出现3年，这种情况在近期历史中也是头一遭。它持续的时间，比1994年席卷新兴市场国家的墨西哥比索危机、1998年亚洲金融危机和2001年的互联网泡沫破灭更长，甚至2008年金融危机本身的危害性也无法与之相比。随着萧条的蔓延，在新兴市场国家中寻找增长明星的游戏不得不让位于一个新的现实：经济增长绝非天赐的礼物。事实上，世界上的主要地区都曾经历过持续数百年的无增长阶段，无论是拜占庭帝国，还是工业革命之前的欧洲。

高盛的研究人员追溯了过去150年经历过长期低增长的国家，并对这些国家的平均收入进行横向比较。他们总共发现90次至少延续6年的经济停滞案例，其中26次持续时间甚至超过10年。有过这种情况的国家包括19世纪六七十年代的德国、20世纪90年代的日本，还有21世纪的法国。最长的经济停滞始于1930年的印度，前后持续长达23年。其次是1982年的南非，持续 22 年。但是这些停滞远不如战后持续数十年的亚洲增长奇迹那么知名，受到的重视程度和被研究的程度也远远不够。不过其经济停滞的普遍性绝不亚于后者，而且在后危机时代更具有常态性。

必须认清的是，任何国家都不可能人为改变商业周期，以可预期的线性方式持续增长。一旦经济收缩超过某个临界点，这个经济体就会失去自我修正的能力。例如，正常的经济衰退会提高失业率并降低工资，促使企业推动经济循环，进入复苏阶段。但是如果衰退的持续期太长，程度太深，就可能影响劳动力的技能，引发大规模破产，破坏产业竞争力，导致更严重、更漫长的衰退。人们为这种危险新增一个专用术语——"滞变"（hysteresis），以描述低速增长或负增长导致经济远离复苏，陷入进一步放缓的状态。在极不景气的后危机时代，新的担忧是某些国家可能会长期陷于这种状态。

如今，强势增长背后的赢弱根基和现实难度已显而易见，这就提出一些再简单不过的问题：在变幻莫测的世界，我们如何预测哪些国家最有可能崛起，哪些国家更有可能衰落？一国命运即将发生变化的最重要标志是什么？应如何解读这些标志？

这是一个不断在繁荣、衰落和复苏中循环的世界，为认识它的正常状态，本书列举 10 项规则，以判断某个国家是正在上升，还是陷于衰退，又或者正在平庸中挣扎。总体上，这些规则构成一套能显示一国状态是否发生变化的标志。就实用性而言，它们更适合于新兴市场国家，因为这些国家的经济和政治制度尚不健全，更有可能遭遇政治或经济上的冲击和变革。不过，其中的许多规则也适用于发达国家。

不要预测过于遥远的未来

所有的规则都遵循着若干基本的原则。其中，第一项原则是"无常性"（impermanence）。在 21 世纪前 10 年繁荣的最高点，全球各种力量汇集，从西方银行涌出的宽松货币、飙涨的大宗商品价格，加上剧增的全球贸易额，使新兴市场国家的增长速度足足翻了一倍。经济发展的速度令人瞠目结舌，到 2007 年，经济增速超过 5%的国家已达 100 个，相当于战后常态的 5 倍——

预言家们却将此件非同寻常的事视作转折点。他们从现有趋势做出推断，如果所有高速增长的新兴市场国家继续保持原有增速，它们的人均收入将赶超发达国家，或是齐头并进。

这种线性预测法并非什么新鲜事物。在20世纪60年代，亚洲开发银行（ADB）拟将总部放在马尼拉，部分原因就在于菲律宾高速的经济增长已让其成为亚洲的象征。在那10年中，虽然在独裁者费迪南德·马科斯（Ferdinand Marcos）的统治下，菲律宾的增长陷入停滞，但亚洲开发银行总部永久性地留在了马尼拉。

线性推论在20世纪70年代再次浮现，它促使许多美国学者和情报分析师认为，苏联将会成为全世界最大的经济体，而这个国家却在20世纪80年代末便分崩离析。不久后，预测家们转而认为日本将成为21世纪的主宰者，而它却不幸成为下一个溃败的国家。

接受这个世界的无常，将会引出我们的第二项原则：不要预测过于遥远的未来。自12世纪成吉思汗统一"丝绸之路"沿线贸易以来，全球化趋势便始终起起伏伏，而左右经济增长的商业、技术和政治周期日趋缩短，通常仅有5年左右。大选周期的平均跨度恰好也是5年左右，这就有可能诱发改革派领导人产生改造僵化经济的念头。在这种情况下，任何有关再下一轮周期的预测，都有可能成为无稽之谈。

本书的主旨之一，就是避免将针对世界经济的探讨陷入充满不确定性的未来，转而着眼于5～10年这一更具现实性、可行性的时间窗口，聚焦于对下一轮繁荣、衰落和复苏的判断。针对未来20～100年的预测既不可能，也不现实，因为新的经济大国或将在未来5年中涌现，就像20世纪80年代初的中国、20世纪90年代的东欧和21世纪部分非洲国家。

在任何一个5年中，新技术都有可能横空出现，并改变全球格局，比如20世纪90年代的互联网，当今的3D打印等。纵观战后历史，即便是在历经28年之久、人均GDP增速超过6%的"超级"增长时期，其平均持续时间也不足10年。高速增长期的持续时间越长，其持续下去的可能性就越小。当日本、中国或印度这样的国家迎来长期的强势增长时，分析师不应只关注高速增长能否持续，而应更多关注经济周期发生逆转的节点。

"锚定效应"（anchoring bias）①会进一步放大经济繁荣将会永远持续的观念。人们话里话外谈论的焦点，都是经济繁荣期的出发点（锚定点）。进入 21 世纪，人们开始意识到，两位数的年均 GDP 增长率对中国这样的国家已成平常，超过 7% 的增长率成为新兴市场国家的标志。这样超高增长率确实前所未有，逐渐成为人们谈论的焦点。进入 2010 年，新兴市场国家的平均增长率将跌至 4% 以下的观点与上述锚定点相左，以致大多数人不予采纳。而实际上，在二战后新兴市场国家的平均增长率恰好是 4%。总之，对任何预测而言，预测的准确性依赖于数据的可靠性。因此，最可取的策略应该是寻找可靠的历史模式。本书所描述的兴衰模式建立在本人的长期研究之上，其中包括 56 个至少增长率不低于 6% 并维持 10 年以上的战后新兴市场国家。

这种紧抓不当选择和不成立的出发点不放的习惯，会因"确认偏误"（confirmation bias）进一步恶化，即人们倾向于收集能证实自己观点的数据，而对与之相悖的信息选择视而不见。在 21 世纪初的市场极度乐观期，人们对"金砖四国"的狂热让确认偏误体现得淋漓尽致。不过，在这一时期的大部分时间，占据主导地位的理性派依旧悲观。这种心理趋向在当下的危险性更大，因为在全球环境趋于恶化的形势下，要让人们相信，某个国家会重新崛起绝非易事。在这种情况下，我们需要回答的不再是习以为常的问题：

如果当前趋势得以延续，我们的世界将会如何？

相反，当下最重要的问题应该是：

如果惯常的模式继续延续，经济周期保持每 5 年左右循环一次，我们的世界将会怎样？

---

① 指人们习惯于坚持以最早获得的信息为出发点，而难以根据随后取得的信息对行为做出适当调整。

从某种意义上说,本书规则的核心,是在坚持线性模式不可持续的基础上,对事件的发生概率做出最合理的估算。

那些认为将时间限定在5~10年只是反映出华尔街目光短浅的评论家,不要急于下断言。本书将告诉各位,长期性高速增长能够维系,仅仅是因为其领导者规避了各种会带来信贷和投资泡沫、货币和银行危机,还有恶性通货膨胀的举措。也就是说,它们摆脱了各种妨碍增长的破坏性政策。因此,这些规则也是国家实现长期经济成功的基本指南。

在巴西、印度等国,人们经常会听到这样的观点:如果政府过度强调经济增长,就会影响医疗卫生、教育及其他人文发展指标。这显然是一个伪命题。人均收入最低的国家,往往也是人文发展最落后的国家。联合国每年都要编制和发布"人类发展指数"(Human Development Index,HDI),按照反映教育程度的在校读书年数、反映健康状况的人均寿命和反映基础设施建设的自来水和电力等标准,对各国进行排序。一国最终的HDI排名通常与其人均收入排名高度吻合,而人均收入依赖于该国的长期经济增长。譬如,在最新的HDI排名中,印度在总共187个国家中仅排在第135位。在人文发展水平方面排位较高的国家中,仅有10个国家的人均收入水平较低,而拥有较高人均收入的国家中,仅有5个国家在人文发展方面排名靠后。

尽管印度人文发展方面的排名一直在提升,但不容忽视的是,这种提升完全与其经济增长相同步。回顾1980年,当时参与HDI排序的只有124个国家,印度排在第100位。随后的几十年里,印度经济增长650%,而全球经济的增幅还不足200%,因此,印度的HDI排名逐渐开始改善。目前,它在原来的124个国家中名列第89位,超过11个国家。然而,经济实现强势增长的国家进步更快。譬如,中国经济同期增长2 300%,其HDI排名提高30位,从第92位提升到第62位。韩国在同期的经济增幅为700%,其HDI排名上升30位,从第45位升到第15位。当然,也有例外。在人均收入达到6 500美元的国家中,南非人的平均寿命出奇的短,这在一定程度上要归结于该国居高不下的谋杀率和艾滋病感染率。不过,就总体而言,如果一国重视经济增长,其人文发展水平通常会同步提升。

主流经济学的局限

公众对经济学的失望情绪持续发酵,因为经济学家们不仅未能预见2008年的全球金融危机,在许多引起世界动荡的危机来袭时,他们也毫无准备。即便在他们自己的小圈子里,经济学家也被指责过于学术化,过分强调某些精妙的数学模型或理论,片面夸大人类行为理性的假设,依赖几乎千篇一律的历史数据,以至于根本无法正确捕捉经济现实及其未来走向。**不管是政客、外交官还是商人,又或是普通民众,任何一个认真生活的人,如果无法对明天做出合理预测,就无法制定任何有效计划。本书就是为这些尊重现实的人而著。**

越来越多的人将经济学视为一门脱离现实的学科。对某些学者来说,预测不过是一种智力测试练习,而回报则来自发布耸人听闻的重磅观点。因此,他们的研究成果,必然是有选择性、有倾向性的观点。

此外,经济学家和财经作家往往会过度强调某个增长因素,如偏远地理位置带来的困难、自由化制度的优势,或是较高的青年人口比例等,并根据这一要素去解释一国的经济兴衰。这些因素就此成为众多热门畅销书的主题。但我认为,虽然它们对长期发展至关重要,可是尚不足以成为预测某个经济体未来5年变化趋势的标准。例如,"石油诅咒"的存在毋庸置疑——大规模油田的发现,往往会使那些尚未做好准备的贫穷国家滋生严重腐败,并阻碍经济发展。然而,许多预测者错误地认为,当全球油价进入上行通道时,产油国也将随之进入繁荣期。

理解经济学理论固然重要,但是学会如何运用这些理论,知晓应该采取何种组合,需要哪些前提同样重要。一个经济体的增长速度取决于诸多因素,但随着一国日趋富有和全球环境的变化,这些因素之间的力量对比也将随之变化。大多数主流预测者都同意这一观点,但他们的对策是设计无比复杂的预测系统。世界银行和IMF等国际机构认为,与经济增长具有相关性的因素多达几十个甚至几百个,从学习法律的学生比例,到"民族语言碎片化"趋势,再到被讨论的国家以前是否属于西班牙殖民地等,形形色色,无所不包。

讲求实际的预测者必须剔除不可靠或是已过时的数据。发达国家受困于信息过载的人们可能会觉得不可思议，在许多新兴市场国家，即便要获得诸如经济规模的可靠数据也并非易事，而这些数据被人为篡改的程度，更是让他们无法理解。2014年初，尼日利亚政府官方宣布的GDP数字为5 000亿美元。几乎在一夜之间，这个国家的经济规模就翻了一倍。但这种变化并没有引起多大轰动，因为关注新兴市场国家的人对这种统计游戏已经见怪不怪。就在一年前，加纳也发布变化同样巨大的GDP数字，使得该国一举从贫困国家进入中产阶级国家的行列。谈及印度统计局对于官方经济数据的频繁变动，印度前央行行长雷迪（Y.V. Reddy）曾声嘶力竭朝我吼道，未来永远不确定，而在印度，即便是过去也不确定。

出自新兴市场国家的数字有种奇异的可变性，它们常常会通过某种变动满足主要参与者的自我需求。这就是"古德哈特定律"（Goodhart's Law）的典型案例。该定律指出，一旦某个指标变成需要达到的目标，这个目标就会失去现实意义，因为它会让许多人产生篡改数字的动机。

一个及时有效的数据来源就是全球金融市场的价格，通常情况下，这些价格反映全球市场对某经济体未来潜在走向的最优预测。作家詹姆斯·索洛维奇（James Surowiecki）所说的"群体智慧"[①]有根据，市场已验证这一点。尽管这些预测会受到情绪和心理的干扰，但它们绝非漫无边际的幻想。从以往经验看，铜价的暴跌始终是全球经济衰退的前兆，以至于人们将之称为金融周期中的"铜先生"。美国是少数几个以债券及其他信用市场产品，而非银行贷款作为主要借贷通道的国家之一。尽管信贷市场偶尔也会发出错误信号，但是在多数情况下，其预警信号非常可信。在1990年、2001年和2007年的经济衰退前，美国的信贷市场无一例外地发出不利信号。

尽管深陷周期性的狂躁症与恐慌症而难以自拔，但股票市场对经济趋势的预测同样值得信赖。诺贝尔经济学奖获得者保罗·萨缪尔森（Paul Samuelson）曾开玩笑说："过去5次衰退，股市预测到9次。"试图贬低股

[①]是《群体的智慧》（*The Wisdom of Crowds*）一书中所提出的观点：在团体中，信息集合有利于做出比个体成员的决定更好的决策。

市预测能力的学者经常引用此话，但萨缪尔森对职业经济学家的预测更不信赖。实际上，这些经济学家对经济趋势的预测结果要拙劣得多。在2014年的一份报告中，奈德·戴维斯研究院（Ned Davis Research）指出，尽管预测错误偶尔会发生，比如依股票市场走势即将爆发的经济衰退并未出现，但无论是衰退下滑还是复苏，股市的预测结果都比较准。

在1948年，标普500指数在经济狂热达到顶峰的7个月前就开始下跌，并在衰退达到谷底的4个月前开始反弹。同时，奈德·戴维斯研究院还检验了宏观经济专业预测人士的工作成果（需要强调的是，美联储费城分部会定期参考他们的研究成果）。结果显示，就总体而言，从1970年开始，这些所谓的主流经济学家没有预测到任何一次经济衰退。有权定义美国经济是否处于衰退阶段的美国经济研究局（National Bureau of Economic Research），通常在经济衰退发生8个月后才会发布官方声明。

如果不考虑市场指标，仅凭数字很难把握一国经济的真正前景。**大多数经济学家往往会忽视某些无法放入预测模型的软性指标，包括对经济走势影响最大的政治因素。**在他们看来，这些指标难以量化，也无法纳入他们的预测模型。他们喜欢用数字去解读"政策"，譬如政府开支和利率。然而，当新任领导者不再纵容垄断、行贿或是官僚主义作风时所释放的能量，数字显然难以描绘。任何国家都不会理所当然地成为经济强者，所有领导者都需要努力发展经济。事实上，我们可以通过多种方法理解信贷、价格和货币流等硬数据[①]，以及政治、政策转换等软指标。

理解这些基本原则如下：避免对未来进行线性预测和毫无针对性的笼统讨论；警惕各种形态的单因素理论；规避各类的政治、文化偏差或"锚定"倾向；不要陷入将近期历史当做远期未来的假设，并切记，波动与危机才是常态；永远都不要否认，任何经济体，不管多么成功或多么破败，迟早都要回归其长期平均增长率，而不可能永远保持高速增长（或衰退）；强调增长，关注一整套可控的动态指标，以便更准确把握经济周期的转折与变换。

[①] 是对改进情况的主要衡量标准，以比例的形式出现，是一些易于收集的、无可争辩的事实。硬数据可以分为4大类：产出、质量、成本和时间，几乎在所有组织机构中这4类都是有代表性的业绩衡量标准。

透视未来经济兴衰

25年来，我一直试图从理论和实践两个层面上认识推动变革的力量。我寻找这些规则，是为引导自己和我的团队关注真正重要的事情。在造访某个国家时，我们可以收集有关这个国家的轶事、事实和数据。尽管观点可以源于各种渠道，但我们必须清楚，究竟哪些观点能让我们对一国的未来做出最可靠的判断。这些规则将我们的认识系统化，并借助历史数据的检验，确定哪些规则可行，或是哪些规则不可行。去伪存真，汰劣留良，有助于我们把握大方向，将评价落脚在对一个国家兴衰影响最大的因素上。

为此，我对影响经济走势的诸多因素进行归集和筛选。这个筛选的指标体系既不能太小，导致我们的分析忽略某些重大要素，又不能太大，以至于让我们的研究丧失可行性。理论上，我们可以用很多种方式分解一个经济体的增长，但是在现实中，某些方法有可能比其他方法更可行，更有意义。增长可以定义为政府支出、消费者支出以及用于建造工厂、住宅、购置计算机或其他设备，还有增加国防投资的总和。尽管与消费相比，投资在经济中的比重仅占一小部分，通常约为20%，但它是促进增长最重要的指标，因为投资的多与少往往会加剧经济的复苏或衰退。以美国为例，投资的波动性相当于消费的6倍，在一般意义上的经济衰退期，投资往往会收缩10%以上，而消费实际上未必会发生萎缩，只是其增长率会减缓，通常下降到1%左右。

此外，经济增长还可以分解为农业、服务业和制造业等各行业的产出之和。在这些行业中，制造业在全球范围内呈现出持续性的整体衰落状态，其占全球GDP的比重已经由1980年的超过24%减少到目前的不足18%。即便如此，它依旧是引发经济变革最重要的力量。原因不难解释，一直以来，制造业都是创造就业、推动创新和提高生产效率的基本原动力。因此，任何预测经济增长的规则都必须充分重视投资和工厂，而相对地减少对消费者和农民的关注。有些人认为，随着机器不断取代人力，制造业也在重复农业的发展路径，因此，我制订的规则也要不断演化，以体现这种转变。但至少就目前形势而言，制造业依旧是理解经济变化的核心要素。

本书不是想要丢弃教科书，只是试图使人们更加专注于那些预测力最强的变革力量。例如，教科书会讲述储蓄对推动投资和经济增长的重要性，因为银行可以将家庭与公司的储蓄集中起来，用于投资道路、工厂和新技术。但储蓄是一个先有鸡还是先有蛋的问题：没人能说得清，到底是经济高速增长带来高储蓄，还是高储蓄引发高增长。同样，本书的主要内容对许多人来说并不陌生，譬如过度投资和债务膨胀的影响、通货膨胀和收入分配不公的危害，还有政治周期的异常等。追踪和衡量这些要素的方式不计其数，而我试图回答的问题却很具体，比如说，如何准确表述一个国家的债务负担，债务何时会导致经济发生逆转，变得更好或更糟。

有些因素会在长期内给经济增长带来重大影响，但不适合用做衡量形势变化的标志，因此，我在研究中刻意回避这些要素。譬如，任何人都不会否认教育对培训劳动力、培养人才和提高生产力的意义，但我提出的规则基本不考虑教育。教育投资的回收过于缓慢，而且回报的形式五花八门，因此，它几乎不影响 5~10 年内对经济变化的预测。许多研究将美国和英国在二战后的经济繁荣归功于公立教育的普及，但这种教育模式实际上在一战前已经实行。著名智库"城市中心"（Centre for Cities）的一项最新研究表明，进入 21 世纪后，增长最快的英国城市，正是那些在 20 世纪早期对教育投资最多的城市。斯坦福大学经济学家埃里克·汉纳谢克（Eric Hanushek）在 2010 年的一份报告中指出，一项为期 20 年的教育改革计划可以推动经济规模扩大 1/3，但这种增长要在改革计划实行 75 年后才能见到成效。

然而，教育落后的国家出现经济腾飞的例子在战后也很多，例如韩国。正如亚洲事务专家乔·史塔威尔（Joe Studwell）所指出，1950 年，韩国人的文化水平几乎与埃塞俄比亚人不相上下。中国经济在 20 世纪 80 年代开始起飞，当时的地方官员更重视对经济增长有立竿见影效果的道路、工厂及其他投资项目，学校建设被放到相对靠后的位置。

投资教育往往被视为一项庄严而神圣的义务，其意义就如同保卫自己的祖国。因此，在是否有必要投资教育这个问题上，几乎不存在任何争议。在某些国家，大学教育体系的巨大开支几乎没有带来任何经济影响，甚至从长期看，影响也很有限。平均在校时间最长（11.5 年）、大学入学率最高（6.4%）的新兴市场国家是俄罗斯，在那里，苏联在科学与技术方面留下的遗产依旧是俄罗斯经济的重要基石。然而，俄罗斯经济对原材料的依赖性仍然很大，尽管互联网公司已在该国出现，但为数不多。可以说，俄罗斯在高科技领域的成就并不符合其大国形象，它也是在 21 世纪第二个 10 年中增长最为缓慢的国家之一。

此外，对于某些衡量生产率影响因素的调查，我认为它们的作用非常有限。世界经济论坛发布的《全球竞争力报告》（*Global Competitiveness Report*）重点关注 12 类基本指标体系，但其中许多指标带来的影响变化缓慢，比如制度和教育。以芬兰为例，该国在世界经济论坛的排名中一直名列前茅。2015 年，芬兰排名第四位，而在基础教育和反垄断等十几项分项指标都排名第一。此外，芬兰在接受调查的欧盟国家中也名列第一。然而，它摆脱 2008 年金融危机影响、实现经济复苏的速度却最慢，远远落后于美国、德国和瑞典，几乎与遭受危机重创的南欧国家相同。对债务增长和工资上涨的放纵，以及在全球大宗商品价格暴跌情况下对木材及原材料出口的过度依赖，都让芬兰付出沉重代价。良好的基础教育，显然不足以帮助芬兰抵御更强大、更重要的变革力量。

此外，世界银行也有自己的排名体系，其标准从道路质量到开办一家公司所需要的时间，几乎无所不包，而且它的排名得到越来越多的认可。不过这也带来一个问题，许多国家居然开始聘请专业咨询师协助它们提高排名（这是"古德哈特定律"的另一个写照）。在 2012 年，俄罗斯总统弗拉基米尔·普京（Vladimir Putin）曾制定目标，要求俄罗斯在 6 年内将本国"经商便利度"（ease of doing business）指标的排名从 120 名提高至前 20 名。他的号召很快便收到成效。到 2015 年，俄罗斯在这一标准上的排名已提高到第 51 位——领先中国 30 多位，领先巴西和印度 60 位。这就带来一个问题：既然在俄罗斯经商很便利，那为什么到那里做生意的人不多？进入 2015 年以后，跨国公司对俄罗斯的敌意和排斥进一步升温，远超中国、巴西和印度。为应对这个问题，我会尽量回避一些容易受到操纵的数字性指标。

到底哪些因素才算重要？这个问题不仅随时间而变化，在各国之间也会有所不同。在后危机时代，使全球经济命悬一线的关键始终是债务：许多国家竭力偿还2008年前积累的负债，但为抵御随之而来的经济衰退，它们又不得不加大债务，由此形成恶性循环，一步步陷入债务危机。就总体而言，全球债务的规模已远远超过2008年的水平，成为新一轮危机的导火索。不过，本书第1章阐述的规则并不针对债务，而是人口。对于一个国家的未来，它的影响或许更深远。

定义经济增长的另一种简单方法，是评估一国居民的工作时长和单位时间的产出或说生产率。但生产率本身难以测度，其结果也容易受到人为篡改。不过，居民的工作时长能体现劳动力的增长水平。这个数据取决于人口增长率，计量相对容易。而且与经济预测不同，人口预测仅依赖于几个简单要素，比如生育率和人口寿命。这些要素的计量具有较高的精确性。进入21世纪前，美国曾预测，2000年的全球人口总数将达到20世纪50年代的12倍。这些预测中，仅有一项的偏离度超过4%。除第一项规则阐述人口的经济效应外，其他大部分规则都与生产率有关。不过，考虑到其不可靠性，我并没有直接采用生产率数据。

从某种程度上可以说，人口趋势是经济增长重要的组成部分。自1960年以来，包括发达国家和发展中国家在内的全球经济，年均增长率约为3.5%，其中一半来自人口的增长，更具体地说是劳动力的增长。换言之，有更多的人提供了更多的工作时间；另一半来自生产率的改进。这种分配比例延续至今，但令人遗憾的是，公式两端的绝对量都在减少。

人口给经济带来的影响显而易见：**劳动力人口每减少一个百分点，经济增长就会下降一个百分点，这正是过去10年的现实**。全球GDP增速持续放缓，目前已比危机前的平均水平整整低一个百分点。巧合的是，自2005年以来，全球年龄在15～64岁劳动力数量的年均增长率也从前50年的1.8%降至1.1%。劳动力数量的减少对世界经济的影响倾向于负面，但具体的影响程度在各国之间各不相同。在德国和中国，适龄劳动人口的总量已经开始减少；美国的适龄劳动人口虽然还在增加，但增速非常缓慢；只有尼日利亚、菲律宾和其他少数几个国家的劳动力数量依旧在快速增加。

全球人口增速的放缓有可能妨碍各国原有的步伐,但不会改变这些国家的根本趋势。

本书阐述的其他规则反映全球增长中的另外一半,即生产率数字难以确切体现的那部分,也是全球经济最为复杂的那部分。1960~2005年,生产率的年均增长率约为2%,但是在过去10年,这一比例降低了整整一个百分点。与人口增长率相近,各国官方生产力增长率的下降程度也不相同,从美国的接近1%,到韩国的超过2%,再到希腊的接近4%。不过,人口减少的趋势毋庸置疑,但有关生产率真正下降的争论仍在持续。

生产力增长既包含难以量化的劳动技能改善,也包括工人所使用工具的数量和质量,还有反映工人运用这些要素熟练程度的X因子(在理论上,生产力增长等于劳动力质量、资本深化与全要素生产力之和)。这个所谓的X因子受诸多因素影响,比如数字化管理的实施情况,道路交通状况等,无所不包。这也是生产力增长难以量化最重要的原因。技术怀疑论者声称,过去10年的生产力增长率下降恰恰反映一个事实,当下的创新只不过是通信和娱乐等领域的进步,譬如推特(Twitter)和色拉布(Snapchat)之类的社交平台,对经济增长几乎毫无意义。这些进步无法与电力、蒸汽机、汽车、计算机或是空调等发明创造相提并论。对于烦闷的办公室工作而言,那些发明极大地提升了人类单位时间的产出。

但乐观主义者认为,无论是人工智能还是功能日益强大的互联网,抑或是正蓬勃发展的物联网等新技术,仅仅考量生产力本身的增长,不足以体现它们在节约成本和时间方面的贡献。以美国为例,多年以来,互联网接入的成本始终居高不下,但它依然迅猛发展,并已实现移动连接——这种时间上的节约,无法反映在生产力增长数据中。假设这些观点没有错,那么生产力增长的速度应远超当下考量指标所反映出的结果。依照同样的逻辑,也应超过经济增长的速度。不过双方都同意:人口增长率不仅易于衡量,而且对经济的影响也更为直接。因此,劳动人口的减少必然带来经济增长的放缓。在过去5年里,这种因果关系已在全球范围得到检验。

归根结底,所有规则都旨在体现债务、投资和其他推动经济增长的基本要素之间复杂而微妙的均衡。我真诚地希望,这本书能让各位读者感受到这 10 个规则自成一体，不可分割，是一个相辅相成的体系。就总体而言，一个摆脱危机、规避全球市场和媒体的干扰，并且由一个锐意改革的领导者执政的国家，更有可能实现经济的稳步提升。这个领导者会创造有利于吸引良性投资的商业环境，尤其是针对工厂、交通和技术的投资，并通过强化其供给网络，有效地抑制通货膨胀。而当一个国家安于现状，其私人企业和个人寅吃卯粮，甚至不惜以负债维持其奢侈性消费（尤其对进口奢侈品情有独钟）时，它的繁荣注定已走到尽头。这种挥霍与放纵会让这些国家难以偿还其外债，加剧贫富差距，从而引发有可能改变现状的政治变革，进而开启新的周期。

在本书的最后一章，我们对主要新兴市场国家和发达国家在 10 项规则上的表现进行排名。考虑到这种排序会动态变化，因此，最后一章只对这些规则的整体效应做简单表述。在充满变化的世界里，一切都不确定。因此，这套规则体系只能提高我们识别下一轮兴衰变迁的概率，而无法对预测结果做任何承诺，它更多的是一种基于现实的判断。**任何人都不可能预见 2050 年的世界，我们只能把握未来 5~10 年的总体面貌而已。**本书的根本目的是在立足现实的基础上，为人们判断国家兴衰提供一种现实可行的指导。

第1章 增长之源——人

国家的人才库是否增长?

TALENT

从一个国家的经济层面看,最关键的人口问题在于它的人才储备是否在增长。

我最初以为，全球经济复苏的疲软无力并无什么秘密可言。2008年后，随着美国陷入深度衰退，全球经济随之下挫，经济学家们声称，复苏必将是一个痛苦而缓慢的过程，因为这不是一次普通的衰退，而是一次"系统性危机"（systemic crisis）。我曾被这种观点说服。他们的研究显示，在经历一场足以摧毁金融体系的危机后，经济体要走出衰退绝非易事，即便能够摆脱衰退，也会在随后的4~5年里经历增长疲软的复苏期。但事实并非如此，随着时间的流逝，全球经济增长的速度和力度依旧远低于预期。到2015年，全球仍然没有一个主要国家或地区的经济增长恢复到危机前的平均水平。于是我开始认为，这次低迷乏力的复苏不太正常，其中必定有尚未被发现的奥秘：失去的增长到底在哪？

经济学家给出形形色色的理由，去解释我们的世界为何会陷入这次战后历史中最疲软、最缓慢的复苏。然而，大多数解释还是集中于信贷危机对经济需求的抑制作用，因为消费者和厂商不得不拼尽全力偿还债务，而后才能逐渐重拾增加开支的信心。还有一些人将需求不足归罪于收入不均问题的持续恶化、政府对银行借贷的监管不力或是危机后压力失控带来的其他弊病。这些说法虽然不无道理，但这些因素对经济增长产生的影响还不够直接、清晰。以美国为例，已有足够证据显示，需求水平到2015年已全面恢复：汽车销售量创下新高，就业增长数字也处于高位，但经济学家们最喜欢的GDP增长率数据依旧远低于危机前水平。和所有情节引人入胜的故事一样，或许是这些侦探们找错了地方。

于是，我率领的团队开始将注意力从以需求为核心转移到相关供给侧，即为经济增长提供劳动力、资本、土地等基本生产要素的经济层面。很快，我们便发现一个意想不到的"罪犯"。在诸多原因当中，导致增长乏力的一个关键性诱因，就是由人口所提供的有效劳动大幅萎缩。由于这个结论有悖于人们对机器人或人工智能正在不断取代人类劳动的主流观点，因而最初很难被接受。既然技术已让人力劳动过时，劳动力不足又为何成为问题？不过，至少在这种情况下，数字不会撒谎。

人口增速下降趋势早在 2008 年危机爆发时就已形成。事实上，这种趋势足以成为解释此后复苏乏力的一个重要因素。如前文所述，考量经济体增长潜力的一种简单方法，就是看生产力增长与劳动力增长的总和。我们看到的现实是，这两者在全球范围内均遭遇大幅下滑。不过，生产力下降这一说法还广受争议，因为很多专家认为，官方统计数字未能体现新型数字技术的影响。以美国为例，按照官方发布的数据，1960～2005 年生产力的年均增速为 2.2%，而在过去 10 年，这个数字却下降至仅有 1.3%。人口增速放缓的趋势甚至更加明显，这一点毫无争议。总而言之，对于美国经济增长乏力最没有异议的解释，就是劳动力增长率减少了一个百分点，而劳动力增长率在很大程度上依赖 15～64 岁的劳动人口增长率。

世界许多角落依旧弥漫着对"人口爆炸"的恐惧，这种恐惧的核心是，人口总量超过食物及其他资源的供给总量，而这种失衡会带来不可想象的毁灭效应。人口爆炸说在很大程度上源自联合国对 2050 年全球人口总数的预测，即到 2050 年，全球人口将增加 24 亿，从目前的 73 亿增长到 97 亿。这个接近百亿的数字听起来高得令人难以想象，但其实联合国的预测已考虑人口增速的大幅下降。随着新生儿数量的下降和进入劳动力大军的年轻人不断减少，平均寿命延长就成为人口总量增长的主要动力。综合起来的后果，就是为经济增长注入一剂毒药。

在二战后的大部分时间，全球人口总量基本维持着近 2% 的年均增长率，也就是说，全球经济应该能维持近 2% 的基础增长率。这样一来，如果人均产出同时增长，便可实现远高于 2% 的经济增长率。但是到 1990 年，由于全球人口增长遭遇断崖式下跌，人口增长率拦腰减半，降至仅有 1%。

单纯从数字本身看，1%和2%之间或许没有什么太大的差异，但如果人口增长率在1990年后继续维持在2%的水平上，今天地球上将会有87亿人，而不是73亿人；我们的世界也不会衰老得如此之快，我们也就没有必要在此讨论人口对经济增长的影响。

人口增长率下降的经济效应还需时间才能显现，因为新一代婴儿长成15岁的劳动力尚需时日。当然，在许多地区，人们开始工作的年龄是20岁甚至25岁，这取决于他们在校学习时间的长短。因此，生育低谷对人口经济增长效应的影响，需要15年或更长的时间，才会得到清晰体现。在过去的5年，这种效应已开始愈加明显。

当下全球人口增长率的下降，是新兴市场国家在20世纪70年代起实施的，并在此后不断强化的生育控制政策带来的必然结果。无论是在发达国家还是在发展中国家，女性事业成功和教育水平的提高，都进一步加剧人口增速的放缓，因为她们当中许多人会选择事业而放弃生育。

这种人口变化的根源，在于过去半个世纪全球人口死亡率和生育率发生根本性变化。自1960年以来，科技与医疗卫生的进步，大大延长人类的寿命。全球范围内，人均寿命已经从1960年的50岁延长到目前的69岁，而且这种趋势还在持续。此外，人口增长的主要年龄段是50岁以上人群，而总数增长最快的年龄段是80岁以上人群。因此，尽管全球人口总数还在增长，但增速已大不如前，而增速下降最剧烈的人群，恰恰是对经济增长推动效应最明显的适龄劳动人口。

在1960年后的岁月，人类曾迎来历史上最大规模的生育低谷，就总体而言，平均每个女性抚养的子女数量由4.9个减少至2.5个。在新兴市场国家，愈加严厉的生育控制政策，使得生育低谷更为显著。在印度和墨西哥这两个昔日曾最担心人口爆炸的国家，每个育龄女性抚养的子女数量居然从1960年的超过6个，锐减至不到2.5个。目前，这两个国家的替代生育数量均已接近2.1——若生育率低于这个水平，人口总量将开始减少。

随着全球生育率不断逼近2.1这个临界水平，越来越多的国家已低于正常的生育替代水平（replacement level），即妇女生育子女的数量恰好能替代其夫妇两人。当净人口生育率为2时，出生和死亡将趋于均衡，在没有外部迁入与内部迁出的情况下，人口将停止增长。发达国家普遍接受的生育替代率之所以为 2.1，除考虑一个孩子对应父母中的一人外，还因为新生男孩的比例略多于女孩，且一部分女孩将在育龄期前死亡。而对于新生儿死亡率更高的发展中国家，其对应的生育替代水平也相对较高，从而避免人口总量减少。全世界有 83 个女性抚养子女数量不到两个的国家，而在这个地球上的每两个人里，就有近一个人生活在这些国家。它们当中既有中国、俄罗斯、伊朗和巴西等新兴市场国家，也有德国、日本和美国这样的发达国家。

在某些发达国家，劳动适龄人口总数已开始萎缩，如日本、意大利和德国，而且这种趋势已延续多年，许多新兴市场国家也未能幸免于难，包括中国和印度。对它们来说，劳动人口萎缩已经出现，或者即将到来，而且萎缩速度甚至更快。此外，全球人口增长率预计将在未来 10 年及之后继续下降。这将从根本上改变整个世界的经济格局。

人口增速的放缓，已通过社会结构的变化引起经济震荡，进而影响到代际、性别和国家之间的关系，甚至引发"人机对抗"。美国最近发布的人口预测显示，到 2050 年，全球人口将达到 100 亿，这使得部分人不停地重复人口过剩论。一些人担心，人口增长会超过食品供给的增长，让地球陷入饥饿危机；另一些人担心的是，机器人会让人力劳动者失去价值，而在人口爆炸的背景下，这种威胁自然更令人心惊胆战；在美国和欧洲，还有一部分属于反移民力量，他们主张修建国界墙以阻止难民涌入，某位英国内阁大臣称，"绝望的移民四处劫掠"的现象如"涨潮般肆虐"。

但这些人忽略的是，100 亿这个数字听起来很庞大，但真正对经济有重大影响的是增长率，同样，食物供给的影响也体现在增长率上。人口增长率的下降意味着整个制造链所承受的压力减少，即它不必再继续提供太多的服装、房屋或食品。农场也不必像以前那样，为养活所有人而不得不加快生产。相反，它们的主要目标变成满足老年人口的饮食需要——这个群体对卡路里的需求比年轻人少 1/3。许多国家的确还存在饥饿问题，我不是想忽视这个事实，但这些问题的经济动因显然不是人口。对大多数国家而言，最严峻的经济威胁并不是人口过多，而是年轻人口过少，而机器人的出现或许有助于缓解即将到来的劳动力短缺。农业机器人也许就是对退休农民的有效补充。

当下,越来越多的国家面临劳动力短缺问题,一切有关非法移民,或是其他暴力活动的争论都将变得毫无意义。取而代之的,将是如何吸引甚至"偷窃"其他国家的劳动力和人才。对于那些人口快速老化、劳动力锐减的国家,新移民到底是寻求机会的"经济移民"还是逃避战争或政治制裁的"政治避难者"已不重要,因为他们都会加大劳动力储备的规模。在新兴市场国家,吸引或留住工人的压力尤为巨大,因为在这些国家,出生率持续下降,而人均寿命的延长速度远超过英国、美国等富裕国家在最初经济发展阶段的水平。

从一个国家的经济层面看,最关键的人口问题在于它的人才储备是否在增长。要回答这个问题,首先要看未来 5 年劳动适龄人口的预期增长,因为推动经济增长的动力是现有劳动力,而不是退休者或在学青少年;其次是看这个国家如何抵御人口增长放缓带来的副作用。一种途径是鼓励女性多生育,但这种方法在历史上有污点;另一种途径是吸引包括女性、经济移民和退休者在内的成年人进入或是重返就业市场。在这样的大背景下,最大的受益者应来自那些劳动适龄人口高速增长,或是劳动力预备人才培养卓有成效的国家。

低于 2% 的人口增长率,创造经济奇迹谈何容易

为了更好地了解人口要素在未来若干年对国民经济的制约,我对战后经历增长奇迹的国家的人口趋势进行了研究——我选取 56 个研究案例,它们都是保持年均经济增长率不低于 6% 且持续至少 10 年的国家。研究显示,在它们的繁荣期内,劳动适龄人口的年均增长率为 2.7%,即它们的经济繁荣很大一部分源于年轻劳动力的不断增长。人口爆炸与经济奇迹之间的显著关联在多个案例中扮演重要角色,从 20 世纪六七十年代的巴西,到 20 世纪 60~90 年代的马来西亚,概莫能外。

关于劳动适龄人口增长达到怎样的增速,才能带来经济繁荣这个问题,

通常的回答是以2%为基准。在完整的10年繁荣期内，每4个经历经济奇迹的国家中，就有3个国家的劳动人口年均增长率不低于2%。然而，后危机时代的一个惊人变化是，目前已很少有国家能达到这样的人口增长速度。即使是20世纪80年代，在全球最大的新兴市场国家中，还有17个国家的劳动适龄人口增长率超过2%。然而，在21世纪前10年，这个数字就从17个减少到仅剩2个。2020～2030年，能达到这个标准的国家可能只剩尼日利亚。在一个几乎没有任何国家的人口实现高速增长的世界，经济奇迹的发生必定寥寥无几。

诚然，经济的高速增长并不总以人口的高速增长为前提：在上述研究案例中，有1/5的国家确实在人口增长率未达到2%的情况下，实现10年的经济快速增长。但这些国家的成功绝大部分出现于非常规环境：有些国家本身已经较为发达，如20世纪90年代的智利和爱尔兰；有些国家通过改革和增加投资弥补了人口增长乏力的副作用；还有一些国家则是通过重组进入经济增长平稳期，如20世纪60年代的日本、葡萄牙和西班牙；在苏联解体10年之后，俄罗斯经济借助石油价格的高企而强力反弹。今天，在大宗商品价格持续暴跌、国际政坛风雨飘摇的大环境下，任何一个国家都不应被期待再现如此辉煌。

这对新兴市场国家显然不是什么好兆头，在它们当中，越来越多的国家面临着人口增长乏力甚至负增长的境遇。在21世纪前10年，包括印度、巴西、墨西哥、印度尼西亚和泰国在内的主要新兴市场国家，人口增长率均跌破2%的临界线。而3个领军级新兴市场国家——波兰、俄罗斯和不容忽视的中国，劳动适龄人口已开始大幅减少。实际上，这3个国家的劳动适龄人口增长率早在2003年就已徘徊在2%上下，此后便进入持续下降通道，并在2015年首次出现负增长。

对一个人口持续萎缩的国家而言，经济要实现强势增长几乎不可能，正如欧盟在2005年的警告："在人类历史中，从未出现过人口不增长的经济增长。"通过研究1960年以来近200个国家，我们找到698组时间跨度为10年的人口增长与GDP增长的配对数据。在这些案例中，有38组数据对应的国家在10年期内的劳动适龄人口持续减少，GDP平均增长率仅仅只有1.5%。在这698组数据中，仅有3组数据对应的国家采取了措施，在人口萎缩的情况下维持不低于6%的GDP增长率。这3组数据对应的国家均为小国，而且它们是经历过政变、战后混乱或苏联解体事件的小国，即20世纪60年代的葡萄牙、2000~2010年的格鲁吉亚和白俄罗斯。

在其他几个高密度人口国家，劳动适龄人口的增长率接近或超过2%，包括菲律宾及其他因经济规模太小而无法进入前20位的国家，如肯尼亚、尼日利亚、巴基斯坦和孟加拉国。此外，这些国家的人口预计将在未来10年内继续快速增长。因此，在全球竞争中，它们拥有显而易见的人口优势。对这些国家而言，重要的是不要陷入人口红利论①的陷阱。这种观点认为，人口增长就会自然而然地带动经济高速增长。但在现实中，只有领导者创造出有利于吸引投资和增加就业的经济环境，人口红利才能兑现。在20世纪六七十年代，非洲和印度的人口快速增长带来的是饥荒、高失业率和社会动荡。虽说人口快速增长往往是经济高速成长的条件，但这种因果关系绝非必然。

在21世纪之前，对大多数国家来说，人口强势增长是一种常态，但并没有带来经济奇迹。在我研究的698个案例中，超过60%的案例对应国家劳动适龄人口增长率超过2%，但只有1/4的情况出现经济奇迹，或是在10年研究期内实现不低于6%的GDP增长率。有些人口高速增长国家甚至与经济奇迹毫无关联，比如1960~2000年的土耳其和1960~2010年的菲律宾，在每个10年的年均GDP增长率均未达到6%。今天，即便是肯尼亚也不敢断言，凭借2015~2020年预期可达3%的全球最高人口增长率，它就会成为全球领先的经济体。

阿拉伯世界的境遇让我们印象深刻。1985~2005年，它们的劳动适龄人口增长率超过3%，接近其他地区增长水平的两倍。但人口高速增长并没有给这些国家带来人口红利。在21世纪前10年中，许多阿拉伯国家面临年轻劳动力失业率高涨的困难境遇：伊朗的青年劳动力失业率超过40%，沙特阿拉伯、埃及和突尼斯等国也超过30%。印度曾对人口红利寄

---

① 是指一个国家的劳动年龄人口占总人口比重较大，抚养率比较低，为经济发展创造了有利的条件，整个国家的经济呈高储蓄、高投资和高增长的局面。

予厚望，在未来10年，该国每年将有超过1 000万年轻人加入劳动力大军。但是在过去几年里，印度每年新增的就业岗位还不足500万个。

尽管人口快速增长现象通常仅针对新兴市场大国，但劳动力数量增加对发达国家而言，同样是实现经济增长的关键要素。过去的几十年里，美国曾认为自己是西方世界中最具活力和动力的国家，它比欧洲有创造力，而不像日本那样封闭守旧。但美国在近期实现的大部分增长，或许都可以解释为年轻劳动力的增加。在过去30年里，美国的劳动力人口增速始终高于其他主要工业化国家，是法国和英国的3倍，德国的6倍，日本的11倍。人丁兴旺有助于解释美国同期经济增长率超过其主要对手这一事实。以德国和英国为例，如果剔除人口增长放缓这一因素，它们的人均收入增长率将始终与美国保持同步。在过去30年，美国经济的平均增速高出德国0.9个百分点，其劳动适龄人口的增速同样超过德国0.9%。因此，如果扣除人口因素，美国与德国将平分秋色。

2015~2020年，发达国家的人口形势预测极为悲观。在几个最大的发达经济体中，法国的劳动适龄人口数量增长预期将维持不变，西班牙将略有减少，而意大利、德国和日本甚至将面对不低于0.4%的负增长。美国的人口增长率略为乐观，将达到0.2%，与英国和加拿大基本持平。尽管也有一些好消息，但遗憾的是，这些好消息仅限于发达国家中的小国，譬如新加坡和奥地利。虽然它们的人口还将保持高速增长，但对于全球经济而言，这些国家的经济体量太小。相对于大国的增长乏力，它们带来的增量可以说是微乎其微。

断崖式下降的生育率影响国家的兴衰

防止人口增长放缓的战役已经打响。在过去10年，许多国家已认识到它对经济增长的威胁，并积极采取各种弥补措施。2014年，丹麦重新设计本国的中学性教育课程，让青少年充分认识到生育太晚的危害性。根据联合国发布的报告，目前70%的发达国家已采取提高生育率的政策，而这个比例在1996年仅有30%。与此同时，推行人口增长控制政策的新兴市场国家数量大幅减少，采取这种政策的国家比例在1996年曾高达60%。

随着许多国家的生育率跌至临界人口替代水平2.1以下，为生育母亲提供补贴的国家开始将补贴对象转向生育两个以上孩子的女性，某些国家甚至加大对第三个、第四个乃至第五个孩子的补贴力度。许多国家开始为女性提供现金形式的"婴儿津贴"，以及针对生育更多儿子而设置的其他奖励，但这种形式生育鼓励措施大多缺乏有效性，而且饱受质疑。

1987年，新加坡率先启动生育鼓励政策，掀起一轮"尽你所能，多养宝宝"的运动。政府对此提供的奖励也多种多样，譬如在住院接生期间提供补贴，但这些措施对提高生育率的帮助很有限。加拿大也在1988年推出新生儿奖励政策，但未过几年便取消该政策，其他国家随后也发现取消政策背后的原因，即接受直接现金奖励的女性大多来自贫困家庭，他们的孩子会大幅增加社会福利的压力。

2005年，澳大利亚前财长彼得·科斯特洛（Peter Costello）首次宣布实施婴儿奖励计划。他敦促女性"冷静下来，认真思考国家的人口老龄化问题"，但国人对他的呼吁似乎无动于衷。6年后，澳大利亚取消生育奖励，因为在社会变革步伐加剧的大环境下，这种奖励对人口生育率影响甚微。在发达国家，职业女性为了事业，已逐渐将她们的生育年龄推迟到30岁以后，这也间接造成新生儿数量持续下降。

在法国，代表社会党执政的前总理利昂内尔·若斯潘（Lionel Jospin）也曾试图以生育奖励来解决这个问题，其奖励额度之高，即使职业女性也不会无动于衷。但这项计划激起了众怒，右派势力的理由是政府预算已经居高不下，计划难以为继，左派力量反对则出于对富裕阶层的保护。不过这项计划还是冲破阻碍得以通过，按照这项计划，尤其对养育"金子"般宝贵的第三个孩子的父母，政府将单独提供极为优厚的奖励：额外的家庭补助、减税、增加10%的养老金以及乘坐火车享有75%的折扣。此外，父母还可因第三个孩子每月领取至少400美元的津贴。其最吸引人之处在于，假如父母中的一方为照顾孩子而辞去工作，每月可领取1 200美元的补贴。这笔补贴有可能减少当下的劳动力，但其用意是增加未来劳动力。面对指责，计划的主要设计者之一彼得·布里恩（Peter Brinn）维护生育补贴的理由是

"意在未来的开支"。然而，到 2015 年，法国政府也大幅削减婴儿津贴。

随着新兴市场国家的人口增速趋于停滞，智利成为首批推行婴儿津贴的新兴市场国家之一。尽管保守的天主教提倡"家大业大"，但智利的生育率已远远低于生育替代水平。2013 年，面对人口急剧减少的威胁，智利政府宣布执行生育奖励计划。智利前总统塞巴斯蒂安·皮涅拉（Sebastián Piñera）曾亲口承认，他对人口生育率下降的担心甚至要超过对地震等自然灾难的担心（2010 年 2 月，智利刚刚遭受一场大地震）。为此，他宣布一项递增式的一次性生育奖励计划，即政府为生育第三个孩子提供 200 美元奖金，为生育第四个孩子提供 300 美元奖金，为生育第五个孩子提供 400 美元奖金。对于人口下降，皮涅拉的警告令人震惊："生育率断崖式下降，意味着一场严重的危机，因为它必将影响国家未来的兴衰。"

大约在同一时点，很早就已实施人口控制计划的中国，也在重新审视它的"计划生育"政策，因为这项政策正在加剧其日趋严重的老龄化问题，并且严重影响其劳动力大军的数量。未来几十年，中国的劳动力人数预计每年将减少 100 万个。2015 年底，中国宣布终止"独生子女"的计划生育政策。

目前还很难预测，鼓励女性生育 2～3 个或是更多孩子的激进政策，到底会带来怎样的结果。毕竟，人类生育规律的变化无法预测。在人口学家汉斯-彼得·科勒（Hans-Peter Kohler）和托马斯·安德森（Thomas Anderson）刚刚发表的一篇论文中，对欧洲婴儿潮在各国之间的巨大差异做出解释。在工业革命时期，尽管大量女性加入劳动力大军，但社会规范难以在短时间内做出调整，以至于落后于工业经济的变革速度。在这种情况下，男性依旧被视为养家糊口的主力，女性的主要职责则是生儿育女，料理家务。这种根深蒂固的性别定位直到 20 世纪 60 年代才开始转变。此时，文化变革的速度开始跟上经济的步伐，但是各个国家的速度迥然不同。在法国、英国及北欧国家，生育后的母亲之所以能很容易重返工作岗位，很大一部分原因就在于这些国家拥有良好的低成本婴儿护理服务。而在德国和意大利等较为传统的国家，要改变根深蒂固的性别定位尚需时日，更多女性会选择不要孩子，导致这些国家目前的生育率低得可怜。

由此可见，政府人为干预人类繁衍过程的效果缓慢而不可预测，这其中既有传统社会习俗的缘故，也有不同国家在文化上的巨大差异。在很多国家，以刺激多生育为目标的奖励极有可能带来难以预料的副作用。可以说，这样的干预对任何经济体来说都不是什么好兆头。

有一种方法似乎更有说服力，它的核心是鼓励更多的人成为活跃的劳动力。也就是说，将就业大门，向那些在身体和心理上依旧有劳动能力但没有正式职业的人敞开。人口结构的变迁是一个缓慢而持久的过程，但重塑劳动力结构的效果立竿见影，因为女性、经济移民或是退休者可以随时成为劳动力，而婴儿成为劳动力却需要等上 15 年或是 20 年。提供高质量的婴儿护理服务可以让育儿的母亲尽早回归工作；对海外经济移民敞开大门，可以让一个国家的劳动适龄人口在一夜之间无限制扩大；改变 20 世纪许多工业化国家降低退休年龄的做法，也可以让被遗忘的一代人迅速重返工作岗位。要深刻认识劳动力规模和结构的变化，老年人口、女性、移民乃至机器人替代的程度是需要关注的重点。

人口红利的"副产品"是经济的重要推动力

近几十年，人口数量减少带来的影响日益扩大，而这种影响又被全球性劳动力参与率的下降所放大，后者体现为正处于就业或正在寻找就业机会的成年劳动适龄人口占全部劳动人数的比例。这种劳动人数减少的现象在美国尤为显著，但也不是没有例外，德国、法国、日本和英国就是最典型的例子。在过去 15 年里，美国的劳动力参与率已经从 67% 下降到 62%，而且这一现象主要出现在全球金融危机之后。

假如劳动力参与率没有下降，美国在 2015 年的劳动力总量将比当年实际的劳动力总量增加 1 200 万人。尽管随着这场危机的深化，数百万工人已放弃继续求职的愿望，使得整个形势更加恶化，但即便不考虑这个因素，人口老龄化趋势也会使劳动力参与率下降。在美国，劳动力参与率已从 45 岁人群的略高于 80%，降低到 65 岁人群的不到 30%。随着全球老龄化的加重，这种现象将遍布大多数国家。

有些先知先觉的国家已开始重新全盘审视退休年龄问题，实际上，这个概念也仅仅出现于19世纪70年代后。起初，人们要工作到身体或心理无法支撑的年龄，养育更多的孩子是他们为自己年老所准备的出路。他们希望至少有一个孩子能照料他们的晚年生活。然而，一家位于加拿大西部的铁路公司提出一个看似狭隘、实则现实的问题：到底多大年纪才算不能安全开火车的年纪？当时，人们普遍接受的年龄是65岁，这也是许多国家的法定退休年龄。尽管某些已到七八十岁的老年人依旧精力旺盛，但任何人都不能规避这个法定退休年龄。

19世纪末，俾斯麦（Bismarck）统治下的德国政府第一次为民众发放退休金，以备老年人的财务应急之需。在那个时候，欧洲的生育率还远远高于人口替代水平，而人均寿命则低得多。因此，相对于老年人口，劳动适龄人口在绝对量和相对量上均迅速增长。由于养老金的资金源泉是不断增加的劳动力供给，因此，这种通过对年轻人征税，为老年人提供养老金的俾斯麦退休计划取得良好效果。

但今天的大环境已经发生逆转。尽管劳动适龄人口总量已出现停滞，但俾斯麦的"即用即付式"（pay as you go）退休金计划依旧是目前的标准模式，以至于有些评论人士甚至说，这已经演化为不可持续的"庞氏骗局"（Pozi schemes）①。这种养老金模式使得退休者过得优哉游哉，而且在当下，我们无法找到足够的年轻人为他们的养老金埋单。

我曾在2013年10月造访维也纳，在那里，我遇到一位精力充沛的酒店经理。在我们的闲聊中，这位58岁的女士表示，她非常期待两年后的退休生活，因为她可以享受的公共养老金几乎和退休之前的工资没有区别。她对退休生活的安排，就是以探戈舞、野外自行车骑行和越野滑雪之类的事情打发时光。

即便是最富裕的国家也已经意识到，它们昔日的黄金岁月或许将一去不复返。要看看到底哪些国家的老龄化程度及退休成本最高，只需比较如下两个数字：15～64岁的劳动适龄人口数量，与64岁以上老人和15岁以

---

① 是对金融领域投资诈骗的称呼，许多非法的集团用这一招聚敛钱财。简言之，就是利用新投资人的钱向之前的投资者支付利息和短期回报，以制造赚钱的假象，进而骗取更多投资。

下未成年人这两类被赡养者的数量。二者的比率被称为赡养比（dependency ratio）。赡养比的变化对一个经济体的增长潜力影响非常大，它揭示在一个国家的总人口中，有多少人正在进入生育、储蓄及资本创造阶段，为该国创造增量投资。在战后的经济高速增长期，韩国 GDP 增长率的增减变化几乎与该国的赡养率同步。中国的 GDP 增长率也在 2010 年达到最高点，同年，其赡养比则降至最低点——一位老人对应 3 个劳动者，此后，赡养比开始稳步攀升，即 3 名劳动者至少需要养活 1 位老人。

今天，这个数字的内涵更加丰富，尤其是在欧洲等老龄化地区，劳动适龄人口相对老龄人口的比例已较 20 世纪 50 年代减少一半。再过 30 年，这个比例预期将再减少一半。大多数发达国家已进入老龄化过程，而且预计速度将远超新兴市场国家，这背后的原因同样是生育率锐减和人口寿命剧增。

如今，全球范围的人均寿命已经比 1960 年延长 19 年，中国的人均寿命甚至延长 30 年，平均寿命达到 75 岁。这个过程令人欣慰，但它有代价。目前，中国 65 岁以上人口比例大幅增长，根据预测，2000～2027 年，这一比例将翻倍，从 7% 变成 14%。相比之下，法国用 115 年才完成这个翻倍过程，而美国也用了 69 年。

人口趋势影响经济的主要方式是增加或减少可用劳动力的人数，不过，它也会间接影响人类的生产率。最近几年，人口快速增长的国家往往展示出较快的生产率增速。随着赡养比的下降，更多人口加入劳动力大军，成为自食其力者，国家的收入相应增加，进而创造出更大的资金池。随后，国家就可以利用这些资金，进一步提高对改进生产率的投资。人口学家安德鲁·梅森（Andrew Mason）认为，这种人口红利的"副产品"，是促进东亚及东南亚经济迅速增长的一个重要推动力。这些国家的储蓄率相对较高，而且劳动力始终保持着较大规模。

此外，高技能的熟练型劳动力往往拥有更高的生产率。在这方面最具优势的国家积极采取措施，尽可能将年龄较大者留在劳动力大军中，避免成为"寄生"人口。2007 年，德国将男女人口的退休年龄从 65 岁延长至 67 岁，并分步骤逐渐执行这项措施。随后，包括波兰在内的其他大部分欧

洲国家纷纷效仿德国。在此后5年，波兰的劳动适龄人口预计减少3%，下降到66%，在所有欧洲大国中降幅最大，与此同时，它的老年人口持续大幅增长。

今天，有关延长退休年龄及其他老龄化社会问题的争论，已在政治纷争中留下深刻烙印，而波兰企业家则试图为摆脱社会老龄化提供便利条件。波兰人称为"和谐老年之家"（Houses of Peaceful Elderliness）的养老院已开始遍布整个国家，意大利和葡萄牙等欧洲国家也开始针对人均寿命的延长，着手调整退休年龄，有些国家甚至已开始为是否将退休年龄推迟到70岁以后而展开讨论。

在这个问题上，尽管固守传统的国家依旧存在，但有一点毋庸置疑——推迟退休年龄将成为老龄化经济体摆脱危机、走向未来而迈出的重要一步。毫无疑问，退休年龄每推迟一年，就将节约数十亿美元的养老金成本，推迟劳动人口减少的负面影响。不过，认为政府可以凭借一纸之令延长劳动者退休年龄的观点，显然是一种误解。例如，在墨西哥，尽管法定退休年龄是65岁，但绝大部分墨西哥男性的退休年龄是72岁。而在法国，虽然法定退休年龄也是65岁，但男性劳动者的实际退休年龄是在60岁前。

调整法定退休年龄和养老金福利水平，可以鼓励更多劳动者延长退休年龄，但这种做法不可能在一夜之间改变人们的工作文化及观念。在大多数国家，退休之后"金色时光"持续期还在继续延长，这将给经济造成难以承受的压力。经济合作与发展组织（OECD）的34个工业化国家①，从中国和韩国，到美国和英国，其平均退休年龄到死亡之前的时间间隔在1970年时为两年，此后持续提高，目前已达15年。

退休金成本已给经济带来破坏性后果，这一点或许在巴西体现得最为明显。该国男性平均退休年龄为54岁，女性为52岁，早于其他经合组织成员。与此同时，巴西的退休金水平却达到退休前最后一年工资的90%，而经合组织成员的平均比例仅为60%。巴西也是世界上劳动者与退休人员数量失衡最严重的国家之一，而且这种失衡还在继续恶化中，已让俾斯麦退休制度的基础岌岌可危。而可怕的是，人口减少已让许多国家难以招架。

---

① 2016年7月1日，拉脱维亚正式加入经济合作与发展组织，成为该组织第35个成员。

提高女性就业率关乎 GDP 增长

女性劳动力在全球范围内的增加成就二战后的经济辉煌，但这种增长在此前的 20 年已彻底停滞，女性的就业比例始终徘徊在 50% 左右。在较为贫困的地区，女性参与劳动的比例较高，养家糊口的压力迫使每个有劳动能力的人下田劳作。但随着工业化进程的深入，更多家庭进入中产阶级，劳动参与率开始下降，越来越多的女性退出劳动力大军，操持家务劳动。最后，随着国家的富裕程度进一步提高，更多家庭的女性有能力进入大学，并在毕业后加入劳动力大军。

要理解哪些经济体最有可能或最不可能依靠增加的女性劳动力来创造增长，我们不妨比较一下同等收入水平的国家。根据花旗研究中心（Citi Research）在 2015 年开展的一项研究，在富裕国家，女性的就业比例存在明显差异，从瑞士的接近 80%，德国的 70%，到美国和日本的不足 60%。出于发展需求，日本已认识到这一事实。自上任以来，日本首相安倍晋三已多次明确表示，女性或将在解决日本老龄化社会问题过程中扮演重要角色，他甚至将"女性经济学"作为其经济复苏计划中的一个核心要素。女性经济学包括改善育儿服务及生育假期，降低针对家庭第二收入者征收的高赋税，鼓励日本公司让更多女性担任高层管理职位。在安倍任期的前 3 年，约 80 万女性进入劳动力大军。他还主张让更多女性进入白领阶层。

在加拿大，旨在为女性敞开就业大门的措施已收到立竿见影的效果。在 1990 年，女性的就业率还只有 68%，20 年后，这个数字已增加到 74%。这种增长主要归功于削减家庭次要收入者的税负及推行新型生育服务等一系列改革措施。在荷兰，女性就业人数的增长尤为突出，自 1980 年以来，女性就业率已实现翻番，增长到目前的 74%，这种增长归功于生育假期的延长以及弹性兼职工作方式的推广。可以说，在女性人才的利用方面，荷兰在较短时间内已赶超美国。

尽管推进女性就业运动的形势令人振奋，但有一个事实并未改变，即男性的就业量始终高于女性，只不过这种差异在各国之间有所不同。就业率性别差异较小的国家，包括挪威、瑞典、加拿大和越南，他们的差距均不到10%。越南似乎不应被划入这个行列，但有一点的确不容忽视，在部分国家，政府有能力通过举国政策增加女性的就业率，这一点在俄罗斯体现得尤为突出。尽管苏联时期的法律曾将450种职业列为"因过于艰苦而不适合女性"，但该国的女性就业率依旧维持较高水平。在2000年上任后，普京便签署总统令取消这些限制，俄罗斯最高法院却在2009年重申上述限制的有效性。在2014年针对143个新兴市场国家的一项调查中，世界银行发现，90%的国家有至少一项限制女性获取经济机会的法律。这些法律涉及禁止或限制女性拥有房地产、开立银行账户、签订合同、涉足法庭审判、单独旅行、驾驶汽车甚至掌控家庭理财事务等多个方面。

这种就业限制在中东及南亚地区尤为普遍，它们也是全世界女性就业率最低的两个地区，分别为26%和35%。而性别差异在巴基斯坦、伊朗、沙特阿拉伯和埃及等国甚至超过50%，阻止女性进入劳动力大军的障碍形形色色，既有明文法律，也有社会习俗。彼得·海斯勒（Peter Hessler）曾在《纽约客》（New Yorker）杂志上发表过一篇文章，文中提到，一位中国企业家在埃及创办手机制造工厂，但开业不到一年便被迫关闭，部分原因就在于他雇用女性员工。即便工厂针对女性员工制定严格的工作纪律，但这种做法显然不被埃及的社会文化习俗所许可。在那里，女性不得从事夜班工作，而且一旦结婚必须辞职。在印度等人口大国，女性就业的比率不足30%，这些数字从另一个侧面反映当地的落后程度。在印度北部比哈尔邦的1亿人口中，仅有2%从事正式工作的女性可计入劳动力范畴。

文化障碍是不容忽视的现实，但绝非不可逾越的天堑。某些最崇尚大男子主义的拉丁美洲国家，也已在增加女性就业率方面取得长足进步。1990～2013年，仅有5个国家的女性就业率增长幅度超过10%，它们无一例外全部是拉丁美洲国家。排在榜首的是哥伦比亚，成年女性的就业增长率高达26%，随后依次是秘鲁、智利、巴西和墨西哥。

这种现象背后的原因非常复杂，但有一点可以肯定，拉丁美洲的教育体系始终对女性敞开大门：在哥伦比亚，部分来自富裕阶层的女性在20世纪70年代创办的私人组织中发挥重要作用。该组织控制天主教会，大力提倡女性采取节育避孕措施，使得女性可以选择推迟生育年龄，追求个人职业发展。在生育率急剧下降的同时，女性的劳动参与率大幅提高。在许多国家，领导人唯一需要做的事，就是消除对女性就业的现有约束以推进经济增长，这远比提供新型生育护理服务或者延迟生育假期更容易，成本也更低。

社会文化习俗不可能在一夜之间发生变化，但法律可以。IMF 曾指出，当国家赋予女性开立银行账户的权利，女性参与劳动的比例在未来 7 年将会大幅提高。然而，未被利用的女性职业人才依旧非常巨大。许多国家开始认识到，向女性敞开就业大门可能会带来巨大的经济效益。那些受老龄化问题影响最大、女性劳动参与率最低的国家将从中受益最多，如日本和韩国。在美国，就业的女性数量曾达到战后最高水平，但这种趋势已在 2003 年达到顶峰，并呈现退潮之势。一种可能的原因在于，美国超高的递增性家庭税负，导致作为家庭次要收入来源的女性丧失劳动积极性，而美国家庭婴儿护理服务的超低开销加剧了这种趋势。此外，美国也是唯一没有实行带薪生育假政策的工业化国家。

根据经合组织的最新估计，减少就业上的性别差距，让更多成年女性加入由男性主导的劳动力大军，将促使其成员国的 GDP 在 2015～2030 年提高 12 个百分点。日本和韩国的 GDP 最高上涨幅度可接近 20%，而在女性从事正式劳动比例不足 40% 的意大利，同期的 GDP 上涨幅度甚至会超过 20%。博斯公司（Booz & Company）在 2010 年进行的一项类似研究也指出，新兴市场国家缩小就业性别差异的收益可能会更大。到 2020 年，埃及的 GDP 将提高 34%，同期的印度 GDP 上涨幅度为 27%，巴西为 9%。

持续有序的移民政策为经济注入活力

在过去的几十年里，人口增长的一个基本动因始终保持稳定。自 1960 年以来，全球范围的生育率持续大幅下降，而人口的平均寿命周期从 50 岁延长到 69 岁，未来还将继续延长，而同期的移民率却极为稳定。半个世纪前，移民占全球人口总量的 3%，到 2012 年，移民率依旧维持在 3% 左右。不过，2015 年的欧洲移民潮也确实引发全球恐惧，饱受战争摧残的叙利亚、伊拉克和阿富汗的难民大批涌入欧洲国家。就目前形势看，只要地区冲突不止，这种移民潮就不太可能停止。归根到底，影响最大的趋势依旧是新兴市场国家劳动适龄人口增长的消失，这大大减少这些国家向发达国家的经济移民数量。2005～2010 年，发展中国家向发达国家的净移民数量合计 1 640 万人，但是在 2010～2015 年，这一数字已减少至不足 500 万人。

实际上，至少在 2015 年的欧洲和美国反移民运动爆发之前，吸引海外劳动力的竞争已趋于白热化。根据联合国统计，到 2013 年，公开声称"通过移民"渠道增加人口规模的国家数量已经比 3 年前增加一倍多：从 10 个增加到 22 个。要了解哪些国家在吸引移民方面最得力，只需看看哪个国家的人口总量因净移民增加得最多。2011～2015 年，收益最大的发达国家包括澳大利亚、美国和德国。或许最令人意外的是德国，2015 年，德国因抵制接纳战争难民的风潮持续发酵而成为全球关注的焦点，期间，针对当地难民营的纵火案频发。德国总理安格拉·默克尔（Angela Merkel）在民意调查中的支持率持续走低，部分原因就在于她大规模接纳叙利亚难民的政策。然而，如果不是净移民带来的积极效应，德国的人口总数在 2011 年后会出现大幅萎缩。在 2011～2015 年，净移民让德国的人口总数增加 1.6%，这个数字几乎可比肩全球公认的移民天堂——美国。

尽管输入移民成为德国经济的巨大推力，但与人口总量的下降速度相比依旧不足挂齿。2014～2015 年，德国的新增移民数量已增加 8 倍多，达到 100 万左右。但要维持劳动适龄人口与退休人口的现有比例，德国必须在 2015～2030 年，每年吸引更多的移民，据测算约为 150 万人。但这并不等于说，德国每年只要接纳超过 100 万的移民即可让人口和劳动力问题迎刃而解，因为让外来移民融入本国社会显然需要时间。这只会让德国的老龄化问题复杂化、戏剧化，即老龄人口和年轻人口之间的失衡，会以比 2015 年难民进入的更快速度进一步加剧。这种情况已成为许多工业化国家的常态：尽管接纳的移民数量大量增加，但只能部分缓解人口减少带来的问题。

因为远离难民危机，移民给加拿大和澳大利亚带来的正效应远超过德国，自 2011 年以来，这两个国家的人口分别增长 3.3% 和 4.3%。最近几年，澳大利亚的人口总量增长速度已超过其他主要发达国家，主要原因是他们始终坚持有序接纳移民的政策。澳大利亚人口增长量的2/3源于外来移民，其中大部分来自印度和中国。尽管澳大利亚也存在人口老龄化和经济增长放缓问题，但是在反移民浪潮不断发酵，并在2015年达到顶峰的大环境下，只要它坚持移民开放政策，其经济增长的减速就会远低于其他发达国家。

日本则始终坚持与澳大利亚相反的移民政策。作为一个现代国家，它锁闭外来移民之门的程度已经达到极致。在日本的总人口中，只有不到2%出生于海外，而澳大利亚的这一比例则是30%。此前，这种闭关政策曾被视为它的竞争优势。在20世纪80年代，国内外的分析师还在大谈特谈这种单一文化和没有民族矛盾所带来的"和谐性"，并将之看做日本经济增长的原因之一。日本前首相中曾根康弘（Yasuhiro Nakasone）及其他政治首脑曾公开宣称，"同质化"（homogeneous）社会是缔造日本国家地位和实力的基础。即便到了2005年，时任总务大臣、后担任日本副首相的麻生太郎（Taro Aso）还在称赞日本"单一民族、单一文明、单一语言和单一文化"的特点。

尽管政府高层官员依旧坚持这种观点，但这显然已经和安倍执政时期正在为整个社会普遍接受的认知形成冲突，即如果不接纳海外经济移民，日本将会成为一个日趋萎缩、不断孤立的社会。安倍首相已开始增加针对新移民的签证，且数量持续增长。目前，每一年迁入日本的移民净人数为50 000人，但是要弥补2030年的预计人口减少量，则需10倍于这个数字的外来移民数量。换言之，日本必须采取比澳大利亚更开放的移民政策。

韩国也是一个单一民族国家。昔日，它将这种同质性视为提高政治和劳动凝聚力的源泉，但是面对劳动适龄人口急剧萎缩的威胁，它的转变速度远超过日本。1997～1998年亚洲金融危机的冲击，迫使韩国反思之前的移民政策。在危机之前，韩国的外来移民数量约为25万人，但是从2000年开始，移民的数量已增长400%，达到130万人，而日本同期的增长率仅为50%。目前，韩国政府将打造多元文化提升为官方政策。不仅移民局服务官员对他们吸引海外人才的措施自诩有加，甚至联合国也对韩国为海外劳动力在劳动力紧缺行业提供工作许可证的做法大加赞赏。尽管韩国劳动适龄人口已进入下降通道，但如果没有输入移民，这种萎缩的速度将至少是目前的4倍。此外，在2013年执政后，韩国前总统朴槿惠已承诺采取新的措施解决老龄化问题，手段之一就是吸引年轻的海外人才到韩国工作。

韩国这种吸引经济移民的举措与泰国的无序化政策形成鲜明对比。今天，泰国已成为公认的"东南亚老人"，因为它是该地区唯一一个预计在未来5年劳动适龄人口出现萎缩的国家。20世纪70年代，一改笃信宗教信仰的官僚政府开始推行严厉的生育控制政策，以至于这届政府领袖被后人戏称为"套套先生"（Mr. Condom）。这项政策的执行极为成功，今天甚至有人认为其过于"成功"。警察在大街上发放免费避孕套，和尚将避孕套供奉在庙宇中。这个"套套先生"的真实姓名是米猜·威拉瓦亚（Mechai Viravaidya），他创办的"大白菜和安全套"（Cabbages and Condoms）连锁餐厅免费为顾客提供避孕套；手拿一把避孕套参加世界银行的对话节目，更是让威拉瓦亚名声大振。泰国的生育率迅速下降，在1970年，每个女性平均生育6个孩子，到20世纪90年代初，生育率已降至劳动力替代水平之下。

不过，女性显然不是泰国解决人口问题的真正答案，因为相对自由开放的国家文化，使得该国女性的就业率超过70%，这个比例在收入水平相近的国家中绝无仅有。与其他东南亚国家相比，这个闲散的佛教社会更愿意接受外国人，泰国的海外移民接近400万人，占泰国总人口的比例超过5%。相比之下，菲律宾和印度尼西亚的移民比例均不到1%。在泰国，外国人掌管本国大公司的例子比比皆是，而在印度尼西亚或马来西亚等更强调民族主义的邻国中却鲜有耳闻。这些迁入的移民多来自同样信奉佛教的国家，如缅甸、老挝和柬埔寨。他们来去自由，来是他们的选择，不是因为征召，去也是他们的自由，不是因为他们不受欢迎。在2013年10月的泰国之行中，曼谷当地一位经济学家曾对我说："在泰国，只有经久不息的传说，没有清晰的政策。严格地说，许多来到泰国的移民都非法，但谁会一丝不苟地讲法律？"不过，要解决老龄化问题，泰国还需对外来移民采取更宽容的态度。

在主要新兴市场国家中，近期因移民而受益最大的国家是土耳其、马来西亚和南非。这3个国家已逐渐成为吸引本地区难民和求职者的乐园。2011~2015年，南非因外来移民而增加的人口比例达到1.1%，马来西亚增加1.5%，土耳其更是增加了2.5%。2014年，就在西欧各国右派势力因移民和难民暴增而惊呼不已时，土耳其不声不响地接受了100多万名难民，其中多数来自叙利亚。至少部分土耳其领导人意识到，这是一个输入劳动力和人才的大好时机，许多医生及其他专业人士也有同感。世界银行行长金墉曾在2014年指出，在土耳其，约1/4的新增企业由叙利亚人开办，而且经济发展最快的地区也是难民聚居区。

人才争夺战的核心在于留住人才

随着全球人才竞争日趋加剧，对高水平劳动力的竞争必将更加激烈。截至2014年，在经合组织成员中，2/3的国家已经或正开始实施以吸引技能型移民为主的移民政策。在21世纪前10年中，这些政策已为经合组织成员带来3 500万拥有大学学历背景的移民，增幅高达70%。尽管2015年出现了新一轮的抵制移民运动，但吸引海外人才的竞争丝毫没有降温。

几十年来，美国始终是移民政策的受益者，海外移民已成为推动美国社会创业和经济发展的重要力量。今天，尽管移民占美国总人口的比例为13%，但他们已成为25%新增企业的所有者，并构成硅谷就业群体的30%。2013年全美高科技公司的25强当中，60%由第一代或第二代移民创建。譬如，苹果公司的史蒂夫·乔布斯（Steve Jobs）是第二代叙利亚移民；谷歌公司的谢尔盖·布林（Sergey Brin）是来自俄罗斯的第一代移民；甲骨文公司的拉里·埃里森（Larry Ellison）是第二代俄罗斯移民；亚马逊的杰夫·贝佐斯（Jeff Bezos）是第二代古巴移民。在这些创始人中，有许多人来自战火纷飞或是经济衰败的国家，但也有少数人出身于文化传统浓厚的欧洲国家，包括来自法国的彼埃尔·奥米迪亚（Pierre Omidya, eBay）、来自原东德的康斯坦丁·格里克（Konstantin Guericke, Symantec）和来自意大利的罗杰·马里奥（Roger Marino, EMC）。

近年来，硅谷巨头们越来越深刻地意识到，美国正在关闭面向高技能型海外人才的大门，这使得他们在人才竞争中处于不利之地。自 2000 年以来，越来越多的海外人才来美国只是为了学习，而不是工作。美国每年发放的学生签证已增加到接近 50 万，但工作签证的数量始终维持在约 15 万。与此同时，美国每年将 35 万名毕业生送回他们的祖国，其中最多的目的地是印度和中国。因此，猎头喜欢在加利福尼亚州挑选新鲜出炉的天才少年。

2013 年，科技板块分析师玛丽·米克尔（Mary Meeker）转载了几张照片，照片是加拿大政府在横穿硅谷的主干道 101 号公路上安装的一张广告牌，广告牌上写着"要解决工作签证问题？请重返加拿大"，这句话似乎是在暗讽美国前总统奥巴马期待的"重返亚洲"的外交政策。在 2013 年夏天造访旧金山湾区之前，加拿大联邦公民、移民及多元文化部长贾森·肯尼（Jason Kenney）说，他希望更多人知道，加拿大"欢迎新来者"，而且"不会对笼络人才和挖墙脚有丝毫歉意"。他还说，"如果你们这些家伙不能制订有效的移民政策，我们就会让最优秀、最聪明的人才跨越美加边境，北上加拿大。"

在全球人才战争中，我们很少会听到如此直白的宣战。要判断谁是这场战争中的胜利者，可以看看哪些国家的移民在本国大学毕业生中占据的比例较大，是否还在持续增加。人才之争的最大受益者包括英国、加拿大，尤其是澳大利亚。在这些国家，移民占人口总数的 30%，但是他们在高等教育人群中所占的比例高达 40%。这 10% 的差异就是它们的人才收益。在美国和日本，移民在人口总数和高等教育人口的比例基本持平，这就是说，移民政策对于改善人口质量的影响甚微。在德国、荷兰及其他部分欧洲国家，移民人口的教育水平甚至还不及原住居民。

这种差距绝非无足轻重。移民到澳大利亚、加拿大的中国和印度家庭，大多拥有较高的受教育程度，他们的后代在标准化考试中的成绩至少不低于当地人的平均水平。实际上，在澳大利亚，这些移民在受教育程度方面比本地人更优秀，这也是全球唯一出现这种情况的主要工业化国家。而在美国和英国，外来移民的表现略微逊色于本地人。但在很多欧洲大陆国家，尤其是北欧国家，他们的表现则远不及当地人。以瑞典为例，20% 的本国学生考试成绩"略低于完全参与的现代社会所必需的水平",但60%第一代移民的成绩则远低于这一标准。这种差异在德国、法国、瑞士及其他北欧国家更为显著。在这些国家,人们已开始担心,移民是否会导致人口素质整体下降,进而推高税收,加剧福利及养老金体系的负担。

毋庸置疑,文化壁垒会增加外来移民融入发达经济体的难度,而女性及老年外来移民的融入难度可想而知。此外,对非技术外来移民的担忧或许已经言过其实。越来越多的研究显示,不管是否属于技术性移民,外来移民都将有助于提高生产率、推动经济增长。最近,针对人们经常谈及的外来移民会抢走本国人就业机会的说法,世界银行经济学家卡格拉·奥兹登(Caglar Ozden)进行深入分析的结论是,这种说法与事实不符。

奥兹登发现,就总体而言,外来移民往往接受当地人不愿意承担或无力承担的工作。我曾在2015年6月去到希腊,当时,希腊的债务危机依旧严重。有传闻表明,青年劳动力遭遇高达两位数的失业率,但本地企业主对希腊年轻人工作态度的抱怨让我大吃一惊。他们大多认为,年轻人更愿意待在家里享受父母优厚的退休金,这当然会瓦解他们接受就业挑战的动力。这些企业主指出,他们更愿意雇用有强烈工作欲望的外来移民。这种说法确有数据支撑——在希腊,外来移民的就业率比当地人高出10个百分点。这个差异在欧洲国家中最大。希腊或许是一个极端示例,但外来移民确实填补了许多不受待见的冷门职位。

此外,奥兹登还发现,一般情况下,非技能型外来移民要么对当地工资水平和就业没有影响,要么会提高工资和就业率。他对比了马来西亚的情况,在那里,近来大批外国人的迁入,让很多只有高中学历的当地人成为这些外来移民的管理者,而不再从事具体生产劳动。这就极大地促进了该国经济的增长,而外来技能性移民带来的推动作用更为显著。

在美国,推动生产力增长最重要的人力资源是科研人员、高科技专业人士、工程师和数学家。在这些领域,外来移民已成为绝对主力。在当地人不愿涉足的领域,外来移民往往是填补这些工作的重要力量,比如处于社会最低端的服务员和最高端的数学教授。此外,技能型移民也成为推动技术进步的主要动因,因为他们不仅拥有知识和技能,还能通过言传身教,普及这些知识和技能,如半导体制造工艺的详细流程。

根据哈佛大学发布的《经济复杂度报告》(The Atlas of Economic Complexity),推动经济增长的关键不在个别的优秀人才,而是如何将制造复杂产品所需要的专长融合为一体。例如,智能手机不仅是电池、液晶、半导体、软件及冶金等制造技术的结合,还需要相应的精益制造流程。而获得这一系列人才最快的捷径,就是海外输入。在一个做饭已升级为烹饪艺术的时代,这样的思路自然也适用于越来越多的领域。在 2014 年 1 月的一次秘鲁之旅中,我意外地发现,按某种排名方式,秘鲁首都利马居然拥有全球 20 家顶级餐馆中的 3 家。这里既有拉美口味,又不乏亚洲风味,后者源于 19 世纪来到拉丁美洲的中国及日本劳力。

对许多新兴市场国家而言,这种竞争的核心在于如何留住人才,而非吸引人才。2000～2010 年,已有约 90 000 名发明家离开中国和印度,其中的许多人去到了美国。对美国来说,这代表了他们在人才战争中取得的巨大胜利,而对人才流出的新兴市场国家而言,则是一笔巨大损失。只不过,我们还无法以系统化方式跟踪这种趋势。为此,我只能不断寻找和收集人才流失和人才储备的最新证据。

有些时候,媒体报道的数字可能具有误导性。2011～2015 年,数十万人从乌克兰等国涌入俄罗斯,这些新的求职大军也让俄罗斯经历了一股最强烈的人口输入大潮。但这种人口输入的积极效应,远无法抵消俄罗斯人才不断流失带来的副作用。仅在 2013 年,就有超过 18 万名俄罗斯人跨出国境,这个数字整整相当于 2009 年的 6 倍,接近 1998 年银行危机时期的人才流失量。更重要的是,这些流失的人才大多属于企业家、作家、科研人员或是那些在经济上有能力让子女接受海外高等教育的富裕家庭,而且他们的目标通常是定居海外。在俄罗斯精英们的晚餐中,他们经常谈论一个话题,即如何拿到他们向往的某个国家的签证,以及如何把他们在俄罗斯赚到的财富转移到这个国家。

即便各国政府都在加大吸引海外人才的力度,但排斥外来移民的传统思维始终根深蒂固。除保守的岛国日本之外,在大多数工业国家,人们普遍接受的外来移民人口比例是 10%～15%。而英国的市场调研机构——莫利调查机构（Ipsos MORI）最近开展的一项民调却显示，在德国和英国的普通民众看来，外来移民的比例远远多于这个数字。这种认知偏差在法国和英国甚至更普遍，民意调查表明，公众认知的外来移民人口比例几乎是真实数字的4倍：美国受访者认为，外来移民占美国总人口的32%，而实际的比例仅为13%。

这种错觉也反映出民众对外来人口的担心，更有不明事理的政客试图借此限制外来移民，为抵制外来移民融入本国社会煽风点火。2015年，思想激进的美国总统候选人唐纳德·特朗普（Donald Trump）[①]甚至声称，如能当选，美国将强迫墨西哥移民为建立边境隔离墙支付费用。但墨西哥的劳动适龄人口数量也在下降，这必将导致墨西哥人到美国找工作的动力大减。尽管特朗普及其支持者似乎没有意识到这一点，但是在2015年之前的4年间，来自墨西哥的净移民数量已减少至0，这背后的部分原因就在于，墨西哥人已很难在美国找到建筑业工作。随着新兴市场国家人口增长停滞，输入发达国家的移民数量在持续萎缩，这种趋势在未来若干年有可能继续发酵。

经济增长的积极信号——机器人崛起

人类对机器人的恐惧，似乎不亚于对外来移民和难民的恐惧，但这种恐惧显然很短视。在19世纪初，90%的美国人从事与农业相关的工作。按照当时人们的思维，难以想象这个数字到今天会下降至只有1%，当下工作机会的来源更让他们无法想象。没有人会预见到制造业和服务业带来的就业大增长。令人费解的是，当下的悲观主义者却认为，机器人将最终接管制造业工作，并让人类无所事事，而此后的未来更是无法设想。

这些悲观论者称，现今的技术革命不同以往，因为早期的机器只是人类的工具，新技术时代的机器人却意在像人那样去思维。经过这种转换，机器的作用已不再是生产线上的出力工人，而是一种具有"机器学习"能力的智能自动化程序。迟早有一天，它们会成为生产线的设计者，拥有以

[①] 2016年11月9日，唐纳德·特朗普当选美国第45任总统。

云计算和大数据为驱动力的强大生产力。牛津大学研究人员卡尔·本尼迪克特·弗雷（Carl Benedikt Frey）及迈克尔·奥斯伯恩（Michael Osborne）在2013年指出，在未来的10~20年，美国约有47%的工作岗位可能实现完全自动化。对美国男人来说，最常做的一件事就是驾驶汽车，但有预测称，到2020年，智能化的家用轿车和卡车都将实现无人驾驶。

这种说法也和我们此前听到的诸多观点相互吻合。伯克利大学的机器智能研究院（Machine Intelligence Research Institute）针对各种人工智能（artifcial intelligence）何时到来的观点进行了归集。他们的结论是，到目前为止最标准的预测结果是，这个时代将在20年后逼近人类。实际上，这个结论早在1955年就曾成为公认的答案。关于人工智能，流传着这样一个笑话：如果你认为AI时代将在20年后开启，那你就可以为自己的事业找到投资者；如果你的回答是5年后，他们会牢记你的承诺并希望你拿出事实做依据；但如果你认为这个时代是100年后的事情，将不会有人对你感兴趣。

虽然说机器革命的发展进程或将快于以往的大多数技术进步，但它的实现和普及极有可能具有足够的渐进性和阶段性，因而不至于对人类劳动力造成毁灭性打击。在全球的工业产业领域，机器人与人类劳动力在数量上依然存在巨大差异，前者约为160万部，而后者则在3.2亿人左右。而且，目前大部分工业机器人是非智能化的，仅从事单一的重复性工作，如拧螺栓或是喷涂汽车门。实际上，约有近一半的机器人被用于汽车制造业，而这依旧是美国雇用人类劳动力数量最多的行业。

尽管机器人已成为人类劳动中不可分割的组成部分，但人们还是有自己的事情可做。美国银行的自动柜员机替代了许多人类工作，但招揽储蓄业务的需求还是要求它们设立更多分支机构，人力柜员的数量不减反增，总数已从1980年的50万人增加到2010年的55万人。面对未来就业状况的诸多预测，哈佛大学经济学家劳伦斯·卡兹（Lawrence Katz）做出如下评论："我们永远不会无事可做。从长期看，不存在人类工作岗位减少的趋势。"

如果自动化取代人类的速度之快，确如马丁·福特（Martin Ford）在

《机器人的崛起》(*The Rise of the Robots*) 一书中所述，那么我们就应看到这种替代对人类就业带来的副作用。但是在现实中，人们看到的事实恰恰与此相反。进入后危机时代，人们开始为一个问题感到困惑：一方面，全球经济增长长期乏力；另一方面，主要工业化国家（他们也是使用机器人最多的国家）就业强劲增长。对于以美国为首的、全球最大的 7 个工业化国家集团——"西方七国集团"（G7），失业率的下降速度远低于人们在经济衰退时期的预期，而且这种速度至少自 20 世纪 70 年代以来还未曾出现过。不仅如此，即便德国、日本、英国及其他 G7 成员国的劳动适龄人口比例均保持下降趋势，失业率依旧在持续减少。德国、日本和韩国的就业形势向好的趋势尤为突出，而它们也是使用机器人最多的工业化国家。

不可否认，自动化浪潮的"入侵"仅仅是开始，不断提速是不可避免的趋势，但无论是历史还是现实，都无一例外地表明，人类最终总会有办法与他们一手创造的入侵者达成某种默契。人机合作型机器人（Cobot）就是解决这个问题的一种答案，也就是说，具有足够安全度的工业机器人可以与人类劳动者相互合作，而不再是需要关在笼子里的猛禽怪兽。技术乐观派坚信，机器人只能成为人类的仆人，而不是我们的替代物，它们的价值在于让我们解脱繁重的劳作，让人类拥有更多的休闲时间。即便如此，现实中依旧存在强有力的证据显示，解决年轻人口比例下降的答案，就是拥有更多的机器人。一位不安的记者近期曾采访诺贝尔经济学奖获得者丹尼尔·卡尼曼（Daniel Kahneman），提出"机器人崛起"给工业化进程加快的国家，比如中国，所带来的威胁。卡尼曼的回答是："你根本就不必大惊小怪。在中国，机器人的出现恰是时候，它们是拯救这个人口减少国家的重要帮手。"

在未来，经济学家或许会把劳动型机器人的增加视为经济增长的积极信号，这个逻辑同样适用于我们当下对劳动适龄人口增长趋势的分析。无论是刻意而为之，还是出于幸运的巧合，许多老龄化加速的国家恰恰也是自动化程度最高的国家。国际机器人联盟（International Federation of Robots）发现在全球范围内，机器人使用密度最大的国家是韩国。2013 年，韩国每 10 000 名工人配备有 437 部工业机器人，其次是日本的 323 部，再次是德国的282部。在这方面,中国还很落后,每10 000名工人配备的机器人数量仅为14部,但我们有足够的理由对此保持乐观。毕竟,中国是全球机器人增长速度最快的国家,仅在2013年的增长总量就达到36 000部。

我对人类劳动自动化的前景同样持乐观态度,因为我坚信,主宰物质世界的法则,同样适用于经济世界——在这里,你不会永远失去任何东西,也不会永远得到任何东西,一切都是相互转化,守恒才是终极的真理。正如麦肯锡的咨询师所言,在过去25年里,在美国的新增就业岗位中,约1/3在25年前根本就不存在,或是很少。在下一轮劳动主体的转换中,人类极有可能承担起某些我们今天还无法想象、机器人和人工智能都无法承担的新型工作。

随着人口减少趋势的经济效应逐渐展开,某些分析家或许会说,应对人口增速放缓的最佳对策,就是没有对策。这确实是许多日本人的观点,在那里,人口老龄化的加剧早在20世纪60年代就已出现。日本也是世界上第一个出生率降至劳动力替代水平的国家。这种静观其变的观点认为,只要人均收入不降低,人口下降对经济的影响就有限。但对任何一个国家来说,都很难坚持这种视而不见的态度。全球化竞争势必加剧,在2010年,中国超过日本成为世界第二大经济体,而日本也一直试图采取更积极的举措,重启经济增长的发动机,应对中国在亚洲地区给日本带来的政治与经济挑战。人口增长不仅关系其国际地位,还将影响以经济力量为代表的国家实力,更不用说新生力量进入劳动力市场所带来的活力和效率。

因此,要评估哪些国家具备增长潜力或是将陷入衰退,首先应看这些国家的劳动适龄人口是否出现增长,以此来判断人力资本是否会给未来经济增长创造基础。同样重要的是,追踪善于或不善于利用人口收益的国家。它们是否对老龄人口、女性或是外来移民敞开就业大门?它们是否正在采取措施,提高劳动力大军的技能水平,尤其是能否吸引高技能型外来移民?在劳动力日趋匮乏的大背景下,我们应充分利用一切可以动员的力量,无论是人力还是机器。

第 2 章　生命周期

国家是否做好支持改革者的准备?

变革的时机和方向,取决于一国在政治周期中所处的位置——危机、改革、繁荣还是衰败。

现在回头看，我确实应该接受邀请，对俄罗斯的未来提一点"更中肯、更刻薄的建议"。2010年10月，俄罗斯一家大型银行给我打来电话称，总理办公室打算邀请我就这一话题，在莫斯科世贸中心召开的一次会议上做演讲。来到现场，我发现大厅里挤满了人，俄罗斯总统普京和其他几位要人坐在台上，其中包括时任法国财政部长的克里斯蒂娜·拉加德（Christine Lagarde）。我尽量让自己的发言坦率直白，主要阐述了20世纪90年代后期以来的多重危机如何让俄罗斯举步维艰。这或许不会让普京尴尬，因为他是在2000年才开始出任俄罗斯总统一职。在上任之后，普京开始实施大规模改革，包括将所得税税率统一为13%。这些改革措施让许多原本一潭死水的领域重现生机，俄罗斯的人均收入从2 000美元提升到12 000美元。

随后，针对俄罗斯的现实与未来，我表明了我的基本观点——我不看好俄罗斯的未来。当时，我感到拉加德瞥了我一眼。如今的俄罗斯已经是一个中产阶级国家，推动其经济增长所面临的挑战也随之发生剧变。俄罗斯经济正在失去动力，因为它未能及时转变增长模式，始终没有摆脱对石油、天然气的依赖。目前，俄罗斯已不太可能继续依赖高油价带来的意外收入——在此前10年里，石油、天然气给俄罗斯经济贡献了1.5万亿美元。我在演讲中提到一句古话：富国应该只做值钱的东西。当俄罗斯需要更有前途的新兴行业时，其中小企业的数量远少于大多数发展中国家。

在演讲过程中，我注意到普京表情严肃，不断做笔记，那时我感到颇有成就，因为我想他或许能从我的一席话中找到些启发。我当时还不知道，俄罗斯国家电视台正在直播这次会议实况，也没料到纽约办公室的同事会在第二天一大早就发疯地拷问我："你到底在干什么？"在克里姆林宫发布的会议公报里，我似乎成了不受欢迎的人，因为我的观点充斥着对俄罗斯前景的否定和悲观。如此一来，我的评论自然也被视为空洞无物的华尔街评论，被一带而过。值得庆幸的是，我在当天便离开了这座城市。

几个月后，在美国举办的一次公开论坛上，我有机会参访前总统乔治·W. 布什（George W. Bush）。我提出的问题是，自他们2001年会晤以来，普京发生了哪些变化。布什当时的回答是，他很清楚这位俄罗斯总统骨子里是何种人。在他看来，普京或许是个可以一起做生意的人。布什认为，普京已经被成功所迷惑，随着俄罗斯经济的起飞，他也变得刚愎自用。在他们的第一次会晤中，俄罗斯还在为摆脱1998年的金融危机而挣扎，普京一直在大力推行改革，尤其是致力于解决俄罗斯的债务问题。但是到2008年，普京对将全球金融拖入灾难中的美国次贷危机幸灾乐祸。那时的普京不再是昔日讲求实用主义的普京，而是变身成一个追求平民主义（populism）①的普京——将国民储蓄用于增加养老金，更是一个民族主义的普京——捍卫新时代俄罗斯的大国地位。

布什的评论让我深受启发，这与我思想深处的某种观念不谋而合：即便是最有革新精神的改革家，也会随着时间的推移而变得僵化守旧，这种变化最终将在经济上留下不可磨灭的烙印。即便是昔日曾创造经济增长奇迹的亚洲国家领导者，也无法逃避这种"老化"过程。20世纪七八十年代，苏哈托（Suharto）领导下的印度尼西亚实现了经济快速增长，然而，他本人逐渐变得骄横跋扈，任人唯亲，导致其国内民众在1998年掀起大规模抗议。人们在雅加达四处纵火，这场暴动最终将苏哈托赶下台。在马哈蒂尔·穆罕默德（Mahathir Mohamad）的领导下，马来西亚也创造出经济增长奇迹。但是到了2003年，党内暴乱使得马哈蒂尔政府倒台。正当我和布什聊起这个话题的时候，类似的转变也在土耳其执政党内持续发酵。土耳其总统雷杰普·塔伊普·埃尔多安（Recep Tayyip Erdogan）正走在从实用主义改革

---

① 在政治学中，平民主义又称民粹主义，是一个比较模糊的概念。本书中，平民主义主要指一种在政治上刻意迎合普通民众的意识形态。反对精英和拒绝以牺牲普通民众的现实利益来实现历史的进步，是其基本的特征。

转向平民主义改革的道路上，其领导在国内饱受争议。

尽管普京是一个极端案例，但我还是要说，他从务实的改革家到善于表演的偶像型政治家的转变，恰恰对应了政治生活的自然周期：危机常常会迫使一个国家实行改革，而改革大多会带来增长和繁荣，但是繁荣容易滋生领导者的自负，进而引发新一轮的危机。在第一任执政期内，普京还会认真倾听时任经济发展和贸易部代理部长格尔曼·格列夫（German Gref）及财政部部长阿列克谢·库德林（Alexei Kudrin）等改革派顾问的意见，大力推行税制改革，留存石油带来的大部分利润，积极投资新兴行业。

那段好时光真的非常好——2000～2010年，俄罗斯的经济体量几乎翻了一倍。但这也使俄罗斯人滋生了自满情绪，他们将国家权力全权托付给自负的领导者。在获得极高的民众支持率之后，普京逐渐放弃改革，开始关注权力控制。2011年，他免去了库德林的职务。同年，俄罗斯经济陷入断崖式滑坡。虽然就此认定这些事件之间的因果关系还有点勉强，但改革终止至少是造成俄罗斯经济陷入深度衰退的原因之一。

政治对经济体的影响，关键要看这个国家是否已经做好迎接改革家的准备。要回答这个问题，第一步要判断这个国家正处于其政治周期的哪个阶段。当国家为摆脱危机而挣扎时，它更有可能朝好的方向改变。当一个国家即将走投无路时，其民众和政治精英最有可能接受残酷的经济改革。而在这个周期的另一极端上，身处繁荣与兴旺的公众陷于自满之中，忙于享受盛世的财富和闲适，而忘记了一个最基本的命题——在充满竞争的全球经济舞台上，改革永远有必要。此时，这个国家更有可能走向腐朽。

第二步要判断这个国家是否有能引导民众支持改革的政治领袖。政治周期对民众意愿的影响广泛而深刻，民众情绪会随着周期的演进而波动，只有兼具个人魅力与善治意识的新领袖人物才能够将民众求变的意愿转化为切实可行的改革。而最有可能将这种意愿化为现实的时机，就是这个领袖人物出现的那一刻，普京显然就是这个适时而至的人物。1999年，普京当选俄罗斯总理。次年，他又在总统大选中赢得胜利，当选俄罗斯总统。要出走危机，一个国家通常需要对领导层做出调整，然后在这些新任领导者当中寻找最合适的变革者——危机有可能赋予他们强烈的改革使命。

当一个国家长期受制于僵化的领导者时，就不可能出现改革，因为这些领导者习惯于慷政府之慨，作为对盟友的奖励和对民众的恩赐。繁荣时期会让改革家自以为是，使其权力欲望不断膨胀。因此，僵化的领导者长期把持权力是一个值得警惕的信号，他们或许就是导致国家走向衰落的引领员。事实上，自2008年全球金融危机以来，从土耳其到巴西，还有遍及阿拉伯国家的大规模政治抗议运动，基本上都是针对僵化守旧的领导层。

尽管任何国家都很难逃避这种政治周期，但周期的循环速度在各国都不相同。与较富裕的发达国家相比，新兴世界中较为贫困的国家，增长过程表现得更不稳定，快速反弹和长期衰退已成为常态。通常，新兴市场国家的衰退在振幅上更剧烈，以至于它们在繁荣期的全部收获会损失殆尽，这就制约了它们的长期性增长。实际上，许多国家就是在反复的倒退中走向贫困。2000～2010年，俄罗斯的人均收入增长了整整5倍，这样的增速令人瞠目结舌，但是在进入21世纪的第二个10年后，它的人均收入便迅速跌回20世纪90年代银行危机爆发之前的水平。这种衰退至今还在延续。2014年，油价暴跌引发的新一轮危机再次席卷整个国家，俄罗斯的人均收入再次大幅下降，从2008年的12 000美元减少至如今的8 000美元。

这就是政治周期带来的变化，从一场危机的硝烟中走出，再走入下一场危机的烈焰。在最艰难的时期，领导者会归罪于外国势力或是其他不可控因素；在繁荣时期，他们马上会跳出来争夺名誉。即便经济收益部分源于全球性因素，比如1998年后全球油价上涨给俄罗斯等石油国家带来的增长，政治领袖们也会将这种强势增长看做自身的功劳。他和自己的阁僚们会认为，只要有他们天才式的领导，国家就会与成功为伴。进入21世纪后，印度基本处于曼莫汉·辛格（Manmohan Singh）国民大会党的领导之下。于是，执政党狂热地以为，这个国家超过了其他新兴市场国家。许多选民也信以为真。于是，整个国家最关心的话题不再是维持经济强势增长所需要的改革，而是畅想在未来继续保持8%～9%增长率的情况下，它该如何花掉大把掉进腰包的财富。进入21世纪第二个10年，这种转变似乎已成为印度经济增长遭遇断崖式下跌的先兆。

政治领导人的偶然成功和频繁失误，才是国家实现繁荣或衰败的关键，政治周期为我们识别哪些国家将进入快速增长期，或是哪些国家将跌出增长轨道提供了一些参考。

在各种各样的报纸、杂志上，每个读者都会看到不计其数的专栏评论提出这样的"忠告"：这个或是那个国家需要一场大规模的"结构性改革"。这绝对可以称得上是放之四海而皆准的好建议。在任何时候提出如此的建议都是明智之举，因为没有哪个国家不需要对部分环节进行"结构"修复。这种修复既有可能是针对企业和政府运行方式之类的"微观"问题，也有可能是针对高通胀、币值高估或是预算及贸易赤字等"宏观"问题。更重要的是，在哪些修复最有意义这个问题上，人们通常都能找到充足的理由。即便是在当下两极分化极端严重的美国政坛，支持削减非竞争性企业所得税率的声音也在不断增强。至于比较贫困的国家，需要"修复"的问题就更多，以至于新上台的领导人的第一步从何开始已经不重要：平息内乱，修建道路，拓展贸易，或是抓捕违法的金融官员……总而言之，需要他们出手的地方太多。

不过，精准判别一个国家在何时为实施艰难的变革做好准备，远比改革本身的具体内容更重要。毕竟，公众支持变革的意愿，往往取决于他们当时最深刻的感受——是危机带来的紧迫，还是与繁荣相伴的慵懒。在21世纪前10年的繁荣时期，从俄罗斯到印度再到巴西，公众情绪在驱动生命周期中一直扮演着关键性角色。许多国家以为，高速增长将成为永恒定律，当下唯一需要"改革"的问题，就是如何分享即将滚滚而来的财富。每个造访里约热内卢、莫斯科或是新德里的人，都能深切体会那种盛宴无休的感受。在那里，许多人开始觉得，繁荣的未来是他们唯一的归宿。因此，除非面对政治周期发生逆转的关键节点，否则，我们只能耐心等待我们所期待的那种改革，即有可能改革国家前进方向，并最终引导这个国家走上不断完善之路的改革。令人遗憾的是，这些国家都还没有遇到如此有意义的"良性"危机。

尽管一场适当的危机可提高一国接受变革和新领袖的可能性，但到底哪些新领导者会成为成功的改革家，依旧难以断言。这些人原本就少之又少，而且在现实中，改革家要面对诸多扑面而来的挑战，其中既有来自国内既得利益者的抵制，也有全球经济逆境带来的拖累。然而，要判断哪种类型的领导者最可能为改革赢得公众支持，并制订出切实可行的改革计划，我通过长期以来的经验总结出几条基本规则。简而言之，对于能否长期推行改革并取得成功，从零开始的新任继任者的概率要大于思想已趋于固化的在位者，拥有广泛群众基础的领导者要胜过高高在上的精英式技术专家，民主型领导者要强于专制型统治者。

平民主义的理想和现实：到底是口号还是目标

法国前总统夏尔·戴高乐（Charles de Gaulle）这样说过："一个伟大的领袖是意志和特殊历史时期相结合的产物。"这句话从另一个层面揭示，危机最有可能造就成功的新型改革家。一个国家的危机越是深重，它带给民众的冲击越大，人们就越有可能支持新的领导者，尽管变革必将会破坏既有的社会秩序。

战后繁荣的第一波冲击出现于 20 世纪 70 年代。当时，高福利国家的过度开支，欧佩克组织①及主要产油国掀起的石油价格高涨等一系列因素，造成经济增长停滞与高通胀率并存的滞胀局面。对此，大多数国家觉得自身缺乏领导。当民众普遍意识到自己的国家即将分崩离析时，他们开始接受激进式改革，并由此出现了引导改革的先驱者，如英国的玛格丽特·撒切尔（Margaret Thatcher）、美国的罗纳德·里根（Ronald Reagan）。作为危机时期的一种通常现象，这些领导者的承诺最初往往不被看好，未来被危机的阴霾所笼罩。在许多旁观者的心中，撒切尔依旧是杂货店老板的女儿，里根还是昔日那个演员。

危机招致的痛苦会让许多国家期待变革，却未必总能推动它们接受艰难的变革。有些国家转向承诺能轻易带来繁荣和国家荣誉振兴的平民主义者。正是这种倾向，促使委内瑞拉在经历 20 世纪 90 年代拉美金融危机后，将国家繁荣的重任交托给乌戈·查韦斯（Hugo Chávez），而阿根廷人则找

---

① 成立于 1960 年 9 月 14 日，是石油输出国组织（Organization of Petroleum Exporting Countries, OPEC）的中文音译，其宗旨是协调和统一成员国的石油政策，维护共同的利益。

到了内斯托尔·基什内尔（Nestor Kirchner）。还有一些国家则将重任交付给名副其实的改革家，正如20世纪80年代美国对里根的托付，英国对撒切尔的信任。

这两个人均在国家地位遭遇危机时担负起重任，此前10年的沦落已令其民众开始担心，他们的国家正在全球竞争中不断倒退。撒切尔和里根联手出击，试图弥补两国在20世纪70年代遭受的耻辱——那时的英国，深陷债务泥潭，并成为一个向IMF伸出求援之手的工业化国家。英国保守党曾公开表示担忧，过度管制的英国或许会像法国那样，直接滑入左翼势力的手中。美国同样深陷吉米·卡特（Jimmy Carter）执政时期的"萎靡不振"而无法自拔。美国人也开始担心，有朝一日，欧佩克产油国的油价大棒会将他们打得喘不过气。出于对经济滞后和随之而来的国家地位衰落的担心，这两个国家有足够的动机去实施改革。

对生活在里根、撒切尔时代的这一代人来说，最不可思议的是，在彼此相去甚远的经济背景下，他们居然采取了极为相近的改革举措应对各自的危机。20世纪70年代的低增长和高通胀有迹可循，其根源在于不同程度的政府控制。这一代领导人推出的解决方案，成为此后自由市场模式的改革模板。这套模板包括放松对经济的集中控制、削减税收及政府收费、对国有公司实施私有化和取消价格控制等一系列举措，与此同时，大力支持中央银行在抑制通胀方面扮演核心角色。尽管对这些领导人的争论至今尚存，但有一点毋庸置疑，他们的改革为国家摆脱经济停滞带来了新的动力。进入20世纪80年代，美国和英国先后开始复苏，激励了新一代改革家。

到20世纪90年代，在新自由市场理论的影响下，许多新兴市场国家开始开放对外贸易和资本流动，但有些国家也因过度对外举债而陷入危机。债务引发的货币危机最先在1994年降临墨西哥，随即蔓延全球：首先在1997～1998年诱发了一场席卷东欧及亚洲地区的大规模金融危机，并在随后的4年里扩散到俄罗斯、土耳其和巴西。政治周期出现逆转，危机促使人们再度升起对改革的期待。时势造英雄，大量企业破产与1998年危机大潮余波的叠加,让第二代新型领导者脱颖而出，也造就一个全新的改革群体，包括韩国的金大中（Kim Dae-jung）、巴西的路易斯·伊纳西奥·卢拉·达席尔瓦（Luiz Inácio Lula da Silva）、土耳其的埃尔多安，还有俄罗斯的普京。

今天的人们似乎很容易忘记，虽然他们风格不一——普京和埃尔多安是典型的强权派，但这4个人的确为增加政府预算和贸易盈余、减少债务和降低通胀率奠定了坚实基础，并最终为发展中国家历史中的鼎盛繁荣创造了条件。在2010年前的5年间，这轮大繁荣实际已吹散笼罩贫困国家的阴霾。按人均收入水平衡量，97%的新兴市场国家都在逼近甚至超越美国，即在110个有数据来源的新兴市场国家中，已经有107个国家在这方面的差距与美国正在缩小，甚至将美国抛在身后。与97%的赶超率对应的是，在此前50年中，各个5年期的平均比例仅为42%。此外，2005～2010年，继续落后于美国的3个国家无一例外均为小国：牙买加、厄立特里亚和尼日尔。因此，我们有足够理由认为，那时所有新兴市场大国都在紧追美国，而在这场被称为"其他地区的崛起"（the rise of the rest）的大潮中，韩国、俄罗斯、土耳其和巴西成为领跑者。

金大中这一代的改革家和里根那一代领导者一样，善于利用危机意识和国力衰退的风险推进改革。我之所以选用金大中来指代第二代改革者，是因为他是这个群体中最没有争议、最令人赞同的变革力量。金大中没有接受过正规的高等教育，而且来自长期贫困的南部省份，远离以首尔为中心的北方权力中心。但作为一位极具个人魅力的平民主义者，在20世纪七八十年代，金大中逐渐成为对抗韩国威权政权的反对派主要领袖之一。那段时间，他屡次遭受牢狱之灾。然而，在亚洲金融危机最严重的1998年，金大中终于赢得韩国总统大选，成为朝鲜战争之后第一位成功当选的反对派领袖。上任后，他不仅着手平衡债务，而且打破了政客、国有银行与主要财团间千丝万缕的利益勾结。正是这种政经结合的利益裙带，使得韩国企业肆意举债，直至难以自拔并最终引发危机。与此同时，金大中政府还组建了一个新的职能机构，关闭无力经营的高风险银行，并强制其他银行增加储备金水平，降低贷款损失风险。在这一代国家领袖当中，金大中在改造国民经济基础结构方面的彻底性，是使韩国的经济实力至今仍超前于俄罗斯、土耳其和巴西的一个重要原因。

在1998年卢布危机爆发后，普京被指定为叶利钦的接班人。在2000

年的总统大选中，普京成功当选，并承诺重启对俄罗斯的强力控制。在库德林（Kudrin）和格列夫（Gref）等幕僚的影响下，普京采取了疾风骤雨般的改革举措，带领俄罗斯沿着正确轨道实现了飞跃式发展。他将石油利润转为储备基金，以应对不可知的风险；与俄罗斯的商业巨头达成协议，允许他们在不干涉政治的前提下独立经营；为减少税收体系多头征收带来的腐败现象，普京将俄罗斯的税项从200项减少到仅有16项；他还在所得税环节引入多重分级税率，建立单一的税收征收机构，解雇全部税收警察（腐败在税警中已司空见惯）。降低税率相当于提高收入水平，为普京实行预算平衡创造了条件。但与金大中不同的是，普京并没有着眼于提高银行和企业的竞争力或是强化制造业。不过，他还是让俄罗斯的国家金融恢复了稳定，这在苏联解体后还是第一次。

两年后，埃尔多安当选土耳其总统。当时的土耳其正遭遇严重的货币危机及恶性通胀。和普京一样，根据经济事务副总理阿里·巴巴坎（Ali Babacan）的建议，埃尔多安上任后的第一件事就是将土耳其经济引入稳定发展的轨道。埃尔多安本人也曾到过伦敦和纽约，并就土耳其进入西方国家体系发表过演说："证明自由市场民主也能成为伊斯兰社会的基础"，是他所领导的执政党的一项重要使命。他对国家财政的处理方式几乎无懈可击：改革铺张浪费的养老金制度；对陷入危机的国有银行实施私有化改造；通过了以平稳化过渡方式关闭破产公司的法律；将维持预算盈余作为不可动摇的目标。不管后人对埃尔多安和普京提出怎样的指责，但他们早期改革的积极效应不容置疑：在随后的10年里，土耳其人也和俄罗斯人一样，人均收入屡次翻番，增长到超过10 000美元。至少在一段时间内，两个国家摆脱贫困面貌，进入了中产阶级国家的行列。

通常，促使人们改变思维定式的危机，更有可能为全新思维的国家领导者开启大门。这种危机可能源自民众对巨大冲击做出的反应——比如1997～1998年的亚洲金融危机，不仅让韩国人意识到改革的必要性，也让印度尼西亚及其他国家深受触动。此外，民众对经济地位长期下降产生的积怨，同样有可能触发这种危机。从20世纪80年代的撒切尔到当下的普京，上述提及的改革家，几乎都出现于长期衰退的经济体。在痛下决心之前的

10年里,这些国家国民经济持续低迷,在全球竞争中的地位不断下滑,在地区乃至全球市场中的份额也日益萎缩。唯一例外的领导者,就是土耳其的埃尔多安,但土耳其经济之所以不输于邻国,部分原因在于当时该地区在总体上处于加速恶化状况。

有些观察者会对这种说法持否定态度。有观点认为,普京和埃尔多安之所以选择改革,因为这是获得IMF援助资金的必要前提。拿到这笔钱,他们就必须实施改革,所以据此将他们认定为真正的改革家,并不符合实情。但这背后的关键在于,不管改革是出于他们的个人信念,还是民众的呼声,抑或是债权人的压力,这场危机毕竟促使他们实行了改革。在进入21世纪之后,对任何一个亲身造访莫斯科或是伊斯坦布尔,或是倾听巴巴肯和库德林等土耳其或俄罗斯改革家观点的人来说,有一点确信无疑,即促使普京和埃尔多安走上改革之路的,不仅有IMF的压力,更有本国民众的呼声和危机带给他们的痛楚。实际上,在这种情况下,土耳其和俄罗斯已经做好改革的准备,而普京和埃尔多安只是那个按下启动改革按钮的合适的国家领袖。他们不仅有吸引民众的个人形象和魅力,而且深知改革的紧迫性。

另一种否定观点认为,进入21世纪伊始,新兴市场国家总体呈现高速增长态势,而俄罗斯和土耳其只不过是赶上了这轮大潮而已。因此,这种强势增长并不能完全归功于普京和埃尔多安。尽管全球繁荣这样的大好时机,确实是这些领导者取得成功的重要因素,但如果他们也采取和委内瑞拉的查韦斯或阿根廷的基什内尔一样的经济政策,再好的机会也无济于事。经过这轮周期,土耳其和俄罗斯实现了坚实的高增长和超低的通胀率,在经济上已将委内瑞拉和阿根廷远远抛在后面。

好运和善政的合理组合,造就了这代人中最后一位改革家的脱颖而出,他就是巴西的卢拉·达席尔瓦。2002年总统选举获胜之后,达席尔瓦从已着手解决高通胀问题的亨里克·卡多索(Henrique Cardoso)手中接过巴西的领导权。但正是达席尔瓦,才拥有改变巴西人思想的魅力和口碑,随后的经济复苏也归功于他。作为巴西第一位来自工人阶层的民选总统,卢拉19岁时在工伤事故中失去了一根手指,因此被许多批判家描绘成"九指的准文盲蓝领"。还有许多人希望他能恢复10年前曾给巴西带来高通胀的宽松公共开支政策。投资者对卢拉更是心存担忧,以致他的当选居然引发巴西本币币值和股市的暴跌。不过,也恰恰是这场"千载难逢"的危机,激励卢拉走上改革之路。

卢拉任命富利波士顿金融公司(FleetBoston Financial)前总裁亨里克·梅里尔斯(Henrique Meirelles)担任巴西央行行长。发誓遏制巴西高通胀的梅里尔斯说到做到,他将国内基准利率提高到25%以上。随着全球大宗商品行情的上涨,巴西经济在卢拉的领导下实现了加速增长。跟随前人的足迹,卢拉将国家的当务之急与推行改革所需要的民众支持结合,将国家从极端艰难的逆境中解脱出来。

2008年的全球金融危机再次引发一轮世界性"大衰退"(great recession),这场衰退也是20世纪30年代以来最为深重的危机,而如此规模的冲击必将激发民众对改革的强烈呼声。随后,全球范围内掀起对长期统治者的反抗。这种反抗既体现为民主形态的选举,也有暴力的街头抗议。在民主国家,选民纷纷开始用选票对政府发声。2005～2007年,包括20个最大新兴市场经济体在内的世界大国前30中,2/3国家的执政党在下届选举中取得胜利。但是在2010～2012年,随着全球性衰退蔓延到整个发展中国家,执政党下台的比例增加了一倍,2/3国家的执政党在连任选举中落败。这场运动遍及大部分欧洲国家以及智利、墨西哥和菲律宾等国,进而又蔓延到印度、印度尼西亚和意大利等国家。尽管对新上任者做出判断还为时过早,但有影响力的领导者,最有可能是那些通过民选产生,以解决后危机时代主要社会问题为着力点的改革家。

"解雇改革派"是经济倒退的征兆

尽管后危机时代的每一次转型都无比复杂,但逐渐也形成了一种典型模式:勇敢无畏的新一代领导者更有可能成为改革的发起者,但随着时间的推移,他们的关注点会逐渐转向维护自身权力与地位,或者是帮助亲人朋友谋利。随后,他们的改革意愿不断衰减。我们可以简单地将这种模式理解为:在新任领导者的第一个任期,最有可能出现影响巨大的改革;第二个任期，改革影响力会大大削弱；进入第三个任期后，他们的改革思维可能消失殆尽，或是实施改革已不再受到民众欢迎，或是二者兼而有之。当然，也不是没有例外——李光耀统治新加坡超过30年，但似乎从未丧失过对改革的激情，但鲜有的例外不会推翻一般性规律。

僵化守旧会摧毁许多曾经令人尊敬的改革家，里根就是"第二任期诅咒"的牺牲品。在经历第一个任期之后，频繁的丑闻、民众的厌倦和国会的抵制，让这位美国总统推行改革的步伐举步维艰。尽管某些观察家对所谓诅咒的真实性表示怀疑，但著名史学家、作家迈克尔·比齐罗斯（Michael Beschloss）曾说，既然自两个世纪前的詹姆斯·门罗（James Monroe）以来，还没有总统能兑现第二个任期的目标，那么就说明这种事情自有其道理。

尽管卢拉和金大中都意识到权力欲望的危害性，但是在卢拉的身上，还是不由自主地体现出老化政体所独有的武断和自负。2009年，在全球金融危机已开始侵蚀许多西方国家，但还未降临新兴市场国家时，卢拉的第二个任期已接近结束。他开始宣传巴西如何弱化危机。他在全球各地讲演，称2008年的始作俑者"既不是非洲人，也不是穷人，甚至根本不是本地人，而是某些蓝眼睛白人的非理性行为，他们一手制造并激化了这场危机，并将危机的火种传给其他国家。"但他没有意识到，危机迟早会殃及巴西及其他新兴市场国家，实际上，就在卢拉依据巴西法律，于2011年1月1日按期卸任后的几年，危机便降临巴西。

遗憾的是，对约束其权力的法律，埃尔多安和普京没有展现出足够的尊重。今天，这两人已进入他们在国家最高权力地位上的第四个任期，这在大国中是极为罕见的现象。他们也进而成为僵化型领导的典型代表。在2006年年底，俄罗斯领袖在限制开支、倾听基层意见、寻求持续发展等方面的意愿还很强烈，比如减少俄罗斯对石油收入的依赖。但不久之后，政策便开始出现变化，政府开始动用以前积累的储备资金拯救石油产业，并加大针对民众的社会化开支，譬如大幅提高老龄化人口的养老金水平。这些举措严重伤害了来之不易的预算稳定。

与此同时，土耳其的批评家指责埃尔多安越来越独裁，改革意愿减弱，镇压民主运动，打击异己力量，称埃尔多安正在成为"下一个普京"。在

2002年成为伊斯兰正义与发展党（AK Party）党首后，埃尔多安一帆风顺，到2007年第一个土耳其总理任期结束时，土耳其还一直被公认为新兴市场国家的改革先头军之一。国际社会也普遍认为，埃尔多安为长期以来远离权力中心、占人口绝大多数的穆斯林民众带来了机遇。同样，正是这个多数派的主流力量带领土耳其实现了高速增长，这不仅让埃尔多安赢得了务实的穆斯林势力的拥戴，也获得了某些世俗精英——老牌"土耳其白人"的认同。

每经历一次大选，埃尔多安得到的票数都在增加，而他的自负也随之膨胀。在2011年开始第三个总统任期时，他开始排斥土耳其世俗派势力，极力推行伊斯兰风俗信仰，对夜总会、酗酒、吸烟和当众接吻等行为进行限制。和普京一样，埃尔多安在缔造国家形象和民族自豪感方面极为慷慨，他大力推进各种以宣扬奥斯曼土耳其帝国时期的强大为主题的项目，包括世界上最大的清真寺等。这些举措进一步疏远了土耳其的世俗派势力。两年后，埃尔多安计划将伊斯坦布尔一座深受民众喜爱的公园，改造成奥斯曼土耳其帝国时期风格的商场。这个计划让土耳其陷入一场席卷新兴市场国家的风暴。实际上，这场中产阶级反对老化政府的风暴，早已经在包括埃及、巴西在内的许多国家发生。

对这场始于2013年夏天的动荡，媒体最初关注的焦点还是在中产阶级抗议者身上，而不是这些抗议者所指责的僵化政权。《华盛顿邮报》（Washington Post）的一个报道团队将动乱归结为"贪得无厌"的"中产阶级暴动分子"。《纽约时报》（New York Times）的一名记者从伊斯坦布尔城郊一家高档餐厅发布的报道称，在这里，他看到的是一场由"上等阶层"和"受到高等教育的富人"掀起的抗议，而这些人恰恰是他们正在反对的这个政体的最大受益者。斯坦福大学的政治学教授弗朗西斯·福山（Francis Fukuyama）认为，这是一场精通技术的年轻一代掀起的"中产阶级暴乱"。这些观点似乎有理有据，但中产阶级并没有成为此后更大规模抗议的主力。诚然，在这些陷入动乱的国家，中产阶级的崛起已成为不争事实，但这种崛起同样存在于其他许多国家。此前15年，在21个最大的新兴市场国家中，中产阶级群体占全国总人口的平均比例提高了18%，已经超过一半。

但令人匪夷所思的是，爆发大规模抗议活动的分别是中产阶级增长速度最快和最慢的两个国家：前者是中产阶级人口比例达63%的俄罗斯，后者是中产阶级仅占5%的南非。抗议活动最激烈的国家是中产阶级人数增速接近18%这个平均点的国家，如增速为14%的埃及、19%的巴西、22%的土耳其。简而言之，中产阶级的增长与他们参与抗议活动的程度并无明显关联性。

关联性最强的是他们抗议的对象：几乎所有抗议者的矛头都直指老化、自闭的执政势力。新兴市场国家在进入21世纪后经历的经济繁荣，促使许多国家领导人认为，国家成功源于他们的个人领导。2003~2013年，在20个最重要的新兴市场国家中，执政党的平均执政时间从4年延长到8年，增加整整一倍。对尚处于蓬勃发展中的国家来说，这当然无足轻重，但在接近2010年时，新兴市场国家的经济增长速度已经开始出现整体大幅下滑的趋势。

抗议活动首先在2011年爆发，南非矿工举行了大规模罢工。在当年年底，印度和俄罗斯也爆发了针对辛格政府和普京的抗议活动，部分示威者甚至高举标语，将普京比作利比亚的穆阿迈尔·卡扎菲（Muammar al-Qaddafi）和朝鲜的金正日（Kim Jong-il）一样的大独裁者。到2013年，在20个最大的新兴市场国家中，已有7个国家出现政治动乱：俄罗斯、印度、南非、埃及、土耳其、巴西和阿根廷。而在这些发生暴乱的国家中，被抗议对象均为执政时间超过8年，并未能在后危机时代妥善解决经济增长问题的政府。

因此，我们可以做出假设，不管多么优秀的执政者，迟早都会丧失改革的动力。他们执政的时间越长，改革动力就越弱。改革动力的衰退速度，则部分取决于国民经济的状况。2003年中期，内斯托尔·基什内尔成为阿根廷总统，对于刚刚经历过4年断崖式经济衰退的阿根廷来说，当务之急就是摆脱困境，实现复苏。作为一名坚定的平民主义者，基什内尔力排众议，留任大力推行改革的罗伯托·拉瓦格纳（Roberto Lavagna）担任财政部部长。在阿根廷勒紧腰带熬过这场大萧条的艰难时期，拉瓦格纳发挥了重要作用。然而，随着2005年阿根廷经济复苏，基什内尔解雇了拉瓦格纳，其政策导向也开始倾向于左翼势力。这是一个耐人寻味的时刻，正如普京在 2011 年撤销库德林的职务一样。**总统开始解雇改革派，往往是最值得警惕之时。**

股市对这种退化过程的感觉非常敏锐。自 1988 年以来，主要新兴市场国家已历经共 91 次大选，选出 67 位新任国家领导人。在他们当中，有 15 人持续执政了两个完整的任期。从理论上说，持续两个任期的党派当然是成功的党派，比如普京、卢拉和辛格。但是，在他们的任期期限将至时，国内股票市场对经济政策极为敏感。

总体而言，这些国家的股市在他们的第一个任期内业绩高于全球平均业绩 16%，但是在第二个任期内，股市表现并不高于全球平均水平。例如土耳其，2007~2011 年，即在埃尔多安的第二个任期内，大盘收益率甚至落后于全球平均收益水平 18%；在波兰总统唐纳德·图斯克（Donald Tusk）的第二个任期，即 2011~2014 年，波兰股市大盘收益率低于全球水平 6%；而在 2009~2014 年印度总统的第二个任期内，大盘收益率同样落后 6%。

随着政体持续时间变长，市场可以觉察到改革的动力正趋于减缓，甚至已经消亡。尽管领导任期通常为 4 年左右，但具体任期在各国相去甚远，尤其是在首相可以提议提前大选的议会制国家。为准确把握股市在即位首相或总统任期的变化规律，我们分析了 1988 年以来的 91 次大选，找出执政时间不低于 5 年的 33 位领导人。结果显示，从总体上看，在最初 3 年半的执政时间里，这些国家的平均股市收益率高于新兴市场国家的平均水平。具体而言，在这些领导人任期的前 41 个月内，其股市收益率超过新兴市场国家平均值 30% 以上。或许更能说明问题的是，相对于新兴市场国家的总体水平，这些股市的超额收益有近 90% 出现于新领导人上任后前 24 个月内。但在 3 年半以后，他们的股市表现开始趋于平庸。这似乎可以验证一个规律：在新政府最初几年的政治蜜月期，新兴市场国家的领导人最有可能推行利于经济增长的改革措施。当然，在投资者有理由预期未来经济趋于好转、通胀率趋于下降时，股市往往会出现牛市。

需要强调的是，针对发达国家股市进行的分析，没有发现股市收益率和老化的政治领导这两个要素之间有明显的关联性。但这并不等于说，这种模式不适合发达国家的领导者。相反，它只说明，政治对新兴市场国家来说更为重要。在这些国家，制度的作用往往相对薄弱，新任领导者或在位领导者能左右市场的波动，对国家经济导向施加更大的影响。

很少有领导者意识到，维护自身历史地位的最好办法，就是适可而止，善始善终。许多总统试图以各种方式牢牢抓住权力，譬如从一个高层领导职位换到另一个高层领导职位，或在重要位置安插其亲属或亲信。俄罗斯总统普京的策略是首先从总统转换到总理，随后再从总理回到总统。埃尔多安也采取了类似的对策：由于未能改写选举规则，无法第四次竞选总理，他在2014年参加了总统大选，并成功当选。在担任总理时，埃尔多安征用一座造价6亿美元、拥有上百个房间的官邸作为土耳其总理的办公场所。但是在上任总统后不久，埃尔多安便宣布，这座建筑将被用作新的总统府。与普京及许多其他领导人一样，如果埃尔多安在两个任期后优雅地走下权力最高点，他或许会成为土耳其战后历史上最伟大的领袖人物之一。但他却让自己成为矛盾的焦点。正如拉尔夫·瓦尔多·爱默生（Ralph Waldo Emerson）所言，所有英雄终将令人生厌。

任何一个国家的领导人跳入权力陷阱而难以自拔，认为自己就是一国之象征，都不是好的征兆。玻利维亚的埃沃·莫拉莱斯（Evo Morales）在两届任期内实现了国民经济的强劲增长，在排除法律限制之后，他便有机会第三次参加总统大选。这显然也不是一个好的征兆。同时，巴西、马来西亚、南非和委内瑞拉的现任领导人均由前任推举产生，他们当然有理由延续这样的政策。还有一些领导人，权力通过继承亲人或配偶的权利而获得。正是出于这样的缘故，秘鲁前总统奥良塔·乌马拉（Ollanta Humala）的妻子被看做他最可能的继任者，曾经的阿根廷第一夫人克里斯蒂娜·基什内尔（Cristina Kirchner）才成为阿根廷历史上第一位女总统。

如果说僵化守旧的政府不能给人民带来实行真正经济改革的希望，那么年轻的领导人则恰恰相反。不妨回头看看2013年遍布全球的抗议：当时全球21个主要新兴市场国家中，有11个国家的执政党的执政时间还不到8年，而且这些国家无一例外都成为人民抗议的目标。一个值得思考的例子就是埃及。2013年，抗议者将目标直指新任总统、原埃及陆军总司令、埃及总统阿卜杜勒·法塔赫·塞西（Abdel Fattahel-Sisi），他的政府被视为穆巴拉克政权的翻版。总之，全球中产阶级的抗议者都在攻击他们认为停滞不前的政府，但对新执政者显示出极大的宽容，愿意给他们一个自由发挥的机会。这些国家之所以被归为新政权，是因为他们的新领导者不仅是第一次上台，而且至少尝试过推行严谨的经济改革，其中包括墨西哥、菲律宾和巴基斯坦。在这些国家，接受过高等教育、刚刚兴起的年轻一代中产阶级没有理由到处纠集亲朋好友，引起混乱。他们更愿相信，在新领袖的带领下，国家会通过改革变得更好，这也是每个外界人的期待。

平民主义的陷阱

成功的领导者通常具备如下两个共性：民众的拥戴和支持，对经济改革清晰的认识，或者至少愿意授权有能力的内行推行改革。相比之下，还有些人喜欢用平民主义的旗号蛊惑人心，他们巧妙地将平民主义情怀与民族主义思维混合。这些人很有可能在政治上取得成功，却有可能给国家带来灾难。

以委内瑞拉及其邻国哥伦比亚为例。在 20 世纪 90 年代金融危机后，这两个国家走上了两条完全不同的平民主义路线。2002 年，委内瑞拉人选举查韦斯成为国家领袖，对于这位激进的平民主义者，商界精英无不胆战心惊。他推行的"社会主义试验"，使得委内瑞拉人的收入在半个世纪内没有起色。与此同时，阿尔瓦罗·乌里韦（Álvaro Uribe）在哥伦比亚总统大选中获胜，这位右翼平民主义者不仅让国家经济重归秩序，而且设法平息了各派游击队武装的叛乱。几十年以来，游击队武装已成为哥伦比亚发展的最大障碍。乌里韦政府受到国内外的好评，并在民众中深得拥护。实际上，在他的第一个总统任期内，其国内股票市场上涨了 1 600%。在上述针对股市受新兴市场国家大选影响的研究中，哥伦比亚是股票市场在 63 个新任领袖第一个任期期间涨幅最大的国家。然而，全世界对哥伦比亚未来的信心或许冲昏了乌里韦的头脑：他一再试图修订宪法。虽然在第二个任期内他有所斩获，但第三次他还是栽倒了。而这破坏了他原本近乎完美的表现。

必须承认的是，要区分到底哪些平民主义者是脚踏实地的务实派并不容易。面对国外记者和全球各地的投资者，各国领导人必定准备充分，满嘴都是最时尚的财经术语。在2005年访问巴西时，我拜访了时任里约州州长的安东尼·加洛迪尼奥（Anthony Garotinho）。这位州长最早成名是在一家福音广播电台做播音员。当时，他正在参加巴西总统大选，而他的竞选手段是各种反美演说。不过他私下告诉我，不要对这些演说认真，因为他很喜欢美国，也十分欢迎国外投资者。第二天，巴西媒体对我们的会议进行了报道。这些内容似乎已泄露给了直言不讳的批评者：省级官员却有着国家级官员的权力。离开巴西时，我对平民主义者有了全新的认识：**无论他们的言辞多么振奋人心，也不管这些言辞是发表在公开场合还是私下场合，切勿信以为真。**

媒体记者都清楚一条不成文的规则，即不要入题太深，否则就会失去自我。这条规则适用于任何经济领域的从业者。尽管权力大门会混淆民众的判断力，影响他们应有的怀疑，但久而久之，人们会自然而然接受总统或首相的权威。一个政治家要取得这样的成功，往往要拥有超常的个人魅力，而且必须随时展现出他们对改革之路的深刻领悟，正如普京和埃尔多安10年前所为。

至于2013年3月与泰国领导人的会晤，我确实应给予更多的怀疑态度。走出20世纪90年代末亚洲金融危机之后，这个国家的经济前景始终不乐观，但是在曼谷的大街小巷，似乎所有居民都在饶有兴趣地谈论魅力四射的新任女总理英拉·西那瓦（Yingluck Shinawatra）。英拉以各种手段设法平息了她在农村的支持力量与首都精英人群于街头展开的对峙。实际上，后者曾以涉嫌腐败逼迫英拉及其兄长离开泰国。但稍显平静的局势并不稳固，被驱逐出境的英拉哥哥、泰国前总理他信·西那瓦（Thaksin Shinawatra）才是英拉背后的实际控制者。在位于曼谷城郊的总理府彭世洛府，我见到了这位泰国领导人。席间，我问起他信的事情。英拉以女人特有的羞怯反问我："您有妹妹吗？"我如实回答："有。""那么她总会听您的话吗？"英拉的回答把我迷惑了，让我深信她完全独立，英拉就是英拉，不是别人。她让我相信，泰国将变得越来越好。但就在几个月之后，英拉便开始启动对其兄长他信实施的特赦令，此举马上引发新一轮暴乱。2014 年 5 月，英拉政府垮台，让刚有起色的泰国经济再度遭受重创，泰国的 GDP 增长率从 2013 年初的 5% 暴跌至 2015 年的 2%。

对一国的领袖人物来说，最强大的个性特征就是外在的魅力与内在的激情兼具。邓小平不仅是一位卓有远见的改革家，更具有强磁场一般的公众魅力，在与亨利·基辛格（Henry Kissinger）的私下谈话中，他对冶金行业的深入见地让后者大吃一惊。印度的新任总理纳伦德拉·莫迪（Narendra Modi）也一样，他对细节和要点的把握令人赞叹。

当左翼势力崛起时，全球股市往往会以下挫作为回应，无论是毫无顾忌的委内瑞拉总统查韦斯，还是任职初期睿智的巴西总统卢拉，概莫能外。对于激进的平民主义者，市场会听信他们在竞选中信誓旦旦的承诺，而对务实派有所保留的客观判断不以为然，或干脆把他们自己的意愿强加于选举过程。这样的事例不胜枚举，比如，在经济危机最严重的时候，股市最初倾向于认为，主张经济改革的候选人将成为胜利者，但现实出乎预料，喜欢畅想的激进平民主义者更可能成为当选者。2014 年，股市被左翼候选人迪尔玛·罗塞夫（Dilma Roussef）当选巴西总统的消息所震动，这背后的部分原因在于，股市分析师根本没有意识到，在遭遇经济困境的国家，公众更倾向于接受代表民族主义和平民主义的候选人，而经济改革未必能引发共鸣。同样，虽然危机会让新任领导人更可能推行难度更大的基础改革，但这仅仅停留于可能性，它们之间并没有必要联系。任何一条规律都不能决定一个国家的经济未来，政治周期也只是帮助我们预测国家兴衰的诸多要素之一。

技术派——晦暗中的一线曙光

技术派领导同样会让股市为之振奋。人们往往以为，拥有财政部、世界银行或某个知名大学经济学教授背景的领导人，更有可能认识到深度改革与高速增长的必要性。但作为国家最高领导者的技术派领导很少成功，他们通常缺乏推进改革所需要的政治技巧，甚至很难在这个位子上坐稳。

对于技术派领导的悲惨处境，欧盟委员会主席让-克洛德·容克（Jean-Claude Juncker）的评论一语中的："我们都知道该怎样做，但是不知道当诉诸行动后，我们该如何连任。"

2010年欧元危机期间，几个欧洲国家曾指望技术派领导实现自救。这些深谙技术的领导人确实采取了正确措施，却没能守住权力。2011年，当希腊政府濒临破产时，议会任命央行前行长卢卡斯·帕帕季莫斯（Lucas Papademos）担任看守总理，将崛起的重任托付给这位财经专家。在他们看来，在失业问题的研究上取得过丰硕成果的帕帕季莫斯，最适合这个25%的人口没工作的国家。的确，帕帕季莫斯针对希腊如何削减工资福利、提高国家竞争方面发表的演说令人信服，但他本人似乎并无长期从政的愿望。一年之后，帕帕季莫斯便主动请辞。同样作为内阁看守总理，扬·费舍尔（Jan Fischer）此前曾担任捷克共和国的国家首席统计学家，他在任也仅一年。费舍尔在同行政治家心目中的印象近乎完美，但选民显然不这么认为。随后的大选中，只有15%的选民将选票投给了他。

在欧元危机最严重的时期，马里奥·蒙蒂（Mario Monti）或许是最令人期待的技术派领导人。作为意大利最知名的经济学家和政治家，学术背景深厚的蒙蒂曾担任博科尼大学校长，同时还负责欧盟的税收事务。2011年，蒙蒂即将担任意大利总理的消息，曾让意大利国内股市大幅暴涨。然而，尽管他竭尽全力，制定削减福利、节约开支等必要政策，却未能说服民众接受这些做法。执政刚满一年，仅10%的选票支持率便让蒙蒂被迫下台。2014年，魅力四射、年仅39岁的马泰奥·伦齐（Matteo Renzi）成为大选胜利者，但他的当选进一步弱化了人们对意大利推行改革的期待。

在笃信专家型领袖最了解情况的国家，技术派领导失败的例子同样比比皆是。在这方面，最典型的例子就是苏联，不合理的计划体制是造成整个大厦倾覆的重要原因之一。许多受苏联模式影响的国家经历了类似情况，不仅包括民主德国等苏联卫星国，还有国大党领导下的印度，革命制度党执政71年之久的墨西哥。

另外，接受技术派顾问服务的领导人往往前途光明，前提是这些顾问能提出正确的建议，领导人也愿意接受这些建议。曾担任世界银行经济学家的维克拉姆·尼赫鲁（Vikram Nehru）用伯纳德·贝尔（Bernard Bell）的故事说明了这一点。20世纪60年代，贝尔是世界银行亚洲事务的主要负责人，当时的世界银行还是无所不能的综合性银行。贝尔针对各国如何推进增长提出了大量建议，而他提出的一系列建议，从根本上要求各国政府通过对外开放实现繁荣。现实是，并非所有国家都准备听取他的建议。

在印度，反对资本主义和反美的情绪普遍存在，在1965年对新德里的访问中，贝尔向印度一家全国性报纸透露了他的想法，该报纸次日便发表了一篇名为《伯尼·贝尔该下地狱》（*Bernie Bell Go to Hell*）的头条文章。后来，英迪拉·甘地（Indira Gandhi）夫人试图利用这种民族主义情绪，强化对印度的领导。在此后近10年的时间里，甘地夫人对银行及煤炭等战略性产业实行国有化，造就了印度独立后增长情况最糟糕的10年。对于甘地以失败告终的平民主义执政路线，《时代》（*Time*）杂志伦敦记者彼特·黑兹利赫斯特（Peter Hazlehurst）这样描述："她或许纯粹从自我利益出发。"

在新德里之行后不久，贝尔又向刚刚通过军事政变上台的印度尼西亚领导人苏哈托将军提出类似建议，但这次得到的回应恰恰相反。尼赫鲁称，苏哈托对贝尔的观点很感兴趣，并致电时任世界银行行长的罗伯特·麦克纳马拉（Robert McNamara），请求后者派贝尔担任世行驻雅加达代表。1968~1972年，贝尔一直在雅加达工作，他和一批接受美国教育的印度尼西亚技术派专家被称为"伯克利黑手党"（Berkeley Mafia）。在随后的20年，他们帮助印度尼西亚从赤贫国家转变为一个"迷你型亚洲奇迹"（Mini-Asian Miracle）。

由此可见，对技术专家来说，成功的最佳途径是给苏哈托政府这样的执政者做参谋，因为后者可以直接发号施令，无须讨好民众，以获取民众的拥戴。20世纪70年代，智利就曾是一个成功的技术派主导国，当时，奥古斯托·皮诺切特（Augusto Pinochet）将军是国家领袖，他把经济改革的任务交给8位来自芝加哥大学的经济学家。在遏制了恶性通胀、巨额财政支出和国家债务的同时，他残酷镇压了政治上的反对派。在实施威权式治理早期，韩国也曾是成功的技术派主导国家，同样的例子还包括新加坡。

但如果技术派领导的改革仅停留于理论层面，未考虑到民众的情绪，那么，这种改革的后果可能弊大于利。20世纪90年代，阿根廷前总统卡洛斯·梅内姆（Carlos Menem）曾试图复制智利的经验。他任命了一批在美国接受高等教育的阿根廷人负责国内经济改革。这些人采取了试验性的货币控制政策，而这些举措确实稳定了阿根廷比索的比值，让经济重返增长轨道，但这最终导致国家债台高筑，并在1998年引发经济大萧条。在此后4年里，阿根廷人不得不忍受经济的大幅收缩，整个国民经济总量下降近30%。2002年，阿根廷宣布对820亿美元外债违约，这促使人们对以技术派为主导的经济改革产生强烈质疑。

阿根廷的惨痛教训并不是个例，许多国家都有过类似遭遇。虽然长期与经济衰退为伴，但它们依然凭借还算丰实的家底，在危机面前装扮出屹立不倒的形象。今天，这个行列仍然在继续扩大，日本和意大利就是典型代表。这两个国家都面临着人口老龄化加剧、经济地位不断降低的危机，但是相对而言，它们还算富裕，而且基本无外债压力，而国外债主往往是改革主要的外部推动力。

我曾在2015年4月访问布宜诺斯艾利斯，当时的阿根廷经济还在持续低迷，其通胀率领跑全球主要国家，阿根廷官方披露的通胀率已高达30%。我设想布宜诺斯艾利斯应该是一个深陷危机、令人压抑的首都，但我在酒店经历了一场狂欢的聚会，沿街的餐厅灯火辉煌，喧闹甚至持续到午夜，而这只不过是星期三的晚上。阿根廷人告诉我，这里的人们几乎没有危机意识，公众对改革的期望非常有限——许多人依旧难忘20世纪90年代大萧条带来的痛苦，至今仍在抱怨那次大规模改革，而那也是阿根廷最近的一次改革。

即便是在阿根廷中央银行，主要负责人在和我的正式会谈中也未提及货币贬值问题，至于阿根廷在发达国家中的落后地位，他们似乎根本没意识到。相反，这些央行官员强调的，反倒是阿根廷经济比衰退最深重的2002年改善了多少。在这样一个对经济危机谈虎色变的国度，即便是国家地位的长期败落，也不足以让阿根廷人接受改革。尽管在阿根廷人的心目中，布宜诺斯艾利斯曾经是南美洲的巴黎，但我注意到，我身边的阿根廷人似乎更愿意和比他们小得多的巴拉圭进行比较。这样的比较，当然会让他们感觉自己很强大。但即便是在阿根廷这样的国家，也没有永远不变的事物。2015 年底，支持改革的领导人毛里西奥·马克里（Mauricio Macri）在大选中意外获胜。这似乎向外界发出一个信号：阿根廷人或许终于厌倦了停滞不前的经济。

子弹 vs 选票

集权式领导有时也是一种优势。集权者往往可以对立法机构、法庭或私人游说团体的反对置之不理，而且这种权威更有利于有雄心的领导者实现其理想，比如在 20 世纪六七十年代的大部分时间统治韩国的朴正熙，就曾创造出经济长期高速增长的奇迹。集权者可以有效遏制特殊利益群体的游说和阻碍发展的瓶颈势力，因为在子弹面前，一切威胁都会变得顺服。他们可以将居民储蓄转为产业发展，对民众增加收入的呼声置若罔闻，使国家产业的全球竞争力不断增强，并得以长久维持。或许最重要的是，他们可以直接征用土地，修建现代化所需要的公路、港口及其他基础设施。在这一点，所谓的民主政权显然难以相较。

然而，独裁者很少会面对约束和制衡，也没有民主选举所具有的反对力量。在没有人随时提醒和纠错的情况下，他们很有可能误入歧途，抓住权力的缰绳不放手。即便这需要付出经济代价，他们也在所不惜。在民主政体格局下，选民每 4～6 年还有机会通过公平的选举，选出新的领导人，而在独裁政权下，僵化式领导带来的威胁自然会无限放大。在集权体制下，领导层僵滞对经济的危害往往最大，因为这种机制本身很少对民众寻求改革或吸纳新鲜血液的呼声做出响应。一旦集团式政体被迫进行大选，大多会败给追求经济快速增长的对手，但国家可借此取得自然增长的机会，譬如尊重产权、打破地方垄断等。

无论是民主制还是集权制，它们在创造高速增长方面都有各自的优势和缺陷。事实上，二者无所谓谁优谁劣。

在对两种领导模式在过去 30 年的结果进行分析后，我发现在这段时期，有 124 个国家的 GDP 增长率连续 10 年超过 5%。在这些取得过高速增长的国家中，有 64 个国家属于民主制政体，有 60 个国家实行集权式领导。

此外，这种平均数据掩盖了集权式领导的某些致命缺陷，而这些缺陷恰有可能招致极端后果，即让经济在高速增长与高速下跌之间强烈震荡。在战后时期，极端性高速增长和快速下跌的案例主要出现于集权制国家①。最精确记录的案例可以追溯到 1950 年：在 150 个国家中，出现过 43 例超高速增长的情况，即国民经济在整整 10 年维持年均增长率不低于 7%。在这 43 个案例中，有 35 个出现于集权制国家。这些事例不仅包括某些维持高增长率达几十年之久的"奇迹经济"，如韩国，也包括许多昙花一现、如今已彻底淡出历史舞台的国家，即在维持 10 年的高速增长后便一蹶不振的国家，比如 20 世纪 60 年代遭遇断崖式下跌的委内瑞拉、70 年代的伊朗和 80 年代的叙利亚、伊拉克。

同时，独裁者统治的国家还更容易陷入长期性低迷。在上述数据可追溯至 1950 年的 150 个国家中，有 138 个国家出现过超低增长的情况，即年均 GDP 增长率整整 10 年未超过 3%。在这 138 个例子中，有 100 例出现于集权式国家，包括 20 世纪五六十年代的加纳、80 年代的乌干达、沙特阿拉伯、罗马尼亚和 90 年代的尼日利亚。就总体而言，自 1950 年以来，在实现超 7% 增长率维持 10 年的国家中，集权式国家占据了 3/4；在低于 3% 增长率持续 10 年的国家中，集权式国家同样占 3/4。

对任何国家来说，经济在高度繁荣和极度低迷之间频繁更迭，在超常的高速增长之后自由落体般下跌，显然是种噩梦般的遭遇。而事实告诉我们，这种梦魇居然是司空见惯的事情。再次回顾 1950 年以来的这 150 个国家，我发现在这 65 年里，有 36 个国家至少在 9 个分散年份内出现超过 7% 的增长率和负增长。简而言之，在战后相当长的一段时期内，这些国家出现了高度繁荣与低迷更迭的极端波动状况。在这段时间，普通居民无法过上正常生活。在他们当中，有两个突出特点：首先，这 36 个国家中，有 34 个国家属于新兴市场国家，这也从另一个侧面证明了新兴市场国家羸弱的体制与不稳定的增长之间的关联性。当然也有例外，例如冰岛和希腊，按

---

① 在确定某个国家在该期间是否属于集权制国家时，作者参照的是区分集权制和民主制政体的"政体 IV"（Polity IV）标准数据库，由位于弗吉尼亚州的系统和平中心（Center for Systemic Peace）逐年对各国的政体性质进行评估。

照某些指标衡量,希腊最近已跌入"新兴"国家的行列;其次,这65年里,有27个国家在大部分时间属于集权制国家。简而言之,这些不断经历"经济过山车"的国家,绝大多数处于集权式领导之下,并以经济的长期停滞为主要表现。

例如,自1950年以来,包括伊朗、埃塞俄比亚、伊拉克、约旦、叙利亚、柬埔寨和尼日利亚等在内的许多集权制国家,均有过15年或更久的时间增长率超过7%。然而,它们的人均收入几乎未见起色,甚至有所减少,只有伊朗和约旦的人均收入水平超过4 500美元。这些国家在繁荣时期实现的增长,几乎全部被萧条年份的破败所吞噬。即便是伊朗,人均收入也勉强只有11 000美元。9个分散年份的负增长,抵消了23年超常增长带来的大部分收益。

在某些境遇最惨淡的国家,它们在同一个领导人治理时期经历了超常繁荣期和超常衰退期。约旦实行君主立宪制,在过去的62年里,国家只经历了两任哈桑王室的国王——侯赛因(Hussein)和阿卜杜拉(Abdullah)。在此期间,约旦经济经历高速增长和极端低迷的时间居然超过一半。更糟糕的经历来自罗伯特·穆加贝(Robert Mugabe)总统,这位带领津巴布韦实现独立的英雄,也让这个国家陷入危机。在他执政35年的大部分时间里,津巴布韦始终在经济的暴涨暴跌中动荡起伏。在穆加贝执政期间,津巴布韦的经济生活极度混乱,到2008年,津巴布韦连续经历10年之久的直线下滑式负增长,随后又是一轮戏剧性的剧烈回升。实际上,这或许只是一种带有迷惑性的触底反弹。总体而言,今天的津巴布韦比穆加贝时期更为艰难。

但是在集权式领导下,这还算不上最糟糕的经济表现。到2000年,哈菲兹·阿萨德(Hafez al-Assad)执政叙利亚已整整30年。在其中近2/3的时间里,叙利亚的经济处于暴涨暴跌中,而最美好的时光集中于20世纪七八十年代石油价格高涨时期。在最近几十年里,最令人炫目的经济奇迹或许出自萨达姆·侯赛因(Saddam Hussein)之手。他对伊拉克25年的统治终止于2003年。在其执政期间,伊拉克经济在2/3以上的时间高速增长,但期间时断时续的战争,使得伊拉克经济呈现剧烈波动。伊拉克的经济增长率曾在 1993 年和 1996 年达到 40%这一令人难以想象的高点，但二者之间也曾出现过 20%的负增长率。这或许是集权式经济过山车效应显现的最佳案例。

当然，穆加贝和萨达姆·侯赛因这样的人物注定会成为过去几十年的反面典型，但同样的故事也曾发生在某些默默无闻的小国身上，只不过它们的过山车效应没那么强烈。例如，1964 年的一场军事政变推翻了巴西的左翼政府，新政府通过削减税负、创建中央银行、降低预算赤字和出口关税等措施，推动经济走上复苏轨道。巴西的经济增长率从不到 5%增加至 1974 年第一次石油危机爆发时的两位数。饱受国内外质疑的军政府试图继续维系这种高增长。于是，政府开始疯狂借债，导致其外债规模迅速膨胀，到 1979 年第二次石油危机爆发时，巴西已彻底丧失偿债能力。之后巴西经济迅速下滑，衰退随之而来，并出现恶性通胀。1984 年，时任政府同意进行新的大选。实际上，从某种程度上说，巴西至今也未能彻底摆脱商人军政府操纵的影响，其目前的人均收入水平仅相当于 20 世纪 70 年代的美国。

与之相反的是，1950 年以来的这 150 个国家中，出现极端增长年份最少的国家以民主制国家为主。例如，瑞典、法国、比利时和挪威仅有一个年度的增长率超过 7%，法国的这次大繁荣发生在 1960 年。但是自 1950 年之后，这 4 个欧洲国家的人均收入提高了 5～6 倍之多，最低的也超过 30 000 美元，其中的部分原因就在于，这几个国家极少出现持续一年的负增长。法国曾出现 7 个年度的负增长，挪威最少，仅有两年。这体现出民主政体的经济稳定效应，这种效应也延续到哥伦比亚、南非等新兴市场国家身上，因为这两个国家的民主程度相对较高，出现极端增长的年份相对较少。

极端的高增长或低增长，会动摇任何一个集权制国家。从长期来看，持久稳定的增长更可能出现于民主制国家，因为它们的政府缺少为追求经济增长而动员举国之力的权力。某些集权制国家即便是创造出长期的强势增长，最终也会陷入守势，竭力维护自身地位，排斥异己势力，为自己的利益集团牟利中饱私囊。这也是许多民主制国家设置任期限制的根源，其目的在于防止权力僵滞腐化。

回归生命周期

变革的时机和方向，取决于一国在政治周期中所处的位置——危机、改革、繁荣还是衰败。和其他生命形态一样，全球经济也遵循着从衰落到复兴的周期性规律，在它生机全无、四分五裂、貌似垂死之际，实际上是在为重获新生而积蓄能量。现代经济的政治生命要经历周期性循环，危机的爆发只是为改革创造机会，在貌似垂死之前，焕发力量，实现复兴。正是基于这样的政治周期，我们才能认识到，为什么只有少数新兴市场国家的经济能维持快速增长，并最终踏入发达国家的行列。同样，周期性规律也有助于我们理解这些实现长足发展的经济体，被称为"奇迹"经济体的原因：它们摒弃了扼杀长期繁荣的自满和衰退。

从危机爆发，到具有推行转型性经济改革潜力的新任领导者降临，这中间或许要经历多年时间，而且即便这样的领导者如期而至，改革也只能提高强势增长的可能性，二者之间不具有必然联系。在这个过程中，新的领导者能否实施预期中的改革，改革能否带来预期中的高速增长，还要依赖其他诸多要素。令人意想不到的缺口可能会不期而至，尤其在全球形势极其不利于经济起飞的大背景下，不确定性陡然增加。

即便全球处于停滞和动荡的大环境，也无法泯灭政治周期规律的存在，它注定要潜移默化地将危机的灰烬转化为改革的种子，尽管这个过程可能非常缓慢，但终会发生。2011年，一系列反抗运动在突尼斯爆发：一名突尼斯失业青年在街头贩卖货物，但因未获得许可证而遭到当地警察粗暴对待，最终为表示抗议而自焚身亡。这一事件成为后续一系列运动的导火索。对阿拉伯国家长期经济不景气的失望情绪，促使民众将不满发泄到执政者身上，并迅速席卷突尼斯和埃及，波及叙利亚。但人们很快意识到，光明远未降临，因为被推翻的集权者马上便被新的集权者所取代。人们最初期待危机会带来自由市场改革和经济繁荣的梦想彻底破灭，取而代之的是失望以及地区未知的命运。唯一的例外就是突尼斯。2014年底，突尼斯成为运动后第一个平稳完成权力交接的国家，新任总统承诺，经济改革将成为国家的首要任务。

这一系列运动是这种规律的极端形态——在深重的危机中，往往会诞生更有魄力的新改革者，尽管并非每个改革者都会将改革坚持到底。这一点验证了乔治梅森大学（George Mason University）杰克·戈德斯通（Jack Goldstone）教授的观点，他在2011年《外交事务》（Foreign Affairs）杂志上撰文指出，这些运动的目标是那些极端腐败的"强人"政权。不同于同样实行集权统治的君主，他们的统治不仅缺乏公共政策的合法性，而且依赖于严厉的威权和附庸的心腹势力。无论是埃及的穆罕默德·胡斯尼·穆巴拉克（Muhammed Hosni Mubarak），叙利亚的巴沙尔·阿萨德（Bashar Assad），还是突尼斯的本·阿里（Ben Alis），他们的政权都依托于"强人政治"（sultanistic regimes）。与此类似的还有罗马尼亚前总统尼古拉·齐奥塞斯库（Nicolae Ceausescu）、海地的让-克洛德·杜瓦利埃（Jean-Claude Duvalier）、菲律宾的费迪南德·马科斯和印度尼西亚的苏哈托。这些家族型独裁者的权力源于政变，因而被视为篡夺者。一旦势力衰落，国家往往会出现权力真空。戈德斯通认为，由此招致的混乱会阻碍稳定的新政权的形成。过渡期的乱局至少会延续5年，如果因此而爆发内战，混乱将旷日持久。按照这样的逻辑，突尼斯在此段时间里建立一个相对稳定的新政府，实属不易，而其他阿拉伯国家则验证了这条规律。实际上，哪怕只是修复碎片化的社会结构，也需要不止5年时间。

政治周期所经历的阶段不难理解。危机和反抗会迫使原本缺乏改革意愿的社会精英推行改革，这一事实至少在马克思所处的时代就已存在。他认为，随着统治者维护上层阶级社会的手段愈发暴力，资本主义社会必将灭亡。然而，面对19世纪末和20世纪初的经济衰退，政治领导人证明了他们推行自由资本主义的能力，在平息社会反抗的同时，他们也创造了福利国家。这场转变始于德国和英国。繁荣期和政治自满之间的关联性同样有据可循，譬如当代的日本及部分欧洲国家。依据常理可以认为，这些国家过于舒适和富有，以至于无法推行艰难彻底的改革。但大多数人没意识到，即便处于再正常不过的时期，政治周期规律也会起作用，在无声中改变和重塑一个国家，让它们变得更好或更差。

印度尼西亚前财政部长穆罕默德·查蒂布·巴斯里（Muhamad Chatib

Basri)以浅显易懂的方式阐述了他对政治周期的理解:"**坏光景出好政策,好光景出坏政策**。"

在印度尼西亚的时候,他曾对我说,这种周期已反复呈现,包括他任职印度尼西亚财长的时候,当时的国家领导人是苏西洛·班邦·尤多约诺(Susilo Bambang Yudhoyono)。苏西洛的主政时间从 2004 年延续至 2014 年。在第一个总统任期内,苏西洛恢复了苏哈托执政结束后的国内政治稳定,但是在进入第二个任期后,他刚愎自用,即便是庞大的政府赤字也无法抑制他的自负。巴斯里说,他曾屡次说服苏西洛总统,通过削减能源补贴来减少政府开支,但总统的回应只是象征性地小幅削减。当时是 2013 年夏季,正值印度尼西亚货币危机持续发酵。随后,到 2013 年年底,随着危机消退,苏西洛总统干脆取消改革。巴斯里提到,面对社会要求他履行削减补贴承诺的压力,总统的回答直截了当:"为什么?这个国家现在一切顺风顺水!"

周期的转换往往难以捉摸,无法预测,即便在定期开展大选的民主制国家,也是如此。许多国家不得不含着自满的苦果,多年难以下咽。正是出于这个原因,"失去的十年"始终与日本如影随形,很多拉美国家甚至沉沦了不止 10 年。与此同时,我们也知道,有些意志坚定的领导人或国家在坚定不移地推行改革,坚持几十年而不放弃,但这也仅限于难得一见的"奇迹"国家,如韩国和日本。不过,对日本而言,这仅适用于始于 1990 年的"失去的十年"之前的那段时期。

2008 年爆发的信贷危机确实深重,其为改革者赢得了广泛支持,而在此后的大选中,确实涌现出许多强有力的候选人。许多人在全球经济衰退从发达国家蔓延至新兴市场经济体后走马上任,这也从一个层面反映出危机的巨大影响力。2012 年 12 月,恩里克·培尼亚·涅托(Enrique Peña Nieto)当选墨西哥总统,他的改革目标直指长期以来阻碍墨西哥经济发展的垄断势力。同月,安倍晋三(Shinzo Abe)当选日本首相,他的执政纲领让国人为之一振——终结整整纠缠一代人的经济停滞问题。2013 年,纳瓦兹·谢里夫(Nawaz Sharif)在伊斯兰堡就任巴基斯坦总理,并开启改革模式,他承诺将巴基斯坦打造成全球最火爆的股票市场。2014 年 2 月,马泰奥·伦齐当选意大利总理。次月,印度迎来了纳伦德拉·莫迪(Narendra Modi),

在大选中取得压倒性胜利的莫迪,给印度人以无比的遐想,希望凭借近2位数的增长率,他能将印度转变为下一个中国。

不过,在新一代的领导人当中,要判断哪些人会成为撒切尔或金大中显然还为时尚早。要判断某个领导者能否成为成功的改革家,不仅需要好政策,还需要好运气。即便新的改革者远见卓识,深谙最前沿的政策,要实现经济的强势增长,仍需要其他诸多因素的配合。但是到2015年为止,所有新任领导人的运气似乎都不够好,在战后历史中最疲软的全球经济复苏大潮中,他们振兴本国经济的任务还遥遥无期。

如上所述,政治是经济增长的前提,当新的领导者在危机大潮中横空出世,就是国家向好之时;反之,当僵化固执的领导者固守其位,则是国家遭殃之时。

第3章 "好富翁"与"坏富翁"

贫富不均是否威胁经济增长?

一个健康的经济体应该具有财富创造的功能,甚至由此造就超级富翁,但核心问题在于均衡性。

第 3 章 "好富翁"与"坏富翁"

进入 2015 年，超级富翁及其他阶层间不断扩大的贫富差距已成为全球热点。不过，在重新分配财富这个问题上，智利女总统米歇尔·巴切莱特（Michelle Bachelet）的激进绝对是其他国家领导人都无法比肩的。在我 2015 年 4 月到智利首都圣地亚哥时，她的支持者发誓要"铲除"精英模式的政府以及低税率，它让智利成为拉美地区最富有同时也是最不平等的国家。巴切莱特的确在这样做。一场学生抗议运动将时任智利总统的塞巴斯蒂安·皮涅拉（Sebastián Piñera）赶下台，同时巴切莱特也成为受益者。在成为皮涅拉的继任者后，巴切莱特提议扩大政府规模，增加政府扶贫开支，提高企业所得税来资助免费大学教育。由于担心政府干预太多，我接触的一些企业家对巴切莱特的平民主义言论感到惊慌失措，许多人干脆撤走他们在智利的投资。随着投资的大幅减少，智利的 GDP 增长开始放缓，从皮涅拉时期的近 6% 降至不到 3%。我倒是觉得，听听皮涅拉如何看待这场反贫富不均之战的走向会很有意思。作为智利最富有的人，这位亿万富翁的生财之道就是经营信用卡业务。

现在，皮涅拉重新回到宽敞舒适的办公室管理自己的财富。在这座几乎是圣地亚哥最豪华的大厦里，他可以随心所欲。这里没有贴身保镖，也没有许多拉美大亨喜欢的安保设施。假如皮涅拉不担心自己的安全，他或许可以指责巴切莱特的政策。他认为，要缩小贫富不均，一个国家必须着眼于两个目标——在重新分割蛋糕的同时，还要不断做大这块蛋糕。在他的任期里，智利做到了这两点，贫富不均现象已有所缓解①。但这样的速度显然不足以平息民众的不满。而巴切莱特现在的所作所为表明，在繁荣时期，这种只盯着财富再分配的政策，极有可能扼杀智利的高速增长，并让所有人在财富均分的过程中越来越穷。皮涅拉对我说："拉丁美洲的漫长历史告诉我们，在经济形势向好时，国家往往会倾向于左翼，而在衰退时期，政策导向则会倾向于右翼。"

这种模式似曾相识，而且它不仅只适用于拉丁美洲。这是许多新兴市场国家的常事：人们对长期坐拥巨大财富的富裕阶层怨声载道，当这种仇富心理使得善于引导民众情绪的平民主义者掌权时，经济增长就有可能被扼杀。在极端情况下，平民主义政治家甚至会对私营企业或农场采取强制征收政策，禁止国外投资者到本国投资，以扶贫名义提高税收，扩大政府规模，大力提高浪费性补贴的开支，尤其是廉价燃料。这类政策简直就是在扼杀增长，但它们在许多贫富高度不均的国家大行其道，造就一大批平民主义领导人，尤其是某些改革走出殖民统治的国家，比如津巴布韦的罗伯特·穆加贝、赞比亚的肯尼斯·卡翁达（Kenneth Kaunda）、坦桑尼亚的朱利叶斯·尼雷尔（Julius Nyerere）、朝鲜的金日成（Kim Il-sung）、孟加拉国的谢赫·穆吉布·拉赫曼（Sheikh Mujibur Rahman）和巴基斯坦的佐勒菲卡尔·阿里·布托（Zulfiqar Ali Bhutto）。

这一点在非洲尤为突出。在超过30年的执政期间，穆加贝不断加大财富再分配力度，财富从少数白人转移至大多数黑人，但是在财富的转移过程中，他的亲信才是最大的受益者。2000年，穆加贝开始让新的黑人农场主替换白人农民。但由于黑人农场主长期不接触农事，这项政策使农业产品的产量大幅下降，津巴布韦从原来的农业出口国变成农业净进口国。同时，国内失业率急剧攀升，超过90%，通胀率扶摇直上，商品价格几乎每24小时翻一倍。很快，一只鸡蛋的价格变成数十亿津巴布韦元，1美元可兑换3.5万亿津巴布韦元。最终，在2015年，穆加贝放弃流通津巴布韦元。如今，人们在津巴布韦国内使用各种货币，既有美元，也有南非的兰特。

---

① 皮涅拉的任期为2010～2014年初。世界银行数据显示，在智利，反映收入不平等程度的基尼系数从2009年的52下降至2013年的50.45。

毫无疑问，穆加贝政权的例子再现了财富再分配是如何摧毁经济体内所积累的信任的。遗憾的是，这样的故事仍然在许多国家上演，遍及各个大陆。在巴基斯坦，佐勒菲卡尔·阿里·布托于20世纪60年代创建人民党，并在1971年印巴冲突失利后，抓住执政的机会。上台后，布托开始兑现自己的承诺，着力解决社会财富分配不均等问题，对私人拥有的土地设置上限，对金融、能源以及制造业等行业实行国有化。但最终的结果是严重的贪污腐败、恶性通货膨胀及民众生活水平的持续下降。

借助国家力量，以温和手段进行财富再分配，这种理念曾让许多领导者为之所动，包括20世纪90年代末的菲律宾总统约瑟夫·埃斯特拉达（Joseph Estrada）、泰国的他信·西那瓦和现在的米歇尔·巴切莱特。埃斯特拉达于1998年上台，他的支持者主要来自农村，因为私有化政策的受益者主要是城市，几乎没有惠及农民。埃斯特拉达采取不同寻常的财富平均手段，他将土地分配给承租农民，增加社会福利开支，但这些举措无疑会推高政府债务和财政赤字，加剧通货膨胀，并最终引发社会不满。3年后，任期未满的埃斯特拉达被迫下台。

自我摧毁型的平民主义在中美及南美地区十分盛行，这在很大程度上源自殖民时期形成的严重贫富不均。在这些国家获得独立后，欧洲的精英们并不想离开，而是试图稳固他们在这里的政治和经济地位。权力和财富的集中催生平民主义者的崛起，他们主张采取更激进的财富再分配模式。20世纪50年代末，古巴领导人菲德尔·卡斯特罗（Fidel Castro）打响了第一枪，随后拉美领导人纷纷效仿，这场运动一发不可收拾，60年代末是秘鲁的胡安·贝拉斯科（Juan Velasco），70年代有墨西哥的路易斯·埃切维里亚·阿尔瓦莱斯（Luis Echeverría Álvarez），80年代有尼加拉瓜的丹尼尔·奥尔特加（Daniel Ortega），90年代有委内瑞拉的乌戈·查韦斯。进入21世纪，则是阿根廷的内斯特尔·基什内尔。

以埃切维里亚为例，在上任之后，他推行以发展新兴产业为核心的政策，这进一步加剧了城乡收入差距（这是工业化初期阶段的基本特征）。随后，埃切维里亚试图缩小收入差距，他的对策是提高食品补贴，限制外商投资，为农民重新分配土地，对矿山和发电厂实施国有化。这种做法吓跑了国外投资者，刺激墨西哥人将财产向国外转移，并最终导致了国家收支危机，电力短缺，失业率和通货膨胀双升及经济增速放缓。经济危机导致抗议活动此起彼伏，国外旅游者也开始对墨西哥敬而远之。

皮涅拉自然不会忘记这种激进式改革带来的破坏，这让他十分愤怒，因为他的国家最终也没能逃离这场危机。自20世纪70年代以来，智利始终没有呼应其他拉美国家的平民主义基调。在时任总统奥古斯托·皮诺切特的领导下，智利实行对外开放贸易及投资的政策，整顿官僚习气，通过国家债务和赤字水平的控制来抑制通货膨胀，对国有企业进行私有化改造。事实证明，这些举措确实有可能带来稳定的经济增长。1973年，皮诺切特上台后，对反对派进行残酷镇压，这让许多智利人开始疏远皮诺切特。执政7年之后，他的高压统治最终在1990年走到尽头。

尽管有些评论家认为，皮诺切特为智利的财富分配不均埋下了种子，但他给智利带来的经济繁荣毋庸置疑。此后20年间，与皮诺切特政权有联系的右翼党派已退出权力中心，之后选举形成以左翼势力为核心的新政府。不过，维护稳定金融始终是他们的基本经济政策，在2006～2010年巴切莱特的第一个任期就是这样。即便2014年再次当选智利总统后，巴切莱特提出增加政府开支以补贴贫困人口，并提高税收来满足支出需要，但她至少没有破坏皮诺切特提出的预算平衡政策。

真正吓跑投资者的，是巴切莱特的平民主义思维，而国外投资无疑才是给智利提供新的经济增长的源泉。尽管智利的人均收入已达到15 000美元的中产阶级水平，但是为维持增长，整个经济不得不依赖单一的矿产资源出口，如铜矿石等。但不容忽视的是，此时的全球铜矿石价格正在大幅下跌。在关闭外来投资大门的同时，就要求智利摆脱对大宗商品出口的依赖。因此在不经意之间，巴切莱特便已葬送经济发展的大好前程。实际上，为响应民众对财富再分配的呼声，她也只能采取这样的做法。

但这里有一个最基本的问题：收入不均真的会危及经济增长吗？要回答这个问题，同样需要政治技巧，而不是经济学原理。当公众对财富创造的方式产生怀疑时，收入不均就会阻碍经济增长。如果一个企业家创造的新产品有益于消费者，或是建造工厂给民众带来就业机会，这种形式的财富创造自然就会得到普遍认可。但是当一个富翁的致富之道就是巴结、拉拢政客、依靠政府获得生意，甚至利用不当的政企关系获利，那他们的财富就会招致民怨。出现这种现象只能说明，国家只看到财富的再分配，却忽视了财富的创造。

尽管最严格的收入不均衡量指标确实有助于我们从总体上了解现状，但由于数据更新不及时，因此还无法为了解民意的快速变化提供必要依据。作为衡量一国收入差距最常用的指标，基尼系数的分布范围为 0～1：如果基尼系数为 1，说明一国的收入分配完全不均等，即有一个人占有全部收入；0 则代表完全均等的社会，即每个人都取得相同的收入。但基尼系数只是学术界根据官方发布数据计算得到，采用的方法各不相同，发布日期不确定，也没有可参照的固定模板。目前，世界银行发布的基尼系数应该是最及时的数据来源。截至 2015 年中期，世行更新智利自 2011 年以来的基尼系数，美国的基尼系数从 2010 年开始，俄罗斯为 2009 年，埃及为 2008 年，法国为 2005 年。由于基尼系数存在很大的滞后性，因而它无法判断当前的贫富差距对哪些国家影响最大。

我根据收入分配差距跟踪趋势的手段就是密切关注各种变化，因为我很清楚，没有任何数据能真正把握一国财富观的变动。不过，我确实一直把阅读《福布斯》（*Forbes*）的富豪榜当做识别异常趋势的一种工具：那些盛产超级大富翁的国家，往往就是最有可能因贫富差距而引发社会危机，并导致增长放缓的国家。为确定哪些国家贫富分配严重不均，导致少数富豪占有大部分财富，我采用的方法是计算这些大富豪的财富总额在该国经济总量中占有的比例。此外，我还通过这些亿万富翁阶层继承的财产总额，说明一国富人阶层是否已成为世袭性的精英阶层。更重要的是，我还对某些腐败现象长期高发行业的"坏富翁"进行跟踪，如石油、采矿和房地产行业。当这些"坏富翁"成为一国铁打不动的"世袭"精英，而且他们又恰恰与某些腐败高发的非生产性行业有着千丝万缕的关联，那么，这个阶层的兴起极有可能阻碍增长，引发众怒。同时，我还会密切倾听公众对一国主要权贵阶层的看法，这往往体现贫富不均问题在民众心目中产生的反应，尽管有时可能略有夸张，但这毕竟会影响政治和经济政策的制定。

对于认为贫富不均不足为奇，或对阅读财富排行榜持怀疑态度的人，我想说，这一问题正在变得越来越重要。某些大国对财富不均及随之而来的腐败问题不以为然，因为任何国家都不可能规避这种事情。诚然，从古到今，贫富不均与腐败问题确实无处不在，无时不有，而且在处于早期发展阶段的贫困国家尤为突出，但它们带来的破坏性无可辩驳。虽说发展中国家贫富不均的程度往往高于发达国家，但不平等问题能否随发达程度的提高而自然减轻甚至消失，越来越难以判断。

自20世纪50年代以来，认为不平等会随时间的流逝而消失的观点一直是理论界的主流观点。俄裔美国著名经济学家西蒙·库兹涅茨（Simon Kuznets）指出，所有国家在发展的初期阶段都会出现贫富不均加重的现象。随着某些贫困农民进入城市，在工厂拿到更高的收入，城市中产阶级数量开始增长，贫富差距在发展后期会不断减弱。然而，我们今天看到的事实却并非如此，处于各发展阶段国家的贫富差距都在不断加剧：无论是贫困国家、中产阶级国家，还是发达国家，无一例外。贫富差距威胁不断加剧的一个重要原因在于，2008年之前的全球化扩张压制蓝领阶层的工薪水平。全球化使得制造业工作可以更容易转移到低收入国家，与此同时，技术和自动化的不断发展又取代一部分曾让很多人进入中产阶级的工作。随着贫富差距在各发展阶段国家之间持续蔓延，对所有国家的收入差距进行持续性跟踪也就显得越来越重要。

收入差距问题的争论由来已久，但直到最近才成为一个全球性话题，也成为发展中国家和发达国家都无法规避的一个严重威胁。纵观全球，各国政治领袖均已着手治理贫富不均问题，从韩国、瑞典到智利、美国，各国纷纷开始采取强有力的再分配政策。在华盛顿，民主党人士曾掀起一场反贫富差距的大游行，即便是一向刻板的美联储主席珍妮特·耶伦（Janet Yellen）也于2014年做出承诺，将会以服务于"广大民众而非华尔街"的方式进行央行操作。

尽管这对保守的央行官员来说的确不同寻常，但耶伦的承诺忽视了美联储在催生全球超级大富翁过程中扮演的角色。以财富占有衡量的贫富差距显然要比以收入衡量的贫富差距严重得多，而美联储的职责是为华尔街创造财富提供帮助，而非为广大民众。在 2008 年全球金融危机后，为推动增长，美联储通过多轮量化宽松政策，将海量美元注入美国经济，这其中就包括在公开市场上购买债券。他们的本意是通过注入资金，触发强力复苏和就业增长。但事与愿违，在金融投机达到前所未有的高度时，美国却经历了战后历史中最疲软的复苏。

美联储的这些宽松货币（easy money），大多数流入股票、高档房地产及其他金融市场。同时，还有很大一部分流入金融工程（如回购股票），并进一步推高这些资产的价格。尽管所有持有股票或债券的人都收获巨大，但由于最富有的人在这些金融资产中拥有的份额也最大，因此，他们才是这轮资产大潮的最大受益者。其他国家央行在效仿美国的宽松货币政策时，也在不经意之间加剧了本国的贫富差距。2014 年，瑞士信贷（Credit Suisse）旗下研究机构针对 46 个主要国家进行一项研究，结果显示，在 2007 年前，仅有 12 个国家财富分配不均的程度加剧；但到 2007 年后，这个数字翻了一番多，达到 35 个，包括印度、英国和意大利等国，均出现贫富差距加剧的现象。

美国自 2008 年开始尝试宽松货币政策，到 2014 年量化宽松政策正式告终。在这期间已增长至 263 万亿美元的全球财富中，有 44%～48% 属于全球最富有的 1% 富人。皮尤研究中心（Pew Research Center）在 2014 年的一项研究发现："自 2007～2009 年'大萧条'以来，美国高收入人群的收入高出美国人均收入的差额已达到历史最高点。"高收入家庭的财富继续增长，而中低层收入群体的财富增长则趋于停滞。

1983 年，高收入家庭拥有的财富是中等收入家庭的 3.4 倍，而在经过 1/4 世纪后，他们的财富差距则继续拉大；2007 年，高收入家庭的财富达到中等收入家庭的 4.5 倍；2013 年，这一数字进一步提高至 6.6 倍。虽然贫困人群并没有变得更穷，富人尤其是超级大富翁的财富却以更快速度增长，而且即使富人的财富增长 0.01%，也远远超过穷人的财富增长 1%。2009～2014 年，尽管全球经济增长乏力，全球亿万富翁的数量却从 1 011 人增加至 1 826 人。这 5 年中，皮涅拉担任智利总统，但《福布斯》杂志指出，全球市场的高涨使他的净资产从 4 亿美元变成 26 亿美元。

一个健康的经济体应该具有财富创造的功能,甚至由此造就超级富翁,但核心问题在于均衡性。如果经济没有被少数大富翁操控,那么,增长和财富创造就有可能持续并加快。2015年,智利国内仅有12位亿万富翁,但他们控制整个国家15%的经济,这在全球来看是最高的比例。因此,在智利这样的经济结构中,以治理贫富不均为目标的运动最终会进一步加剧贫富不均,这样的结局应该不足为奇。

《福布斯》排行榜背后的真相

随着越来越多的人加入亿万富翁阶层,富豪榜排名也发展成一个新的行业。自20世纪80年代以来,《福布斯》杂志每年都会发布"全球富豪榜"。在过去5年里,亿万富翁的数量已增加一倍,而在过去10年则翻了3倍,这也让这个排行榜成为衡量财富分配问题的一个重要参考样本。在中国和俄罗斯等国,富豪这个标签在20年前还不为人所知,今天,他们已成为一个庞大的超级财富群体。这一巨大变化诱使很多人开始效仿《福布斯》,进而形成一个产业,由此产生众多的财富排行榜。

这其中既有逐日发布亿万富翁排名的"彭博亿万富翁指数"(Bloomberg Billionaires Index)和"亿万富翁大调查"(Billionaire Census),也有跟踪特定区域个人财富的"胡润排行榜"(Hurun Report)和瑞士信贷研究中心的"全球财富报告"(Global Wealth Report)。在这些数据中,《福布斯》和彭博采用动态市场数据对排名情况进行实时更新。

还有一些根据数据撰写的专著,比如克里斯蒂娅·弗里兰(Chrystia Freeland)的《巨富》(*Plutocrats*)以及达雷尔·韦斯特(Darrell M. West)的《亿万富翁》(*Billionaires*)。这种跟踪亿万富翁排名的业务迅速增长,恰恰反映我们这个时代的矛盾。它们不仅满足了人们偷窥上流社会的欲望,也为批评财富不均的人提供了依据。

这些排行榜的部分信息迎合奢侈品商家及富豪们自我宣传的需求。事实证明,宾夕法尼亚大学诞生的亿万富翁要多于耶鲁、哈佛、普林斯顿及其他高等学府。但这些排名也有自己的局限性,即它们的计算主要依赖公开信息，尤其是股票及房地产持有数据。因此，这些亿万富翁的实时指数只能反映市场的当前状态。可以想象，对于像比尔·盖茨（Bill Gates）或是墨西哥首富卡洛斯·斯利姆（Carlos Slim）这样的超级亿万富翁来说，每天看着他们的财富以数亿美元的幅度起伏，已经习以为常，但这些信息没有任何特殊意义。事实上，长期趋势才更能说明问题。

最近，这些富豪榜数据引发一场严肃的经济学大讨论。法国经济学家托马斯·皮凯蒂（Thomas Piketty）针对贫富不均问题所著，并于2013年出版的《21世纪资本论》（*Capital in the Twenty-First Century*）一书引发全球关注。美国前财长劳伦斯·萨默斯（Lawrence Summers）为该书撰写了序言。尽管他序言中的基调是称赞，但针对作者认为财富继承者长期统治美国的观点，萨默斯也提出质疑。他认为，美国的亿万富翁群体极其不稳定。萨默斯还着重强调这样一个事实，即在1982年进入《福布斯》第一批财富排行榜的名字中，仅有1/10进入2012年的排行榜。

著名作家及创业投资者彼得·泰尔（Peter Thiel）在哀叹科技止步不前的时候，也调侃性地引用亿万富翁排行榜。泰尔在2012年《福布斯》全球财富排行榜中资产超过100亿美元的92人中，仅找到11人属于高科技行业，而且这几个人都是我们家喻户晓的人物，如比尔·盖茨、甲骨文CEO拉里·埃里森和马克·扎克伯格（Mark Zuckerberg）。通过比较，泰尔又发现，两倍于此的富翁主要依赖"自然资源采掘"发家致富，泰尔略带讽刺地指出，这个群体"基本就是高科技发展失败的产物，因为矿产品属于供给无弹性商品，而饥荒会让农民变成富翁。"

萨默斯、泰尔及其他人已开始认识排行榜的意义。尽管如此，我们还是要以系统化方式去解读这些排行榜，发掘反映各行各业亿万富翁财富规模的数据，以及富翁阶层在现实中所面对的竞争。

对一个成长中的经济体来说，创造财富是再自然不过的现象，也是再健康不过的特征，但前提是这些国家的富豪所控制的财富还没有达到不可控的地步，还未形成一个已经丧失活力、以家族为纽带的精英阶层；他们所依赖的是创造性和生产性产业，而不是依靠政治关联来决定谁将成为亿万富翁。

巨富与经济失衡

2010年左右,我开始关注富豪榜,主要是由于印度经济的恶化:长期占有巨额财富的权贵人物频现腐败问题。日积月累,腐败已深刻侵蚀印度的权力机构,成为宝莱坞电影里的潜规则,并渗入印度的主导行业。而就在几年前,主宰国家商业命脉的富豪还是值得信赖的公众人物,他们打造的公司是印度国际形象的代言人,他们也因此成为国人敬仰的对象。但丑闻不仅摧毁了公众对他们的信任,也揭露了这些商业巨头与政客之间的罪恶联系。他们暗中操纵国内无线网络的招投标,对新板球联盟的主办权强取豪夺,以不正当手段垄断地产交易,种种不可告人的行径令人痛恨。看起来,越来越多新贵的崛起不是依靠勤奋与美德,而是依赖于政商勾结,许多印度人对他们的厚颜无耻难以忍受。在孟买,企业CEO对我抱怨,当下每一个投资决策,首先需要考虑的问题是,贿赂哪些官员才能拿到生意。

为了解民众对这些日趋僵化、掌控国家经济命脉的精英作何评价,我对2010年亿万富翁排行榜进行简单分析,结论是十大印度富豪控制的财富总量相当于整个国家GDP的12%,这个比例在中国仅为1%。此外,在印度前十大富豪中,有9人自2006年以来就始终位列其中,而中国2006年的十大富豪如今已不知去向;印度的2006年十大富豪排行榜中,仅有5人是2001年入榜,这意味着,僵化停滞只是一种刚出现的现象。我在2010年9月《新闻周刊(国际版)》(Newsweek International)的封面报道中指出,裙带资本主义(Crony Capitalism)的兴起是"印度的致命缺陷"。我的观点立即引起新德里政治圈潮水般的声讨。印度的高层官员告诉我,在一个处于起飞阶段的年轻经济体中,腐败是正常现象。为证明自己的观点,他们甚至提到19世纪统治美国的强盗式贵族。但是在随后几年里,印度的经济增长率下跌近一半。于是,这些曾对我大动肝火的官员逐渐开始意识到,不正常的高腐败和贫富不均,是造成印度经济增速放缓的主要原因之一。

裙带资本主义大行其道,不仅让金钱和生意成为赚取不义之财的捷径,也在政治体系内引发一轮连锁反应。2010年后,印度法院意识到众怒难犯,开始采用一种近乎杀鸡儆猴的政策,对个别民怨极大的人采取严厉的禁止措施。法官开始否决被指控商人的保释申请，在做出正式裁决之前，对他们实施几个月的监禁。同时，他们开始敦促印度中央调查局的侦探，加大对贪腐案件的侦查力度，如果随意放弃追查，他们的忠诚就会受到质疑。到 2012 年，打击力度持续升级。一些富有的印度人在新德里郊外的乡下兴建别墅，作为他们的第二行宫。在这些奢华"农舍"里举行的聚会，几乎所有参与者都处于保释或即将锒铛入狱的境况。

此时，对于官商勾结，是放纵还是严厉打击，哪个前途更乐观还不明朗。官僚们开始消极怠工，他们不仅担心自己的名字和任何政策联系到一起，甚至连审批商业许可这样的事情都避之不及，即便这些政策有利于商业。他们唯恐自己和腐败沾上边。商人们开始远离那些需要政府审批的业务，然而在印度，需要审批的业务不计其数。投资趋于停滞，怀疑和担心的氛围萦绕多年，挥之不去。印度财政部长阿伦·贾特里（Arun Jaitley）本人是一位律师，2015 年，他曾无比哀叹地说，政府探员开展调查遵循的"黄金戒律就是，无论如何都要成功，被指控者得到公正审判是他们最大的运气。"但他也提出警告，这种在调查中"宁可错杀一千，也不放过一个"的过激做法，已经"阻碍整个经济决策过程"。印度最需要的是以快速增长来解决贫困与贫富不均问题，但裙带资本主义的爆发及随之而来的矫枉过正，实际上制约了增长。

事实上，从绝对水平出发，讨论亿万富翁积累的财富达到多大规模会导致经济失衡，显然是个难以回答的问题。但通过横向比较有可能剔除异样，揭示真相。在过去几年中，从发达国家和新兴市场国家的总体情况看，亿万富翁的平均财富总额已达到 GDP 的 10%。因此，如果这些国家亿万富翁的财富份额超过这个平均值的 5%——譬如俄罗斯、马来西亚和智利，那么，这种程度的贫富不均就可能殃及经济增长。目前印度这一比例为 14%，高于全球平均水平 4 个百分点。幸运的是，印度当下发展趋势向好。

从开始关注富豪榜的那一天起，俄罗斯的数据就一直让我感到不安。自 20 世纪 80 年代末苏联解体以来，俄罗斯将大量之前由国家拥有的企业卖给与政府关系密切的私人企业家，并形成一个新的寡头政治阶层。目前，俄罗斯拥有的亿万富翁人数已超过 100 人，这个数字仅次于美国和中国，位列全球第三位。即便是在 2014 年俄罗斯股票及房地产市场崩盘后，俄罗斯的亿万富翁控制的财富依旧相当于 GDP 的 16%。他们挥金如土的习惯正在将莫斯科变成布加迪和宾利汽车的露天展销厅。而在最近几年，随着国内经济形势趋紧，他们纷纷开始向海外转移资产。据报道，俄罗斯第十大富豪、化肥大亨德米特里·雷博诺夫列夫（Dmitry Rybolovlev）耗资 20 多亿美元投资艺术品。他收藏的作品不乏当代美国抽象派画家马克·罗斯科（Mark Rothko）及 19 世纪意大利表现主义画家阿美迪欧·莫蒂里安尼（Amedeo Modigliani）的代表作。他的女儿依卡特林娜（Ekaterina）更是出资 1.53 亿美元，在希腊购置一座小岛，在纽约购置一套价值 8 800 万美元的别墅。钢铁大王罗曼·阿布拉莫维奇（Roman Abramovich）据称正盘算在曼哈顿上东区购置一个街区，而这里恰恰也是亿万富翁云集的地方。

　　在 2014 年之前，俄罗斯亿万富翁的财富规模在新兴市场国家中还微不足道，但这种情况已在悄无声息中发生改变。在智利和马来西亚，超级富豪积累的财富更令人咋舌。尽管马来西亚政府早已采取措施，打压长期占据该国经济主导地位的少数华裔富商，试图将他们的财富转移给占人口多数的马来西亚本土人，但这些富翁的财富总额依旧相当于 GDP 的 15%。

　　此外，发达国家的亿万富翁群体也在迅速膨胀，最令人意想不到的国家是瑞典。尽管在人们心目中，瑞典始终是享有民生主义荣誉的幸福国度，但是在经历 20 世纪 90 年代初大规模的金融危机后，瑞典的执政导向开始转向右派势力。瑞典取消大量税收，降低针对贫困人口和失业人口的政府救助金。瑞典经济始终处于稳定增长的态势，这一点强于其他大多数发达国家，但它的贫富不均程度，也是其他发达国家无法比拟的。目前，瑞典亿万富翁控制的财富已经从 2010 年占 GDP 的 17% 提高到 21%。尽管瑞典的亿万富翁只有 23 人，但他们的财富规模大得令人难以置信，即便是俄罗斯的富人也会对他们敬畏有加。这也从另一个侧面解释了瑞典政坛天平开始倾向于左派力量的原因所在。在 2014 年赢得大选胜利之后，瑞典社会民主党便承诺提高对富人的征税，将社会贫富不均的状况至少恢复至 20 世纪 90 年代的程度。

　　迄今为止，尽管在全世界人的心目中，美国始终是一个赢者通吃的冷血资本主义国家，但美国的富豪阶层似乎还没有这么夸张。多年以来，美国亿万富翁占有的财富总量始终徘徊在 GDP 的 10% 左右，接近于全球平均水平。但这个比例在 2013 年提高到 13%，并在 2014 年进一步增加到 15%，其中部分原因在于硅谷富豪的崛起以及美联储的宽松货币政策。如前所述，自 2009 年以来，美联储推行的货币政策大幅推高主要金融资产的价格，如股票、债券和房地产等。在美国，由于 1% 的富人持有全国 50% 的金融资产，他们自然也就成为资产价格泡沫的最大受益者。

另外，如果一个国家富豪拥有的财富低于全球平均水平，即不到 GDP 的 10%，这反倒是一个表明经济体健康的信号。我们完全可以认为，当一国亿万富翁的财富总量占 GDP 的 5% 甚至更少时，如波兰、韩国和澳大利亚等，这个国家也就拥有维护政治稳定的经济基础，它们的领导阶层也不会成为社会动荡和政治不安瞄准的靶子。

脱离苏联后的波兰尤为值得关注，这个国家仅拥有 5 位亿万富翁。作为一个小群体，波兰人自然也会对他们产生像俄罗斯人对阿布拉莫维奇那样的抵触情绪。不过，他们几乎没有机会炫富。作为他们当中的一员，银行巨头莱斯泽克·扎奈基（Leszek Czarnecki）曾是深海洞穴潜水世界纪录的创造者，这样的经历远比炫富更令人崇拜。达利斯·米莱克（Darius Milek）拥有波兰最大的鞋业连锁店，他的经营理念别出心裁——将生产的数十亿鞋子堆积在大仓库里，再用金属货柜运到街边售货亭直接零售。他从不掩饰这样一个事实：他的全部顾客最关心的就是价格。因此，他也没有必要白费力气，将每一双鞋放进鞋盒进行销售。与俄罗斯大亨们相比，波兰的这些超级富翁更低调。在他们当中，至少有一半人是白手起家的，他们成为亿万富翁的秘诀就是吃苦耐劳。马莱克·皮克奇（Marek Piechocki）的快速时尚公司便发迹于格但斯克的一座破旧仓库，20 年前，他在这里创办了自己的公司。这种情况在波兰很常见。马莱克的所有时间几乎都用到了工作上，据说多年以来，他一直驾驶同一辆旧汽车，即便是在公众场合，他也始终身着同一套旧西服。

作为波兰的邻国，捷克共和国在脱离苏联控制后，它们的亿万富翁们也始终保持低调的作风。安德雷杰·巴比斯（Andrej Babiš）拥有一家资产上亿美元的农业企业，2014年5月，我在布拉格见到巴比斯时，他正担任捷克共和国的财政部长。言谈之间，这位商业大亨出身的平民主义政治家让我颇感惊讶，因为在经济陷入深度萧条的欧洲地区，捷克共和国无疑是黑暗中的一点曙光。但在谈到该国经济的优势时，巴比斯显得非常低调和谨慎。在大多数国家，财政负责人都会向外国投资者大肆宣传本国的优势和吸引力，但巴比斯不然。相反，他对布拉格政治圈的明争暗斗大爆粗口，对"长期以来积蓄的腐败风气"更是怒不可遏。这似乎有点不合传统，但这难道不正是我们想在国家精英身上看到的品质吗？不夸张，不自负，在相对乐观的情况下保持足够的紧迫感。

此外，还有一些存在异常的国家，比如日本。在这个国家，属于亿万富翁的GDP份额仅有2%，这在发达国家中也是较低的水平。这让我们禁不住猜想，会不会这就是这个国家的经济长期萎靡不振，无力提高财富增长速度的原因？某些学术研究显示，贫富差距太大会导致经济增长放缓，但贫富差距太小也会延缓增长。当然，亿万富翁群体规模太小的说法似乎有点不合常理，但日本或许就是这种情况，而且某些日本人似乎已意识到了这一点。日语中有一个词"akubyodo"，含义就是"糟糕的平等主义"。批判家们用这个词指代一种对年长者给予太多，而忽视给予创新与冒险者适当激励的企业和政治文化。每个人都会因安心工作而得到回报，却不会因为表现突出而受到奖励。三木谷浩史（Hiroshi Mikitani）就是这样一位正冉冉升起的富豪新星。作为电子商务领域的领头人，他因采取美国式企业文化和批评日本人不善英语交流而著称。像三木谷浩史这样的富豪之所以会成为媒体焦点，恰恰就在于他们与众不同。在日本，人们习惯性地把创新与活力当做离经叛道，这显然不是一个好兆头。

"好富翁"与"坏富翁"的较量

对经济而言，富豪榜上不断出现新面孔或许是个好兆头，但前提是他们都属于"好富翁"，而非发迹于经济学家所说的"寻租行业"（rent-seeking industries）。这些行业通常包括建筑、房地产、博彩、采矿、钢铁、铝、其他金属制造业、石油、天然气，还有其他主要依赖从地下开采自然资源的大宗商品行业。这些行业竞争的核心，往往在于如何在这些自然资源所代表的国家存量财富中分一杯羹，而非如何以创新方式创造新的财富。因此，为了获取有限的资源，并最大限度地从这些资源中赚取利润，竞争者必须想方设法讨好监管者、争取政客的支持。必要时，行贿是不可避免的手段。为了对这种资源性财富做个粗略的定性判断，我将腐败高发领域富豪拥有的财富与整个国家富豪的财富总量做比较，由此便可得到"坏富翁"所占的财富比例。

毫无疑问，这个"坏富翁"的概念会让许多依靠诚信经营的房地产和石油业大亨蒙冤，但即便在某个国家这些行业确实清白，他们对可持续经济增长的贡献也很有限。这里的原因是多方面的，既是因为这些行业本身缺乏生产性，也是因为大宗商品的固有价格波动伤及经济的稳定性。基于这样的逻辑，我们自然可以假设其他行业亿万富翁对经济增长的贡献更大，但是按照我对"好富翁"的定义，担得起这个称号的富翁，要么是通过生产活动为经济增长做贡献，要么是生产出更好的商品来满足普通消费者的需求，比如智能手机或汽车。这些良性行业包括高科技、制造业、医药业、电信、零售、电子商务和娱乐业等，因为它们最不可能引发民众对财富创造的怨愤[①]。需要澄清的是，我并不认为这些结果像信贷或投资增长以及贸易账户等数据那样属于硬数据。以系统方式解读亿万富翁排行榜，只是一种补充。它可以说明，一个国家创造财富的主要方式，到底是公众喜闻乐见的"清洁"产业，还是极有可能引发民众愤怒的"肮脏"产业。

"好富翁"与"坏富翁"之间的力量对比瞬息万变。在过去的15年，这种均衡已在全球范围内实现了3个轮次的转变。在2000年互联网泡沫鼎盛时期，科技领域诞生的亿万富翁人数远远超过能源大亨人数，比例约为3∶1。但10年之后，随着石油及其他大宗商品价格的上涨，能源大亨的人数一举翻身，达到科技富豪人数的3倍。2012年，大宗商品价格的暴跌再次扭转实力对比，科技富豪人数再次反超能源大亨。在全球亿万富翁中，

---

① 个别情况下，如果可靠资料证实他们与政治腐败丑闻有牵连，我也会把良性行业的大亨归入"坏富翁"行列。——作者注

有126人来自科技领域,有78人来自能源产业,双方比例约为1.5∶1。

自此以后,人们对"好富翁"概念的关注开始持续增多,甚至已影响到某些缺乏科技创新力、腐败现象严重的经济体。2010年,印度还陷在政商勾结与腐败富商的旋涡里,但在随后5年,这种状况发生变化。2010～2015年,印度成为全世界因"好富翁"而受益最大的国家之一,整个国家的财富增长22个百分点,百万富翁的财富同期增长53%。在印度2015年的富豪榜上,新面孔比比皆是,而且他们中的大多数人发迹于生产性行业,如制药、教育和消费品。迪利普·桑哈维(Dilip Shanghvi)是印度太阳制药公司的创始人,也是我见过的最务实、最谦逊、最低调的亿万富翁。如今,他在印度富豪榜上的排名已从2010年的第13名升至第2名。

这些趋势或许会让此前10年积累的反公司和反增长声音有所减弱。一家名为安比特(Ambit)的印度证券公司甚至设计出"关联公司指数",用于跟踪那些裙带资本家的发展态势。该指数跟踪的75家公司均属于"寻租行业",据称他们借助与政府官员的密切关系而受益巨大。随着民众对政商勾结的愤怒持续发酵,对腐败交易的关注不断增多,这些公司的股票价格纷纷暴跌。2010年中期到2015年中期,印度股票市场大盘上涨50%,而这些关联公司的股价却下跌过半。这一迹象表明,印度的裙带资本家正在没落,与此同时,依赖大宗商品赚钱的诱惑力也在持续萎缩。就在几年前,这些印度资源富豪的子孙还聚集在他们的家族企业里,而现在我听说,他们中的某些人声称自己更热衷于创办最新潮的高科技公司。

在巴西,随着全球大宗商品出口价格持续走低,依赖自然资源的大亨们似乎也在不断没落。那些善于在消费品和媒体等良性行业塑造富有竞争力的企业的大亨,一向是巴西企业家中最值得称道的人。因为在这个过程中,他们要随时应对喜欢到处乱插手的政府。但是这些"好富翁"打造的市场毕竟有限,他们在巴西亿万富翁总资产中所占比例仅为36%,这在主要新兴市场国家中也处于比较低的水平。而他们所占据的市场相对孤立,不禁让人们想到巴西经济学家艾德马·巴查(Edmar Bacha)杜撰的一个词:Belindia。他用这个词来比喻巴西,其繁荣富裕的地区很小,只有比利时国土那么大,而其他更多地区如印度一般贫困落后。

多年以来，中国的富豪群体一直在高速增长膨胀。但是到2013年为止，中国还没有出现资产总值超过100亿美元的富豪。后来100亿美元的天花板最终在2013年被突破。宗庆后成为中国首富，随着他旗下"娃哈哈"瓶装水和茶饮品业务的市值暴涨75%，他的资产总值一度接近120亿美元。不久之后，全球科技市场的繁荣与上海股市的暴涨不期而遇。到2014年底，这轮行情催生出6位资产总额超过100亿美元的中国富豪，其中3位身价甚至已突破150亿美元大关。这3位新晋的超级富豪均为互联网公司的创始人或掌门人：阿里巴巴的马云、百度的李彦宏和腾讯的马化腾。这些新晋亿万富翁均为民营企业家，而且全部来自最具竞争性的行业，而不是电信、银行或制造业等传统行业。他们中的几个人年仅四十几岁。与年长者相比，他们更关心全球市场，因为这些公司大多已经在纽约上市。根据"胡润排行榜"的数据，到2015年底，中国的新富豪正在以每周5人的速度增长，到当年10月，中国已超过美国，成为世界上拥有亿万富翁最多的国家。双方亿万富翁的人数分别为596人和537人。

但"好富翁"的回归并非普遍现象。在那些由僵化守旧的领导人统治的国家，政治家已开始放弃改革，政商勾结的社会文化持续发酵，新晋富翁中的"好富翁"也寥寥无几。普京领导下的俄罗斯和埃尔多安治下的土耳其就是例子。在土耳其，富豪阶层对国家经济的控制持续加深，占GDP的份额不断提高，而他们的财富也大多来自"寻租行业"。在土耳其，每10个亿万富翁中，就有9个人居住在伊斯坦布尔。长期以来，伊斯坦布尔一直是土耳其的商业中心。即使是那些声称来自安纳托利亚的富豪，为了接近权力中心，也都逐渐搬迁到伊斯坦布尔。

不过，说到财富和权力中心，莫斯科才是更当之无愧的。在俄罗斯的104位亿万富翁中，有85位居住在莫斯科，而且这些富豪的拙劣历史令人咋舌。最近几年，全球石油、钢铁及其他大宗商品价格的暴跌，让这些俄罗斯寡头大亨损失惨重，但他们依旧掌控着俄罗斯的经济命脉。实际上，在这些俄罗斯富豪拥有的财富中，近70%来自政商关系密切的行业，如此高的比例在世界上独一无二。这种失衡，也让俄罗斯成为最有可能因贫富不均而引发政治风波的国家。实际上，超级富豪的炫耀性消费和他们采取

的超常安保措施就是一个信号。最近，钢铁大王阿布拉莫维奇购置了一艘配备导弹识别系统的游艇，耗资高达4.5亿美元。

面对这种形势，俄罗斯政府已开始利用民众对这些富豪的不满，对那些压榨底层劳动者的富豪公开曝光。早在2009年，普京就曾到皮卡廖沃的工业区进行视察，勒令当地的铝业大王奥利格·德里帕斯卡（Oleg Deripaska）及其他富豪解决工人的欠薪问题。据官方报道称，在签订协议之后，这位大亨居然拿着钢笔走开，是普京叫住他，让他归还钢笔。在与德里帕斯卡的谈话中，普京称这是"得不偿失、无足轻重的贪婪"。这或许是一种给外人看的宣传，因为据称德里帕斯卡和普京私交甚密。

民众的仇富心理在墨西哥也非常严重，因为那里的富豪大多发迹于垄断行业。他们几乎彻底控制着墨西哥的主要产业，从电信到混凝土制造，从电视到玉米饼生产。他们在赚取垄断利润的同时，不断推高商品价格。由此带来的民愤足以解释，墨西哥的有钱人为什么这么惧怕遭到绑架并被勒索赎金。这些超级富豪们喜欢待在高墙林立、戒备森严的深宅大院。再看看那些经常被视为国家象征的亚洲富豪，他们的高调炫富与墨西哥富豪真是天壤之别。

我曾在2014年11月去过墨西哥城，一天早晨醒来，我刚走出酒店房间，就被所见惊呆：眼前尽是身着黑色西服、佩戴无线耳机的人，他们一声不响地站在走廊两侧。在我和墨西哥记者吃早餐的露天庭院里，也站满类似装扮的人。我询问这位记者发生了什么。原来，这些身穿西服的男士全是一名墨西哥超级富豪的保镖。这位矿业巨头平时深居简出，远离媒体的视线，直到在最近一次他与墨西哥总统恩里克·涅托的会晤中，媒体才第一次捕捉到他的影像。当富豪们不得不这样行踪诡秘时，或许就说明这个国家的财富创造体系已出现问题。

"富二代"的原罪

"坏富翁"往往出自家族企业，尤其是在新兴市场国家，因为这里的制度更利于他们打造政商勾结的腐败链条。为了确定血缘纽带在哪些国家更可能削弱市场和竞争，我使用《福布斯》杂志的数据，并将富豪的财富来源划分为"白手起家"和"继承"两种类型。

在2015年前10大发达国家的亿万富翁中，继承财富占财富总量比例最高的是瑞典、德国和法国，均超过65%；美国是30%多一点；日本最低，为14%。而在10个最大的新兴市场国家中，该比例呈现出高度的分散性，从韩国的超过80%，到印度、印度尼西亚和土耳其的50%多，再到中国的1%，而俄罗斯干脆为0。尽管总体上可以认为，家族性财富的高度集中对一个经济体而言不是好现象，但深究家族财富的来源还是有必要的。

在许多国家，新晋富豪往往出自老牌企业。在成为亿万富翁之前，他们的财富积累过程延续很久，某些富翁的财富积累甚至历经数代人。对他们来说，血缘纽带并没有阻碍他们建立公正、开放的企业治理结构，尤其在已公开上市的家族企业中，家族成员常常退居幕后，只行使股东权利，公司日常经营交由职业经理人负责。这样的组合或许更稳固，也更强大，因为家族成员的职责就是保证公司着眼于长远发展，而市场则会保证公司公正运营，经得起外界的监督。这也是德国企业的基本模式。在那里，富豪们掌控着世界上最先进、最具生产率的企业，包括许多带动出口制造业繁荣的中小型企业。在德国人的心目中，这些企业带来的是自豪，而不是嫉恨。

这种情况似乎也适用于意大利和法国，这两个国家最新的亿万富豪榜同样出现几位新成员。在这些新成员当中，许多人的财富继承自原有的家族企业，然后通过他们的努力，慢慢从百万富翁晋级为亿万富翁。自2010年以来，意大利已经涌现出28位新的亿万富翁，其中过半数从事时装及奢侈品行业。他们当中就包括阿尔贝托·普拉达（Alberto Prada）和玛丽娜·普拉达（Marina Prada），这两人均来自创建于1913年的普拉达时装公司。此外，奢侈品公司杜嘉班纳时装（Dolce & Gabbana）和宝格丽表业（Bulgari）也为意大利创造出新的亿万富翁。法国的亿万富翁很少发迹于与政治腐败关联度较高的行业，但他们大多来自历史悠久的家族性企业，如香奈儿和路易威登。《福布斯》杂志将2/3的法国富豪归入财富"继承"型亿万富翁。和意大利的富豪一样，法国新晋亿万富翁的财富主要继承自老牌企业。皮埃尔·卡思特（Pierre Castel）是2015年新上榜的亿万富翁，他的酒业公司创建于1949年。最近几年，奢侈品行业公司的股票直线飙升，这还要得益于新兴市场国家的火爆市场，其中又尤以中国为主。这些新的亿万富翁充分发挥意大利和法国在高档手工制造领域的优势，这种优势甚至已成为他们的国家身份象征。

尽管新兴亚洲的经济崛起已成为热门话题，但有一点不容否定，很多富豪依旧来自家族企业和企业集团，而这些富豪享受的荣耀背后，公众对他们的褒贬不一。在韩国，许多大富豪的财富是家族持有的大公司股份，如三星和现代，因此，可以认为他们的财富来自生产性行业。从这个意义上来看，倒是可以把他们划入"好富翁"一类。另外，这些公司的股价一直低于其他国家的同类公司，背后的部分原因在于人们始终对它们的公司治理或少数股东的待遇持怀疑态度。此外，这些来自家族企业的精英几乎已成世袭制，他们对韩国经济的统治也令人担心。尽管韩国亿万富翁拥有的财富仅占国家经济的一小部分，而且几乎都与"寻租行业"无关，但富豪阶层过度集中于家族企业这一事实，或许可以解释首尔在最近几年面对的一个新问题：贫富差距已引发政治影响。

许多新晋富豪的公司几乎是在一夜之间浮出水面，比如埃文·斯皮格尔（Evan Spiegel）创建的色拉布。除了硅谷这样的企业温室能创造出这种企业外，其他领域的确少之又少。实际上，年轻的企业家在没有任何产业可继承的情况下，依靠白手起家成为亿万富翁，这样的故事在美国和中国尤为常见，这也是这两个国家与众不同的重要特征之一。

没有可继承的财产应该是一件好事，这意味着新企业可以和老牌企业展开竞争。在包括英国和美国等在内的某些国家，这种情况似乎较为常见。尽管在泰尔之类的批判家眼里，盖茨、埃里森或扎克伯格这些耳熟能详的名字被归入僵滞的上流阶层，但这些人根本没有任何财产可继承：他们是白手起家、依靠自身打拼的企业家，扎克伯格甚至只有29岁。按照大多数国家的标准，他们都属于当之无愧的新面孔。不过沃尔顿家族有6名成员进入富豪榜，其中4人进入美国亿万富翁排行榜的前12名，这的确不寻常。他们拥有的财富总额合计达1 710亿美元，或者说，相当于美国亿万富翁全部继承财产总额的近20%。如果扣除沃尔顿家族的财产，继承财产在美国亿万富翁总额中的比例就会下降29%～34%。尽管因为对工人支付低工资和排挤中小零售商等事件，让沃尔顿家族的企业引起政治分歧，但不容置疑的是，沃尔玛以先进技术对零售分销及库存等业务实施智能管理，确实提高了整个美国及全球零售业的效率。因此，很多时候，沃尔顿家族也成为饱受争议的"好富翁"案例。

相比之下，家族纽带鲜见于中国和俄罗斯的富豪当中，但还不足以让他们成为正面典范。在这些国家，富豪榜上几乎见不到依赖财富继承的亿万富翁。根据《福布斯》杂志的数据，我们几乎找不到拥有大量继承财产的中国和俄罗斯富豪，这背后的原因或许不难理解。毕竟，富豪阶层在这些国家还是新生事物，下一代继承财富的时间还没有到来。

传统大亨与互联网新贵

用好和坏为亿万富翁贴标签，是这项规则中最重要的一部分，因为即使超级富豪在一国财富中占据不寻常的比例，家族企业遏制竞争，但只要这些财富集中于生产性企业，他们依旧是推动增长的积极力量。如果他们的财富是通过开发智能手机的新型应用程序得来的，而不是借助政治势力进行强取豪夺，那么，他们依旧值得社会尊重。

和发达国家一样，在新兴市场国家，低比例的"坏富翁"也可以弥补他们在其他方面的缺陷。在韩国，主宰国家经济的家族产业之所以没有成为众矢之的，一个重要的原因是韩国人从很小起就开始接受爱国主义教育，体会爱国情怀如何帮助他们克服困难（比如缺乏石油及其他自然资源），成为工业强国。尽管家族产业的影响力在最近几年有所下降，但有一个事实并未发生变化：在韩国，亿万富翁的财富很少（仅有5%）来自易遭受腐败侵蚀的行业，这让他们不倾向于以炫富方式展现其影响力。此外，新鲜血液的不断注入，也让企业家们看到竞争的希望。韩国出现一大批新晋的亿万富翁——如白手起家的化妆品巨头、爱茉莉太平洋贸易有限公司的董事长徐庆培（Suh Kyung-bae），他在全世界掀起一波韩范时尚大潮；从事

在线游戏产业的企业家、韩国游戏公司世曼凯（Smilegate）的创始人权赫斌（Kwon Hyuk Bin），其开发的游戏"穿越火线"（Crossfire）已风靡中国。

在中国台湾地区，亿万富翁拥有的巨额财富及其对财富继承的依赖性，在本质上不利于经济增长，但这种缺陷在很大程度上被其从事产业的生产性减弱。在中国台湾地区亿万富翁拥有的资产中，由生产性企业创造的财富比例很高，达77%，而且主要集中于全球知名品牌计算机的制造和组装。有些企业专门生产苹果手机及其他苹果产品的零部件。他们的环境富有企业家精神，在这种环境下，激烈的竞争使得中小企业成为大多数企业的生存形态。此外，中国台湾地区富豪的财富量级通常也较为适中（当然，这种比较仅限于亿万富翁之间）。2015年，全球约有1 800位亿万富翁，他们的平均资产约为39亿美元，而中国台湾地区亿万富翁的平均资产则为20亿美元。与韩国富豪一样，中国台湾地区的亿万富翁也习惯于保持低调，但他们在日常生活中似乎不存在安全问题。

在发达国家，"坏富翁"的低比例也减少了财富创造和经济增长问题引发的政治纠纷。在主要的几个发达国家中，"坏富翁"财富比例最低的国家是意大利（3%）和德国（1%）。尽管德国经济和意大利经济缺少共性，但富豪阶层几乎不涉足"寻租行业"是他们的一个共同特征。在德国，亿万富翁创造财富的手段是众多的生产性企业，从滚动轴承到宝马汽车，从远洋运输到软件设计，从消费品到谷歌，几乎一应俱全。谷歌最早的投资者之一，就是一位极富远见的德国人安德烈亚斯-冯·贝切托尔舍因（Andreas von Bechtolsheim）。尽管2015年新近的富豪榜中很多德国人都出自老牌公司，但其中至少有3人从事的是互联网创业企业孵化，他们就是大名鼎鼎的桑维尔（Samwer）三兄弟。他们的经营模式是将美国的互联网业务从欧洲克隆到印度和印度尼西亚，这种照搬模式已在全球范围内引发争议。2014年，亚历山大、马克和奥利弗三兄弟在柏林拥有的火箭网（Rocket Internet）公司公开上市，德国由此多了3位新科亿万富翁。

在瑞典，"好富翁"也呈现出增长趋势。尽管他们确实非常富有，而且也继承了巨额财富，但我猜想，他们还是能在一定程度上缓解贫富不均带来的社会矛盾激化。在发达国家当中，从富豪阶层拥有的财富总量及继承财产的数量两方面看，瑞典均名列前茅，但其在质量上则排名第三，因为在瑞典的亿万富翁中，只有5%来自传统的"寻租行业"，而且大多数财富源于有全球竞争力的大公司，包括时装业的H&M及从事家具零售业的宜家。这些全球知名公司的收入主要来自海外市场，并且其财富源源不断地流入瑞典，因此，他们根本无须去争夺有限的国内资源。然而，亿万富翁的巨大财富及根深蒂固的家族经营模式，依旧可能阻碍瑞典的经济增长，尤其在绝对差距太大而引发民众不满时，这种可能性有可能被进一步放大。

这样的逻辑同样适用于美国。在那里，"好富翁"与"坏富翁"之间的传统界限正在模糊化。在财富排行榜的前十大富翁中，尽管很多人已入列几十年，但是凭借他们所拥有的公司——如微软、伯克希尔·哈撒韦、甲骨文或是沃尔玛，任何经济体都会不断提升其全球竞争力。而有幸能跟在这十大富豪身后的亿万富翁，则始终处于变化之中。20世纪90年代，美国曾涌现许多高科技业务富豪，如雅虎的杨致远，但他们如今已不知去向。而在最近几年，一批从事移动互联网软件业务的精英浮出水面，如推特的杰克·多尔西（Jack Dorsey）、高朋团购网站（Groupon）的创始人埃里克·莱夫科弗斯基（Eric Lefkofsky）以及瓦次普（WhatsApp）创始人简·库姆（Jan Koum）。他们借助全新的高科技业务一举成为亿万富翁。在硅谷，也曾出现过因科技开发人员与纯服务人员之间收入差别不断扩大而引发的抗议。在美国，这些发迹于高科技领域的大亨被视为顶级名人。从电动汽车到太空旅行，都是新晋亿万富翁埃隆·马斯克（Elon Musk）的涉猎范围，很多学术评论对他"正在改变世界"的发明大加称赞。

硅谷的亿万富翁里从来不缺少民间英雄，因为消费者确实喜欢他们提供的服务。《福布斯》杂志曾指出，在面世后的6年间，瓦次普赢得7亿追随者，这已经远远超过基督教在前19个世纪里赢得的信徒。越来越多新技术业务被市场迅速接受，这成为他们的特征：从爱迪生发明电，到1/4美国人开始用电，中间历经四十几年。此后，形成发明到被市场接受之间的时滞不断缩短，收音机用时30年，个人计算机用时15年，万维网用时7年，脸书（Facebook）更是只用时3年。因此，马克·扎克伯格能成为民众偶像和好莱坞纪录片的主角并不难理解。脸书在2011年开展的一项调查显示，任意两个人之间的"六度分隔"（Six Degrees of Separation，即世界上任意两人,其中一人最多通过另外 6 个人就能认识对方）理论已不再成立。今天,由于社交媒体的出现,这个理论应该修订为"4.7 度分隔",即任意两人之间只需 4.7 个人即可相互认识。这要感谢互联网领域的亿万富翁。

在当下的美国文化中,我们已经很难找到典型意义上的"坏富翁"。因为我们根本就找不到现代版的约翰·D. 洛克菲勒（John D. Rockefeller）或其他 20 世纪初的强盗式贵族。即便人们抱怨微软和谷歌之类的公司已成为企图操纵高科技领域的"死亡之星"（Death Stars）,但是在某些狂热的科技圈以外,这些富豪级创始人始终是令人膜拜的人物。实际上,包括比尔·盖茨和沃伦·巴菲特在内的美国顶级富豪,就曾公开呼吁富豪们将财产捐献给慈善事业（就像洛克菲勒晚年时那样）,并提倡以征收高额遗产税来遏制家族性财阀的形成。或许有人会认为,典型性"坏富翁"应该来自石油、天然气等"寻租行业",比如洛克菲勒的名望和财富就来自他创办的标准石油公司。但是在美国,依靠石油创造新财富的源泉,则来自于以前无法触及的页岩油,而这种创造财富的手段就是新的石油、天然气开采技术。因此,在这些新的美国富豪中,许多人不能归入被泰尔称为"技术失败"（technological failure）的那一类人。

贫富不均如何扼杀增长

贫富不均问题在全球范围加剧,引发研究这一现象起因和结果的新风潮。不管身处何种意识形态,你都很难反驳这样一种说法:**一定程度的贫富不均有利于推动经济维持长期高速增长,而严重或迅速加剧的贫富不均则会扼杀增长**。

这种说法的基本逻辑在于,随着收入的增长,富人的消费在其新增收入中的比重会不断下降,并低于穷人和中产阶级,而储蓄的比例则相对较高。富人在衣食住行等生活必需品已经消费充足,因此,在财富继续增长时,他们已无须在这些基本消费品上进行消费,或鲜有消费。而当穷人和中产阶级拥有更多现金时,他们首先需要满足衣食住行方面的需求:去购买食品和服装，品尝更新鲜的牛肉，或启动原本因没钱购买汽油而取消的周末旅行。按照经济学家的术语，随着收入的增长，富人会拥有较低的"边际消费倾向"①。于是，当富人在国民收入中占有的份额不断提高时，消费支出总额的增长反倒会放慢，进而抑制经济的增长速度。

这种观点的第二层内涵涉及贯穿本书的主题：变革。其中最有说服力的观点无疑来自 IMF 研究院的安德鲁·伯格（Andrew Berg）和乔纳森·奥斯特里（Jonathan Ostry），他们明确区分贫富不均的程度与"增长的高峰、低谷和稳定"之间的联系，并指出后者在增长过程中不可避免。他们认为，在战后时期，拉美国家实现快速增长的频率并不低于被人们奉为"奇迹"的亚洲国家。但二者之间最大的区别在于，拉美国家增长的高速期往往持续时间较短，而且更有可能因猛烈的"硬着陆"（violent endings）而夭折。如果按照它们追赶发达国家收入水平的目标来衡量，硬着陆不仅使它们此前的短期增长消失殆尽，甚至会让经济倒退很多年。增长为什么会以如此激烈的方式结束？伯格和乔纳森发现，最显而易见的解释就是拉美国家严重的贫富差距："贫富不均会阻碍增长，背后的部分原因可以理解为，贫富不均就要求进行财富再分配，而再分配本身就会削弱增长……在这种情况下，尽管贫富不均不利于增长，但税收和财富转移未必是正确的解决手段"。

当然，他们并非认为公众对财富再分配的要求一定会阻碍增长，而是认为这是一个需要权衡轻重的问题。在一次圣地亚哥的会面中，智利前总统皮涅拉对我说："必须以两种手段解决贫富不均问题。"这意味着，要找到一种既能促进经济增长，又能推动财富平均分配的投资模式。

当新兴市场国家通过社会福利计划，加大对收入再分配的投入（譬如巴西和印度最近采取的措施，随后又决定迅速增加开支），增长会遭遇最严重的威胁。当大量资金用于解决贫困问题时，可能会造成政府预算失衡，导致政府机构臃肿低效，并最终遏制维系社会福利所必需的增长。伯格和奥斯特里也发现，较低的收入均衡程度往往对应较长的高速增长期，部分原因在于，在这种情况下，有些穷人就拥有了他们所需的财务手段来实现自我发展，比如投资教育或创办小企业。

---

①增加的消费和增加的收入之间的比率。

但严重的贫富不均则会放大高速增长期结束时爆发的金融危机。当繁荣达到疯狂阶段，财富的高度集中会刺激富人将很大一部分财产投入各种形式的金融投资，进而招致仇富心理的炫耀性消费。当不可避免的危机降临时，必然导致大量的国家财富化为灰烬。

当危机爆发时，政治家必须清楚，谁将成为损失的主要埋单者，而由此引发的不满和怨恨，必然使债权人和债务人难以达成一致。就在欧元区国家为解决希腊债务危机而绞尽脑汁时，希腊的债权人和当地的普通民众选择袖手旁观。面对收入分配严重不均的社会，他们根本不急于向水深火热的政府伸出援助之手。几十年来，希腊的富人几乎无须纳税。到2015年，民怨已清晰可见，恐惧笼罩着希腊经济。那年夏天离开圣托里尼岛的一家酒店时，酒店总经理和他的助手不断叮嘱我随身携带账单和信用卡刷卡单。如今，海关官员会抽查游客，核实酒店是否接受现金的证据，因为游客接受现金支付可以帮助酒店避税。

"坏富翁"都是经济杀手

"坏富翁"就像浮在腐败社会最上层的酸奶油。国际透明指数（Transparency International，TI）或许有助于我们对哪些国家最易滋生腐败做出判断。该指数逐年发布，主要是通过请求游客对某个国家在 0～100 打分，0 代表完全廉洁，100 代表完全腐败。考虑到最贫困的国家往往也是最腐败的国家，因此，判断一个国家腐败程度的最好办法，就是与具有类似人均收入的国家做横向比较。复兴资本公司（Renaissance Capital）在 2012 年进行的一项调查显示，波兰、英国和新加坡等 15 个国家的腐败程度低于其他具有相近人均收入的国家，其 TI 评分较人均收入相近国家的平均值低 10%～20%。智利和卢旺达等其他 6 国的腐败程度也远远低于其他人均收入相近的国家，其 TI 得分比人均收入相近国家的总体平均值低 20%～30%。处在另一个极端位置上的是以俄罗斯和沙特阿拉伯为代表的 25 个国家，它们的腐败程度远高于正常水平。不出所料的是，这些国家的经济多以"寻租行业"为主，尤其是石油、天然气。在这 25 个腐败程度超过人均收入相近国家平均水平的国家里，有 18 个国家属于石油输出国。虽然我们不能就此认定，所有石油大亨都是"坏富翁"，但至少可以说，石油大国出产"坏富翁"的概率更高。

此外，腐败高发与贫富差距严重之间存在强烈的关联性，这二者都是扼杀增长的罪魁祸首。"坏富翁"往往贪得无厌，他们永远希望能在国家财富中占有更多份额。内德·戴维斯研究公司（Ned Davis Research）的研究表明，在 TI 调查中排名靠前的国家，如委内瑞拉、俄罗斯、埃及和墨西哥，往往也是贫富不均最严重的国家。而在腐败指数调查中表现最好的国家，包括韩国、匈牙利、波兰和捷克共和国，其贫富公平程度通常好于其他国家。

此外，收入不均与黑市经济（black economy）中的腐败程度密切相关。在这种环境下，为了逃税，企业主选择现金进行账外交易。经合组织的研究人员发现，黑市经济大量繁殖的国家往往也是贫富不均最严重的国家，这显然不是巧合。黑市经济中，工人的收入非常低，而且没有任何福利，职业道路更无从谈起。而"坏富翁"往往是这个庞大黑暗帝国的国王。在美国，黑市的经济体量达到 GDP 的 8%，在英国、德国和法国等许多欧洲国家，黑市经济占 GDP 的比例超过 10%。此外，在许多发达国家和新兴市场国家，譬如意大利、波兰、墨西哥和土耳其，黑市经济的比例更是超过 25%。最极端的情况下，有 5 个国家的比例甚至超过 35%，它们分别是巴西、菲律宾、俄罗斯、泰国和秘鲁。

庞大的黑市经济会引发社会不满，因为逃税往往是富人参与的游戏。在印度，尽管政府为了收税绞尽脑汁，但税收收入也仅相当于 GDP 的 3%。据估计，印度黑市经济的规模约占 GDP 的 30%，这也是印度政府长期与赤字为伴的重要原因之一。这种逃税的企业文化始于经济生活的顶层。来自孟买的经济学家塔沙尔·波达尔（Tushar Poddar）指出，在一个拥有超过 25 万名百万富翁的人口大国，仅有 42 000 人的纳税总额超过 15 万美元。他认为，社会顶层的逃税行为会鼓励所有印度人逃避纳税。

亿万富翁的习惯对社会影响甚大，因为他们的一言一行都会产生巨大的示范效应，成为整个社会企业文化的基调。在印度，许多顶级大亨都拥有自己的企业帝国，尽管他们的触角几乎无处不在，但他们的帝国通常至少包含如下4项业务中1项：一所本地医院、一所学校、一家酒店和一份当地报纸。印度一家顶级报纸发行商最近告诉我，目前，这个"四业务"规则几乎适用于所有印度富豪，甚至小城镇的有钱人也不例外。背后的原因很简单，大多数人都很清楚，现金贿赂不正确，但在印度，很少有人认为接受这4种礼物是个大问题：为受贿方的家庭成员提供免费医疗服务，为他们的孩子提供免费学校教育，为他们的外甥举办一场免费的盛大婚礼，或在本地媒体上为某人的政治或经营活动摇旗呐喊。

尽管这些辅助性业务不会给他们带来利润，却是巴结政客与官僚不可或缺的投资，而后者当然会投桃报李，比如，他们通过批准特殊许可或其他优惠政策等方式，回报这份好意。这种后门交易取得当权者的权力袒护，会进一步加剧收入不均。同时，让大量资金流入非生产行业。印度的出版物多得令人眼花缭乱，大多数发行量甚少，以至于在经济上毫无收益可言。在超过13 000份日报和86 000份杂志中，只有不到40种报刊的读者群体超过10万人。尽管它们中的大多数或许并不为"坏富翁"所有，但这缔造出一种特殊的文化，即从扩大影响力角度看，拥有一份报纸已是约定俗成。

如果政府不能控制本国的富豪，或者让他们依法纳税，也就无力为解决贫富不均、投资生产性产业，如修建机场和道路。总之，"坏富翁"往往会让腐败、贫富不均加剧，让低速增长形成一种恶性循环。

权衡公平与增长，知易行难

为亿万富翁建规立制的重要性正在不断显现，因为收入不均已成为全球现象，从美国、英国到中国、印度，概莫能外。这其中一个重要动因就是富人拥有超强的盈利能力。在很多国家，尽管所有阶层都在赚钱，但富人赚钱的速度显然远超穷人和中产阶级。虽然贫困人口在减少，全球中产阶级的规模在持续扩大，但收入和财富差距也在持续加大。因此，穷人更有可能与中产阶级同病相怜，生活在加速膨胀的亿万富翁阶层阴影之下。而贫富差距带来的不平等和冲突不断加剧，已成为一个严重的政治问题，并成为制约政治的威胁。

我对裙带资本家和"坏富翁"处于抬头态势的国家尤为担心，因为这反映一种深层次的社会失灵：它营造这样一种企业文化——企业家为了追求事业成功而不择手段；形成这样一种政治文化——政府官员因为长期拥有权力而狂妄自大。于是，这种规则缺失的社会形态，共同造就一种鼓励腐败行为的社会体系。此外，在收入不均持续恶化的情况下，采取制度修复并取得积极成果的国家，也是我关注的对象。例如，通过制定土地购买法，以公正的方式均衡农民与开发商的利益，或对油田和无线波段进行公开拍卖，从而以透明的方式规避私下交易。2015年，墨西哥曾对海上油田的开采权进行公开拍卖，尽管这次拍卖吸引的投标人寥寥无几，导致人们对此次拍卖评价不高，但它显然是一次制度上的成功，因为国家电视台对整个拍卖过程进行直播，这就减少甚至彻底消除私下交易的可能性。这种制度环境的变化只可意会不可言传，它不能体现于数据，但有助于"好富翁"的出现，进而形成一个具有普惠性的财富创造过程。

从总体上看，亿万富翁阶层是经济增长的良性助推器。随着"好富翁"在数量上的增加，经济数据会持续改善。作为统计样本和分析工具，"好富翁"的数量也能使我们判断一国的财富天平是否明显倾向超级富豪。衡量亿万富翁财富规模的变化、财富的周转速度及财富的来源，有助于我们了解一个经济体是否正在创造生产性财富，并为可持续的经济增长提供动力。

然而，当亿万富翁阶层成为一国财富的主要拥有者时，就有可能造就一个根深蒂固的家族性精英群体，而政商勾结也容易成为他们最主要的财富创造方式。一个健康的经济体所需要的，是一个从事生产性活动、不断变化的动态富豪群，而不是一群一成不变的守财奴和敛财者。在市场经济中，创造性破坏是推动增长的基本动力，而因为"坏富翁"已习惯于坐享其成，他们不仅是扩散繁荣的敌人，而且会诱导整个社会只看到财富再分配的必要性，却忽视一个更基本的原则：繁荣与增长是实现财富合理分配的基石，没有不断增长的收入，公平便没有意义。

第4章 不省心的政府

政府干预到底是太多还是太少?

在评估政府的经济管理能力时,一个核心问题是看它对经济的干预是在增加还是在减少。

在我的祖国印度，人们感兴趣的话题是，印度首都新德里市中心泰姬酒店茶室里帮人相亲的婚姻介绍人，谈论他们日渐提高的地位。很长时间以来，泰姬酒店的"茶室"（tea lounge）已成为给富家男女牵线搭桥、寻找未来中意伴侣的地方。如今，这里还是一个为请托者居中搭线的中间人的聚居地，有各种能帮助求助者克服政府阻挠或加快办事效率的中间人。例如，这张茶桌的中间人专门协助他人完成政府部门的土地购置程序；那张茶桌的中间人擅长处理陷入僵局、久拖不决的官司；另一张茶桌的中间人，有能力协调和加快政府银行贷款进程。毋庸置疑，这种居间人物是官僚主义严重、特权横行社会的特殊产物，也是国家资本主义内部缺陷的一种典型病症。像茶室这种中间人聚居地的出现，甚至演化成"影子内阁办公室"的现象，在这种制度中已根深蒂固。这种现象必然会削弱辛格政府的信用。

全球精英曾经一度对国家资本主义顶礼膜拜，在他们笃定其必将持续火热之时，金融危机让他们凭空损失 2 万亿美元，直到那时，热潮才趋于冷却。全球新兴市场国家的股票总市值从 2008 年的 11 万亿美元，缩水至 2013 年的约 9 万亿美元，而且两万亿美元的损失全部来自国有公司。另一方面，私人公司的全球市值总额在此期间基本持平。

但故事的脚本并未按此逻辑继续展开。2003 年进入繁荣期后，新兴市场国家迎来一片大好的整体形势，许多全球投资者也对国家资本主义的未来大喜过望。股票市场与经济形势相辅相成，扶摇直上，到 21 世纪第一个 10 年即将结束时，投资者已无暇细分哪些国家是强国，哪些国家是弱国，哪些公司是国有，哪些公司是私营。这注定是一个会让很多人付出惨重代价的误区。

2008年全球金融危机后，很多新兴市场国家已开始利用国有公司作为分配就业及政府补贴的工具，以期避免受全球增长放缓的拖累。在印度尼西亚和波兰等国，个别国有银行及其他国有公司确实运营良好，但就总体而言，国有公司的盈利能力较低。

2008年，全球新兴市场国家股票市值总额的30%属于国有企业，但在随后的5年，它们的股价几乎被拦腰斩断。到2013年底，国有公司再次全部退出全球十强。与此同时，代表美国技术的苹果公司跃至榜首。如果说全球市场曾赐予国家资本主义以竞争力优势，那么现如今，它已在收回这种恩赐。

任何经济体都需要回答这样一个问题：政府的干预到底是太多还是太少？考虑到当下许多政府都在过度干预经济的总体情况，减少干预更为可取。尽管政府管理经济增长的手段各不相同，但我基本从如下3种趋势来看待问题：政府开支占GDP比例的变化，以及这些开支是否用于生产性用途；有没有错误地利用国有公司和银行去实现政治目的；政府是否为私人公司提供更多的成长空间。

政府开支规模多大算合理？

政府开支到底多少算太多？这往往是一个见仁见智的主观问题，尤其在当下还存在严重意识形态分歧的情况下，更不可能存在一致性答案。毕竟，现实不容回避——政府是唯一有能力兴建道路和桥梁等基础设施的投资者，但是在某些新兴市场国家，政府的能力很弱——税收收入非常有限，根本无力投资这些社会必需品。然而，对任何一个政府来说，首先要求它的规模可控可管，只有这样，才能保证其关注点集中于少数最关键的任务上。当政府在免费食品、补贴汽油或维持亏损酒店、机场等方面消耗太大时，整体经济迟早会受到拖累。必须承认的是，我在印度长大，个人的观点自然深受这段经历的影响。例如，在印度的公立学校体系中，某些地区的教师缺勤率高达45%。他们大多是花钱才能得到这份工作，因而不会担心出勤。相反，为补偿这份投入，他们大多会在私立学校从事兼职教师工作。提供免费医疗的公立医院也存在类似现象，在印度，老鼠乱窜的诊所比比皆是，真正的医生经常会私自离开诊所，将照顾输液患者的任务交给做清洁工的男童。对于这种存在严重分歧的问题，做出客观评判绝非易事。

至于何为对与错，我们同样无法给出清晰而明确的回答。我的方式是首先排除可归属为例外事件的极端情况，即因政府开支严重失衡，而最有可能危及增长的国家。战后时期最常见的模式是，随着一国越来越富有，政府开支占国民经济的比重逐渐提高。因此，要找出例外的极端情况，只需找出那些政府开支在GDP中的份额远远高于或低于相同收入水平的其他国家的特例。而最恶劣的情况是，一个原本臃肿的政府变得更加臃肿。在最大的20个发达国家中，法国是最典型的代表。

法国政府的年度政府开支占GDP的57%，除朝鲜这样国家外，法国这一比例远高于其他国家。法国的开支比发达国家的正常比例高出18%[①]。无论是在发达国家还是在发展中国家，这个差异都是最大。其他政府开支在经济中占主导地位，或者说政府开支超过GDP 50%的富裕国家，还有瑞典、芬兰、比利时、丹麦及意大利。

但是在法国，支撑政府的高税负已成为许多企业的沉重负担。许多企业家表示，他们正准备放弃努力，一走了之。法国的强势政府由来已久，其传统可追溯到几个世纪之前。对于政府的臃肿庞大，法国人的玩笑无人能及。20世纪初，时任法国总统的乔治·克列孟梭（Georges Clemenceau）将法国描绘成"一个非常物产丰富的国度——你种下官僚，长出来的还有税收"。几十年后，喜剧演员米歇尔·科鲁彻（Michel Coluche）则讽刺说，如果能对愚蠢征税的话，法国政府将不得不自己支付愚蠢税。当代作家弗雷德里克·达德（Frédéric Dard）则说："只有在纳税时，你才会意识到，你赚的工资不足以支付需要缴纳的税收。"

当然，自2008年金融危机以来，法国也在承受变革的压力，就像其邻

[①] 所谓正常水平，指采用单一回归统计法，将政府开支占GDP的比例与人均GDP进行比较。政府开支数据来自IMF，数据口径涉及国家、州及地方政府层级，政府开支采用广义口径，包括公务员工资到福利支付等全部开支。

国一样。希腊也曾经是政府开支超过 GDP 的 50% 的国家之一，但从 2008 年危机开始，其政府开支占 GDP 的比例已减少 4%，下降至 47%。这背后的很大一部分原因在于，债权人迫使雅典人痛下决心，大幅削减服务型的公务员岗位及相应的薪水。尽管希腊还在继续朝这个方向努力，不断缩小庞大的政府规模，但他们的政府开支依然远超同等收入国家的一般水平。

希腊人将法国人挥霍无度的消费习惯与发展中国家常见的偷税陋习集于一身。逃税的文化，加上福利泛滥，使得希腊很难甚至根本不可能支撑慷慨的福利政府，这是这个国家深陷债务危机的主要原因之一。在《大崩溃》(The Full Catastrophe) 一书中，希腊记者詹姆斯·安吉洛斯 (James Angelos) 对这种失灵的社会文化进行解读。她在书中提到，在希腊的一个小岛上，为了骗取盲人残疾补贴，2% 的人声称自己是盲人，这个比例已接近欧洲平均比例的 10 倍。当然，要拿到这笔补贴，他们必须和当地官员以及医院相互串通。希腊的公共养老金开支已达 GDP 的 16%～18%，至于到底是多少，取决于由谁来计算这笔钱。这样的比例在欧洲国家中自然是最高的，对其有限的资源形成巨大的拖累。

即便如此，希腊政府最近实行的裁员措施也表明，政府还未变成某些人担心的无所事事的大政府。各种逆向势力也在不断发力。如果政府在福利方面开销太大，全球市场会让他自行收敛，回归常态，正如欧洲国家最近的变化。美国前财政部官员罗杰·奥尔特曼 (Roger Altman) 曾指出，即使德国没有迫使希腊及其他面临债务危机的欧洲国家削减开支，它们自己也会这样做，因为全球市场在向这些政府收取高达 40% 的贷款利率，以增加更多的贷款。减少开销是它们避免违约的唯一出路。

在短短 6 年不到的时间里，欧洲金融危机就引发两轮经济衰退，这种不同寻常的双重危机或许会成为欧洲大陆由盛而衰的转折点。此前的危机已让福利国家行将崩溃，而且这种趋势还将延续。在经历 20 世纪 90 年代的金融危机后，瑞典和芬兰等斯堪的纳维亚国家纷纷削减政府规模和福利开支。自此之后，瑞典的政府开支持续减少，其占 GDP 的比重从 68% 下降至 48%，而且瑞典政府始终强调降低企业所得税来刺激经济增长，并通过较高的个人所得税来维持高水平的社会服务。此外，德国人也在转变消费习惯，进入21世纪，他们开始采取各种手段降低社会福利水平。比如，对于不愿意工作或不愿接受就业培训的人，德国政府会减少发放给他们的失业救济金。但德国人依旧是最能花钱的欧洲人，其政府开支占GDP的比重仍然高达44%，不过在过去的10年里，这个比例也开始缓慢松动，减少近3%。近期爆发的主权债务危机也让其他欧洲国家心有余悸，克制福利政府已成为它们面对的重要任务。

在发达国家，政府花钱较为收敛的国家包括美国、奥地利和澳大利亚，其政府开支占GDP的比例在35%~40%。瑞士的这一比例甚至一度低至32%，但这或许只是一种假象，因为它们未将养老金和医疗保险的管理机构纳入政府。不过，瑞士的政府已经非常精干，公务员人数相对较少，税收收入也仅为GDP的27%。这在发达国家中仅次于美国，排名第二，和法国的45%相比，更是小巫见大巫。在一定程度上，如此轻捷的瑞士政府还要归功于它们的政治体制。在瑞士，很多权力都下放给地方自治机构和选民。许多重大事务由公投决定，瑞士选民有权否决任何增税提案，从而造就27%的欧洲最低税率。

最能花钱的政府

在当今20个最大的新兴市场国家中，政府开支最大的国家当属巴西，其地方、州和国家3级政府的开支总额相当于GDP的41%，比其他人均收入12 000美元的国家整整高出9%。实际上，巴西人的消费习惯非常接近欧洲的福利国家，而不是其他新兴市场经济体。开销紧随巴西之后的国家是阿根廷和波兰，它们的政府开支规模也超过GDP的40%，高于同等收入国家平均水平的8%。排在它们之后的是沙特阿拉伯（高于平均水平7%）、俄罗斯及土耳其（超过平均水平5%）。但是对于新兴市场国家来说，官方公布的政府开支数字的准确性还有待商榷：按照俄罗斯官方发布的报告，政府开支为GDP的36%，但是有高层政府官员私下承认，这个比例已从2000年的30%增加到目前的接近50%。如果真是这样，俄罗斯已超过巴西，成为新兴市场国家中最能花钱的国家。这种差异也从另一个侧面反映俄罗斯政府缺乏透明性，而波兰公布的政府开支数字则较为可信，2014年政府开支为经济总量的42%，与5年之前的45%相比，有较大改善。因此，波兰的真实变化是向着有利方向的，而俄罗斯前景依旧堪忧。

巴西的政府开支本身已处于高位，而且还在继续攀升，从而给经济带来诸多不利影响。2013年，数百万巴西人涌上街头进行游行示威，他们最大的不满就是政府税收越来越多，但提供的公共服务越来越少。为调查民众呼声的可信度，巴西规划与税收研究所（Brazilian Institute of Planning and Taxation）针对巴西的征税与公共服务数据，与其他30个新兴市场国家进行比较。研究结果显示，巴西的税收收入相当于GDP的35%，这样的税收压力显然在新兴市场国家中最重。然而，在以税收收入提供的公共服务方面，巴西成为毋庸置疑的最后一名：低质量的医院、不合格的小学和肮脏的公交车成为引发众怒的导火索。庞大的税收金额，复杂的税法体系，让巴西的政府开支成为地方政府的沉重负担。作为巴西最大的私人银行伊塔乌联合银行（Unibanco Itaú）的首席执行官——罗伯托·赛图贝（Roberto Setubal）曾告诉我，在巴西申报纳税的时间长于其他国家，因为巴西的纳税申报表要求提供的信息太多，包括每个人的完整损益表。

而墨西哥和韩国，则是新兴市场国家群体政府中开支最低的国家。在韩国，政府开支在经济总量中的比重仅为22%，比相同收入国家的平均水平整整低15%。这个比例自2008年已提高3%。不过重要的是，其增长的方向有利于生产。譬如，为克服女性劳动参与率低下这一韩国经济面临的重要瓶颈，政府一直在大力兴建幼儿护理机构，为女性重返工作岗位创造条件。据称，这一举措将会使GDP增长率提高1%。相比之下，美国对其公私混合型医疗体系的投入则达到GDP的18%。

总之，新兴市场国家的政府规模相对较小，出现这种现象的部分原因在于，像日本这样的亚洲发达国家，在建立福利制度方面始终步幅缓慢。在亚洲，养老金计划目前只覆盖30%的人口，而欧洲这一比例高达90%。有趣的是，很多人可能会觉得拉美政府应该会大手大脚，但数字并不支持这个结论。和墨西哥政府一样，哥伦比亚、秘鲁和智利等安第斯山脉国家均属于小政府，其中尤以智利为代表。智利的政府开支仅占GDP的25%，低于相同收入国家平均水平8%。实际上,真正喜欢挥霍的只有几个大西洋沿岸国家,包括巴西、委内瑞拉和阿根廷。

"小政府"与黑市经济

政府的开支应至少保证国计民生所需的基本条件,包括修建基础设施,建立治理腐败、垄断及犯罪的机构等。收税能力缺失是显示政府失灵的清晰信号,这不仅是其监管方面已基本失效的表现,也体现民众对政府的蔑视。例如,墨西哥的税收收入仅占GDP的14%。这对一个中产阶级国家来说非常低,收入不足导致墨西哥政府难以推行法律或镇压毒品网络的侵蚀。而墨西哥的军费开支只有GDP的0.6%,这个比例在主要新兴市场国家中仅高于尼日利亚的0.5%。收入低下的警察及公检人员与毒品集团核心人物相互勾结,已成为司空见惯的事情,这大大削弱民众对政府的信心。

但是在这个方面,墨西哥还远远不是最糟糕的国家。在巴基斯坦、尼日利亚和埃及,政府开支只能维持其最低水平的正规权力机构运转。这或许可以解释,为什么我们在这些国家有一种奇怪的畏惧感。在尼日利亚,政府开支仅为GDP的12%。因此,在这个国家,我们不难看到由当地居民或私人公司拼凑的简易基础设施,极其简陋低下,临时铺筑的道路坑坑洼洼,偷工减料的发电机被安装在地下室里。在拥有1.8亿人口的巴基斯坦,只有不到400万人在税务机关登记注册,真正进行纳税申报的人更是不到100万。在巴基斯坦的税收制度中,免税和优惠税制条款比比皆是,这甚至会让你觉得,几乎毫无保障、被社会疏远的大多数人随时会揭竿而起,捣毁每一座政府大楼。

当政府陷入这种弱势时,经济增长就会陷入危机,尤其在内乱的威胁面前会变得弱不禁风,让诸多社会阶层产生被抛弃的感觉。2009年,美国国际开发署(USAID)对1974~1997年爆发的62次内乱进行研究。研究结果显示,内战的平均持续时间为15年,并导致GDP减少30%左右。即使是在恢复和平后,国家也需要10年时间才能达到战前收入水平,而且10年内再次爆发内战的概率也高达40%。2011年,南苏丹脱离苏丹宣布独立，成为世界上最年轻的国家，但到了2013年，南苏丹便再次陷入了新的内战。在这些国家，内乱随时可能发生。

政府资金不足带来的另一个问题是黑市经济，即人们为逃税而进行政府无法统计的交易。黑市经济也是民众不满政府的表达方式之一，它不仅会加剧整个国家的脆弱性，也会进一步削弱政府的效能。在这个不见光的无税收领域，雇员收入微薄，基本不享受任何福利，而雇主的收获则是物超所值。黑市经济的规模之大，可能会让大多数人感到不可思议，其占GDP的比重最低也有8%，如瑞士和美国；最高可能超过30%，如巴基斯坦、委内瑞拉、俄罗斯和埃及。

此外，黑市经济还会带来其他形式的失灵。逃税者往往不会通过银行流转资金，这就会减少可用于投资的储蓄，形成另一种低效的资金配置渠道。彭博新闻社的专栏作家艾哈迈德·法特哈（Ahmed Feteha）在一篇报道中指出，许多埃及人甚至举办虚假婚礼，以向朋友和亲戚收取的礼金作为筹资之道。一位刚在"婚礼"宴会上收到16 000美元的新郎官，其新娘居然没有出席宴会。他解释说："有些人举办婚礼是为了庆贺，有些人则把举办婚礼当做生意"。这或者可以理解为一种无须经过银行，又不用纳税的筹资方式。

正因为存在种种怪现象，政府有时会突然面临财政压力，无钱可用，而这又会带来新的问题，进而形成恶性循环。2014年，佐科·维多多（Joko Widodo）成为印度尼西亚的新任总统。当时，印度尼西亚经济增长缓慢，需要新的投资修复残破的道路和桥梁。维多多很清楚这个现状。印度尼西亚的税收收入总额仅有GDP的12%，这在亚洲国家里也最低。他的部分顾问也提到，维多多总统曾试图解决这个问题。他直接打电话给税收征管官员，询问他们的征税收入情况。为讨好总统，部分官员吹嘘道，"100%都能收回！"维多多将征税目标降低到50%，财政部则再次将目标定到只有30%。为完成任务，税务局的人员几乎不择手段，有些人干脆就赖在汽车经销商和房地产销售公司的办公室现场征税。结果可想而知，汽车、摩托车和房地产的销售量大减。于是，商人开始推迟对工厂的投资，经济进一步下滑。尽管从长期看，维多多的想法没有任何问题，但他兑现这个长期目标的方式并没有奏效。在调整政策时，政府必须考虑这种变化对企业士气的影响，因为突如其来的变化极有可能伤及经济体的活力。

对亚洲经验的误读

在《亚洲大趋势》（*How Asia Works*）一书中，乔·史塔威尔（Joe Studwell）提到，从 16 世纪英国的都铎王朝开始，假如政府没有在开始时给予强大的支持，任何国家都不可能创造有竞争力的工业企业。都铎王朝的模式为美国、法国和德国所采纳。随后，日本学习德国，韩国复制日本，中国紧随其后。史塔威尔还补充说，所有积极参与经济发展的成功政府，都懂得巧妙运用市场力量实现其"产业政策"。以韩国为例，1960 年上台的朴正熙（Park Chung-Hee）就曾动用政府强制力，将贵族手中的土地重新分配给农民，造就一个新的生产性土地所有者阶层。他并未只顾及某些商业精英，而是在主要财团之间营造竞争氛围，最终磨砺出少数足以代表国家力量的工业巨人。如今，三星这样的公司已让韩国成为全球主要的出口大国之一。

在最近几十年里，还没有任何一个主要的新兴市场国家通过这种方式，取得这样的成就。当然，很多人肯定会问，为什么不看看中国？诺贝尔经济学奖得主罗纳德·科斯（Ronald Coase）曾指出，关于中国的传统观点大多都是错误的。在放松对经济的干预后，中国才开始走上工业强国的道路。最初，农民将更多的自产作物拿到市场上出售；随后，人们开始尝试兴办各类乡镇企业；最后，他们开始寻求企业的所有权和经营权。

根据德意志银行研究部的统计，自 20 世纪 80 年代初以来，中国民营企业的产量提高 300 多倍，高于国有企业产量增速 5 倍多。国有企业对 GDP 的贡献率也从 20 世纪 80 年代初的 70% 左右，减少至目前的约 30%，且降幅最大的时段恰值 20 世纪八九十年代的市场化改革提速期。

在 1980 年前的 30 年里，国有企业的就业量相当于城镇就业人口的 70%，但是到 2010 年，这个比例已下降到只有 20%。在《野心时代》（*Age of Ambition*）一书中，著名记者及作家欧逸文（Evan Osnos）提到，1993～

2005年，中国国有企业逐步裁减7 300万员工，让这些人寻找其他工作。

事实已经证明，民营企业更具活力和动力。到2010年底，在纺织业、家具制造和食品加工等轻工业领域，民营经济的产量份额已超过90%。而这些行业的投资——譬如对新建工厂、新增设备及基础设施建设等的开支，已成为近几年中国经济高速增长的主要驱动力。就在10年前，国有企业还占据中国投资总额的55%，但到2014年，这个比例已经下降到30%左右。

而其他依靠政府支持实现高速增长的亚洲国家，我们忽略了一个关键点：这些国家的领导人习惯于利用政府权威，将资金配置给受青睐的企业，而政府本身的规模并不大。总体上看，政府开支在GDP中的比例相对较小，这种状况至今未有大的变化。而韩国始终采取严格限制政府开支的做法，这也可以说明，这个国家为什么不像法国那样，有那么多关于高税收和无能管理的笑料。

最近，各国政府的规模均呈现快速膨胀趋势。在新兴市场国家，政府开支的平均水平已从1994年不到GDP的24%提高到目前的31%。就总体趋势而言，这种增长符合潮流，毕竟，各国政府在战后为改善公民福利，纷纷加大投入。但我认为，大多数国家的政府开支都缺乏经济性。在21世纪前10年中，支撑新兴市场国家经济增长的主要动力就是政府为摆脱全球增长放缓而采取的投资，不过这种缺乏远见的投资效率很低。对政府来说，最应该做的就是少插手经济，至少在当前形势下是这样。

发过的补贴，取消都很难

当一届政府执政时间过长，其面对危机或衰退时，往往容易大手大脚。在位者会想尽办法维护政权，赢得民意，而最有效的手段自然是动用政府力量，推动经济增长。为此，他们对促进就业的项目加大投入，授意国有企业创造新增就业，或人为维持低价，试图以此屏蔽经济衰退带给民众的痛苦。

2008年全球金融危机后，为摆脱困境而大幅增加开支的做法极为普遍。房地产及股票市场价格的崩盘，令欧美消费者大跌眼镜。于是，他们开始减少从中国及其他新兴市场国家的进口。为弥补出口损失，许多新兴市场国家的政府开始加大投入，刺激国内消费。与此同时，很多发达国家也试图增加公共开支，弱化"大衰退"造成的影响，但它们的能力显然无法与新兴市场国家政府相提并论。在此后的两年里，各国为摆脱衰退威胁而纷纷增加政府开支，在全球最大的20个经济体中，发达国家政府对此类项目的平均投入为本国GDP的4.2%。而主要新兴市场国家为此投入的资源更为壮观，平均为各国GDP的6.9%。它们之所以能如此慷慨，原因很简单：在当时形势下，它们有更多可以动用的资源。

不同于发达国家的是，2008年金融危机爆发时，这些新兴市场国家的政府债务水平大多处于低位，并拥有巨大的外汇储备。它们的财政盈余非常充裕，至少预算赤字相对较少。它们既有用来挥霍的资源，又有挥霍的权力，而且也确实是这样做的，因此，最初取得的结果自然令人振奋。自2009年中期降至3%的最低点后，主要新兴市场国家的GDP增长率于2010年重新反弹至8%以上。如此显而易见的成效，自然让强势政府的支持者欢欣鼓舞。国际劳工组织（ILO）联手欧盟发布报告，对亚洲国家加大政府开支刺激内需，实现"惊人"复苏的举措拍手称赞，并称拉美国家的成功同样令人瞩目。

但在那时，全球经济已被阴云笼罩。2011～2014年，新兴市场国家的GDP平均增长率再次跌落至3.5%左右，几乎退回危机重重的20世纪90年代的水平，但这两者之间差别甚大。在那个时代，新兴市场国家还没有挥霍的资本，也没有贷款人给它们出资，因此，它们不可能用负债换取增长。在那种情况下，它们面对压力唯一可做的事就是诉诸改革，清理经济体系中的坏账，采取措施控制开支，抑制通胀，提高企业的市场竞争力。新兴市场国家在自我救赎中迎来21世纪，而整顿经济也为它们带来前所未有的大繁荣。

但是2008年之后，新兴市场国家的政府开始以负债换取2010年昙花一现式的增长。为此，它们付出惨重代价。到2014年，2007年的政府预算盈余已化为赤字，赤字的平均水平已达GDP的2%，这足以令人担忧。为缓解危机而频频出手的政府，一手缔造如此巨大的赤字，这也让新兴市场国家逐渐意识到，超过 GDP 的 3% 的预算赤字为一场呼啸而至的预算危机拉响警报。实际上，早在 1998 年，经历血雨腥风般的金融危机之后，印度尼西亚政府就已出台政策，一旦预算赤字超过 GDP 的 3%，议会就有权弹劾总统。同印度尼西亚一样，在 2008 年之后，墨西哥、俄罗斯、韩国、印度以及南非等众多主要新兴市场国家均陷入预算失控的局面。

墨西哥的情况尤其值得深思：自 1994 年遭遇比索贬值危机后，它在任何一个年度均未出现过预算赤字。实际上，在 2008 年之前，墨西哥还一直维持着接近于 0 的赤字，当时墨西哥政府刚刚提高公务员的工资水平。为应对衰退，墨西哥启动一批新的政府项目。5 年之后，墨西哥迎来许久不见的新局面：预算赤字达 GDP 的 4%，而 GDP 的增长率却长期徘徊在 2% 上，这一点和大多数新兴市场国家步调一致。面对"大衰退"，墨西哥政府彻底抛弃预算平衡原则，展开一场近乎绝望的抗争，但这场抗争还是以失败而告终。

两场危机为我们展现截然不同的情况：1998 年金融危机后，新兴市场国家政府大幅削减政府开支，减少负债，减少对私人企业的干预。5 年之后，这些国家的债务负担大为减弱，进而迎来前所未有的大繁荣。但在 2008 金融危机之后，许多新兴市场国家的政府开始不断增加负债，频频干预经济，试图以此刺激增长，但最终得不偿失。后来的结果可想而知，整个新兴市场国家的经济在随后 5 年增长乏力，持续低迷。

当政府急于在短时间内推出大批公共项目的时候，这些开支被浪费的可能性就会大为增加。2008 年之后，政府开支的急剧膨胀，导致各新兴市场国家的生产率遭遇大面积的严重下跌。在俄罗斯、南非、巴西、印度，作为衡量国家生产能力的关键性指标——边际资本产出率在 2008 年之后大幅提高，这绝对是一个非常严峻的不良信号。它意味着，这些国家为维持相同的增长率，必须投入比以前更多的资本。造成这一后果的部分原因在于，大量资金被浪费于低效的政府项目或没有任何产出的政府福利。

边际资本产出率的变化表明，在 2007 年之前，新兴市场国家只要投入 1 美元，就可以创造 1 美元的 GDP 增长。但是在全球金融危机的 5 年之后，这些国家需要投入 2 美元，才能创造 1 美元的 GDP 增量。收益能力快速递减的证据几乎无处不在。在俄罗斯、巴西、印度等国，政府投资持续增加的同时，私人企业的增长已近乎停滞。投资由私人领域向公共领域转移，也带来越来越严重的浪费。在世界最大的20个经济体中，俄罗斯是最能花钱的国家之一。仅在2008年和2009年，其用于刺激经济的开支就占到GDP的10%，其中大部分支出用于救助大型国有公司。不过结果令人失望，俄罗斯国民经济产量整整萎缩8%。

如此高强度、大规模的政府干预，即便是经济刺激政策之父约翰·凯恩斯（John Keynes），恐怕也会感到不可思议。实际上，凯恩斯所提出的刺激政策是仅用于缓解衰退而采取的应急性措施，而不是为维持永续增长而实施的长期政策。但许多被21世纪的繁荣冲昏头脑的新兴市场国家，并没有谨记这一点。当全球经济在2008年之后陷入增长乏力的困境时，它们始终认为，只要政府开支带来的刺激力度足够大，经济迟早会走出低谷，再次腾飞。

到2014年，全球对话开始出现一种奇怪的分歧。发达国家要员纷纷呼吁德国和美国继续推出新的刺激政策，与此同时，新兴市场国家的高层官员承认，他们的刺激力度太大、时间太久。11月，印度前财长奇丹巴拉姆（P. Chidambaram）承认，2009年启动的财政刺激政策持续时间太长，印度政府已"对经济失控"，导致政府赤字激增，通胀率提高，经济增长放缓。

在当月的一次会面中，墨西哥央行行长奥古斯丁·卡斯滕斯（Agustín Carstens）直言不讳地对我说："财政及货币政策根本不可能长期带来增长"。很少有新兴市场国家的领导人会反对这个观点，或许这是因为很多人已经意识到过度干预的危害性。无论是印度还是巴西，所有新兴市场国家的政府，都试图以不损害增长的手段管理经济，但它们的唯一收获也只是推迟痛苦。毕竟，政府刺激经济的做法，只能暂时缓解全球经济衰退带来的冲击，为刺激经济而形成的债务，必然会削弱未来增长的潜力。正是因为这个缘故，我们才说政府是在"寅吃卯粮"。

这个问题随即又引出一个更有趣的话题：为什么政府的经济刺激政策不能在改善短期增长的同时，通过推进改革（比如减少监管或清理长期亏损的国有企业）来提供长期的增长？理论上并非没有可能，但是在现实中，

它们似乎根本做不到两全其美。实施刺激计划的动机是为了让人们免受自由市场波动带来的冲击,而改革措施的初衷则是为了帮助人们摆脱束缚,开展自由竞争。保护公众利益的初衷是良好的,譬如提高食品或电力补贴等,但这些措施最终的结果往往适得其反——政府没有足够资源去投资和打造更有竞争力的经济。2015年,许多新兴市场国家发现,它们正处于两难境地中,眼下有一大堆需要开工的基础设施建设项目,政府却拿不出钱。实际上,只要是发出去的补贴,取消就非常困难。

当国有银行制约信贷体系时

纵观新兴市场国家,国有银行已成为制约信贷体系发挥平复经济职能的最大障碍。在全球金融危机时期,新兴市场国家为经济刺激计划投入的资金,远不止上面引用的数字——接近GDP的7%,因为这个数字没有包括政府为推动增长率而采取的非公开手段,譬如国有银行发放的大规模贷款。

在过去几十年间,尽管新兴市场国家先后掀起几轮自由市场改革,但在很多国家,政府依旧经营着大量银行。要获得贷款,首先要获得政府首肯。就平均水平看,在20个最大的新兴市场国家中,国有银行控制着全部银行资产的32%。而在泰国、印度尼西亚和巴西,这个数字超过40%,在匈牙利、俄罗斯和马来西亚,这个数字达到50%,而印度的这一比例更是高达75%。在苏联解体20年后,俄罗斯人依旧很难从银行获得贷款,哪怕只是为开办一家小公司或是买房子所申请的贷款。实际上,在原本就"造血不足"的俄罗斯信贷行业,有1/3的业务属于一家俄罗斯中央银行经营的商业银行。

大手大脚的政府显然不是称职的银行家,其留下的证据也随处可见。即便是私人经济最发达的智利也不例外。在剩余的国有银行,大批员工无所事事,四处闲逛。虽然他们确实有工作,但其收入极其微薄。从前厅到安保处,从安保处到服务台,再从服务台到总经理办公室,几乎到处都是银行职员,数量远超所需。经过重重环节到最终办理业务,大概需要半个小时。这其中的原因不难理解:人太多,效率又太低。

国有银行滥发贷款的做法，往往后患无穷，同时又加剧经济衰退。到2014年，在许多新兴市场国家，银行贷款的总体坏账率均超过10%，很多借款人连续数月不能按时还款。在大部分情况下，譬如俄罗斯、巴西和印度，坏账问题集中出现在国有银行。作为经济刺激计划的一部分措施，它们按政府指令，向需要援助的企业提供大量贷款。这些无法偿还的贷款，也成为IMF及其他机构后期下调新兴市场国家长期增长率预测的主要原因之一。

巴西为我们提供政治势力滥用国有银行，造成经济扭曲的绝佳示例。2010年，迪尔玛·罗塞夫上任后，便着手抵御全球衰退给巴西带来的影响。她的对策之一是敦促私人银行加大贷款力度，有时甚至在公开场合强行让这些银行为公司提供贷款。但很多私人银行不会服从，因为现实表明，经济衰退已导致部分现有客户无力偿还贷款。在遭到私人银行回绝之后，罗塞夫总统转而向国有银行施加压力，要求它们"开闸放水"。

最后的结果是形成一个国家拥有两个银行体系的局面。私人银行明智地切断新增贷款，竭力控制不良贷款造成的损失。与此同时，国有银行依旧在不假思索地发放贷款，而在这个过程中，它们收获越来越多的不良贷款。作为世界上最大的政府开发银行，巴西国家经济社会发展银行(BNDES)拥有的资产总额达2 000亿美元。只要申请贷款的企业经营良好，具备符合要求的信用等级，它们的贷款需求几乎都可以得到满足，从巴西开发银行拿到优惠贷款。2008~2014年，这家政府银行的贷款年均增长率达到30%，国有银行贷款在巴西国内贷款总额中所占的比例也从34%提高到58%，这样的增幅让其他新兴市场国家难以企及。

由此造成的结果就是债务的快速积累，但这显然是未来经济增长放缓的信号。一旦这些贷款出现坏账，就会拖累整个银行体系。到2014年底，巴西经济已完全陷入衰退，而罗塞夫总统自然难辞其咎。

在印度，国有银行对经济的过度支持也引来严重问题。国有银行的经营者经常会接到政府官员的电话，要求银行为他们的赞助者或关系企业发放贷款。在某些最大的国有银行，行长职位频繁轮换，但有一点一直不变：所有新任命的行长都来自政府部门，而且每个新任行长上台后都会毫无例外地宣布，前任行长领导下的银行存在大量隐藏坏账。于是，每次换人，坏账总额就会大幅增加一次，而新任行长就可以优哉游哉地向政府汇报，他领导下的银行正在稳步修正前任的错误，直到他自己被罢免。当政府官员看好的新人登堂入室后，他们又会重新揭露前任隐藏的坏账。这一切均会让我们对坏账问题心生疑虑，但是到2014年，事实已无法掩藏，坏账问题濒临绝境。在总额上，已有15%的国有银行贷款形成坏账，国有银行资金已耗尽，根本无力发放新贷款。新一届政府在当年上台时，事实已经很清楚，信贷增长疲软成为印度经济增长的最大瓶颈。

相比之下，印度的私人银行往往独立于政府，由大富豪或大财团控制，这在新兴市场国家中非常罕见。到2014年，私人银行的坏账率还不到4%。私人银行的财务状况极为稳健，贷款规模的年增长率始终维持在20%～30%，而捉襟见肘的国有银行却只能降低贷款规模。私人银行和国有银行之间这种巨大的反差绝非秘密，当然也逃不过股票市场的眼睛：2010～2014年，私人银行的股票市值增长约300亿美元，而国有银行的总市值则萎缩约300亿美元。这就是市场判断银行孰优孰劣的投票机制。

当国有企业成为政治工具时

如果一个国家倾向于将银行当做实现政治野心的工具，那么国有企业也难逃这种命运。政府对付高通胀，一种通常的策略就是利用国有石油、天然气或电力公司来打压物价，但结果往往徒劳。相反，这只会减少针对这些定价不当部门的新增投资，并随着时间推移，加剧供给短缺，助长浪费型消费。在巴西，罗塞夫在执政时期就曾利用国有企业、巴西石油公司（Petrobras）来应对通胀，而此举给巴西经济几乎带来致命一击，新近爆发的恶性通胀令人不寒而栗。2010～2014年，尽管经济增长几近停滞，但巴西的通货膨胀率依旧从4%缓慢上涨到7%左右。在全球油价本该大涨之时，巴西石油公司的管理层曾屡次要求提高汽油价格，但每次均被政府回绝。这极大地削弱了它的盈利能力，进一步加剧巴西的汽油消耗。

此外，某些国家还将国有公司当做创造就业机会的主要工具。根据国际劳工组织（ILO）给出的数据估算，包括发达国家和发展中国家在内，政府及国有企业的合并就业人数占全部就业量的20%左右。因此，就业统计数据高于上述平均值的国家，极可能在虚增就业率。有趣的是，一向以高效政府著称的日本、韩国等东亚国家，政府就业人数在全部就业人口中的比例却低于10%；韩国最为极端，政府工作的就业贡献率甚至不到5%。在ILO发布的数据中，处于另一个极端的国家大多是主要的产油国，如沙特阿拉伯、俄罗斯及挪威，公务员人数占全部就业人口中的份额超过33%。挪威的上榜令人感到意外，和其他石油输出国一样，挪威的政府开支超过GDP一半。

自2008年全球金融危机爆发以来，俄罗斯一直利用国有企业作为衰退时期的就业制造器。俄罗斯天然气工业股份公司（Gazprom）是该国石油行业独一无二的巨头，也是俄罗斯最大的国有公司之一。在这种情况下，这家原本已号称拥有40万名员工的公司还要继续扩编。此外，俄罗斯国家铁路公司雇用的人数也超过100万。

没有免费汽油

在政府干预经济的诸多手段中，最具破坏力的莫过于能源补贴。它变相鼓励浪费资源，掏空国家财富。在中东、北非及中亚等地区，许多政府对廉价汽油提供的补贴甚至多于对教育和医疗提供的补贴。在这些地区，每年支付的能源补贴超过GDP的8%，这样的比例确实令人匪夷所思。在乌兹别克斯坦、土库曼斯坦、伊朗、伊拉克、沙特阿拉伯和埃及这6个国家，能源补贴更是高达经济总量的10%以上。其中又以乌兹别克斯坦对廉价能源的补贴最甚，达到GDP的28%，已远超美国的军费开支和社会保障开支。

对任何一个政治阵营来说，很少会有经济学家为开支如此之高的项目辩护。能源补贴将燃料价格人为压制在不合理的低位上，从而鼓励人们加大燃料消耗量，进而增加会导致全球变暖趋势的碳排放量。廉价燃料也损害当地的能源供应商，遏制其新增投资，进而造成供给短缺，加剧通货膨胀。这种做法还会刺激走私，而且这也足以解释，在加拿大这样秩序井然的国家，为什么会有投机商从美国走私汽油入境——源于美国低税率带来的低油价。

此外，能源补贴还会加大贫困国家的贫富差距，因为实行能源补贴的政府无法选择接受补贴的对象，因此，只有有车一族才是这项政策的最终受益者。IMF 指出，在全球新兴市场国家每年高达 6 000 亿美元的能源补贴中，超过 40% 都流入 20% 最富裕人口的腰包。而食品补贴则不然，它至少可以让那些处于赤贫状态的人生存下去，维持他们的劳动能力。

尽管如此，能源补贴依旧盛行，尤其在产油国。在那里，人们对石油的感觉就如同其他国家看待水一样——取之不尽，用之不竭，因而理应成为当地人免费享有的资源。如果一个国家盛产石油，那它的邻国自然也希望得到免费汽油。基于这样的逻辑，石油资源匮乏的埃及在能源补贴方面，毫不弱于沙特阿拉伯这样的产油国，其补贴金额超过 GDP 的 10%。实际上，几乎所有埃及人都清楚，这种人为低价的能源，必然诱发民众的浪费行为。

2008 年之后，印度用于能源补贴的成本开始加速攀升。到 2013 年，印度最大的国有能源企业印度石油天然气总公司（ONGC）用于补贴的成本已超过当年利润的两倍。尽管印度煤炭储量为世界第四，但政府在审批土地购置及开采许可等方面一拖再拖，其煤炭进口量连年增长。

近来，越来越多的国家已谈及削减能源补贴的问题。这对许多举步维艰的国家来说是个好消息。埃及军事领袖阿卜杜勒·法塔赫·塞西（Abdel Fattah el-Sis）对补贴问题放出口风，实际上，埃及人只需花费 80 美分即可购买 1 加仑①汽油。对此，塞西提出警告，做出一点痛苦的牺牲很有必要。在苏西洛总统的领导下，印度尼西亚也开始削减燃油补贴，而他的继任者维多多已下调汽油补贴。能源补贴导致印度尼西亚的预算赤字涨幅达 GDP 的 3%。根据印度尼西亚法律规定，议会有权以高赤字为由弹劾总统。因此，这已经威胁到总统的位置。此外，乌克兰也在考虑下调能源补贴。连平民主义者、委内瑞拉的尼古拉斯·马杜罗（Nicolás Maduro）总统也承认，能源补贴不合理，因为该国的汽油补贴总额已达 GDP 的 8%。为了给下任领导人上调汽油价格作铺垫，马杜罗指出，在他执政期间，政府提供的能源补贴非常高，以致一桶汽油的价格还不及一瓶矿泉水。马杜罗的说法意味着，尽管他已经认识到补贴问题的严重性，但他不会减少对经济的干预度。

---

① 1 加仑（美制）=3.785 升，全书同。

他只是想将资金从能源补贴中转移，变成支付其他政府开支的福利资金。

有关"枪炮与黄油"的争论始于二战前。作为一名将军和战争英雄，德怀特·艾森豪威尔总统是这场辩论最强大的支持者。他认为，美国在军事工业方面的巨大开销，必将危及他们制造民用物资的能力。如今，争论的话题已变成"道路与黄油"，而这场辩论的支持者认为，政府为免费食品或燃料提供1美元的补贴，经济中可用来修建道路或其他基础设施的资金就减少1美元，而免费品不可能刺激经济增长。

俄版"扎克伯格"远走他乡

当下各国最迫切的是一个谙熟常理的政府——始终坚持最基础的经济规律，以战略思维调配有限的资金，并将这种思维以高瞻远瞩、始终如一的方式诉诸实践。政府应该创造一种稳定的环境，让各类企业家敢于投资，而不局限于他们来自政府还是私人。政府必须建立必要的法律法规，营造合理而有效的经营秩序。

在现实中，善于打造竞争性行业的政府很常见，其干预经济的效果也大不相同。总之，有些政府确实比其他政府更善于通过监管和开支，为私人公司的发展创造条件。俄罗斯和波兰就是两个截然不同的例子。在经历20世纪80年代末的东欧剧变后，两个国家继续维持大政府的治理理念，不过它们的治理风格迥然不同。和德国一样，波兰始终坚持欧洲大陆风格的强势政府惯例，政府以开放的模式和清晰的规则对私人经济提供支持。而俄罗斯建立强势政府的过程则以牺牲私营经济为代价，某些法律不仅没有创造增长所需的秩序，反而成为制约增长的桎梏。

俄罗斯的增长战略始终是倾尽政府之力来发展国有企业，但这在无形之中打压了私人经济。作为国有石油企业，俄罗斯国家石油公司（Rosneft）斥资数百亿收购中小能源公司，其中包括一度盈利能力超强的合资企业——英国石油公司在俄罗斯的合资公司秋明石油公司（TNK-BP）。在许多分析家眼里，这笔超大型国有公司对盈利性跨国公司的收购，也是当时俄罗斯经济失稳并大幅下滑的一个重要标志。截至2010年，这种趋势已经蔓延至其他行业，国有银行不断将国外对手挤出市场，受到政府支持的国有公司先后进入武器装备、医药及其他行业。

但在俄罗斯已成孤岛的民营经济依旧活力焕发，它们主要集中在高科技等领域。在克里姆林宫，有些人的政治生涯在苏联时期就已开始，但他们对莫斯科的年轻一代精英，给予充分的自由和支持，让他们在高新技术领域追求创新。实际上，俄罗斯的高科技行业正在蓄势待发。俄罗斯因此成为世界上为数不多有能力拒绝美国搜索引擎和社交网络的国家之一。曾有一段时间，普京政府对互联网采取完全开放政策，整个行业基本不受任何监管和保护。

但是到了2014年，一切都发生变化。克里姆林宫开始要求在俄经营的外国IT企业必须将服务器安装在俄罗斯，为政府实时监控流量提供便利。帕维尔·杜罗夫（Pavel Durov）是俄罗斯最知名的在线社交网站创始人兼CEO，他所创办的网站被称为俄罗斯版的脸书，他本人则被称为俄罗斯版的扎克伯格。2014年4月，杜罗夫遭遇怪事，有一天早晨醒来，他从报纸上得知，他所拥有的该网站近一半的股份，被转移给普京的盟友。随后，他卖掉剩余股份，离开了俄罗斯。在互联网时代，这似乎已成为趋势。在新兴市场国家，当一家高科技公司在市场上赢得一席之地时，政治家们就会把它看做打开国家财富之门的钥匙，生怕因为自己的无知而杀鸡取卵。于是，他们会小心翼翼，给予其充分的自由，直到这些公司发展壮大。

在波兰，尽管国有公司依旧是各个行业（从矿业到银行业）的重要参与者，但它采取的政策与俄罗斯截然不同，政府不会鼓动国有企业大肆收购私营企业。相反，波兰政府始终致力于推动国有企业改革，让其成为比私营公司更具竞争力的市场参与者。即便在采矿等成立工会组织的行业，国有公司也引入职业经理人，降低工资，改善企业利润，向国际化企业进行转型。这些国有企业多由计划经济时代的垄断企业转型而来，因此它们凭借承袭的实力依旧主导着本国市场，不过政府不会为它们的市场地位而刻意打压民营经济。2003年，葡萄牙大亨路易斯·阿玛拉尔（Luís Amaral）花费3 000万美元收购一家波兰餐饮连锁店，并且将这家企业变成一个数十亿美元资产的企业集团。他的策略是将食品批发给社区的小零售店，帮助他们与超级大卖场争夺消费者。阿玛拉尔说,他在波兰从商已10多年,"但从未与任何一名政府官员说过一句话。"

这种事情不可能在俄罗斯发生。出于政治因素,俄罗斯的老牌国有企业始终维持较高的工资水平,并有监管保证企业经营符合国家的发展目标。这种不成文的规则,往往会压制脱离政府的经营活动。因此,俄罗斯的中小企业生存极为艰难。在最近的一次莫斯科之行中,我的同事见到一位俄罗斯企业家正在筹建一家天然葡萄酒酿造厂。在他的设想中,产品要完全实现外销,因为他希望能保持自己的独立性,避免政府关注。在莫斯科股票交易所,上市公司数量已从2002年的50家不到激增到2008年的600家,但是在此后,上市公司的数量有所收缩,目前已不足500家。这种趋势很难说是全球金融危机的必然结果。在波兰,政府为企业家创业提供肥沃的土壤,上市公司的数量持续增加,从2002年的200家到2008年的450家,再到目前的900家。

长期以来,巴西政府始终都对企业进行管制,以致形成特殊的亚文化氛围——企业家绞尽脑汁地利用法律漏洞为自己寻求便利,或帮助其他人利用这些漏洞。譬如,2002年修改的一项法律,导致牙科诊所出现爆炸式增加。目前巴西人均拥有的牙科学校和牙科医生的数量远超美国。此外,巴西是世界上极少数拥有仅提供牙齿保险业务的保险公司的国家。它还有许多业务类型独一无二的服务公司,比如,仅针对公司客户提供服务的大轿车租赁公司,通过出售使用一年的汽车盈利;还有公司利用对信用卡开户条件的限制,提供信用卡支付服务。这些业务确实具有创造性,但这种创新无非是为了逃税或利用法律的漏洞。因此,这些服务也仅限于巴西,一旦离开巴西便毫无意义。显然,这与遵纪守法、打造拥有全球竞争力企业的宗旨背道而驰。

判断政府管理私人经济是否有效,另一种方式是看它的私有化制度。20世纪90年代,一场金融危机让新兴市场国家遭受重创。随后,各国纷纷将国有企业出售给私人所有者,试图解决引发这场危机的低效率问题。当时,私有化的主要内容是出售这些公司的多数股权,以便新的股权所有者有权对这些企业进行彻底改造。这也是某些观察家所说的"名副其实"

的私有化，或说是良性的私有化，但这种方法在逐渐失宠。

在当下的新兴市场国家中，除了罗马尼亚等少数小国之外，大多数政府只愿意放弃少数股权。无论全部出售还是部分出售，并非所有私有化都能带来好结果。例如，我认为印度采取的私有化政策实际上毫无意义：政府机构既不会卖掉它们赖以为生的老牌国有企业，也不会对它们进行真正的改革。于是，它们只能看着私人企业不断发展壮大，将庞大而臃肿的国有公司挤出市场。30年前，政府拥有的印度航空公司（Air India）基本上是印度人坐飞机的唯一选择，但随着机制灵活的民营航空公司不断涌现，譬如Jet和Indigo，印度航空公司的市场份额已被压缩到不足25%。电信行业的情况如出一辙，以前的印度电信市场基本被MTNL和BSNL所垄断，但是在活力充沛、嗅觉灵敏的民营电信企业面前，它们依旧动作缓慢，不思进取。目前，印度的电信用户数量已达9亿人，但使用MTNL和BSNL两家公司服务的用户数量只有不到3 000万人。

对于政府来说，保护国有企业并非易事，因为消费者追求的是优质价廉的服务。回顾20世纪80年代，那时印度的电信市场还没有出现民营运营商，消费者安装一部新电话至少需要一年，而且电话线的质量可想而知。但即便如此，如果你不给电话局的技术员一点贿赂，安装过程将会遥遥无期。同样，乘坐飞机更是一种奢侈性消费，国有航空公司的机票价格高得惊人，航班晚点三四个小时更是家常便饭。面对消费者的愤怒，政府最终只好向私人经营者开放这些行业。

如果政府卖掉当时还有价值的国有公司，结果岂不是更好？到今天，这些每天大量赔钱的公司已成为烫手山药，公司股权几乎一文不值。这种拒绝实行私有化，或是保护国有垄断企业的做法，必将让政府财政背上沉重的包袱。

政府的角色

尽管经济改革与加速增长之间的关联性在理论上再简单不过，但其在实践中无比复杂。因此，当研究者试图寻找支撑这种关联性的数据时，总会徒劳无获。不过，这并不等于这种关联性不存在。考虑到影响经济增长的要素不计其数，因此，任何单一要素都不可能验证二者在统计上的相关性。不过，每一个对新兴市场国家有具象认识的人都会告诉你，只要政府理性投资，建立稳定而有可预见性的制度，就更有可能带来好结果。

当评论家们谈论新兴市场国家的"结构性改革"时，实际是在谈论如何从经济学的基本原则出发，建立并执行合理的制度。经济学规律告诉我们，一个经济体的产出是基础劳动要素的简单加总。这些劳动要素包括土地、劳动力和资本。因此，所谓"结构性改革"的内涵，就是制定有效的法律架构，对购置土地、建造厂房、通过借款为厂房建设提供资金及劳动力的雇用、解雇做出规定。在印度尼西亚，政府最近针对警察驻地、电厂以及夏令营等各类用地的购置通过一项法律，对办理买卖土地过程的每个环节，制定几个星期或几个月的最后期限。而如果按照以前的模式，整个过程可能要拖延几年，土地交易的加快，为政府增加公共投资提供了充足的资金。

基于各国在文化习俗方面的差异，在土地、资本和劳动力监管问题上，某些国家确实更需建立合理有效的规则制度。例如，在 20 世纪 90 年代，只有少数国家通过法律要求政府维持预算平衡。而现在，至少已有 30 多个新兴市场国家通过了预算平衡法。不过，并非所有国家都重视这个问题。实际上，2015 年爆发的有关希腊债务危机的争论，作为辩论的一方，德国等国对希腊大加指责，认为希腊应为破坏欧元区政府的预算平衡原则承担责任；而包括希腊在内的另一方则觉得，它们的做法应得到其他国家的谅解。在印度尼西亚，预算法案受到普遍认可，2014 年和 2015 年的经济增长放缓，部分原因就在于维多多政府痛下决心，削减政府开支，维持预算赤字不突破法律上限。

与制度体系相对立的，是以政治领袖与被庇护者相互勾结为基础的社会体系。2015 年，希腊新上任的左派政府以偷税漏税为由逮捕一名知名企业家，试图打击政商一体化，即原执政党与知名家族企业，尤其是能源建筑企业之间的相互勾结。但希腊记者雅尼斯·巴雷奥罗格斯（Yannis Palaiologos）指出，政商勾结"并不仅限于几只肥猫"，它已渗透到整个社会的政治附庸者身上。站在这些政治保护伞下的有律师、制药商、卡车司机、国有银行和电力公司的员工，甚至还有政治党派的年轻党员。这种广义上的庇护主义（clientelism）始终是"希腊悲剧中最重要的一个情节"，因为希腊激进左派联盟对某些企业巨头实行突击搜查的做法，实际是在保护他们自己的被庇佑者。区别对待已成为人们的共识，这种想法必将"侵蚀希腊社会的信任基础"，并最终破坏经济增长。印度和南非等在内的许多"政治庇护"国家，都存在这个问题。

我们或许可以把印度称为世界上最大的民主政体，但其整个社会普遍缺乏遵纪守法的意识。即便是在高尔夫球这样讲究礼仪的贵族运动中，人们也会无休止地大吵大叫，打球的人为每个洞的胜负争得面红耳赤。进入 21 世纪，印度曾起草限制预算赤字上限的财政法案，却被束之高阁，因为它会让政府无法支付为抵御 2008 年的金融危机而增加的开支。这种不确定性可能带来意想不到的结果，尤其是在发展中国家，因为它们的制度还不健全，规则尚处于完善过程中。在评估政府的经济管理能力时，一个核心问题是看它对经济的干预是在增加还是在减少。

按照我的判断原则，首要需要关注的是政府开支占 GDP 的比重，并了解政府干预的对象，进而判断政府开支到底是被用于生产性投资，还是被用于纯消费。此外，还要看政府是否在利用国有企业和国有银行，人为推高经济增长，抑制通胀，还有它对民营经济的态度是压制还是鼓励。

最近几年，许多国家持续提高政府开支占 GDP 的比例，引导银行为非生产性或低效企业提供贷款，维护大型国有公司的利益；它们为富人及中产阶级提供补贴性廉价汽油，以无法预测的方式推行不合理的规则，导致私人企业难以生存。当下，很多政府管理经济的方式不是在促进增长，而是在鼓励倒退。我们对几个国家开展的调查都显示，认为政府行为正确的人几乎寥寥无几，而政府失信于民必将为其他势力和激进领袖提供机会。因此，只有减少干预并提高政府开支的针对性，才能塑造更好的政治和经济面貌。

第5章 地理甜点

一个国家是否善加利用其地理位置优势?

GEOGRAPHY

  为打造地理甜点，一个国家必须在如下3个层面开展贸易：周边国家、更广泛的世界及其国内的二三线城市。

几个世纪以来，迪拜始终被看做一个充满强盗精神的沙漠交易中心。它的四周被长满白珊瑚的沙滩所环绕，来来往往的人当中，既有珠宝商人，也有黄金走私商。直到 2002 年，这个微型酋长国还允许外国人首次购置土地，并对他们的置地行为给予大量优惠。作为统治阿联酋的家族，穆罕默德·本·拉希德·阿勒马克图姆（Mohammed bin Rashid Al Maktoum）酋长为外国购买者提供免费居住证、低税收和优惠贷款，于是，海外置地者纷至沓来。迪拜的人口迅速膨胀，很短时间内便从 50 万增加到 200 万，摩天大楼、游艇码头和棕榈树点缀的人工岛似乎在一夜之间出现在人们眼前，展现出只有国际顶级大都市才有的华丽和奢侈。今天，这个以前似乎从未存在的酋长国以其现代建筑奇迹闻名于世——拥有全球最大商场的帆船酒店，私人住宅同样奢华。有人曾对我讲过，在印度驻阿联酋大使馆，有一位从事大型家电贸易的职员，居然在自己的住宅房顶放置了一艘蓝色宇宙飞船。还有一名南亚移民竟然在家里造了一个人工瀑布，瀑布上挂一面巨大的"YSL"标志，估计这是他送给妻子的礼物，而他妻子或许是伊夫·圣罗兰（Yves Saint Laurent）①的粉丝。

当全球债务泡沫在 2008 年最终破裂时，这座沙漠大都会脚下的白沙或许也在外流。危机让迪拜为公共建筑及私人建筑承担 1 200 亿美元的贷款，而整个国家的年度 GDP 总共才 800 亿美元。2009 年初，穆罕默德酋长公开承诺，他的酋长国完全有能力偿还贷款，但阿联酋还是在两周之后出现

---

①法国 20 世纪最顶尖的设计大师之一。

贷款违约。于是，整个市场遭遇断崖式崩盘，经济旋即陷入深度萧条。漫步迪拜街头，我开始怀疑迪拜能否在短期恢复元气，不过显然我低估了它的适应能力。

阿联酋由7个酋长国（或称王室家族）构成，当其他6个酋长国还在战乱中煎熬时，迪拜已蓬勃发展，一片繁华。实际上，造成这种鲜明对比的部分原因，是和平与战争的差异。美国对伊拉克先后发动两次战争，随后招致"9·11"恐怖袭击。也是在这段时期，迪拜实现飞速发展。当动乱在阿拉伯世界不断蔓延时，迪拜则从债务重压中强势反弹。世界各地的投资者开始把巨额资金抽出埃及、利比亚和叙利亚，而后纷纷涌入了迪拜。因此，当许多中东国家的经济因政治动荡而陷入停滞时，迪拜则缔造高出新兴市场国家几个百分点的增长率。这个港口城市吸引来自全球各地的求职者，迪拜的人口也因此迎来高达10%的年均增长率。曾于2009年空无一人的酒店，到2013年再次一房难求。乘飞机涌入迪拜的游客在5年里几乎翻倍，每年海外游客的人数达6 500万人，迪拜国际机场也成为世界上最繁忙的5个机场之一。

和我一样曾持怀疑态度的人肯定会疑惑，统治迪拜的马克图姆家族能否为世界上最大的商场找到买家，为世界上最高级的酒店找到房客。但事实证明，他们的商场人流涌动，他们的酒店房间供不应求。重要的是，迪拜经济的增长正在摆脱对大规模建筑项目的依赖：建筑业占GDP的比例已从2008年的超过30%降低到目前的20%。这些摩天大厦带来的运输、贸易及旅游业的火爆，成为迪拜经济增长的强力引擎。当然，这并不是说，马克图姆酋长对建筑业失去兴趣。实际上，他在2012年刚刚宣布一项投资总额高达1 300亿美元的超级工程项目，其中包括投资1 000亿美元修建一座以他名字命名的新城，而这座新城将拥有世界上面积最大的游泳池，其面积将达40万平方米。这项计划引起外界关注，人们开始担心，追求奢华的迪拜是否会让自己重蹈覆辙，再次陷入债务危机。面对这些怀疑者，当地一家房地产开发商做出正面回答。他在城中心的一座大厦上挂出一条30层楼长度的标语，上面写着："放心，这里绝没有泡沫。"

到2013年，我已不再担心泡沫的威胁，相反，我开始好奇，是什么让迪拜如此充满激情与活力。答案很简单：迪拜在一个四周封闭的世界向外界打开了一扇窗子。迪拜周边是全世界最富有的产油国，但这些国家和地区经常卷入政治纷争，难以自拔。许多穆斯林派别间的争斗，让他们没时间休养生息。相反，身处乱境的迪拜独自敞开大门，迎接世界各地的客人。确保迪拜"安全天堂"的地位关系到很多人的切身利益，正如《谁将主导世界货币》（Currency Wars）一书的作者詹姆斯·里卡兹（James Rickards）所言：在这里，无论是塔利班叛军领袖、索马里海盗，还是库尔德游击队，都可以来迪拜做生意，甚至倒卖军火，但前提是他们必须撇弃杂念，放低身段，绝不打扰这里的宁静。里卡兹将现代的迪拜比作好莱坞电影中"战火中的卡萨布兰卡"：在这块"中立场地"上，来自周边战场的战士可以"相互会面、拉拢敌人甚至叛逃，但眼下绝不会面临被逮捕的威胁"。

迪拜是所谓的"地理甜点"（geographic sweet spot）的极端示例，即可以充分利用地理位置的地方。地理位置对经济增长至关重要：如今，波兰和墨西哥之所以在全球竞争中拥有巨大的潜在优势，主要归功于这两个国家与市场广大的西欧及美国相邻。同样，越南和孟加拉国也利用它们在西方国家与中国业已建立的贸易路线，使许多以前主要由中国承担的出口制造业务，转移到这两个国家。但地理位置不可能一劳永逸地决定命运，在地理上毗邻美国或中国只是一种潜在优势。这种优势同样会因为美国或中国经济的走势而起伏不定，而且许多国家虽然身处或临近全球主要贸易路线和发达市场，却未能采取发挥这种优势的必要措施。

作为地中海国家到南欧的中转站，摩洛哥十分善于利用它的地理优势，大力发展出口产业，但同处这一地区的临近沿海国家——利比亚和苏丹却在政治和经济上举步维艰。称得上地理甜点的国家，拥有得天独厚的地理位置，不过要享受这番幸运，不仅需要它们认识和善于发挥这种优势，采取对外开放（尤其是对邻国开放）的贸易政策，还要确保整个国家全面投身于全球贸易洪流之中。譬如，墨西哥正在美墨边境地区兴建该地区的第二大城市，同时也是墨西哥的第二大城市。

迪拜完全有可能沦为中东地区政治和经济乱局的受害者，但它设法将自己变成该地区的商业枢纽。最具诱惑力的是，这个地区拥有全球已探明石油储量的60%。全球航运线路图上分布着许多咽喉要道,从马六甲海峡到巴拿马运河,再到霍尔木兹海峡,而迪拜所在的位置让它变成一个收银员,数着有多少桶石油从伊朗和伊拉克等深陷战乱的产油国流出。实际上,今天的迪拜已成为该地区航运、旅游业、信息技术以及金融服务业的枢纽。

在迪拜,尽管人们几乎意识不到政府的存在,但一切都在政府的监控之下,通常是借助监视摄像头。如果你在迪拜的主干道谢赫·扎耶德路(Sheikh Zayed Road)上超速驾驶,虽然大街上基本见不到警察,但你还是会很快收到一封装着罚款单的邮件。如果你的兜风最终变成车祸,警察会马上出现在你眼前,而且他们经常是开一辆兰博基尼跑车赶过来。这是一个资金雄厚又装备世界最先进技术的政府,因此不难理解,尽管迪拜曾是恐怖分子袭击的目标,但迄今为止,这里始终是恐怖分子无法得手的地方。监督固然是维护安全的必要手段,但宽容的价值同样不可估量:全球100多个国家的人在迪拜安家,住在迪拜的人既有巴基斯坦的劳工,也有英国的足球明星。这里有天主教教堂,也有佛教寺院和什叶派的清真寺,还有一座新建的锡克教寺庙。这在由逊尼派信徒控制的海湾国家,绝对称得上不可思议。

尽管沙特阿拉伯、巴林和卡塔尔等其他海湾国家也试图成为中东地区的贸易和投资中心,但其保守的社会习俗和宗教信仰,不允许他们接受外国人的资金和行为方式,这或许也因为他们是因油气而富,而迪拜不是。迪拜的唯一选择就是成为乱局中的卡萨布兰卡(Casablanca)。不管出于何种原因,这些国家之间的差距显而易见。沙特阿拉伯也在建造世界最高的摩天大楼,试图盗走迪拜哈利法塔世界第一高建筑物的美名。但是,外国人会跑到一个如此封闭,难以接受外国游客,尤其是不戴面纱的女性的国家吗? 2013年,沙特阿拉伯只吸引了少数外国游客,在这为数不多的游客中,还有500万是每年到麦加朝圣的穆斯林教徒。相比之下,每年到迪拜的外国人则高达6 500万。气氛和谐、自由自在的绿洲,让迪拜吸引来自全球各地的资金,其中有部分资金甚至来自邻国。从沙特首都利雅得起飞的航班络绎不绝,其中坐满面戴纱巾的沙特女性,而迎接她们的,是世界上最大的商场和最惬意的海滩,还有她们只能在迪拜看到的各种新鲜事物。

直到 21 世纪，迪拜才成为全球最热闹的焦点。但即便在此之前，迪拜就已经成功逃过遍布中东地区的内战，其中就包括逊尼派与什叶派之间你死我活的较量。1979 年之后，伊朗成为什叶派领导下的神权国家，包括沙特阿拉伯及阿联酋大部分酋长国在内的海湾地区的逊尼派君主国家，开始在政治和商业上孤立德黑兰的宗教政府。但唯有迪拜酋长国依旧对伊朗敞开大门。2005 年左右，国际社会对伊朗开发核武器提出严厉指责，全球大部分国家加入对德黑兰政府实施经济制裁的行列，而迪拜也成为这个被制裁国家接触国际社会的唯一通道。当全球各大银行纷纷撤出德黑兰时，迪拜继续通过"哈瓦拉"（Hawala）系统与伊朗维持贸易往来，而该系统只是一个非正式资金支付网络。在过去的几十年里，迪拜已逐渐成为美国以外最大的伊朗被驱逐者聚集地。目前，迪拜拥有 45 万名伊朗居民及 1 万多个伊朗企业的分支机构，每周从迪拜到伊朗的航班有 200 个。

迪拜的成功秘密在于毫无保留的全面开放，它在地理上靠近伊朗，这或将成为其未来实现巨大发展的天赐良机。在被问及迪拜经济为什么会有如此活力时，当地《海湾时报》（*Khaleej Times*）的前主编拉胡尔·夏尔马（Rahul Sharma）建议，到人造的迪拜河（Dubai Creek）走走，或许能帮你找到答案。在船坞的码头上，船员们忙碌地将轮胎、电冰箱、洗衣机及其他各种各样的货物装上流线型的单桅帆船，它们中的大多数将驶向伊朗。卡内基国际和平基金会（Carnegie Endowment for International Peace）伊朗负责人卡里姆·萨德雅波（Karim Sadjadpour）认为，迪拜的成功，一定程度上是伊朗经济失败与政治孤立政策的产物，因为阿联酋在与伊朗的双边贸易中，扮演的主要角色就是中间人。它从与德黑兰没有贸易往来的地区进口商品，再将这些商品重新出口到伊朗。但随着伊朗政府在 2015 年与其他国家达成协议，试图取消国际社会对它的经济制裁，市场上开始流传一种观点：迪拜或许会依赖既有关系及临近这个波斯帝国的优势，将自己打造成"伊朗的香港"。这种说法的源头还要追溯到 20 世纪 80 年代。当时，中国政府已开始摆脱封闭，逐步实行对外开放政策，而市场机制发达的香港有望成为中国与国际社会接触的桥头堡。当然，香港也是另一个将有利的地理位置与有效的经济政策相结合，最终促进经济繁荣的例证。

上述示例表明，任何一个经济体都要回答一个最基本的问题：它是否已在最大限度地发挥自己的地理优势？关于哪些国家算得上成功范例，我的标准是，最大限度地利用本国地理位置优势的国家，首先应该通过开放国门，广纳邻国乃至全球各地的贸易和投资，在主要城市与下辖州郡地区间实现均衡增长。

迪拜是一个拥有200多万人口的城市，本身没有下辖州郡，但它在与周边国家建立关系及全面开放的做法表明，即便是一个没有地域禀赋的沙漠孤城，也能成为一个拥有地理甜点的全球化大都市。

富裕的贸易小国根本找不到

未来若干年，各国充分发挥地域优势，吸引全球贸易、扩大全球贸易规模的压力或将不断加大。和10年前相比，如今的人类显然生活在一个紧密连接的世界里，而全球经济相互关联、日趋凝合的观念也深入人心，但这种观点很可能不再持续，至少在某些核心层面会出现断裂。贸易就是其中的一个层面，全球贸易流的增长已遭遇大幅下滑。1990～2008年，全球经济增长迅猛，但贸易额的增速依旧达GDP增速的2～2.5倍。随后，全球金融危机突然袭来，各国开始将经济增长的重点转向国内。自此以后，全球贸易的增速趋于放缓，并逐渐落后于全球经济。于是，全球贸易额落后于GDP的差距也从不到40%扩大到接近60%。不过由此之后，全球贸易曾略有回升。

出于各种各样的原因，全球贸易的停滞或许会持续很久。最明显的就是中国在全球贸易中扮演的角色发生重大变化。一直以来，中国都是大宗商品、工业零部件及设备的主要进口国，也由此逐渐成为世界加工厂。但是最近，随着经济增速大幅下滑，自产的零部件产量持续扩大，中国进口的商品数量持续下降。

另一个原因则是地缘政治形势的恶化。在战后历史的大部分时期，世界各国就削减进口关税进行的谈判不断取得进展。以美国为例，在贸易保护主义的鼎盛时期，它对进口商品征收的平均关税税率曾高达60%。贸易保护主义也是造成20世纪30年代"大萧条"出现的诱因之一。不过在此之后，美国的进口关税持续下调，在1980年已降至5%，且这一水平维持至今。以削减关税为目标的谈判不断取得突破，也为随之而来的全球贸易繁荣搭建好舞台。到20世纪80年代初，自由市场观念开始为更多的新兴市场国家所接纳，发展中国家开始削减进口关税，其平均税率也从接近40%下降到2010年的不到10%。

此时，全球贸易谈判的内容开始发生变化，原来的关税转向更复杂甚至无形的贸易壁垒，如限制进口的安全监管，为本地出口商提供不公正优势的政府补贴。事实证明，贸易壁垒是外交领域最棘手的问题。迄今为止，全球贸易对话的最后一轮谈判应该是2001年在卡塔尔召开的多哈峰会，这场原计划于2005年结束的对话，最终因2008年全球金融危机而中途流产。各国之间的争议和分歧几乎无处不在，比如，针对印度危机时期以特殊关税保护本国农民的政策，美国与印度之间存在严重分歧。而美国与欧洲也并非一团和气，双方相互指责对方采取不公平的农业补贴。在2005年后的10年里，尽管多哈谈判在技术上尚未完结，但实际上已胎死腹中。

提高贸易自由度的共赢效应是以往和平盛世时期的共识，但在后危机低速增长时代，这个观点遭遇沉重打击。2008年11月，人们还在为全球金融危机是否会触发20世纪30年代那样的贸易战忧心忡忡时，G20领导人已公开宣布放弃贸易控制政策。但随后，他们开始悄无声息地实施西蒙·艾弗奈特（Simon Evenett）所说的"隐形保护措施"（stealth protection measures），譬如，对出口导向型行业提供政府补贴。艾弗奈特指出，自2008年以来，G20成员国中已实施超过1 500项类似措施。

在经济不景气时期，国家往往会将重点转向国内，对国外产业参与本土市场竞争的做法加以限制。而当下就属于这样的时期。在本书出版过程中，全球贸易已趋于停滞，美国和中国分别在地区层面着手建立竞争联盟。中国正积极联手16个太平洋沿岸国家，组建一个拥有全球一半人口的"区域全面经济伙伴关系"（RCEP），而美国的对策则是寻求与太平洋及大西洋国家建立合作伙伴关系。2015年底，美国率先出手，与"跨太平洋伙伴关系协议"（TPP）框架内的其他11个发达及较发达国家达成一致。在亚洲，韩国等主要伙伴似乎已置身于美国的合作关系之外。在欧洲，由右派平民主义和贸易联盟构成的松散组织则在积极游说，呼吁抵制由华盛顿发起的"跨大西洋贸易与投资伙伴关系协定"（TTIP）。在它们看来，美国只是权力掮客，由此确定的规则自然只符合美国的利益。

要判断某个国家是否可能得益于出口竞争，首先要看这个国家对全球贸易的开放程度。在主要新兴市场国家中，包括进口和出口在内的贸易额占各国 GDP 的平均比例已达 70%，而国际贸易额超过这一平均值的国家，则清一色是主要出口型制造业国家。排在最前面的国家，其国际贸易额甚至已超过本国的 GDP。实际上，只有在主要消费品依靠进口，且国民收入主要来自出口时，才会出现这种情况。捷克共和国、越南、马来西亚和泰国，就属于这种情况。

全球贸易增速放缓的主要受害者，是那些严重依赖出口的国家。近期现实已证明这一点，但高额出口收入会带来长期收益。一旦贸易形势趋于稳定，开放性的贸易大国必然比封闭性国家更具竞争力。2015 年，针对欧洲反贸易组织的游说，瑞典实业家、阿克塞尔·约翰逊集团（Axel Johnson）创始人安东尼娅·阿克塞尔森·约翰逊（Antonia Ax:son Johnson）及 H & M 服装公司所有者斯蒂芬·珀森（Stefan Persson）指出，19 世纪 60 年代，时任财政大臣的约翰·格里彭斯泰特（Johan Gripenstedt）基于自由贸易原则，让瑞典对国外贸易敞开大门。在那之前，瑞典不仅是欧洲最贫穷的国家之一，也是全世界少有的贫困国家，它甚至比刚果还贫穷。正是因为这个开放与改革的历程，瑞典才有了我们今天所说的"百年增长"。

而国际贸易总额不到 GDP 一半的国家，属于非常封闭的国家，这些国家又可以划分为两类：一类是人口众多的国家，如印度、印度尼西亚，它们对贸易的依赖性较低，部分是因为其国内市场过于巨大；另一类主要包括盛产石油和金属矿产的经济体，如尼日利亚、阿根廷、伊朗和秘鲁，保护本国市场免受海外竞争，依赖大宗商品价格的暴涨推高经济增长，是这些国家一贯的做法。在当前遭受新贸易保护主义制约的形势下，这些国家越是闭锁本国市场，它们在全球贸易流中的份额就越小。在 30 个最大的新兴市场国家中，最封闭的国家当属人口众多、自然资源丰富的巴西。

在巴西，国际贸易占 GDP 的比重多年一直徘徊在 20% 左右，这也是除朝鲜等政治封闭型国家外贸易比重最低的国家。尽管巴西始终是全球大豆、谷物、咖啡、牛肉、家禽及其他农产品的最主要出口国，而且长期被冠以全世界的"面包篮"（breadbasket）的美誉，但很长时间以来，巴西一直拒绝对世界敞开大门。实际上，仅占 GDP 的 20% 的贸易额不仅不及印度等人口更多的国家，也不如俄罗斯和印度尼西亚等矿产资源丰富的国家，这些国家的贸易额占 GDP 的比重均接近或超过 40%。

与巴西不同的是，这些主要新兴市场国家一直在推进开放进程。2000 年，巴西签署了 3 项自由贸易协定。目前，巴西签署的自由贸易协定已达到 5 个，而且协约对方均为小国，如埃及、以色列和巴勒斯坦等。同期，印度达成的自由贸易协议数量从 0 个增加到 18 个，中国从 0 个增加到 19 个，而且它们签署的协议对方是遍布全球的主要经济体。

充分发挥地域优势，塑造商业甜点，是一国实现长期繁荣的重要手段。通过出口销售赚取的外汇，可以让一国进口满足本国民众需求的商品，或投资新的工厂和道路。最关键的是，在这个过程中，该国不会让自己债务缠身或是货币危机频发。战后，日本、韩国、新加坡在长期的强势经济增长过程中，制造业的年均出口增长率始终维持在 10% 以上，这二者的并存绝非偶然。如果一国在出口工业品制造方面拥有优势，那它取得经济成功的概率就会大为改善，而这恰恰凸显地理位置的重要性。任何一个希望改善出口竞争力的国家，如果拥有一个靠近贸易通道的基地，将最富有的顾客与最有竞争力的供应商联系起来，那么，它必将拥有最强大的竞争优势。

地理禀赋不代表成功

很久以来，经济增长始终与贸易通道相联系。16 世纪，西欧国家的经济增长突然提速，将亚洲及拉美国家抛在后面。这也是人类历史上第一次居民平均收入明显超过其他地区。2005 年，麻省理工学院经济学教授、发展学专家达龙·阿西莫格鲁（Daron Acemoglu）、詹姆斯·罗宾逊（James Robinson）及西蒙·约翰逊（Simon Johnson）发表一篇名为《欧洲的兴起》（The

Rise of Europe）的文章。在文中，他们对欧陆的繁荣进行分析，并指出欧洲崛起的答案，就在于它们不仅有优越的地理位置，还有发挥这种优势的意愿。他们认为，欧洲国家在1500～1850年取得的成功，主要源于拥有如下两种构建国家的优势：沿大西洋主要贸易通道的港口城市；君主政权尊重私人产权，并给予商人最大限度利用现有贸易通道的自由。因此，引导欧洲迎来16世纪大繁荣的国家首先应该是英国与荷兰，而它们借助的工具，则是对产权的尊重和在大西洋沿岸的繁华港口。

最近几年，地理位置不再重要的观点渐成风气，因为互联网让服务供应彻底摆脱空间限制。但是，有形商品依旧是当前全球贸易流的主要内容，而位置依旧是企业接近顾客及供应商的主要障碍。在全球范围内，每年的商品流总额约为18万亿美元，远远超过服务流及资本流的金额——这二者的年度总额均在4万亿美元左右。因此，至少在可预见的未来，对经济增长至关重要的出口应该是制造品的出口，比如在迪拜港被装到单桅帆船上的商品。2015年，高盛香港公司经济学家乔纳森·安德森（Jonathan Anderson）绘制了一张全球最热门经济体的热点图，将1995年以来制造业出口总额与GDP之比大幅提高的国家，在世界地图上一一标出。他总共发现14个这样的国家，这些国家主要分布在两个地区：以越南和柬埔寨为标志的东南亚；以波兰、捷克共和国和匈牙利为代表的东欧。

为什么会是这些地区的这几个国家？它们的共性就在于地理位置。它们在制造业出口领域取得的成功，依托于欧洲和美国这两个世界上最大的消费品市场（或说它们和"亚洲四小龙"处于同一航线），将商品源源不断地运到美国或欧洲的市场。越南正在取代中国，成为向西方国家出口运动鞋的主要产地；波兰的繁荣，在于它已成为德国企业向西欧国家出口汽车的一个平台；严格意义上讲，墨西哥及中美洲地区的制造业出口占GDP的比例也在增长，只不过增幅较小，其部分原因在于它们毗邻美国。墨西哥绝对是地缘优势的一个典型示例，因为它的工资水平低于中国，而运输成本低于美国，尤其是汽车大件商品的运输成本。

此外，地理位置还可以解释越南经济的崛起。2010年左右，凭借人口众多所带来的低劳动力成本，越南经济已被国际社会赞誉为下一个"中国奇迹"。不过，我对此持怀疑态度。越南的人口只有中国的10%，而且它根本不知道如何利用全球金融危机之前流入的数十亿美元外汇。越南长期实行宽松信贷，其巨大的信贷规模，极有可能成为经济增速遭遇断崖式暴跌的信号。不过越南还在设法将衰退减小到最低水平，虽然其经济增长率确实从危机前的近8%下降到目前的5%，但在后危机时代，越南依然是经济增长最快的国家之一。

对于越南的成功，最有力的解释是，越南政府在很多方面做出正确选择，充分利用了它在东西方贸易走廊上占据的地理位置。尽管越南在改革臃肿的国有企业、实行私有化等方面进展缓慢，但它在吸引海外贸易及投资方面丝毫没有懈怠。在2000年与美国签订贸易大单之后，越南又在2007年加入世界贸易组织（WTO），制造品出口国的地位让越南如鱼得水。随着中国劳动力价格的上涨，越南取代中国的地位似乎指日可待。在全球贸易增速破天荒低于全球经济增速的大环境下，越南在全球出口总额中占据的份额持续增长。自2000年以来，其份额已增长4倍，达到1%，这在新兴市场国家中屈指可数。1%的比例听起来似乎不多，但这是5倍于越南GDP在全球GDP中的比重。这表明，在全球贸易竞争中，越南正在大踏步前进。2015年，越南已超过泰国和马来西亚等远比它更富裕、更发达的一些邻居，成为引领东南亚地区对美出口的第一大国。

根据调查，日本公司为新厂选址的首选地点就是越南。原因很简单，越南不仅有廉价的货币，还有价格低廉的劳动力，更有发展迅速的交通运输网络。目前，越南正在胡志明市修建地铁线路，并在全国各地建设新的道路和桥梁，包括北方的农村地区。韩国三星集团计划投资30亿美元，在越南东北部太原省建设一座智能手机制造厂。就在这座新厂的附近，一座投资总额为20亿美元的工厂已开业投产。智能手机已成为越南最主要的出口产品，对于人均收入不足2 000美元的国家来说，这显然是一次巨大的飞跃。越南正在将自己打造成一个和20世纪60年代日本一样的传统制造业大国，并将自己变成一道新的地理甜点。2015年，在TPP框架内，越南是接受美国资金最多的成员国。据估计，国际贸易可能使越南的GDP在未来10年内增长10%以上。

"雁形模式"：层出不穷的贸易联盟

在超级大国此起彼伏的对抗中，全球贸易协定瞬息万变，某些小国开始将方向转向地区性贸易联盟及共同市场的建立。形成这种趋势的动力显而易见。对任何一个国家而言，将邻国作为主要贸易伙伴都是再自然不过的事情。战后，从东亚到波斯湾再到南欧，经济成功的例子往往集中成片。最近，类似的新集群开始出现在拉丁美洲的西海岸和非洲东海岸。当然，南亚或许也属于这个领域。正如阿克塞尔森·约翰逊和斯蒂芬·珀森在为TTIP辩护时所言，这些地区性贸易联盟一旦形成，就可能成为推动它们前进的主要动力。欧盟最初也只有6个成员，目前其成员数量已达28个。东南亚国家联盟最初只有5个成员，目前已有10个成员。

当然，最具说服力的还是东亚地区，因为东亚国家经济快速增长的主要驱动力，就是成员国之间的贸易。地区内贸易额的快速增长，足以解释诸多东亚国家长期维持超过6%增长率的原因。中国、日本及韩国都心甘情愿抛弃战争带来的隔阂，积极促成商业往来。目前，这几个国家彼此间均为主要贸易伙伴。2015年，中国与韩国签署具有划时代意义的自由贸易协定，可以预见，该协定必将进一步提升东亚地区的贸易水平。

在关系不够密切的邻国之间，地区性贸易的影响可能更大。在欧洲国家的出口中，约70%的目的地是位于同一大陆的邻国；在东亚和北美洲，这个比例约为50%；而南美洲则处于另一个极端，这一比例仅为20%；非洲为12%，南亚更是只有5%。因此，在拉美、非洲及南亚国家，建立新贸易纽带，并以此推动经济增长的空间也最大。

历史经验表明，强大的领导力在促进某些地区实现经济腾飞的过程中扮演关键角色。亚洲的战后繁荣从日本开始，并逐渐扩散到以韩国为首的第二梯队，随后是以泰国和印度尼西亚为主的第三梯队，而后是由中国领导的第四梯队。日本经济学家赤松要（Kaname Akamatsu）将这种现象称为发展的"雁形模式"（Flying Geese）。当日本在发展阶段上不断提升，渐次推出更先进的产品时，第二梯队以日本为模板，逐渐进入日本已经先行达到的阶段，第三梯队随后跟进。

第 5 章 | 地理甜点

曾帮助东北亚国家走出贫困的地区内贸易繁荣，逐渐扩散到东南亚。在这里，印度尼西亚、马来西亚、泰国和菲律宾之间的贸易出现飞跃式增长。与此同时，东南亚国家与中国的贸易额呈现爆炸性增长，在过去的 20 年里，年均增长率高达 20%。一位来自亚洲开发银行的官员曾对我说，在 20 世纪 80 年代末，时任泰国总理的差猜·春哈旺（Chatichai Choonhavan）就开始将历史上血雨腥风的战场变成东南亚大市场。他积极联手越南、老挝和柬埔寨，说服它们放弃意识形态的分歧，大力发展双边贸易，大规模兴建道路及其他运输网络。这位官员指出，在很短时间内，这些地区性合作便迅速演化为"像计算机芯片中导线一样交互连接的"贸易网络。

由此，东南亚开始历史上最繁荣的地区贸易增长期，但这个网络显然还未强大到冲破藩篱，打开通往南亚的大门。在印度、巴基斯坦、孟加拉国和斯里兰卡，地区冲突造成的孤立、无序及挥之不去的仇视，让这些南亚国家很难放弃隔阂与仇恨，跨越有形的地理边界伸出友谊之手。因此，南亚地区内的贸易额在全球贸易额中的比重始终徘徊在 5% 左右。实际上，南亚地区各邻国之间的对立与隔阂，在其他地区极为罕见，而且迄今为止，没有任何一个国家主动站出来，以稳定、有序的方式向其他国家开启合作之门。

2013 年 8 月，我第一次在坦普尔树宫（Temple Trees）见到时任斯里兰卡总统的马欣达·拉贾帕克萨（Mahinda Rajapaksa），这座造型优雅的宫殿也是总统官邸。当时，中国和印度都在积极寻求与斯里兰卡的贸易和投资。吸引它们的，当然是该国连接东西方贸易通道的战略位置。中国对斯里兰卡的投资尤为巨大，其中包括在坦普尔树宫附近一块已征用地上建设一座新城。该项目的投资额高达 150 亿美元。总统似乎对海外资金大量涌入带来的外债膨胀，及严重的经常项目赤字不以为然。当我问及斯里兰卡如何应对跨国银行不断收紧新兴市场国家的贷款规模时，拉贾帕克萨信心满满、毫不犹豫地回答："我们有中国！"

在拉贾帕克萨看来，斯里兰卡得天独厚的地理位置，将为该国带来源源不断的回报。同时，他也在变相贬低邻国印度的重要性。当拉贾帕克萨意识到我来自印度时，又接着解释道："虽然印度就像我们的亲戚，但中国更像我们的朋友。亲戚有时比朋友更吝啬。"两年后，在经历一场严重的

经济衰退后,拉贾帕克萨辞去总统职位。在新总统迈特里帕拉·西里塞纳(Maithripala Sirisena)的领导下,斯里兰卡政府开始寻求扩大与印度之间的贸易及投资往来,致力于将这个岛国变成改善印度和巴基斯坦关系的桥梁。然而,南亚地区内贸易依旧止步不前。

在如何吸引更多投资流入他们的成员国方面,蓄势待发的非洲贸易联盟颇有20世纪50年代欧洲共同体(European Community)初创时期的意味。毕竟,很多非洲国家相对较小,交通不便:在非洲,有15个国家是被土地包围的内陆国。由于路况较差、缺少电网等基础设施的原因,在刚果民主共和国这样的非洲内陆国家,修建一座手机信号塔的成本是在肯尼亚等沿海国家修建同样信号塔的两倍。即便是一直被视为"东非宝石"的肯尼亚,也有自己的问题。从肯尼亚到新加坡的海运航线长达4 500英里,也就是说,仅需19天就可将货物从新加坡运到肯尼亚,但是用卡车将货物从蒙巴萨的港口送到300英里外的首都内罗毕就需要20天时间。肯尼亚的经济总量为600亿美元,而很多非洲国家的GDP还不足100亿美元。对海外投资者或贸易商来说,他们没有理由克服重重困难跑到这里。

作为推动贸易发展的一项重要举措,成立于2000年的东非共同体(EAC)给非洲大陆点燃希望之火。最初的3个成员是肯尼亚、坦桑尼亚和乌干达,后来又吸纳了卢旺达和布隆迪。该共同体的宗旨是在全球贸易谈判中争取话语权,着手为实现商业的加速化发展建设地区性基础设施网络,包括公路、铁路和港口。"非洲崛起"的观点曾一度成为时尚,而今人们逐渐意识到非洲正在分化为差异巨大的碎片化大陆。在这个转变过程中,东非共同体成为非洲活力的象征。2010~2014年,经济增速超过6%的国家数量从25个减少到12个,而经济增速达到6%且通胀率相对较低的国家只有6个。在这6个国家中,3个国家为东非共同体的创始成员国,它们的出口在过去5年增长30%,而其他非洲国家的出口增长率为0。在东非共同体的成员国中,出口额最大的是卢旺达。不久前,这个内陆国还饱受部落冲突之苦。卢旺达的成功,不仅归功于相对平稳的报关系统,还有改善交通状况方面的努力。当然,这个国家还善于学习其他摆脱政局混乱和孤立位置,实现经济发展的国家(比如新加坡)的经验。

与东非共同体形成鲜明对比的是，在非洲大陆，许多新成立的贸易联盟还在起步中挣扎。每迈出一步，它们都需要付出沉重代价。这一点在非洲西部国家体现得尤为明显。1975年以来，在尼日利亚的倡导下，它们开始为"西非国家经济共同体"（ECOWAS）而努力。但是连年的战火和持续的冲突导致该组织无法开展工作，连"起草共同体协议并开展研究等组织工作"都无从入手。区域互助曾被视为方便旅游的手段，但在现实中，它丝毫不能减少游客在边境检查站经历的尴尬和拖延。

事实证明，将一个原本支离破碎的大陆割裂为若干成功的区域贸易体制，并不是什么罕见的事情。这种碎片化情况在南美洲更加严重。实际上，在南美大陆大西洋沿岸，很早就存在一个以巴西为领导的联盟，该联盟在根本上反对自由贸易；而另一侧的太平洋沿岸，智利领导着一个以推行自由贸易为宗旨的新联盟。构成旧联盟的核心是"南方共同市场"（Mercosur），这个贸易组织创建于1991年，成员国包括巴西、阿根廷、委内瑞拉及玻利维亚、巴拉圭。习惯上，该联盟的宗旨被人们戏称为"不和外国佬谈生意"。"南方共同市场"长期以来对自由贸易的仇视或许可以说明，在世界上最繁忙的50个港口中，为什么在1万英里长的南美洲海岸线上，只有巴西的桑托斯跻身其中。

在"南方共同市场"中，主要领导国长期坚持以平民式开支和政府高度干预为基础的增长战略。它们始终不欢迎自由贸易。在成立的25年里，贸易已沦落为仅服务于域内国家的经济增长。而在国际评论人士的眼中，玻利维亚和巴拉圭这两个内陆国家享受不到全球贸易的任何优惠。

当"南方共同市场"趋于没落而被人们淡忘时，墨西哥因为政治和地缘优势走上相反的道路。20世纪90年代初，墨西哥加入了"北美自由贸易协定"（NAFTA）。自此之后，墨西哥对美国的出口连年增长，出口额占GDP的比重从6%提高到24%，但墨西哥依旧没有得到"南方共同市场"成员国的青睐。于是，墨西哥将注意力转向南美洲另一侧的"太平洋联盟"，积极寻求与安第斯山脉的智利、哥伦比亚和秘鲁等3国展开贸易合作。

在《大西洋》（*Atlantic*）杂志一篇名为《你从未耳闻的最重要联盟》（*The Most Important Alliance You've Never Heard Of*）的文章中，委内瑞拉前贸易

及工业部部长莫伊塞斯·纳伊姆（Moisés Naím）写道，仅仅在创建后 20 个月里，"太平洋联盟"取得的成就已远超"南方共同市场"20 年的成果。各成员国积极实施一体化政策，它们不仅大力发展成员国之间的贸易，还创建地区性证券交易所和私有化养老金制度，建立了人员及货币流动的共同市场，制订以改善公路和轨道交通为宗旨的长期合作计划。在很短的时间内，该联盟便将 4 个成员之间的关税下调 92%，取消区域内的商业及旅游签证要求；对外则强调务实发展，淡化对美国的敌对情绪。

在"太平洋联盟"中，智利扮演领导角色，类似于日本在"雁形模式"中的领导作用。20 世纪 70 年代，智利最先发起经济改革；进入 20 世纪 90 年代，秘鲁在阿尔韦托·藤森（Alberto Fujimori）的领导下引入智利的改革理念；进入 21 世纪，改革运动进一步扩散到阿尔瓦罗·乌里韦总统执政时期的哥伦比亚。今天，"太平洋联盟"进一步强化了这种历史悠久的合作纽带。作为安第斯山脉成员国中 3 个最富裕的国家之一，智利也是其他两个国家的主要投资者。2011 年，智利对秘鲁和哥伦比亚的投资总额达 23 亿美元，而这一数字在 2004 年还只有 7 000 万美元。这并不是说这 3 个国家未来命运相同，而是说只要它们团结起来，共同致力于利用相关国家在全球主要贸易通道上的地域优势，最终它们都将从中获益。

地理位置决定国家命运？

只要拥有强大的政治意愿与合理的政策，任何国家都可能重塑全球贸易路线，并从中受益。20 世纪初，全球主要贸易路线在大西洋上纵横交错，但是在二战后，日本和中国分别从各自海岸线出发，打造新的贸易通道。在整整一代人的时间里，亚洲新贵凭借廉价劳动力，让亚洲到欧洲及美国太平洋航线的运输成本显得无足轻重。按照麦肯锡咨询公司的说法，亚洲正重新挽回昔日曾享有的世界"经济重心"地位。

麦肯锡通过标注全球经济活动最关键的地点，绘制出一张演示"全球经济重心"迁移过程的地图。按照这张地图，最早的全球经济重心是 1 000 年前的中国。到 1960 年，这个重心转移到北美洲。自那以后，又由北美洲回迁亚洲。最引人注目的是，2000～2010年，经济重心的迁移速度远超前50年，它越过北极圈，迅速回归中国。麦肯锡的研究生动显示全球贸易模式的变迁规律和现实轨迹。

在2014年出版的《意外的超级大国》（*The Accidental Superpower*）一书中，作者彼得·泽汗（Peter Zeihan）指出，从拉合尔到符拉迪沃斯托克的整个亚洲海岸线，优良海港的总数还不及美国一个国家拥有的数量。但是在亚洲东部贫瘠的海岸线上，中国还是克服重重困难走上繁荣之路。20世纪80年代初，中国开始搭建自己的地域发展平台，大兴土木，大力疏通河道与港口。目前，在世界上最繁忙的10个港口中，中国占据6个，全部为人工港口。这一点与迪拜一样：阿里山港（Jebel Ali）完全依靠人工建成，是目前世界上吞吐量第七大的港口，其深度足以接纳美国的航空母舰，其空间足以容纳世界上最大的新型超大集装箱货轮，而深度不足的美国港口就无力接纳这种船只靠岸。

最近，随着中国劳动力成本大幅上涨，部分技术含量较低的行业已开始向劳动力成本更低的地区转移，如纺织业、玩具制造和制鞋等。当然，转移的目的地也未必是劳动力成本最低的国家。就平均水平而言，劳动力成本仅占新兴市场国家出口产品成本的5%。这些行业的制造商寻找的目标不是工资水平最低的国家，如玻利维亚、埃及或尼日利亚，而是基于多方面的考虑，选择了越南、柬埔寨和孟加拉国。这些国家的工资水平低于中国，又处于现有的太平洋贸易通道上，并采取对外开放的政策。目前的东西向航线恰好穿过了大西洋。相比于孟加拉国，印度南部显然更靠近这条航线。但孟加拉国之所以能吸引远多于印度的鞋类制造商，还是在于前者为国际贸易设置的障碍更少。

离开印度洋之后，这条主要国际贸易通道依次经过红海，穿过苏伊士运河，最终进入地中海。这条航道途经的海岸线包括许多目前仍处于战乱或局势不稳的国家，如利比亚、苏丹和阿尔及利亚。这些国家再度成为贸易强国的机会微乎其微，摩洛哥的成功则是一个例外，它是第一批吸引国际跨国公司前来创办出口制造业的非洲国家之一。摩洛哥是一个相对平静、惬意的国家，其诱惑力在于新开设的自由贸易区、稳定的货币、廉价的劳

动力及称职的政府。目前在摩洛哥，欧洲企业不仅开办工艺简单的玩具和纺织品加工厂，也有航空、汽车制造等先进行业。

2008年之前，全球贸易增速还高于世界经济增速，航线图逐渐分化成多重相互交叉的格局，而不仅局限于中国与欧美国家之间。贫困国家之间形成稳定的贸易关联，逐渐兴起的发展中国家间贸易，被人们称为"南南合作"，其中包括从未靠近过经济重心的南半球国家。在过去20年里，"南南合作"在全球贸易出口总额中的比例增加一倍，超过25%。与此同时，发展中国家之间贸易的比重，也从40%提高到接近60%。

因此，新的全球贸易通道，尤其是连接发展中国家的贸易线路，呈现多种多样的形态。自19世纪以来，一直被人们津津乐道的陆路交通干线，依旧是今天最重要的话题。英国殖民者最先想到"泛非洲高速公路"的概念，但这条从开罗通往开普敦的陆路交通线始终未能付诸实践。很多已建成的道路路况恶劣，要么是将人引入无法通过的泥潭和坑洞，要么是布满强盗劫匪或者其他危险。真正走上这条所谓"开罗—开普敦"大通道的人，主要是驾驶超级越野车的极限旅游者，而不是商人。在非洲的公路上，死亡率是其他发展中国家的8～50倍。据世界银行估计，恶劣的道路状况使非洲的生产率降低40%。连接中美洲和南美洲的交通线路与此不相上下。在进入令人恐惧的达里恩沼泽（Darien Gap）后，道路便开始失去始端，有时甚至完全中断，而这里距离浓密的雨林仅有60英里。很久以来，这里给那些试图穿越巴拿马与哥伦比亚边境线的游人设立了一道天然屏障。

中国一直在寻找通往遥远偏僻地区的交通线路，它耗费数十亿美元修建新的贸易通道，连接世界上最难以到达的地区。例如，北京为南美洲的一项新计划提供高达600亿美元的资金支持。按照该计划，世界上第一条连接南美洲大西洋沿岸及太平洋沿岸的东西向高速公路将修建，整条公路全长1 200英里，穿越安第斯山脉，连接大山两侧的巴西和秘鲁。尽管超级工程本身不足以让巴西或秘鲁更富裕，但它至少可以让很多人迹罕至的地区与外部世界取得联系。对于中国来说，这些计划将为石油或其他自然资源供给提供新的输出通道，这也显示中国对全球影响力的增强。

2013年，中国国家主席习近平接连发布一系列讲话，阐述"一带一路"

的构想。"一带一路"并不是单一的、固定不变的线路，它既有陆路，又有海路，构成一个穿越中国西部，通往中亚地区的庞大动态交通网络。而"一带一路"的目标，则是为了连接中国中部地区与边境省份，进一步加强这些边疆省份与东部港口及中国在西部邻国协助修建的港口之间的联系，包括巴基斯坦的瓜达尔和卡拉奇、孟加拉国的吉大港、缅甸的皎漂港以及斯里兰卡的科伦坡和汉班托特港等。为此，中国计划筹集资金约3 000亿美元。在这些交通状况恶劣的地区，没有庞大的资金支持，修建新港口是不可能的，而亚洲开发银行及其他机构的投入已高达数万亿美元。

中国似乎很清楚一个最基本的规则：一国最大限度地利用其地理位置的手段之一，就是向世界及其邻国开放自己，并确保国内各省份充分参与到这种开放进程当中。随着国家的不断强大，发展必将从沿海开始，向内陆城市延伸。例如，在二战之后，日本成为新的贸易大国，东京的港口也演变成一个将整个东京湾囊括在内的超级大港口。今天，横滨和川崎等邻近城市均已成为东京港码头的一部分。鼓励各地区之间均衡增长始终是中国的既定政策目标。在20世纪80年代的一次世界银行论坛上，时任印度规划部部长、后成为印度总理的曼莫汉·辛格向一名中国政府官员问道，中国设置沿海经济特区并为企业家提供特殊补贴的做法，是否会加剧城乡贫富差距。这位官员回答道："我希望会这样。"他们的想法很清楚，只有沿海地区先发展起来，才能带动内陆地区协同发展。

在中国的"一带一路"倡议中，最不被人所关注的部分或许就是2015年初宣布的"陆上丝绸之路"。按照这一设想，中国将建设穿过新疆的公路和铁路，由此形成连接中国内地和中亚、南亚的交通枢纽；向西南部，穿过广西和云南，进入东南亚和湄公河地区；向北，穿过河北和内蒙古，通向俄罗斯。最终，中国将借助这些新的交通枢纽，连接巴基斯坦和缅甸的"海上丝绸之路"的港口，并将中国各省份、周边邻国及远达巴尔干半岛和巴西的合作伙伴连为一体。在完成整个交通网络的建设之后，曾经是古"丝绸之路"繁华之地，如今已被遗忘的乌鲁木齐等西部重镇，将再度成为全球贸易路线上的必经之地。

实际上，哥伦比亚也在兴建相似的内陆交通网络。尽管它们的计划不如中国宏伟，但依然有助于将整个国家与外部世界连接起来。哥伦比亚拥有近 5 000 万人口，是安第斯山脉人口最多的国家，其国内市场远大于秘鲁（3 000 万人口）和智利（1 000 万人口）。2015 年，哥伦比亚政府与最后一支反政府军达成和解，终止长达数十年之久的内战。随着漫长的内乱告一段落，开放长期孤立的地区、吸引更多国内外投资者和游客的可能性迅速增大。相较于秘鲁和智利这两个南部国家，哥伦比亚更靠近北美主要市场，因此，它的地理优势在该地区无与伦比。2012 年，曼努埃尔·桑托斯（Manuel Santos）总统与美国签署一项重要的新自由贸易协定，而它在近大西洋沿岸的对手委内瑞拉，却因为轻视外国的民族情结而错失机会。

任何国家都不会因为地理位置的偏僻而被全球贸易路线所忽略，即便是哥伦比亚也不例外。被前总统阿方索·洛佩斯·米切尔森（Alfonso López Michelsen）称为"南美洲西藏"的哥伦比亚，是一个魅力无穷却难以接近的国家。该国 3 个最大的城市，波哥大、卡利和麦德林都是当之无愧的内陆香格里拉。3 条高大的山脉，再加上长期的游击战，让这 3 座城市与世隔绝。在地形陡峭的哥伦比亚山区，修建道路的成本可能达到每公里 3 000 万美元，几乎相当于美国最崎岖不平的农村地区花费的 25 倍。正是出于这样的缘故，哥伦比亚 90%的道路均为没有铺设柏油的搓板路。最近几年，桑托斯总统组建一个新的政府机构，为修建高等级公路清除各种障碍。可以说，今天的障碍更多来自官僚作风，而不是以前的反叛军。此外，哥伦比亚还计划投资 550 亿美元修建新的道路和港口，以充分利用唯一拥有大西洋和太平洋海岸线的南美国家的优势。这项巨大的投资计划旨在将货运速度提高一倍。现在的卡车运输速度如同老牛拉车，平均时速只有 30～40 公里。预计，新建公路将把 3 个内陆大城市与沿海、外部世界重新连接起来，从而为哥伦比亚 GDP 增速贡献整整一个百分点。

3∶1 规则

为最大限度地利用地理优势，所有国家的领导者都要努力让本国的内陆偏远地区融入全球贸易洪流当中。最近访问泰国，让我对这一点深信不疑。

泰国处于东南亚地区的心脏地带。在过去10年里，代表曼谷不同精英群体的政治派别争执不下，农村地区极度贫困。2010年我到泰国时，曼谷街头出现城市居民与农民的暴力冲突。当地专业人士告诉我，北方农民的不满，可以追溯到以首都曼谷为中心的头重脚轻的社会结构。他们说，只要看一个数字，就可以了解这场冲突的根源：仅居住在曼谷中心城区的人口就超过1 000万，相当于泰国第二大城市清迈的10倍多。

如此一边倒的比例对任何一个人口大国来说都不正常。在小国，居民集中在首都还可以理解，但在人口是2 000万～1亿的中等国家和人口超过1亿或10亿的大国，这显然不同寻常。看看20个中等规模的主要新兴市场国家，我们可以发现，大多数国家最大城市的人口数量与第二大城市人口之比约为3∶1。这个基本的比例关系迄今仍适用于15个中等规模的主要新兴市场国家，包括波兰、土耳其、哥伦比亚、沙特阿拉伯、肯尼亚、摩洛哥、越南和伊朗等。而对于"亚洲四小龙"的中心城市，如日本的东京和大阪、韩国的首尔和釜山，这个3∶1的比率不仅以前适用，至今依旧适用。我个人认为，任何一个第一大城市和第二大城市人口比率超过3倍的国家，都有可能像泰国那样，因地区间冲突而政局不稳。这种失衡必然会拖累经济增长。当被遗忘的一部分人被抛弃在封闭落后的城镇和农村时，他们以暴力手段反抗都市精英特权阶层的可能性会陡然增加。

今天，只有5个中等规模主要新兴市场国家的前两大城市人口比率突破3∶1大关，即泰国、马来西亚、智利、阿根廷和秘鲁。尽管曼谷的人口仅占泰国6 800万人口总数的15%左右，却创造了整个泰国GDP的40%。首都不仅是泰国王宫的所在地，也是整个国家的精英往来云集之地，更是近几年农村与城市力量交汇冲突的爆发地。秘鲁的人口失衡更为严重：首都利马居住800万人口，相当于第二大城市阿雷基帕人口的12倍。这或许可以解释，20世纪90年代初出现的"光辉之路"游击队，为什么迄今还在折磨秘鲁政府。此外，智利也是一个人口高度集中的国家：首都圣地亚哥的人口为第二大城市瓦尔帕莱索的7倍多。在最近的一次秘鲁之行中，很多智利商人告诉我，他们越来越感到喜欢到邻国哥伦比亚投资，因为该国的发展较为均衡，很多二线城市已经步入繁荣。

因此，哥伦比亚是唯一一个国内发展显示出均衡迹象的安第斯山脉国家。首都波哥大拥有980万人口，不到第二大城市麦德林人口的3倍，而麦德林和哥伦比亚的第三大城市卡利均保持着良好的增长态势。就在最近，麦德林摆脱了"全世界杀人之都"的恶名，成为现代城市的发展样本。这种变化揭示出一种国家通过解放更多二线城市而实现经济增长的发展模式。20世纪90年代，哥伦比亚政府为麦德林选拔了一名干预毒品贩卖集团的新市长，并授权地方官员在预算和警力支配上获得更大的自主权。于是，满脸络腮胡须、喜欢穿牛仔裤的数学家塞尔吉奥·法哈多（Sergio Fajardo）摇身一变，成为麦德林的新市长，他以雷霆手段，将位置偏远、毒品肆虐的贫民窟变成当地最繁华的商业中心。为此，麦德林在环绕城市的山坡上修建直通山顶贫民窟的提升装置，便于贫民窟中的居民到城里上学或求职。自1991年以来，麦德林的年均谋杀死亡率从每10万人中380起减少到30起。被警察射杀的当地大毒枭巴勃罗·埃斯科巴（Pablo Escobar）的豪宅，目前已成为旅游专线上最受欢迎的站点。弥漫在麦德林的乐观主义情绪，与很多笼罩着拉美城市的困惑与宿命感形成鲜明对比。

另一个第二大城市也很繁华的国家是越南，这要归功于该国制造业的崛起。由于历史上与高棉王国交往甚密，随后又与美国保持密切联系，因此，在以胡志明市为中心的南方地区，自古以来就是越南最繁华、最富有商业氛围的地区。同时，以河内为中心的北方地区，在历史上与当时的中国保持着密切关系。1975年，北方政府赢得内战，成为越南的主导势力，但河内政府明智地选择冰释前嫌，维护南北和谐。目前，该国正在积极推动覆盖全境的投资。2014年，全世界增长最快的两个港口均属于越南，一个是南方的胡志明市，另一个是位于北方的海防市。两个城市之间漫长的中部海岸线上，是昔日的美国海军基地——岘港，越南战争结束后，岘港的人口已增加两倍多，接近100万。在很多人的心目中，繁忙的港口和井然有序的当地政府，正在让崛起的岘港成为"越南的新加坡"。这座城市的标志物是横跨汉河的一座新公路桥，其造型是一只口吐火焰的飞龙。

此外，3∶1的人口比率也适用于发达国家，在7个人口规模在2000万~1亿的中等国家中，有5个国家的第一大城市与第二大城市人口比约为 3 ∶ 1。它们分别是加拿大、奥地利、意大利、西班牙和德国。在英国，第一大城市伦敦的人口为 1 000 万，比第二大城市曼彻斯特多出 4 倍。最近的几十年里，两个城市的人口差距在持续拉大。曼彻斯特及其他几座城市的居民一直在抱怨，国家政策和媒体的关注过于集中在伦敦。毕竟，伦敦创造了整个英国 20% 的 GDP。英国政府也一直致力于解决这个问题，并给予地方政府更多自治权，试图以此创造更有活力的城市。

而明显违背 3 ∶ 1 规则的国家就是法国。巴黎有 1 000 万人口，比第二大城市里昂多出 7 倍多。巴黎地区的经济产量占整个国家的 30%，这也体现出法国人奉行权力集中化的传统思维。长期以来，法国制定国家政策考虑的核心始终是首都巴黎，这也在一定程度上成为法国停滞不前的原因之一。20 世纪六七十年代，法国政府掀起一场以创建新城市为目标的运动，但当地政府权力的弱化及碎片化，使这些城市难有起色。2014 年，法国立法机构决心要重塑法国的行政权力版图，将地区级的数量从 22 个减少到 13 个，并试图以此来削弱官僚机构的权力，精简政府成本，巩固国家实力。对于法国来说，让巴黎以外的大城市走向繁荣，或许是实现整个国家经济复兴的重要手段之一。

拥有 1 亿以上人口的国家自然也拥有更多大城市，对它们而言，首都外二线城市的相对规模还不足以影响整个国家的增长。判断哪些国家通过地区间的动态发展形成均衡性增长，只需查看它们的二线城市发展状况，即那些人口总数超过 100 万的城市。二线城市的普遍性增长对大国而言尤为重要。从规模出发，它们更有可能培育出快速成长的城市。因此，作为这个规则的另一部分，跟踪二线城市的成长性主要适用于如下两种规模的国家：人口超过 1 亿的大国和人口超过 10 亿的超大国。

目前，人口总数超过 1 亿，但不到 10 亿的新兴市场国家共有 8 个，其中，人口最少的是拥有 1.01 亿人口的菲律宾，最多的是拥有 2.55 亿人口的印度尼西亚。随着这些国家的发展，自然会有越来越多的二线城市，因此，有必要将收入水平相近的国家进行比较。在人均收入水平 1 万美元左右、人口超过 1 亿的国家中，俄罗斯属于落后者。在过去的 30 年里，俄罗斯仅出现两座人口规模在 100 万～ 500 万的城市。相比之下，巴西则诞生 3 座这样的城市。最具爆发力的当属墨西哥。自1985年以来，墨西哥已经迎来10座人口超过100万的城市，但其整个国家的人口只有巴西的一半多。此外，在这个人口规模和收入层次的国家中，墨西哥也是唯一一个二线城市发展速度超过首都的国家。在最近的几十年里，墨西哥城的人口在全国总人口中占据的比例不断下降，而二线城市的人口比重则持续上升。这种现象极为罕见。1985年，在墨西哥，人口在100万~500万的二线城市人口占全国人口的比例还不到10%，但是现在，这个比例已提高到21%。

在墨西哥，二线城市的崛起与制造业中心的发展密切相关，这些制造中心主要是出口汽车及其他产品到美国。在人口超过100万且发展速度最快的墨西哥城市中，有3座城市位于美国的边境线上，分别是提华纳、华雷斯和墨西卡利。在过去的30年里，在蒙特雷北部地区的新兴城市，人口已增加一倍，达到450万。今天，这里已成为向整个国家制造业输送创新的基地。在墨西哥中部，克雷塔罗（Querétaro）是墨西哥的贸易中心，既有葡萄酒、日用百货和卡车等各式各样的产品，也有呼叫电话、物流等形形色色的服务。莱昂州以前曾被称为皮革之都，尽管目前因外国企业的激烈竞争而受到严重影响，但它已开始向农业、化工产品和汽车制造等新的行业转型。阿瓜斯卡连特斯（Aguascalientes）则拥有丰田在日本本土以外最先进的制造厂。再向南则有普埃布拉，这里目前有一家大型的德国大众汽车制造厂。出口制造型城市在整个国家的繁荣，也是地区间实现经济均衡增长的一个重要标志。

在主要新兴市场国家中，直到最近还与墨西哥背道而驰的一个国家就是菲律宾。其在20世纪种植业的发展，造成首都与农村在人口上的巨大反差。目前，13%的菲律宾人居住在首都马尼拉，这个比例自1985年以来就没有太大变化，而居住在菲律宾其他城市的人口总数也仅高出一点，绝大部分人口还生活在农村地区。这种独有的"中间缺失"型人口分布模式极不寻常，即便是在发展中国家中也不多见——菲律宾的年人均收入不足3 000美元。然而，宿雾省和贝克鲁省已初见生机。自2000年以来，这两个地区的人口已增长25%，而且正在吸引某些呼叫中心和IT企业的到来。毕竟，IT行业已逐渐成为菲律宾的支柱产业。

在发达国家中，只有两个国家的人口超过 1 亿人，而且它们二线城市的发展轨迹相去甚远。自 1985 年以来，已有 15 座美国城市的人口超过 100 万；而日本在这一时期只出现一座这样的城市，即位于东京西南 160 英里的滨松市。该地人口的增长主要源于 2005 年后从周围城镇来到这里的居民。日本的相对滞后有其特殊原因，其人口总数远少于美国，而且其经济增长也出现大幅滑坡。不过，日本的政策制定者惯于固执己见，而这种固执自然造成地方经济缺乏成长活力。几十年来，日本经济始终依赖东京、大阪和名古屋等主要城市，尽管很多亿万富翁斥巨资投入日趋萎缩的乡镇地区，为那些不愿离开的老年居民提供补贴，但不断加剧的城乡差距依旧是挥之不去的政治问题。

相比之下，美国则是世界上唯一出现人口向内陆大规模迁徙的发达国家。战后，美国 15% 的人口由东北部及中西部的老工业区迁往南部和西部。实际上，这些人口只是顺应企业和就业机会的流动方向，他们的目的地是那些所得税更低的新兴地区。那里不仅有大量非工会成员的劳动力，还有和煦的阳光，而二战后空调的普及也让烦躁的夏季工作变得清凉舒畅。在 15 个人口超过 100 万的美国城市中，有 13 个位于南部和西部，从"佛罗里达州的发源地"杰克逊维尔，到加州首府萨克拉门托。最大的城市人口大爆炸发生在拉斯维加斯。在过去 30 年里，这座城市从只有 50 万人口的内华达沙漠赌城，发展成拥有 250 万人口的旅游胜地。

下一个群体是人口超过 10 亿人的国家，这个群体仅包括两个国家——中国和印度。在打造第二梯队城市的竞赛中，中国是当之无愧的胜利者。在中国，大量 30 年前人口不足 50 万的城市，在短时间内便进入人口超百万的大都市行列，某些城市甚至拥有更多的人口。总体而言，中国有 19 座城市实现这样的人口大爆炸，而这轮人口增长大潮的先头军就是目前人口已超过 1 000 万的深圳和人口过 700 万的东莞。在某种意义上，人口向美国西南部的大规模迁徙在中国表现得更为淋漓尽致，只不过中国的人口迁徙方向是从内陆省份到东南沿海地区。

而在同一时期的印度，仅有两座人口原本不足 25 万的城市喀拉拉邦的默勒布勒姆（Mallapuram）和科勒母（Kollam），发展成为人口过百万的大

城市。它们的崛起在很大程度上归结于地方行政版图的重新划分。如果不是这样，这两座城市的人口可能依旧无法突破百万大关。

当然，经济增速远超印度，是中国在这场竞赛中取胜的一个重要原因。毕竟，工业化自然会加速城市化进程。但即便不考虑经济增速这个因素，印度在发展第二梯队城市方面依旧会处于下风。中国创建的经济特区，使得东南沿海省份飞跃式增长，其中尤以广东和福建为主导。这两个省份出现很多飞速发展的大城市。对于中国的发展模式，外界感兴趣的是中央政府赋予地方政府自由度的程度。譬如，土地的征用或银行贷款对建设项目的支持。显然，这是一种集中式领导、分散式管理的发展模式。在1979年前，深圳还是一个珠江沿岸的小渔村，也是在这一年，北京将深圳变成中国第一批对外放开贸易和投资的实验基地之一。随之而来的大发展，也带动周边的东莞和珠海。它们和深圳一起，共同成为中国发展最快的3个城市。第四个快速增长点出现在义乌。作为连接中国和马德里这条世界上最长货运铁路线最东边的终点，这座位于浙江省的内陆城市因此而蓬勃发展。

相比之下，印度则是一个体型庞大、步幅缓慢的国家。在这里，地方民众的反对会阻挠政府的土地开发，但即便如此，政府仍拥有巨大的城市储备用地。作为世界银行中国区的前负责人，黄育川曾指出，毫无规划地将城市土地储备作为公务员住房和军事营地，是殖民地时期留下的深刻烙印。在我的经历中，还没有哪个新兴市场国家的首都会存在一个像勒琴斯·德里（Lutyens Delhi）的地区，这个名字取自印度首都行政区的英国建筑师。这里有一片几乎由政府完全拥有的"平房区"：数百户居民分布在超过25平方公里的土地上，周围是绿草茵茵的公共用地，最外面是绿树成荫的马路。政府的高层官员争先恐后地在这块都市绿洲购置宅院，部分房子的价格甚至超过5 000万美元。在我的记忆中，包括所有新兴市场国家在内，拥有这种政府飞地的二线城市全部分布在印度，如印度东北部的巴特那（Patna）和北部的巴雷利（Bareilly）。

印度也曾试图按照中国的模式建立经济特区，但这些特区对土地及劳动力的使用制定严格的规定，导致它们对于创造就业或扩大城市人口几乎毫无帮助。《全球房地产指南》（Global Property Guide）认为，印度不合时宜的建筑法规压制城市中心区的开发，推高房产价格，导致目前印度的城市土地价格达中国的两倍。最近几十年，曾经无所不能的德里政府已逐步将大部分支出权力交给 29 个邦的负责人。然而，这份权力却没能进一步下放到市长手里，小城市依然在为发展而挣扎。因此，如果印度的农村人决定搬进城里，他们大多会选择 4 座人口超过 1 000 万的超大城市：孟买、德里、加尔各答和班加罗尔。假如中国是个拥有大批繁荣城市的国家，那印度就是拥有超大城市的国家，虽然小城市随处可见，但难见有活力的第二梯队城市。

互联网时代的地理博弈

今天，在运送有形货物的贸易线路上，出现很多以各类服务业为中心的新型城市。20 世纪 90 年代，互联网开始对我们的沟通方式进行革命性改造。当时有人认为，它允许人们随时随地提供各类服务，并将这些服务扩散到世界的每一个角落，让地理位置不再成为不可逾越的鸿沟。实际上，这种扩散已存在于中低端服务性工作，但正如哥伦比亚大学的社会学及城市学教授萨斯基雅·萨森（Saskia Sassen）所指出的那样，从金融业到保险业、律师业，服务业实际上已形成一个网络，这个网络大约由 50 个"全球化城市"构成。这个由服务型城市构成的网络从纽约和伦敦开始，正在向上海和布宜诺斯艾利斯等城市扩散。

今天的互联网不仅不能让服务业超越地域而发展，更无法使制造业彻底摆脱对地理位置的依赖。对于提供互联网搜索引擎，到提供商品物流的各类服务型企业来说，其创建和管理都需要人们面对面的交流。在这些行业，新的企业往往积聚在相同的城市，以充分利用当地现有的专业人才储备，其结果往往容易形成专注于特定业务的服务型城市，在城市中汇聚同一行业的公司、同一类型的专业人才。在韩国，釜山始终是整个国家最重要的港口城市，作为韩国港口及物流企业的聚集地，这里的繁荣还在延续。在菲律宾，马尼拉曾是全世界办公服务最主要的供应地之一。今天，这个行业不仅如火如荼，而且已辐射到马尼拉周边众多的卫星城，如奎松市和加洛坎市。作为输出石油及其他商品的第一大港口、整个中东地区服务业的枢纽，迪拜的双重角色还在继续深化。这些城市的成功关键在于，它们创造出一个人们不仅向往在此工作，还希望能在此生活的环境，就像瑞士的苏黎世和日内瓦等城市一样。它们将惊人的生产效率与神奇的魅力融合，将这个内陆国家变成一道地理甜点。

在波兰，克拉科夫、格但斯克和弗罗茨瓦夫等二线城市，已成为全球最具竞争力的服务业和制造业中心。这里的公司已成功打入西方市场。许多公司依旧掌握在创始人手里，这些人有很多相似的经历：从计划经济体制结束时的小作坊起步，一路艰辛，终于营造出自己的一片天地。如今，很多公司年销售额已近10亿美元。它们对当下的生活和事业感到惬意，因为它们可以随时走出波兰，去德国发展，这变成一件再容易不过的事。这些公司既有从事时装和鞋类等制造性业务的，也有提供收债等创新性服务的。实际上，这种专业性机构在西欧国家也难得一见。2014年年底，一位弗罗茨瓦夫的企业家告诉我，随着地区性债务危机爆发，欧元区的不良贷款规模急剧膨胀，一些欧洲企业开始秘密地寻找合作伙伴，帮它们隐藏或转移这些坏账。这促使他在波兰开办一家代理收债机构，协助银行收取德国境内的不良贷款。这位波兰的CEO说，尽管这是一个易引起摩擦的职业，但他的机构采取一种"柔和的方式"。他希望，这种方式不至于给他在波兰和德国之间的往来带来麻烦。目前，他的公司已在德国开设办事处，雇用会讲德语的波兰人在当地工作，通过电话向债务人催收贷款。

为打造地理甜点，一个国家必须在如下3个层面开展贸易：周边国家、更广泛的世界及其国内的二三线城市。在欧洲国家中，波兰可能是在这3个层面把握先机的国家，而亚洲的领跑者则是中国，越南和孟加拉国等国家紧随其后。而在南美洲，墨西哥及不甘落后的哥伦比亚可以称得上是典范。哥伦比亚与美国签署的自由贸易协定，开创了南美国家加入自由贸易协定的先河。此外，哥伦比亚与安第斯山脉国家及墨西哥一道，成为全球最有发展前景的地区性贸易联盟之一。正是对外贸易的飞速进步，促使麦德林从臭名远扬的世界杀人城转变为最具代表性的二线城市。在非洲，摩洛哥和卢旺达以周边国家为市场，向世人讲述着成功变身出口国的经历。

归根到底，地理位置在当下依旧重要。沿着运输制造性商品的贸易通道依次形成经济增长热点，这本身就是一个符合逻辑的趋势；而在今天，服务业集散地也成为经济增长的中心，并且有可能在目前"去全球化"时期得到强化。最近几年，全球贸易增速趋缓及全球资本流动大幅萎缩的同时，两个重要领域的全球化进程反而出现加速：海外旅游人数持续快速增长和互联网通信的飞速发展，这两个领域将为有能力利用这些趋势的国家创造更多机遇。耶路撒冷希伯来大学史学家乌瓦尔·诺亚·哈拉利（Yuval Harari）教授曾指出，在21世纪这一代美国人身上，我们或许可以看到未来世界的面貌——他们已经不再看重衣服或家具之类的传统物件，也很少为此消费。相反，他们更愿意把钱花在体验上，既有来自现实世界中旅游、餐馆和体育的真实体验，也有智能手机带来的形形色色的虚拟体验。哈拉利教授等学者认为，如果自动化更多地取代人类劳动，进而给人类留下更多可自由支配的时间，那么这种追求体验和感受的潮流只会进一步加强。对于有可能转型为高科技、旅游和娱乐中心的国家来说，这或许是一个巨大的增长契机。

如果不能采取正确措施，将地理位置优越的港口或城市转变成吸引力巨大的商业磁场，一个国家仅靠地理要素本身，远不足以给这个国家带来强劲的增长。毕竟，天赐的地理优势可以转化：无论波兰还是墨西哥，都紧邻一个无比巨大的发达市场，但随着时间推移，人们看到一个更幸运的墨西哥，因为美国的经济增长速度始终快于欧洲。贸易通道不是一个固化的概念，好的政策可以重新打造地理位置上的优势或劣势。不久前，人们还在不无遗憾地感慨中国的贫困落后，一个被世人遗忘、孤立守旧的"遥远东方国家"，而时至今日，它正在以正确的思维和坚实的步伐，缔造一道新的地理甜点。

第6章 工业先行

投资占经济的比重是升是降?

当一个国家的投资占 GDP 的比例持续多年稳定提高时,良性投资经常会转变为不良投资。

第6章 工业先行

圣塔菲社区位于墨西哥城的郊区，这个风格古朴的社区里坐落着一座高大的玻璃幕墙大厦，是专为大公司建造的超豪华写字楼。坐在楼内一间位于角落的咖啡厅里，眼前辽阔的视野让我无法想象自己正身处于一个典型的新兴市场国家。这个咖啡厅的主人向我讲起位于我左手边的、当地一位亿万富翁的豪宅。它被当地人称为"纳尼亚"，名字来自英国小说家 C. S. 刘易斯(C. S. Lewis)的《纳尼亚传奇》(The Chronicles of Narnia)。与此同时，可以看到大厦右边有一架架直升机迎来送往，乘客都是附近大公司的高管贵宾。该地区的正式名称是博斯克斯·圣塔菲（Bosques de Santa Fe），这里进出社区均需通过大门，所有道路和紧急通道均为专用，几乎与世隔绝。设计这个社区，就是为了服务亿万富翁或希望被当做富豪的人。对超级富有的家庭来说，圣塔菲最大的吸引力在于，它们可以远离车程一小时的墨西哥城里那些街头犯罪和无处不在的毒品贩子。这是我自 2014 年秋天以来，最近一次目睹这样的景象：在某些新兴国家市场，富人多么迫切地渴望摆脱现实，尤其在现代经济所需的基础设施及安全措施投资严重不足的地区。

对大多数外来人口而言，政府职能严重失灵的第一信号，就是排在机场售票窗口前无休止的长队，乘客坐在车顶、严重超员的列车，工资微薄的交通警察主动向违规者索贿，正如我们在墨西哥城所看到的一切。还有些情节令人忧虑，但普通公众或许根本不了解这些细节，只是由于自由职业记者们的努力，人们才借助公开的网络信息填补了这些空白。这种设立专用入口的社区在南美洲已经司空见惯，而盘旋在圣塔菲上空直升机的吼叫声，则让我想起在巴西的类似一幕：在圣保罗，大公司总部大楼的顶部均设有私人直升机停机坪，让企业高管免受街道的拥堵。在尼日利亚及其他许多非洲国家，由于公共电网事故频繁，私人公司会购置大型发电机，建造大型油罐，以便在断电时提供临时照明，维持电梯继续运转。Quora是一个问答形式的网络论坛，在上面你经常会看到许多令人匪夷所思的招聘信息，很多职位因公共服务不足而出现，并且仅存于某些特定国家。例如，有一个职位是因越南偏远渔村缺乏运输服务而产生的，在那里，学生和教师需经过一条河。他们的渡河工具是一个大塑料袋，乘客坐在充气的塑料袋上，由一个身强体壮的人推着充气塑料袋过河。于是，就出现推塑料袋过河的工作。

任何经济的发展都依赖于两种支出——消费和投资。尽管对大多数经济体而言，居民和政府最大的开销是消费，但投资是对经济增长与经济周期前行来说更重要的推动力量。投资支出的波动性通常大于消费支出，有助于创造增加消费能力的新产业和新工作。例如，它包括政府和私人企业对修建公路、铁路及其他交通方式的投资，对工厂、办公设备和钻床等各种机器设备的投资，对学校和私人住宅等建筑业的投资。因此，预测一个国家的经济发展前景，首先要回答这样一个基本问题：投资在经济总量中的比重是在增还是在减？显然，当投资比重加大时，经济更可能加速增长。

随着时间的推移，我逐渐认识到，如果按照投资占GDP的比例衡量，投资水平也存在一道类似的甜点。通过观察我所罗列的56个战后实现经济高度发展的国家（维持10年以上超过6%的年均GDP增长率）可以发现，在繁荣时期，这些国家的投资总额占GDP的平均比重在25%左右。一旦投资占GDP的比重提高，其经济增长就会加速。因此，每个寻求经济高速增长的新兴市场国家，都在做着一件相同的事——保证投资在GDP中维持较高的比重，并持续加大投资力度。通常，它们的投资均维持在GDP的25%～35%。一旦投资减少，其占GDP的比重开始下降（这个标准通常对应20%或者更低），那么，它们的经济就会陷入不景气。

当然，我们很难确定投资即将增加还是减少，而且这种判断相对主观。它取决于公共投资计划提出的投资规模及投资前景，并需要考虑政府是否鼓励私人企业投资。许多年以来，墨西哥和巴西的投资始终维持在GDP的20%左右，甚至还不到20%。而更安全的私人通信及私人运输企业的繁荣则验证一个事实：许多本地人已不再等待政府去采取行动，他们开始独立投资去填补这些空白。

尽管投资的强劲增长大多是利好信号，但这种增长越强劲，投资的去向就越重要。因此，投资规则的第二个方面是要意识到，投资热也并非总是好事，而是有良莠之分。企业如果找到某种令人振奋的新发明，投入资金用于开发新技术、修建新道路和新港口，尤其是开办新工厂时，这样的投资才最理想、最有效率。在农业、制造业和服务业这3个最主要的经济领域中，制造业始终是大多数新兴市场国家摆脱贫困的制胜法宝。尽管组装线上的工人已受到机器人的威胁面临失业，但历史实践表明，从就业创造和推动经济增长这个角度看，任何产业都不可能拥有制造业这样的威力。

二战结束后，从20世纪60年代日本的高速增长开始，其后所有最成功的经济发展范例无不起步于制造业，通常以生产服装等简单商品向发达国家出口为契机。随着农民不断离开土地，脱离农业生产来到城市，成为生产率更高的工业劳动力，工厂也开始加大投资力度，通过升级改造生产盈利性更强的出口产品。随后，它们陆续从纺织业转向钢铁制造，又从钢铁制造进入平板电视、汽车及化工制造等更多领域。

更重要的转型随之而来。随着工厂在城市不断集聚，与制造业一同出现的中产阶级群体日渐增多。于是，从餐饮到保险，服务业开始繁荣起来，满足这个新兴阶层的切身需求。此时，制造业让位于服务业，服务业对厂房设备的投资需求远不及制造业。于是，制造业的投资趋于停滞，它在整个经济中的比重开始收缩。在当前几个最主要的发达国家，投资占GDP的平均比重仅为20%左右，比如意大利为17%，美国为20%，澳大利亚为26%（最高）。另外，随着国家富裕程度的加深，制造业投资趋于减少（在工业发展初期，制造业占GDP的份额通常会持续提高，直至20%~35%的最高点）。此时，一国按照购买力平价计算的人均收入水平达10 000美元左右。然而，这种自然性衰减并不意味工厂对发达国家不重要。

随着一国的发展，投资和制造业在经济总量中的比例都会有所下降，但它们在经济增长过程中的推动作用依然巨大。全球制造业总量在GDP总量中的比例已从1980年的超过24%减少到目前的不到18%，但它始终是创新的关键性动因。麦肯锡全球研究院（McKinsey Global Institute）发现，对于每个处在发展阶段的制造业经济体来说，近80%的私人企业研发活动均来自制造业，而其对生产率增长的贡献也高达40%。因此，制造业是未来经济稳定的基石这个说法毫不为过。如果工人每小时能制造更多钉子，那么，老板就可以在不提高每个钉子售价的情况下，提高工人的工资水平，从而使经济在不通货膨胀的环境下稳定增长。

今天，许多发展中国家都已经意识到，要想在规避通货膨胀的情况下实现经济增长，优先投资工厂以提高生产率是多么重要。同样可以预期的是，保持高速投资增长的新兴市场国家，通常有着世界上最强大的制造业。2014年，在投资占GDP比重最高的5个国家中，有4个国家属于制造业产值占GDP比重最高的前5强，即中国、韩国、马来西亚和印度尼西亚。除个别因发现石油、天然气资源而成为幸运之星的小国外，大多数国家都会意识到，如果不从制造业入手，摆脱贫困几乎不可能。

在这一个10年，大多数新兴市场国家的投资增长均出现停滞，其原因不难理解。在经历2008~2009年的全球金融危机后，各国政府和企业的筹资能力和渠道均受到严重损害。在发展中国家，投资的年均增长率下降幅度超过1/3，降至仅有1.7%左右。除中国这个最大的特例之外，其他国家的年均增长率从2010年的10%迅速骤降到2014年的零增长。于是，在世界大多数国家中，投资作为经济增长助推器的功能已经消失，而巴西、俄罗斯、捷克共和国、埃及、印度、韩国、墨西哥、波兰和墨西哥等国，投资占GDP的比重也出现大幅下降。在这其中的某些国家，尤其是俄罗斯和巴西等资源驱动型国家，投资的减少正在摧毁他们拥有的工厂设施，延缓整个工业化进程。

在最主要的新兴市场国家，制造业在经济总量中所占比例相去甚远，最低的是智利（占GDP的10%），最高的是中国（超过30%）；而俄罗斯和巴西的资源驱动型经济也跌入谷底，几乎创下历史新低；尽管非洲的整体经济在21世纪迎来一场大复苏，但实际上制造业占GDP的比例，已从1975年的18%持续萎缩至2014年的11%，包括尼日利亚和南非在内的非洲最大经济体，甚至已呈现"去工业化"趋势，出现沿发展阶梯倒退的情况。

虽然投资增长通常是经济增长的好兆头，但操之过急也可能成为拖累。正因如此，才有投资水平不超过GDP的35%上限的理想标准。一旦超过了这个标准，就可能出现投资浪费。在战后时期，只有10个国家的投资占比曾达到GDP的40%，这也是投资相对规模的最高点，其中包括20世纪70年代的韩国，90年代的泰国和马来西亚。在10国中，只有两个国家成功避开全球危机，免受经济滑坡之灾，即70年代末的挪威和2008～2009年之后的约旦。这是上述投资规则的一个关键要素，因为历史一再表明，投资流具有周期性。一旦投资超过GDP的30%这一上限，就会转而下降，而年均经济增长率则在随后5年下降1/3。如果投资最高点出现在超过GDP 40%的位置，那么经济增速就会迅速放缓，在随后5年里被拦腰折半。经济增长率之所以会下降，其原因可归结到经济周期所固有的基本属性，即经济呈现强势增长时期，人们会变得自负、懈怠，导致越来越多的资金会流入非生产性投资，甚至是纯炫耀型投资。而增长驱动力的衰退，自然会使经济增长放缓。

制造业保卫战

当制造业的投资潮带来成效时，这种投资所固有的自我促进作用，会带动更多投资进入制造业并延续多年。哈佛大学经济学家丹尼·洛迪克（Dani Rodrik）指出，制造业是经济增长的"自动扶梯"，当一个国家在全球制造业中体现某种特有优势时，这个国家的生产率自然就会提高。

在这个过程中，最初阶段往往是生产以出口为目的的制造品，而不以本地消费者为目标。新兴市场咨询集团（Emerging Advisors Group）是一家位于中国香港的经济研究咨询机构，通过研究过去50年150个新兴市场国家的情况后，他们发现，唯一可称为促进经济繁荣的最强大的推动器就是出口，尤其是制造性产品出口的持续增长。出口简单的制造品，不仅会提

升国内的收入水平和消费水平，还能创造外汇收入，使国家可以进口能够提升制造业水平的机器设备及原材料，而不会招致外债的大量积累。

总之，对于制造业来说，一笔好的投资总会吸引另一笔好的投资，从而形成一种良性循环。创建新工厂带来的收入，为升级换代提供资金；新投资会带来改善道路、桥梁、铁路、港口、电网及排水系统的需求；有了完善的基础设施，一个国家就可以将自己生产的制造品源源不断地从工厂送到全球出口市场。在19世纪，美国曾经先后迎来两个投资浩大的铁路项目，而每个项目都带来新一轮的经济繁荣。这两轮大发展留下的遗产，为美国几十年后称霸世界奠定了坚实的基础。

目前，全球各权威机构均认为，新兴市场国家还需对这种交通运输网络追加数万亿美元的投资。这些国家中，泰国和哥伦比亚已做出安排，计划投资数百亿美元改善本国的交通状况。实际上，在经历二战之后，美国和德国就是通过这种全国性的高速公路网络建设，大大缩短国内的交通运输时间。中国的繁荣在很大程度上也有这方面的因素影响，即便许多发达国家，也会羡慕中国的交通网络体系。

一旦经济发展走上制造业的康庄大道，其固有的动力就会沿着正确方向持续一段时间。当投资占GDP的比率超过30%时，往往会维系这个水平很长时间——根据我对战后各国情况的研究，投资占GDP比率在达到或超过30%时，平均要维持这个水平9年左右。出现这种停滞的原因在于，许多国家在投资达到这个水平后，会形成一种投资至上的思维，尤其是对制造业的投资，从而形成一种良性循环。

当然，特例并不罕见。苏联也曾大兴土木建设工厂，但解体之后，俄罗斯似乎对工业投资并不感兴趣。20世纪80年代初，苏联的投资与GDP之比达到35%的巅峰，但大部分资金被政府用于建设单一产业的工业城市，比如维德里诺（Vydrino）的木材城、贝加尔斯克（Baikalsk）的造纸城以及皮卡廖沃（Pikalyovo）的煤炭城等。当苏联在1991年解体后，一个不容否认的事实出现：这些由政府兴建的产业根本无法与其竞争对手相提并论。这种投资热留下的产物，就是日渐衰败甚至被彻底遗弃的工业城，至于出口制造基地之名，更加无从谈起。

印度是另一个例外。在进入 21 世纪之后，印度的投资与 GDP 之比超过 30%，但是投资工厂的资金寥寥无几。几十年以来，印度的制造业长期停滞，制造业产值对 GDP 的贡献率一直徘徊在 15% 左右。这种停滞的根源，是政府始终没有将重点转向港口和电站的建设，也没有创造一种有利的经济环境，通过对劳动力、土地和资金的制度建设，鼓励企业家大胆投资，尤其是加大对工厂的投资力度。毋庸置疑，印度在两个最重要的方面均令人失望：有利于劳动力提高劳动效率的制度和切实可行的土地收购法规。

1989～2010 年，印度的制造业创造约 1 000 万个新增就业岗位，但是按照世界银行经济学家伊查斯·伽尼（Ejaz Ghani）的说法，这些就业机会均来自非正规的小企业，因为这种模式最有利于规避印度五花八门的官僚管理制度，还有其非常严厉的员工解聘制度。在印度，你经常会听到人们这样说，这里的法律极其烦冗复杂，以至于在现实生活中，做到遵守一半同时不违反另一半几乎不可能。伽尼指出，这种小作坊大量滋生的背后，也是一种对改革的呼声：印度需要有利于企业家创建大工厂、发展出口产业的创业环境。在这些非正规的作坊中，很多都只有一名组织者，他们在印度制造业就业人口总数的比例，从 1989 年的 19%，增加到现在的 39%。但无论如何，它们过于渺小，根本没有能力融入全球市场的竞争大潮。

在 20 世纪 90 年代的一次纽约之行中，我记得有一件事曾让我感到震惊，在曼哈顿的大街上，许多排水井的井盖上都刻着"印度制造"。这个意外的发现让我为之一振，当时我就在想，这或许是印度即将迈入工业化时代的第一个信号，不过它再也没有闪现过。

从事软件制造的印度企业家贾瑟思·拉奥（Jaithirth Rao）曾在 2014 年 1 月著文称，一个朋友想在他的办公室里找到一件印度生产的东西，结果却发现，"地毯是中国生产的，家具来自马来西亚，照明灯具也是中国制造，玻璃隔板来源不一，比如阿联酋的吉拜阿里港，但唯独没有印度。"拉奥还补充说，即便是印度随处可见的印度教象鼻神"迦尼萨"雕像，目前也都从中国进口。

如果考虑到印度的经济规模及这些商品的普及性，诸如地毯和灯具之类的常见物品来自中国，这或许可以理解，但最近的一件事情简直让我目

瞪口呆。一家印度大型企业集团的老板告诉我，一种基本只有印度人才使用的"香脂"，目前主要产自越南。

在2014年担任印度总理之后，纳伦德拉·莫迪发起一场"印度制造"运动，但有一个基本问题尚未解决：他的助手至少在最初没有提到，应该创建生产玩具或纺织品等简单产品的工厂，来雇用更多的工人，为形成产业中产阶级奠定基础。相反，他们所提的都是创建生产太阳能产品及军事武器之类的高尖端工厂。然而现实是，在缺乏工业技能、农业人口占绝大多数的印度人中，能满足这些行业需求的高级技工寥寥无几。印度似乎正在试图跳过这个发展中的初级阶段，而且这已经不是第一次。

为什么不选服务业？

在全球金融危机爆发前的繁荣时期，印度的经济增长在很大程度上归功于国家对技术服务业的投资，制造业的贡献似乎无足轻重。于是，令人欣喜的后见之明，促使一部分印度经济学家开始尝试一种新的增长理论，即服务业为先导，同样可以成为一种有效的发展战略。他们认为，在全球化的世界大舞台上，越来越多的服务将通过互联网传播。有人或许还需要一位当地的美容师为自己烫发，或需要园艺师修建草坪，但互联网有可能代替许多本地的实体服务机构，从法律到保险经纪人，从放射线医生到维修互联网连接的技师，均逃不过互联网的手掌。于是，印度不应再谋求出口更多先进工业品来创造财富，而是要出口更多这个新信息时代所需的服务型产品。

进入21世纪第二个10年，这些观点开始吸引越来越多的关注，"服务业电梯"成为新的焦点话题。2014年，世界银行发表的一篇工作论文就做出类似的结论：源自制造业的老式电梯正让位于服务业的新电梯，这个服务范畴从出租车、理发，到餐饮、医疗，内容极为丰富。该报告以乐观的态度称：一方面，制造业在全球经济中的份额不断收缩，其创造的就业机会逐渐减少；另一方面，服务业在迅猛发展，无论是穷国还是富国，都在产值和就业机会等方面为经济做出越来越大的贡献。文中指出，服务性工作大多属于低收入、非生产性工作的传统观点已不再成立，甚至对埃塞俄比亚这种最贫困国家也已不再适用，因为即便是在这些国家，服务业的劳动力效率也要高于其他行业，尤其是在更先进的移动互联网的辅佐下，服务业已呈现焕然一新的面貌。在这段话的背后，似乎传递着这样一种信息，只要通过服务业创造就业机会，不仅是埃塞俄比亚，整个非洲国家都可以避免陷入"失业型工业化"的怪圈。

新型"服务业电梯"的理论确实令人振奋，而且合乎逻辑。因此，当面对令人沮丧的趋势时，预测家们往往会推断出一个更令人压抑的未来。实际上，人们在讨论制造业衰落和自动化兴起时，正遵循着推理性逻辑。而预言家们进一步把这些趋势变成对未来的预测，即人们正在将还算不错的工厂工作交给机器，进而造成大规模失业。当然，自工业化到来之后，这样的预测层出不穷，但也不止一次被证伪。在纺织业，一台缝纫机确实会取代很多手艺精湛的女裁缝，但技术的发展和普及可以为其他行业创造缝纫机操作工这样的岗位，比如家具、玩具乃至汽车坐垫等。即便是就业遭到打击时，我们也不应只看到灾难，而应寻求下一次转型，因为这本来就是正常的周期性循环。

下一轮变迁或许出现在正缓缓拉开大幕的"去全球化"进程中。尽管全球贸易有所下降，全球资本流动有所收敛，但游客流、出行流和互联网通信流依旧处于爆炸性增长之中。此外，仅在过去5年，智能手机的持有比例就从不到20%提高到75%，于是，服务业在以更智能的方式传播和扩散。

但就目前而言，服务业创造的大多数新就业岗位还未摆脱传统思维的限制，并没有创造虚拟现实或提高更高端的出行体验。无论是在拉各斯还是新德里，看看街边的修车摊，木棚里的理发店，我们便可有所了解。毕竟，它们也属于服务的范畴。在印度的小村庄，很多理发店的外形和一口大木板棺材没什么区别，就是将一块木板搭在另一块木板上，而且店主收取理发的费用只有一点点。要钻进去理发，恐怕还需要一点勇气。让农民走出田地，从事这样的服务性工作，根本无法创造出口收入，更谈不上推动国民经济发展。

真正让某些印度经济学家感到振奋的趋势,则是现代服务业的到来。在印度,所谓的现代服务业,即信息技术(IT)服务。实际上,到了20世纪90年代末,IT技术已经让加尔各答和浦那等城市成为国际知名的新兴城市,也催生了很多正在崛起的企业巨人,如印孚瑟斯(Infosys)和塔塔咨询服务公司(TCS)。

当然,人们更希望,印度能和当时韩国从纺织品制造起步,升级到厨卫用品制造一样,从简单的办公用品开始,从街头随处可见的计算机硬件维修点起步,逐渐过渡到更先进、更有利可图的咨询和软件服务。但这样的愿景至少在目前还未实现。在未来10年里,印度的技术行业仍将以提供简单的IT服务为主,还要依赖现有的办公操作系统。它所能带来的新增就业数量依旧非常有限。

在印度,仅有约200万人从事IT服务。这个行业只能为不到1%的印度劳动力提供就业岗位;在巴基斯坦和斯里兰卡等邻国,模仿型IT服务业也在兴起,但这些小作坊式企业创造的就业岗位毕竟只有几万个;菲律宾也处于这种情况,当地呼叫中心行业的就业人数呈现井喷状态,进入21世纪不到10年,其雇用的劳动力人数就从0增加到35万人。不过与庞大的劳动力大军相比,这一点就业岗位还是杯水车薪。迄今为止,这种非系统性的小规模服务业,远不足以给以农业为主的经济体带来实质性改变。对于日本和韩国等"亚洲四小龙"国家,在它们的快速发展时期,约有1/4的人口从农村转入城市,走出农田,进入工厂。当美国制造业达到战后巅峰时,有1/3的劳动力进入工厂工作。

人们之所以能迅速走出农田,站在工厂的生产线旁,是因为这二者在很大程度上都依赖于手工劳作。然而,完成从农村到现代服务业的飞跃绝非易事,这些新的岗位大多需要更高级的技能,比如计算机的操作能力。在菲律宾和印度,已经进入IT服务业的人几乎全部来自城市的中产阶级家庭。他们普遍接受过高等教育,会说英语,至少熟悉计算机。对于这些人来说,找工作确实很重要,但他们对经济转型的影响非常有限,毕竟他们在总人口中仅占很小的比例。就目前而言,他们的发展策略应以工厂为先,而不是服务业。

工业4.0：新兴市场国家还有机会吗？

印度这样的国家始终要面临一个无法回避的挑战：无论是进入新的制造业竞争，还是保住现有制造业的地位，都越来越艰难。中国推行以制造业推动经济增长的战略，还是30年前的事。此后，制造业强国如雨后春笋般纷纷涌现，越南和孟加拉国也已进入这个行列。因此，对现有出口制造商来说，要留住原有顾客并不容易，特别是在制造业不景气的大背景下。

即便是在2008年全球金融危机爆发之前，参与全球制造业竞争就已愈发困难，而这场危机更是加重了制造业危机。在过去几十年的好光景中，主要新兴市场国家的出口实现了20%～30%的年均增长率。这种跑步前进的状态在2008年达到顶峰，当年的出口增长率已接近40%，而且奇迹在2010年得以再现。但是自此之后，全球贸易增长开始放缓。2010～2014年，这些国家的出口转为负增长。随着制造业出现萎缩，行业的竞争也趋于白热化。发达国家迅速做出反应，采取种种方法遏制新兴市场国家为推动出口而采取的措施，如出口补贴、低估本币币值及对西方先进技术进行的逆向工程（reverse-engineering）①等。实际上，这些政策正是许多东亚国家在20世纪六七十年代成为出口大国所依赖的重要手段。

另一个障碍源于自动化。当下的新技术浪潮，并不是在创造能做好某一件事的专业型机器，比如为患者缝合伤口。它只是在创造越来越聪明、越来越全面的机器人。这些机器人似乎无所不能：会开汽车，能下象棋，跑得比尤塞恩·博尔特（Usain Bolt）还快，能在亚马逊仓库里迅速找到顾客需要的针线盒，并放到传送带上。考虑到现代化工厂使用的机器人越来越多，雇用的劳动力越来越少，因此，和当初"亚洲四小龙"一样，将25%的劳动力从农村转移到城市的工厂，看来几乎不可能实现。今天，工厂正在进行数字革命，3D打印机可以打印以前必须由人来制作的产品，如建筑材料、运动鞋和灯具等，从设计到生产，再到组装，几乎不需要人参与。

对新兴市场国家来说，一个更令人沮丧的事实是，在这场以先进制造

---

① 是一种产品设计技术再现过程，即对一项目标产品进行逆向分析及研究，以制作出功能相近，但又不完全一样的产品。

技术为手段的竞赛中，以美国为首的发达国家早已遥遥领先。即便是美国自身，也在经历一场小型的制造业复兴。这场由廉价页岩气掀起的革命，将大幅降低燃料成本，缩小美国与中国等竞争对手在制造业工资水平上的差距。当下的美国，不仅是新兴市场国家制造业企业的主要竞争对手，更是新兴市场国家制造业产品的主要顾客。到 2015 年，已有少数美国公司开始生产服装、运动鞋等简单工业品。

因此，新兴市场国家已再不可能像 10 年前那样，驾轻就熟地乘坐"制造业扶梯"。显然，不会有几个国家敢于对这些趋势熟视无睹，继续心无旁骛地打造大型制造业基地。最典型的例子莫过于韩国，它的工业巨轮还在全力前进。最近几年，韩国制造业占 GDP 的比重持续提高，目前已达到 28%。尽管韩国的人均收入同期提高至两万多美元，但这依旧是全球主要经济体中最高的制造业与 GDP 之比。实际上，除韩国之外，只有 6 个发达国家的制造业占 GDP 比率接近或达到过 20%，即新加坡、德国、日本、奥地利、瑞士和列支敦士登。

德国是当之无愧的制造业出口大国，即便已成为发达国家，其制造业的发展也有目共睹。其出口占 GDP 的比重从 1995 年的 26%，提高到目前的 46%。德国制造业成功的部分原因在于著名的"哈茨改革"（Hartz reform）[①]，这次改革严重削弱了工会势力，限制劳动力成本。这项举措被欧元区的其他成员国指责为"将邻居变成乞丐的政策"。目前，这些国家与德国共用同一种货币，因此，它们无法像以前那样，通过本币贬值应对德国降低劳动力成本的做法。但德国的做法不止于此，它还以其他方式推行改革：中型工业企业始终是德国制造业的核心力量，它们的家族所有者一向以追求长远目标而著称，因此，在柏林墙的消失给德国带来更多高素质劳动力的环境下，他们自然会以更理性、更有战略眼光的方式，利用供给充裕的劳动力资源。很多德国企业家已开始在波兰和捷克共和国投资建立新厂，输出德国的工业模式。实际上，这也是美国和中国企业的一贯策略。2010 年，德国企业的海外汽车产量首次超过本土产量，这让德国人再次燃

---

① 是指德国政府于 2002～2005 年逐步推行的，针对失业人口调整救济内容、培训和促进再就业的社会改革。

起打造全球工业大国的希望。据哈佛商学院开展的"国际集群竞争力项目"（International Cluster Competitiveness Project）研究，在全球 51 种最大的工业产业中，德国公司在 27 个行业中占据前 3 席，将美国等其他国家远远抛在身后，排名次席的美国在 21 个行业中领跑，中国位列第三，在 19 个行业中名列第一。

工业的"稳定器效应"

随着一国在制造业阶梯上的攀爬愈发艰难，其成功的故事自然也就愈加精彩。最能体现一国是否处于制造业良性循环的标准，是其制造业出口总额占全球市场的份额。这种份额的变化情况更能反映问题。按照这一标准衡量，近期出现大幅改善的国家屈指可数：最大的例外无疑是中国、泰国和韩国。最近几年，这 3 个国家的制造业不断增强，每年对其经济总量的贡献率高达 3%～4%。与此同时，它们的家庭负债也居高不下，总量已达到 GDP 的 150%。

不过，制造业也为我们展现一个更有趣的功能，即帮助经济体免受其他威胁的打击。在这一点上，泰国是最好的例证。1997 年底，正是亚洲金融危机最严重的时候，我接受当地官员邀请造访泰国。他们始终坚持，泰国经济远比外界描述的状态更为稳健。的确，尽管曼谷的房地产市场正在走向崩盘的深渊，但他们依旧希望我能看到这个国家的另外一面：雄厚的制造业基础。我当时刚从印度飞到曼谷，印度到处都是崎岖不平的道路和分布在穷街陋巷里的手工作坊，这与泰国的工业企业有天壤之别。接待方在机场亲自接机，随后便马不停蹄地驾车，驶上通往东海岸的春武里府的新公路。沿着四车道公路，我们很快便到达目的地。位于曼谷湾东岸的林查班港，不是只有一个港口，而是分布着一系列深水港口，港口的岸边停放着若干高耸的起重机。从曼谷出发，驱车 100 公里进入工业区。这是一片坡势平缓、郁郁葱葱的丘陵地带，山上伫立着几座宝塔，山势向海岸线缓缓延伸，与银白的海滩融为一体，交相呼应，山间分布着汽车制造厂、石油化工冶炼厂和造船厂的船坞。可以说，很少有西方人见识过这种工厂、海滩和山峦相映生辉的景象。不过，日本人早已在此发力，在汽车厂的投资客和采购商当中，尤以日本人居多。因此，在芭提雅的海滩村落，衍生出一个专门招揽日本人的艳舞酒吧区。

目前，这片海滩已成为著名的旅游休闲胜地，不仅有慕名而来的欧洲人，还有泰国收入最高的工人。在一个人均收入只有3 000美元的国家，能看到一个制造业活动如此兴隆的海滩，的确让人大吃一惊。毫无疑问，这是最有力的证据。我们应该对泰国有所期待，尽管它还在危机中煎熬，但这场危机或许是一个千载难逢的契机。泰铢剧烈贬值，必然会大幅降低东海岸工厂产品的出口价格，进而以出口拉动经济复苏。

当一个经济体即将在急风暴雨中沉没时，制造业往往会成为最强大、最可靠的稳定器，亚洲金融危机中的泰国，无疑为我们提供了一个最具说服力的范例。即便是在今天的全球主要媒体上，泰国给人们留下的最深刻印象，也不是制造业实力的强大，而是变幻莫测的政坛乱局与社会动荡。泰国政治体系的混乱，全世界都有耳闻，从20世纪30年代开始，泰国先后经历13次政变，还有6次未遂政变，其中就包括2014年5月推翻前总理英拉的政变。随后，军方政变领袖将英拉本人及其他农业政策支持者赶下台，泰国经济陷入停滞，民主也命悬一线。但就在这次政变前10年里，泰国经济还维持了约4%的年均增长率，不过从抗议者占领曼谷国际机场，军队接管议会的那一刻起，增长便戛然而止。

2014年之前，泰国经济的稳定有目共睹，而且这种稳定有着坚实的基础：在全球主要经济体中，泰国的投资率排在第15位，高达GDP的30%；制造业对GDP的贡献率更是名列第二，同样接近GDP的30%。在过去几年里，全球出口市场中比重提高的新兴市场国家屈指可数，而泰国就是其中之一，其增长体现在钢铁、机器设备及汽车的发货量上。这些行业的成长让泰国成为整个亚洲失业率最低的国家之一，过去10年的年均市盈率均低于3%。泰国成年人的就业比例高得出人意料，而对经济来说，适龄劳动力的就业始终是最重要的稳定因素。当然，任何趋势都不会永久。推翻英拉政府的政变领导人似乎更关心政治改革，对于是否还需要投入数十亿美元兴修交通网络，振兴出口，似乎并不是他们最紧迫考虑的问题。

大潮退却，沙滩上留下什么

良性投资热除制造业之外，还有一个行业是高科技行业。但过往记录表明，高科技行业的繁荣始终以主要工业化国家为主。在新兴市场国家，高科技行业很少出现真正的繁荣。虽然印度在 IT 服务及制药等特殊领域已实现重大突破，但其总体水平依旧非常有限。在发达的新兴市场国家中，韩国是为数不多的例外。为了从零开始培育高科技行业，这个国家曾大规模投资研发活动——在过去 10 年，研发投资占 GDP 的比例超过 3%。相比之下，曾经同样被国际社会视为经济成功典范的智利，在研发方面的投资还不足 GDP 的 1%。鉴于其人均收入已达到相对较高的 15 000 美元，智利只能勉强维持增长势头。

另一个在科技领域崭露头角的新兴市场国家，是体量更小的以色列。以色列是一个更特别的案例，因为它在最近已被重新划入发达国家行列。以色列每年的初创企业数量仅次于美国，排名世界第二，其研发开支接近 GDP 的 4%。微软、思科等美国大型公司的第一个海外研发基地，均设在以色列。可以说，今天的以色列已成为一个吸引资本家的磁石。目前，以色列公司正开发一种视频装置，可以将监视器置于 360 度的三维虚拟环境。作为一种智能手机硬件，它可以在不接触手机携带者身体的情况下，随时跟踪监测健康状况。还有些公司，则将它们在军事武器方面的先进技术用于创建网络安全系统。总之，以色列是一个技术出口大国，其出口总额占 GDP 的比重已达到 40%，而出口总额的一半来自新技术。

最近几年，趋势分析师们经常会大喜过望地叫喊，在某新兴市场国家某城市的某个深巷或沙漠，又冒出一个新"硅谷"，譬如肯尼亚的内罗毕、智利的圣地亚哥。不过，这种局部繁荣现象大多只局限于某地区零星几家创新企业，很少会成气候，形成一种足以影响经济走势的趋势。但唯一可能带来惊奇的例外出现在了墨西哥。自从 19 世纪第一次从美国引入制冰厂之后，北部的美墨边境城市蒙特雷就一直在引进技术。制冰技术换来了墨西哥第一家啤酒制造企业的诞生，这家公司随后被并入墨西哥芬莎饮料集团（FEMSA）。该公司无论是在位置上，还是在地位上，均已成为蒙特雷市的中心。该集团创建家族的第一个后代进入麻省理工学院学习，毕业后，他在母校的帮助下创建了一个同名学府——蒙特雷理工学院（Monterrey Institute of Technology，MIT）。今天，这所学校被誉为墨西哥的"麻省理工"，扮演着斯坦福大学之于硅谷的角色，让蒙特雷成为一个崇尚工程技术、企业家精神和创新意识的新兴城市。进入21世纪后，随着贩毒集团在蒙特雷市城郊安营扎寨，毒贩之间的火并时有爆发。于是，当地企业主动出击，提高警员薪金，撤换腐败透顶的联邦警察，这些举措在赶走大毒枭的过程中发挥了重要作用。

今天，蒙特雷已恢复了昔日宁静，越来越多的企业在运用新技术创造新城市和新工厂，其产品五花八门，既有轻质铝材汽车的零配件，也有白乳酪和玉米饼熟制快餐，甚至还有水泥。刚刚辞世的西麦斯水泥集团（Cemex）CEO洛伦佐·赞布拉诺（Lorenzo Zambrano），将他在斯坦福学到的东西运用于公司建设，使西麦斯成为世界上技术最先进的水泥制造企业。西麦斯的标志性产品也成为一种基于技术的"解决方案"，这也是他喜欢用到的一个硅谷标准用词。目前，西麦斯水泥拥有9间实验室，从事业务流程改进、开发高强度预制水泥等各种研究项目。在哥伦比亚，西麦斯水泥集团已成功说服政府采购价格更高、使用寿命更长的新型水泥。考虑到当地特定的山路路况，这种耐用性水泥通过延长修复周期等方式，将大大降低道路网络的整体运行成本。墨西哥中央政府也意识到，在当下由垄断势力主宰国家经济的大环境之下，蒙特雷的企业文化所具有的转型能力意义非凡。自2009年以来，政府已投入4亿美元，建设蒙特雷的城市研究基地。

良性与狂热似乎是两个不相容的词汇，但这些投资潮很健康，因为即使它们最终会招致危机，但危机过后，国家绝不会一无所获，也许会得到更宝贵的财富和厚积薄发的基础。这个国家会发现，当大潮退却时，它已变得更强大，因为这股大潮带来了新的运河和铁路，新的玻璃纤维或半导体生产厂，富有全球竞争力的水泥生产企业。而这一切，必将使这个国家更快迎来复苏，走上发展的大道。总之，正如法国的路易斯·盖夫（Louis Gave）所说的，判断投资热潮的标准，是它退却后留下的东西。

2001年，人们普遍认为，高科技投资泡沫催生了许多垃圾公司。因此，人们在那一年似乎已经预测到，当全球互联网泡沫破灭时，很多昔日的明星企业瞬间灰飞烟灭的情况，譬如Pets.com①。随后，哈佛商学院教授拉玛那·南达（Ramana Nanda）和马修·罗德斯-克鲁普夫（Matthew Rhodes-Kropf）发现，与其他类型企业的股票泡沫相比，科技股泡沫有可能为更多创业企业提供资金。当然，其中的某些初创公司会以失败而告终，但也有很多企业会取得巨大成功（以它们公开上市时所筹集到的资金判断），形成强大的创新力（以他们申请获得的专利数量为标准）。

实际上，在2001年的互联网股市灾难中，每当有几十家像Pets.com这样的公司破产，都会有一家像谷歌或亚马逊这样的先驱者脱颖而出。正是它们的存在和壮大，才让美国经济更有效率；也正因为20世纪90年代的互联网泡沫，才让美国经济的生产率增长率从80年代的2%，提高到现今的近3%，这个数字是自50年代以来的最高点。

当然，在贫困国家，这样的生产率爆发并不值得大惊小怪——在这里，修建几条公路就可以大幅提高生产率，但这对发达国家来说并不容易。曾有一时，互联网热盛极一时，为提高网络连接速度，巨额的投资滚滚涌入光纤制造行业，几乎造就了史上最大的经济泡沫。但光纤行业的泡沫散去之后，留下的高速宽带连接成为不争事实，因为光纤的使用寿命在15~20年。互联网热的鼎盛时期，韩国等新兴市场国家的宽带普及速度更快，范围更大。目前，它们已成为世界上拥有最发达网络系统的国家。正像路易斯·盖夫指出的，尽管互联网泡沫以破裂而告终，但它留下的遗产大大提高了电话通信和数据传输的速度，让印度、菲律宾等国固有的本地呼叫中心及其他低成本、高效率的服务设施得到充分利用。

在战后初期，日本和韩国也曾有过类似经历。当时，两国政府为打造世界级公司投入了巨大资金。尽管韩国大宇和日本崇光百货等公司在后期的危机中搁浅，但还是有很多企业成为科技界的国际知名品牌，如韩国的现代汽车和三星电子。对于以工厂或高科技为目标的良性投资热潮，即便在大潮退去后，留下的遗产也足以在若干年里继续推高生产效率。

---

① 一家从事网络零售的公司，专营宠物用品，1998年创立，2000年11月倒闭。

但对于新兴市场国家来说,技术还无法发挥制造业那样的催化剂作用,因为任何国家都不可能跨越建设简单商品生产工厂的初级阶段。在初级阶段,农民只需进城即可掌握简单技能,而要让这些工人胜任更先进的工厂、更现代化的服务业工作,显然需要一定时间。此外,科技潮不仅发源于科技强国,且以这些国家为中心展开,比如19世纪的英国和当今的美国。

不良投资热:不动产

恶性投资热潮不会留下任何具有生产性价值的事物,因为吹大这种泡沫的,既不是新技术,也不是什么发明创新。让投资者冲入恶性投资潮的动机,往往是价格暴涨引发的贪婪和投机心理,如房地产、自然资源(如铜矿、铁矿等)。住宅性房地产建设出现短期加速成长,未必是件坏事,尤其是对需要大量房产供给的贫困国家来说,更是如此。但房地产投资热的长期回报大多有限:一套房产可以为一个家庭提供住所,但它不会持续提高经济产量或改进生产率。由于每个人都想拥有一套完美的房子,甚至幻想拥有第二套,因此,房地产市场更容易引发非理性狂潮。

投资潮的质量依赖于企业的投资来源与方式,无论其给经济带来的效应有利还是有害。如果企业不遗余力地借钱投资,那么不管钱来自银行贷款还是债券等其他债务,一旦泡沫破裂,最可能的结果就是经久不息的混乱。此时,企业肯定希望债务重组,而银行则被迫注销不良贷款,于是,信贷系统趋于瘫痪,经济陷入长期萧条。但如果企业是通过在资本市场出售股权或股票来筹集投资的资金,那么市场可以迅速识别良莠。对于不良投资,股价下跌,所有者只能自吞苦果,而没有讨价还价的余地。最理想的资金筹集方式是外国直接投资,这种投资往往以新兴市场国家为目标。海外投资者可以直接出资建厂,也可以购买新创企业或其他类型企业的股权。作为所有权人,投资者将自己和投资项目的长期命运编织到一起。但是发生经济危机时,很难取得这种非常稳定的资金来源。

投资本身也存在周期性,所有国家都处于从好投资到坏投资,再到好投资的循环中。以美国为例,20世纪90年代末的互联网繁荣以危机收场,但在今天看来，它无疑是一种典型的良性投资。互联网投资的资金来源主要是股票市场和风险资本家，泡沫的突然破裂，导致这些股票价格暴跌。至于到底应由谁承担损失，似乎并未有过多分歧。到 2001 年，美国经济遭受了战后最阴暗无光的衰退，但随之而来的房地产繁荣是显而易见的不良投资，因为催生这场投资潮的资金主要来自负债。2008 年的房地产市场崩盘直接引发了一场全球性金融危机，让美国陷入战后历史中最惨烈的衰退和最煎熬、最痛苦的缓慢复苏，银行及其客户必须为这场悲剧埋单，而偿还债务、回归正常生活所需的时间是如此的漫长。

房地产热潮的发酵往往由借款推动，自然会招致严重的经济衰退。对很多经历了经济增长奇迹的国家，辉煌往往终止于由债务吹大的房地产泡沫的砰然破裂，比如 1989 年的日本。一个最基本的规律是，升起来的一定会降下去，但是最近，一份关于 1970 年以来房地产价格最大跌幅的研究报告显示，每一次房价大跌的序幕，房地产建设投资占 GDP 的平均比例都达到 5% 左右。在美国，房地产投资在 2005 年达到顶点，占 GDP 的 6% 左右，两年之后，美国房地产市场崩盘；在西班牙，房地产投资在 2008 年达到巅峰，为 GDP 的 12%。房地产投资热潮达到狂热阶段的粗略标准，即房地产投资总额达到 GDP 的 5% 时，表明市场已陷入非理性狂热。

不良投资热：来自大宗商品的诅咒

另一种恶性投资潮源于自然资源的"诅咒"。大多数依赖原材料出口的新兴市场国家，都难以实现长期的快速增长，不管是盛产石油的尼日利亚，高产大豆的巴西，还是拥有天赐黄金资源的南非，概莫能外。

截至 2010 年，全球近 1/3 投资进入大宗商品领域，达到 20 世纪 90 年代末互联网热时期进入高科技领域的比例。在 2005～2014 年，石油和采矿企业的资本性支出增加了 6 倍。目前，这些供给源源不断地涌入全球市场，但中国及其他国家的需求增长在持续下降。到 2015 年，人们不得不接受：这场狂潮将以悲剧收场的事实。

为了更清楚地认识大宗商品投资热的悲剧色彩，我们可以查看 18 个主要石油出口国自开采石油以来的真实年均收入。在这些国家中，12个国家的收入与美国年均收入之比出现了下降；一个国家（即叙利亚）与美国平均收入之比保持不变，自1968年开采石油以来，其年收入始终为美国年收入的9%，不过，内战的爆发导致该国收入急剧下降；只有3个国家的收入与美国相比出现小幅上涨，即厄瓜多尔、哥伦比亚和突尼斯。总之，在这些产油国中，90%的平均收入出现停滞甚至下降。因此，石油的发现实际上阻碍了其发展，这也是人们将石油视为发展"诅咒"的缘由。

这就是典型的"荷兰病"（The Dutch Disease）[①]，源于1959年因探明北海油田而导致荷兰制造业彻底崩盘的经历。尽管源自发达国家，但它所代表的现象对贫困国家的打击更为沉重。在过去10年里，这种疾病已经侵袭了巴西、俄罗斯、南非及非洲的大部分国家。很大程度上可以认为，只有那些在发现资源性财富之前已拥有完善产业结构（并充分实现产业多元化）的国家，如加拿大和挪威，才可能对大宗商品进行足够理性的投资，从而规避经济增长因大宗商品价格的暴涨暴跌而遭受损失。

对于较为富裕的资源型国家，新的自然资源并非唯一的财富源泉，也就不会在面对诱惑时彻底丧失抵抗力。如果一个国家能理性管理自然资源，以长远的眼光看待这份天赐的财富（用作对冲大宗商品价格的周期性下跌，或投资于资源深加工产业，比如将石油进一步变成石油化工产品，将铁矿石加工成钢材，将粗钻石加工为精钻石），那么，大宗商品的繁荣就可能转化为更强大的经济增长。自20世纪60年代发现钻石以来，博茨瓦纳便与戴比尔斯珠宝公司（De Beers）开展合作，用这些令人垂涎三尺的宝石换取巨额收入，不仅稳定提高了该国的人均收入水平，并大力投资其他行业，实现国家产业结构的多元化发展。不过，真正能够逃脱资源"诅咒"的国家的确寥寥无几，博茨瓦纳就是其中之一。

尽管许多非洲国家在过去10年经历了高速发展，但是在资源诅咒现象的背后，也凸显诸多国际社会曾热炒的非洲复兴瓶颈因素。在这期间，非洲国家的投资总额占GDP的平均比重从15%提高到22%，但这些资金大

[①] 指一国（特别是中小国家）经济的某一初级产品部门异常繁荣，从而导致其他部门的衰落的现象。

部分流入服务业及大宗商品行业。许多国家迎来了经济的高速增长，包括安哥拉、塞拉利昂、尼日利亚、乍得及莫桑比克等，但增长的很大一部分功劳要归结于主要大宗商品出口价格的上涨，而这些大宗商品也恰好是它们最重要的收入来源。它们在一定程度上确实成功吸引了海外投资，这些海外投资最主要的投资对象是油田、铁矿石或煤炭。制造业在非洲出口总额中的比重持续萎缩，数百万非洲人的生活正在倒退，他们不得不离开工厂，进入生产率低下的非正规手工作坊。

因此，加大对制造业的投资（譬如泰国和韩国），有利于经济与社会的稳定，而偏重对大宗商品的投资（如尼日利亚），容易带来剧烈动荡。尼日利亚拥有1.75亿人口，是西非最大的经济体，但自从它1958年开始向海外市场大量出口石油后，其经济便陷入了长期低迷，经济增长与全球水平的差距不断加大。与美国相比，尼日利亚的人均收入相对比例已从8%左右减少到4%左右，数百亿美元的石油收入被政府官员中饱私囊。2010年上台的尼日利亚前总统古德勒克·乔纳森（Goodluck Jonathan）曾被视为罕见的清廉政治家，与依靠盗取国家财富成为亿万富翁的人截然不同。但事实证明，推行温和的政策根本无力阻止贪赃枉法者。一位尼日利亚银行高管曾告诉我的同事，乔纳森的继任者穆罕默杜·布哈里（Muhammadu Buhari）在2015年上台后，也曾试图清理国内政坛的腐败。他将36位内阁职位的候选人送入政府的经济金融犯罪委员会，但委员会认定其中的33人不涉嫌贪污。

尼日利亚丹格特集团（Dangote Group）的董事长阿里科·丹格特（Aliko Dangote）已成为非洲最富有的人，他旗下的企业经营范围从食品加工到水泥生产，覆盖领域甚广。2015年7月，丹格特曾告诉我，在他的家乡卡诺市，2 000万人仅能获得40兆瓦的电力供应，而在发达国家，这个数字只能是一个40 000人小镇的标准。由于缺乏稳定的电力供应，不管是外国人还是本地人，几乎没人敢投资建厂。目前，制造业产值还不到尼日利亚GDP的5%，这个数字在所有非洲国家中排名倒数第四，甚至不及战火纷飞的埃塞俄比亚。

最后的结果可想而知。尼日利亚这样的产油国，抵御外部冲击的能力注定不及制造大国。在2015年10月的一次会议上，尼日利亚前财政部长恩戈齐·奥孔乔-伊韦拉（Ngozi Okonjo-Iweala）曾告诉我，长期以来，尼日利亚对单一大宗商品的过度依赖（即所谓的"单一文化"），始终让政策制定者坐立不安，但这个国家似乎还没有能力改变方向。2015年，全球油价再次暴跌，因为政府事先没有做好准备，当从天而降的石油财富被消耗一空，整个国家的外汇储备几近于零时，尼日利亚央行被迫贬值本币。而在以制造业为主的国家（如泰国），本币贬值有助于刺激制造品出口，赚取更多外汇，这显然有助于稳定经济。但在尼日利亚，货币贬值不可能对制造业出口形成刺激，因为尼日利亚根本没有制造业。

对于石油带来的诅咒，有一点十分值得警惕：大宗商品在短期内可能是一种恩赐，即便是产业结构单一的国家，也难享受这样的恩赐。尽管长期创造"奇迹"的经济体全部以制造业为主，但是前述56个经历10年以上快速增长的经济体中，有24个国家严重依赖于大宗商品，包括巴西和印度尼西亚。这并不令人意外，分析大宗商品过去200年历史中的价格走势，我们会发现，通胀率进行调整后，大宗商品的平均价格基本维持不变。上涨趋势通常仅能持续10年左右，随后便会经历断崖式下跌，而后，在其地位上维持20年左右，很多以钢铁、石油或大豆为主的经济体均表现为这样的模式，除非领导者采取措施打破诅咒。

我们不妨看看沙特阿拉伯过山车一般的经济发展轨迹：20世纪70年代和80年代初，石油价格暴涨，国民人均收入增加一倍，达到20 000美元；但在进入90年代后，随着油价的回落，人均收入拦腰减半，下降到10 000美元；随后10年里，由于油价再次大幅反弹，人均收入也飙升至25 000美元。2010年后，全球石油价格出现停滞，并在2014年遭受重创，同期，沙特的人均收入也与油价的走势如影随形。自1960年以来，巴西、阿根廷、哥伦比亚、尼日利亚和秘鲁也有类似经历，它们的人均收入走势与主要大宗商品的出口价格基本吻合。今天，它们又不得不再次面对停滞。从历史价格走势看，大宗商品价格往往先上涨10年，而后下跌两年，始于2011年的价格下跌表明，依赖大宗商品的经济体正面临停滞期。

如果说制造业投资热会触发其他行业的良性投资热（譬如基础设施建设或高科技），那么，大宗商品投资热往往同样会招致不良投资热（如商业房地产和住宅房地产）。因此，在我们看到一种投资热潮时，一定要揭开表面看实质，即看看这些投资的最终去向。不过在安第斯地区最近的投资热中，我却没有发现这一点：截至2013年的10年里，该地区国家的投资总额稳步增长，在秘鲁，投资达到GDP的27%，在哥伦比亚也达到25%。2008年后，大多数国家投资持续萎缩，在这样的大环境下，这两个国家的成功显得难能可贵。

但实际上，这两个国家的大部分投资均流向大宗商品及房地产项目，前者体现为哥伦比亚的石油、秘鲁的铜矿和金矿，而后者则受石油、铜和黄金价格的乐观预期刺激形成。当这些大宗商品的价格陆续进入下行通道时，新的项目投资及相关的房地产开发就会被取消或推迟。到2014年，哥伦比亚的住房价格的涨势已出现大幅回落。当然，大宗商品投资热也未必不会成为良性投资，但这是有前提的，即新投资采用的是新技术，从地下采掘大宗商品效率更高。当下最有说服力的范本就是美国的石油、天然气投资潮，刺激这股热潮的根源，是开采页岩油的新技术。2015年，随着全球石油价格跌至每桶50美元之下，很多新的页岩油公司已无力支撑，宣告破产。在加拿大和美国中西部盛产页岩油的地区，数万个工作岗位一夜之间消失。垃圾债市场谣言四起，这个市场曾是页岩油投资的主要资金来源。

然而，如果说投资热的价值取决于它能留下什么，那么，这次页岩油投资潮留下的是一个全新行业。它让老对手必须面对低油价的压力，因为它能为美国提供廉价的能源，让美国经济更有竞争力。这个行业充分利用史上最低的利率，加大债券发行量，投资3 000多亿美元开钻新油井，仅在过去5年里，美国的新增油井数量就达20 000口。此外，美国境内的钻井平台数量成倍增加，5年增加了8倍，达到1 600套。与此同时，美国石油行业不断开发新的采油技术，让钻井平台的页岩破碎及石油开采能力在短期内迅速提升，目前，这些技术已开始在澳大利亚普及。2015年，尽管美国的钻井平台尚处于闲置状态，但它们依旧伫立在油田中，一旦需求反弹，它们可以立即投入使用。正如10年前互联网时代对光纤及其他技术的投资，页岩油的投资泡沫也奠定了一个新的、价值不可估量的工业基础，在繁荣大潮退去后，依旧可以长期使用。

投资不是越多越好

当一个国家的投资占 GDP 的比例持续多年稳定提高时，良性投资经常会转变为不良投资。在良性投资热潮走到终点时，乐观情绪开始消散，而高收益工厂或技术的投资机会也会随之减少。此时，人们开始将投资转向房地产、股票、石油和黄金等大宗商品，甚至直接转化为投机。于是，投资热就此开始变质。

这种投资本质由良性向不良的普遍性退化，已导致很多国家陷入房地产泡沫，甚至在进入 21 世纪后遍布欧洲各国和美国。这个从以工厂、道路为对象的良性投资到对超级房地产工程的不良投资的投资质量退化过程，通常会带来某种程度的危机。泰国就是一个典型示例，其通过对道路和基础设施的长期大力投资，实现了东部沿海地区的经济转型，但是到 20 世纪 90 年代末，这股投资潮脱离正轨。此前的繁荣冲昏了人们的头脑，不理性的乐观情绪促使许多泰国人大举负债，纷纷涌入房地产市场，最终吹成一个巨大的泡沫。随着泡沫被刺穿，1997～1998 年的亚洲金融危机随之而来。

同样的故事也曾发生在马来西亚，该国的房地产市场在 1995 年达到鼎盛时期。当时，房地产的投资总额甚至达到其 GDP 的 43%，这在主要经济体中也是历史上第二高的记录。房地产的空前火爆让时任总理的马哈蒂尔·穆罕默德难以自拔。在政府的指导下，投资持续增加，事实也证明，部分投资的确取得成效。马来西亚的超级国际机场就诞生于 1998 年亚洲金融危机最水深火热之时，新机场曾被指责为奢侈浪费的超豪华工程，但在今天看来，巨大的需求已经使吉隆坡雪邦国际机场显得还不够大。然而，在由马哈蒂尔总理推动的投资中，大部分项目还是变成面子工程，包括新建成的科技城赛柏再也市（Cyberjaya）、新的政府行政中心吉隆坡布城（Putrajaya）。最终，这些工程均被认为是毫无实用价值的房地产项目。布城位于马来西亚首都吉隆坡城郊，作为总理官邸，它是伊斯兰版本的凡尔赛宫。按照这座新城最初的设计目的和规模，这里将成为 32 万人的居住地。但是 20 年过去了，居住在这里的人仅为最初设计规模的 1/4。基于民族主义情结或个人主义情怀的投资热，很少能如愿以偿。

当然，最糟糕的情境就是投资止步不前。如果投资占GDP的比率太低，比如不超过GDP的20%，长期维持低投资状态，那么，它有可能使经济千疮百孔，成为经济增长的负面典型。在过去10年的全球性繁荣时期里，大量资金流入新兴市场国家（包括印度、埃及等在内的很多新兴市场国家），这些国家将这些资金用于投资建设新机场或扩建老机场，这使得旧机场变得更加格格不入。在科威特城和内罗毕，残破不堪的机场也成为科威特和肯尼亚两个国家投资不当的典型写照。不过，最令人震撼的例子还是巴西。在巴西，大多数机场建成于20世纪五六十年代，跑道坑洼不平，甚至残缺不全。我在圣保罗时，每次从市中心出发，都需要3个小时才能到达瓜鲁柳斯国际机场，再花两个小时进行安检。但始于21世纪的投资大潮几乎和瓜鲁柳斯机场毫无干系，直到2014年6月世界杯足球赛开幕前几天，新候机大楼才开始正常运行。

投资不足带来的破坏性，与投资过热恰恰相反，它带来的不是过剩，而是停滞和匮乏。在投资率太低的国家，我们经常看到残旧颠簸的公路、年久失修的学校、装备陈旧的警察和停留在设计阶段的工厂雏形。即便在某些前途光明的国家也存在这种情况，譬如墨西哥和菲律宾。不过这两个国家至少已针对推动投资拿出了切实可行的方案。在投资与GDP之比低于20%的国家，投资不足的问题更触目惊心，而且至今仍看不到任何政府寻求改变的举动。这也正是俄罗斯、巴西和南非等国当下面对的困境。

令人感到遗憾的是，投资不力与增长乏力之间的关联性无比清晰。在这个问题上，如果我们把成功定义为长期维持高投资率，并以此缔造维系10年以上的GDP强势增长，那么可以说，成功者寥若晨星，而失败者多如牛毛。如此之多的失败样本，足以让我们归纳出有说服力的基本规律。根据统计测算，在战后时期，如果一国的平均投资占GDP的比例低于20%，并维持10年以上，那么我们即可发现，这个国家同期经济增长率低于3%的概率高达60%。在这些国家，居民和企业最有可能以私人手段解决公共问题，即面对虚弱乏力的公路或通信网络，侵占或盗用有限的公共资源。

在尼日利亚等非洲国家，城市居民经常私拉电线，盗取国家拥有的电网电力。这种做法不仅会进一步削弱政府的公共设施，而且会减少政府可用于建设新电网的资源。在今天的非洲大陆，很多人已经开始使用手机进行通信，甚至接受手机银行服务，但通过道路或铁路来往于相邻国家之间的交通，依旧艰难异常。

这就是投资不足的典型症状，而且其危害性极大。在大城市，拥挤不堪的交通已给这些国家拉响警报：它们的公共服务供给网络极度匮乏，而这对经济而言非常危险。在圣保罗或孟买，每当下雨时，道路交通就会因下水道溢水而彻底瘫痪。如果一个国家的供应链依赖于残破不全的公路、铁路和排水系统，那么，供给将不可能满足需求，导致物价被抬高。投资不足就此成为通货膨胀的直接动因，而通货膨胀无疑是扼杀新兴市场国家经济增长的恶性肿瘤。

投资支持是驱动增长的主要动因，而持续上涨的高投资率往往不是一个好兆头。原本已处于高水平且继续快速增长的投资，有可能造成浪费。因此，我们必须关注投资资金的流向。这里有一个最简便的经验标准，即以制造业、高新技术和基础设施为目标的投资热，往往是理想的投资热，比如道路、电网和排水系统等；最糟糕的投资对象是房地产——它不仅不能对经济形成长久的推动，而且往往会让国家债台高筑；当然，还有大宗商品——它往往会给经济造成侵蚀性破坏。

在推动经济可持续增长方面，虽然说服务业有朝一日必将与制造业相提并论，但在这一天尚未到来前，工厂仍然是投资首选。

第 7 章　洋葱的价格

通货膨胀到底是高是低？

DEFLATION

  每次大规模的经济震荡均以资产泡沫的破裂为开端。

第7章 洋葱的价格

在许多国家,政府发布预算不过是形式上的事,但在印度等英联邦国家,事情并非那么简单。在那里,政府预算被视为政府对未来的设想,需要经过公开讨论和审核。早在2011年2月,我曾在印度首都出席当地新德里电视台(NDTV)主办的一档新闻节目,节目主题就是讨论政府最新发布的预算。和我一同担任客座嘉宾的,是当时印度政府的首席经济咨询师考希克·巴苏(Kaushik Basu)。他在节目中提出的建议让我倒吸一口冷气。当时,印度的洋葱和其他食品价格暴涨,已引发严重的政治问题,但是巴苏依旧力挺时任印度总理曼莫汉·辛格的政策,并声称印度不应对通货膨胀这样的事情大惊小怪。对一个年轻的快速增长国家来说,价格短时间内大幅上涨实属正常。我当时指出,通货膨胀是经济生活最大的难题之一,因为现实中的长期繁荣往往与低通胀相联系,但巴苏马上反唇相讥,称韩国和中国等快速增长经济体都是在高通胀中崛起的。在我们争得面红耳赤时,新德里电视台董事长普拉诺依·罗伊(Prannoy Roy)插进来提出一个"好"办法:我们可以在节目时间之外,为洋葱的价格进行一场摔跤比赛。

后来,我不禁想起已辞世的美国前参议员、驻印度大使丹尼尔·帕特里克·莫伊尼汉(Daniel Patrick Moynihan)曾说过的一句笑话:有些错误只有哲学博士才会犯。在印度,顶层政治决策者的一个特色是,他们几乎全部拥有经济学博士学位——辛格毕业于牛津大学,巴苏来自伦敦经济学院。在这里,我经常听人说,高通胀率是发展中国家不可避免的现象。这种观点的逻辑是,当一个年轻的经济体处于快速增长时,其居民必然拥有更多可供支配的货币，用于购买现有商品的货币也更多，在这种情况下，价格必然会上涨。

这种观点与教科书中的经典理论相吻合，即消费者过度乐观或政府过度开支等带来的正向需求变动，或石油价格暴跌带来的负向需求波动，都有可能推动消费价格上涨。但在实践中，新兴经济体往往对供给网络投资，因而更容易出现需求驱动型通胀。供给网络是一个庞大的系统，从发电厂、工厂到仓库，再到连通产品与顾客的运输通信体系，几乎无所不包。如果这些供给渠道不能满足需求，消费品价格便开始上涨。

高通胀通常属于恶性信号，而低通胀则是利好消息。就总体而言，当通胀率较低时，经济处于甜蜜期，GDP呈现高速增长——这种对应关系在经济增长刚进入起飞阶段时，体现得尤为突出，因为通胀压力低很可能意味着经济开始起飞；如果GDP增长提速，通胀率随之高企，那么，经济繁荣可能难以持续，因为中央银行不可能坐视不管，它们迟早会做出反应——提高利率，以便缓解需求，抑制通胀。而借款成本的提高，又可能遏制增长。但最糟糕的情况是高通胀与低增长并存，在这种情况下，为遏制通胀，为已陷入停转边缘的经济戴上紧箍咒，央行会求助于上调利率，而这又可能带来滞胀，将经济拖入漫长的低增长、高通胀时期。

因此，一个问题应随时牢记：通胀率到底是高还是低？判断消费品价格上涨率高低的一种方法，是将某个国家的价格上涨率与类似国家的近期平均上涨率进行比较。截至2015年，新兴市场国家的平均上涨率约为6%，而发达国家的平均上涨率约为2%。

2009~2014年，印度主流政治精英为通胀找到了一个堂而皇之的理由：洋葱之类必需性食品的价格上涨，可能危及他们的政治生涯。在辛格政府第二个任期里，消费品价格的平均涨幅约为10%，这也是印度自独立以来最严重的一轮通货膨胀。几十年以来，在全球通胀率排行榜上，印度的排名从未跌落到令人担忧的地步。据现有数据显示，全世界153个新兴市场国家中，按照从低到高的顺序排列，印度在以往各10年期末的排名一直徘徊在60~65名。但是在辛格执政的最后5年里，印度的通胀率一路走高，达到新兴市场国家平均水平的两倍，排名从60名出头跌至144名，排在东帝汶和塞拉利昂之间。尽管在我们的电视辩论中，巴苏始终坚称，辛格对通货膨胀压力的处理"非常老道、专业"，但这样的排名显然无法证实印度对通胀率管理的"老道、专业"，反倒让人们对印度经济及其政府的能力陡生疑虑。

当穷人因为买不起食物而奋起反抗时，统治者的堡垒经常会土崩瓦解。终结英国对印统治的一个重要事件，就是甘地领导的"食盐进军"（Salt March），当时英国殖民者对食盐征收重税，导致这种基本调味品价格暴涨。在印度这样的贫困国家里，盐和洋葱等基本生活必需品与西红柿酱和烤肉料一样，已成为国民身份的象征。没有这些调味品，他们会感到饭菜无味。记者兼文学批评家尼兰贾纳·罗伊（Nilanjana S. Roy）曾说过，这会让他们感觉"丧失自尊"。此外，在1989年和1996年，洋葱、酥油（印度的一种黄油）和马铃薯的价格大涨甚至成为长期执政的印度国民大会党在全国议会选举中落败的主要原因。辛格和他的顾问也深受罗伊所称的"2010年洋葱大危机阴影"的煎熬。当时，洋葱的价格仅在一周之内便翻了一番，迫使政府发出洋葱出口禁令。与此同时，印度不得不从与其势如水火的巴基斯坦进口洋葱。

但像辛格这样的技术派政治家，在本性上排斥公众舆论的冲击，因而，他根本无法理解这种民怨到底有多大。2013年12月，我随同一批印度新闻界同仁，对中央邦及拉贾斯坦邦的大选活动进行跟踪报道。虽然印度有很多邦，但找到两个邦意见完全相同绝非易事。不过这一次，各邦调查结果出奇地一致，让我们难以置信：从中央邦北部宾德地区的荒蛮之地，到拉贾斯坦邦中部普什卡市五花八门的集贸市场，无论是街巷的理发师、当地的木匠，还是小农场主，都能一口气讲出马铃薯或者酥油在过去5年里涨了几卢布。当然，他们对洋葱的涨价更是耿耿于怀，言语间充满不满。每每讲到通货膨胀，他们总会不由自主地提到其他重要话题，譬如腐败和失业。交谈中，反对派政客们会开玩笑地说，以前，你带一小口袋钱去市场，可以买回一大袋子商品；现在，你带一大袋子钱去市场，只能带回一小口袋商品。执政的国大党不仅失去了这些州的选票，而且在6个月后的全国大选中也遭遇崩塌式失败。民意调查显示，通货膨胀在其中扮演了重要角色。

时任世界银行首席经济学家兼高级副总裁的巴苏在 2011 年与我展开的电视辩论中，提到另一种相反的风险。他最担心的是，政府对消费品价格上涨采取过激行为。因为遏制通胀必然要求政府压缩开支，紧缩货币，而一旦矫枉过正，则会招致工厂停业，工人失业。针对我提出的长期、健康的繁荣往往与低通胀相伴的观点，巴苏抛出两个极端性例子：一个是 20 世纪 70 年代末的中国——当时的中国尚处于经济增长的酝酿时期，但通货膨胀率已达到 25% 左右，另一个是 60 年代末和 70 年代的韩国——通胀率和经济增长率同时保持高位。我本能地认为，这种观点误读了通货膨胀与高增长之间的基础关系。为此，我随后对历史数据进行了检验。

经济体的肿瘤

我发现，低通胀已成为战后经济每一轮强势增长的基本标志。凡实现长期高速增长的国家，几乎无一例外将大部分国民收入用于投资，而投资创造了低通胀得以维系的供给网络。中国、日本、韩国甚至所有亚洲国家创造的奇迹，几乎都遵循同一模式：在控制通胀的同时，加大投资以推动经济增长。自 1960 年以来，检查清单中的 56 个国家连续 10 年以上年均增长率超过 6%，近 3/4 国家的通胀率低于同期新兴市场国家的平均水平。这种模式甚至适用于某些不够振奋的经济增长案例，譬如 20 世纪七八十年代的肯尼亚、1971～1984 年的罗马尼亚。当时，这两个国家的年均通胀率仅为 2% 多一点，较同期新兴市场国家的平均水平低 18%。

至于韩国、新加坡和中国这些创造奇迹的经济体，尽管其高速增长持续至少 30 年，但通胀率却极少超过新兴市场国家的平均水平。新加坡的经济繁荣期始于 1961 年，终止于 2002 年，其间的年均通胀率不到 3%，而新兴市场国家的同期平均通胀率超过 40%。还有一些创造过增长奇迹的亚洲经济体，尽管通胀率在繁荣期初始处于高位，但随着繁荣期展开，通胀率开始逐渐下降。此外，繁荣期终结的重要标志之一是通胀率出现激增，如同发动机启动时的火焰一样，迸发而出，难以抑制。中国在过去 30 年实现了两位数的增长率，年均通胀率却只有 5% 左右，在 21 世纪前 10 年中，通胀率甚至仅为2%。但进入2011年,中国的通胀率开始上升,其经济增长的速度也逐步下降。

高通胀率是扼杀经济增长的肿瘤,它的毒素渗透于诸多渠道,逐渐侵蚀整个经济体。通货膨胀会打击储蓄,因为它腐蚀了银行存款或债券形态的货币价值,导致可用于投资的货币池萎缩。归根到底,高通胀将迫使央行采取行动,通过上调利率推高货币价值,从而使企业难以获得发展业务的投资,消费者缺少购置房屋和汽车的储蓄,最终,让经济增长停下脚步。

当通胀率处于高水平时(比如达到两位数),可能导致经济失稳,增速暴跌,甚至进一步演化为恶性通胀,给经济增长带来新的羁绊。在价格剧烈震荡的环境下,企业新项目不仅难以获得所需融资,且无法确定潜在的投资回报率。如果企业对建立新供给网络或改造旧供给网络心存犹疑,那意味着供给网络将无法满足需求,进而持续推高物价。这样的经济体必将始终与通胀为伴。

巴西就是一个典型的通胀敏感型经济体。几十年来,巴西的投资规模始终徘徊在GDP的20%左右,这一水平远低于新兴市场国家的理想水平(25%~35%)。从道路到学校,再到机场,巴西政府的投资始终处于严重不足状态。因此,当经济起步时,企业马上就会体验到供给的瓶颈。为此,它们会不可避免地为争夺有限的交通运输或其他服务、有限的木板、水泥或其他原材料而展开竞争,比如酒店老板需要争取训练有素的清洁工。由于供给无法满足需求,每个经济周期开始的标志都是物价和工资的上涨。巴西人已习惯这种模式,因此,普通民众坦然接受经济复苏带来的涨价,而工人们则会不失时机地提出加薪要求。

这完全不符合一个即将进入长期繁荣的经济体所应具备的条件。以二战后13个最典型的明星经济体为例,在它们的长期繁荣时期,投资额占GDP的平均比例达到30%,高增长伴随着低通胀。凭借这样的组合,这些国家至少得以维持20年的繁荣。在中国,投资最高曾达GDP的50%,且大部分投资用于兴修新公路、通信网络及工厂。即便如此,中国依旧没有完全克服供给设施造成的瓶颈制约。因此,当中国经济进入高速增长期时,企业只需将现有半闲置的工厂和原本空荡荡的公路利用起来即可。由于供给网络远超消费需求，因此，经济的增长并未给市场价格带来上行压力。在这一点上，中国与巴西之间形成了鲜明对比。尽管中产阶级的不断扩大，让两个国家正面对持续增长的需求，但由于中国已建成庞大的供给网络，所以在过去的大部分时间里，其高速增长并未触发通货膨胀。而在巴西，GDP 增长仅为 4% 甚至更低的水平就会引发通货膨胀问题，这迫使中央银行提高基准利率，进而制约经济增长。尽管巴西成功扩大了中产阶级群体，却在无意间造就令人失望的低增长、高通胀经济，这与中国近几十年高增长、低通胀的情况恰好相反。

食品价格与法国大革命

作为常规性规则，消费品价格膨胀始终被看做经济走低的信号。在大多数国家赢得通胀保卫战的大背景下，这个规则尤其适用于识别异常现象。20 世纪 70 年代，欧佩克组织的石油禁运导致全球油价飞涨，食品价格随之暴涨。由于普通民众预期食品和汽油的价格将进一步大涨，他们呼吁大幅增加工资，满足他们的基本生活需求，而这又迫使公司进一步提高各类消费品的市场价格。于是，工资与物价的恶性上升式循环就此展开，美国等发达国家的通货膨胀率被推上两位数水平，经济滞胀局面就此形成。

许多人还记得，杰拉德·福特总统曾呼吁美国公众，抛弃通货膨胀不可攻克的思想，要求他们"现在就鞭打通货膨胀"（Whip Inflation Now, WIN），佩戴"WIN"胸章。但他们也会记得，华盛顿最终确实攻克了两位数的通胀率，不过那已经是 20 世纪 80 年代初的事，功劳应该记到美联储前主席保罗·沃克尔的身上。他对基准利率采取了令人窒息的大幅上调政策。如此大胆的举措，只有英格兰银行尝试过。尽管美国经济陷入衰退的深渊，但事实证明，这不过是他们必须付出的一点代价，随后迎来的是一轮基本远离通货膨胀的长期高速增长。最后，绝大多数国家都赢得了这场攻克恶性通胀的保卫战。国际货币基金组织指出，在发达国家，消费品价格的年均通胀率在 1974 年和 1981 年达到顶点，分别超过了 15% 和 12%，并在随后的 10 年里大幅下降。自 1991 年以来，通胀率始终徘徊在 2% 左右。

消费品价格的快速企稳在新兴市场国家表现得更为明显，其年均通胀率在1994年升至最高点，达到令人胆战心惊的87%，这一年，巴西、俄罗斯和土耳其等国甚至出现了3位数的通货膨胀率。随后，新兴市场国家的年均通胀率进入稳定的快速下行通道，1996年降至20%，2002年进一步减少到6%左右，此后，年均通胀率一直在6%的水平徘徊起伏。消费品价格对政治和经济稳定的重要性，怎样渲染都不为过，尤其食品价格上涨，是造成很多社会动荡的重要根源。就其影响力来说，没有任何其他要素能与之相比较。

尽管人们经常把1848年法国大革命的诱因归结于民主思想在欧洲的传播，但近期有研究指出，引发这场革命的直接导火索是食品价格。正是通过这场革命，今天的许多民主政权得以横空出世，如德国、奥地利、匈牙利和罗马尼亚等。在最近十几年里，拉美国家始终在通货膨胀导致的政权更迭中煎熬。丹麦奥胡斯大学（Aarhus University）的马丁·帕尔达姆（Martin Paldam）发现，1946~1983年，拉丁美洲爆发了15次由军方势力推翻平民政府或平民推翻军政府的政变，其中13次政府倒台前，均出现消费品价格上涨率达到甚至超过20%的情况。这种政权更替的牵涉面极广，从墨西哥到智利，从巴西到阿根廷、乌拉圭，几乎没有哪个国家幸免于难。此外，小麦及其他谷物的价格上涨也是造成1991年苏联解体的主要原因之一。

20世纪90年代之后，随着大多数新兴市场国家的通胀率开始下降，恶性通胀在个别地区仍时有发生，并导致所在国家政权受到严重削弱。美国明尼苏达大学的经济学家马克·比利迈尔（Marc Bellemare）发现，1990~2011年，全球许多地区的谷物等粮食价格与罢工、抗议和暴动等事件之间存在强烈的关联性。90年代末，通货膨胀曾导致巴西和土耳其发生政变，这也是叶利钦领导下的俄罗斯政府最终垮台的主要原因之一：1999年，即他执政的最后一年，俄罗斯消费品价格上涨幅度达到36%。2008年，世界银行前行长罗伯特·佐利克（Robert Zoellick）强调，全球食品价格在此前3年已上涨80%。他警告说，由此已导致至少33个国家产生严重的社会不安定风险。但是在2011年全球各地出现的游行示威和动乱背后，食品价格上涨仍被普遍视为最重要的推手之一。

在克服消费品价格上涨方面取得的普遍胜利，让通胀成为识别失灵经济体的基本标准。由于通胀作为乱局和不确定性根源的时代已经过去，在当下通胀率长期徘徊于低位的环境下，异类经济体就更加显眼。今天，如果某个国家的价格上涨速度明显超过其他国家，人们马上就会发现它的"与众不同"。新兴市场国家的平均通胀率长期维持在6%左右，因此，2015年最主要的异类国家包括：通胀率为30%的阿根廷、16%的俄罗斯、9%的尼日利亚和8%的土耳其。而发达国家的情况截然不同，其平均通胀率约为2%，并且目前还有继续下降的趋势。因此，这些国家的人们最担心的不是通货膨胀，而是物价停滞甚至下跌，因为通货紧缩同样会带来问题。

印钞者的独立

在探讨通货紧缩之前，有必要看看这场抗通胀之战是如何胜利的，因为取得这场胜利所使用的武器，对防止局势逆转至关重要。

在某种程度上，这场胜利是全球贸易开放的产物。从20世纪80年代开始，到21世纪初，国际贸易持续增长，国际运输、通信及金融网络都迎来了爆炸性发展阶段。自1980年开始，进出口总额在全球GDP中的比例稳步高企，从35%提高至2008年的60%，随后进入停滞状态，而后在2008年金融危机的冲击下，略有下降。然而，我们身处于较2008年更为全球化的时代，来自中国及其他主要新兴市场国家的廉价劳动力，依旧对全球范围的工资及消费品价格产生巨大的下行压力。今天，本地商品价格已很难迅速上涨，因为一旦出现这种情况，批发商就会放弃本地供应商，转向进口商。他们可以放眼全球，寻找价格更低廉的服装、锤子或电视机。出于类似的原因，本地劳动力的工资也很难大幅上涨，因为一旦工资大涨，制造商就可以关闭本地工厂，将生产外包给工资水平更低的国家。这就是市场的力量，政治领导人是无法掌控的。

国家领导者的选择是顺市场而行。在20世纪90年代末和21世纪前10年，新一代领导者开始以新观念看待政府支出。他们采取了一种对新兴市场国家负责任的态度，开始更为理性地投资：加大对供给体系的投资，减少对国家财富的窃取。此外，他们还赋予中央银行更多的自主权，其对政治的屏蔽，是限制平民主义者追求宽松货币政策的基本前提。但这项运动似乎并未得到公众的关注，也未得到支持。除此之外，其他单一手段都不可能，都无法比中央银行的货币政策能更有效地控制消费价格。今天，中央银行的独立性已成为考量政府控制通胀决心的重要标志。

在战后历史的大部分时间里，当人们为中央银行和宽松货币展开斗争时，抗通胀事业往往被抛诸脑后。即便在许多新兴市场国家，中央银行的独立性也仅限于名义。中央银行的大员们很清楚通货膨胀的危害性，但他们所拥有的独立性，不足以去对抗民众或私人政治派别维持低利率和低借款成本的压力。不过，20世纪70年代的危机，确实让政治领导人切身感受到通货膨胀带来的痛苦，尤其是中下层选民，他们是基本生活品价格上涨的最大受害者。这些危机让许多政治家转变为抗通胀的勇士。

这场以解放中央银行、对抗通货膨胀为目标的全球运动，最早出现于新西兰。正如《华盛顿邮报》著名记者尼尔·欧文（Neil Irwin）所述，这场风暴的先驱者，是出身于猕猴桃果农的央行行长唐纳德·布拉什（Don Brash）。他曾亲眼看到，叔叔一生的积蓄因20世纪七八十年代的大通胀化为乌有。1989年，新西兰通过法律，允许中央银行的操作独立于政治程序，授权央行独立制定通胀目标。随后，工会开始发声，如果大企业不能以低利率借款，就会导致大规模失业；制造商称此举"缺乏民主精神"，一名房地产开发商甚至让布拉什报出自己的体重，准备为其量身定做一根用来悬梁自尽的绳子。但这项法案最终还是获得通过。新西兰央行也就此成为世界上第一个将抵御通货膨胀作为第一要旨的中央银行。随后两年，新西兰的通货膨胀率从接近8%下降到2%。

显然，通胀目标战略发挥抑制通胀的作用需要前提：中央银行必须向公众证明通货膨胀的严重性。只有这样，公众才能接受货币价格的提高，为控制通货膨胀忍受必要的痛苦。这样的证据可以锁定通胀预期的目标。人们不再担心，失控的物价会形成无休止的螺旋式上升，企业也可以按照设定上限的价格预期做长久规划，而面对持续上涨的物价，工人也不会义愤填膺地索取更高工资。这一切都来自布拉什给人们的信心。

这次成功的经历很快在央行业内传播开。1991年，加拿大成为第二个制定通胀目标战略的国家，之后，瑞典和英国紧随其后。为维持足够的政策灵活性，许多央行均选择2%作为通胀基准，这样，即使价格已稳定到实现零通胀，中央银行依旧有调整货币政策的空间。据花旗集团估计，目前已有58个国家（所有欧元区成员国视为一个国家）实行了某种形式的通胀目标制度，这些国家的GDP占全球GDP总量的92%。之所以说"某种形式"，主要是因为美国的联邦储备委员会有双重政策目标——稳定价格和就业最大化，而非单一的控制通胀率。

我的职业生涯始于20世纪90年代中期。那时，新兴市场国家对这种抗通胀福音的接受速度之快，让我大吃一惊。它们对此前20年通货膨胀给本国经济带来的严重创伤深有体会，加上保罗·沃尔克（Paul Volcker）在美国抗通胀运动中大获全胜，使它们坚信，这就是它们梦寐以求的法宝。和这些人会面是件非常令人头疼的事，在巴西央行前行长亨里克·梅里莱（Henrique Meirelles）或墨西哥央行行长吉列尔莫·奥尔蒂斯·马丁内斯（Guillermo Ortiz Martínez）面前，你绝对不能有丝毫的疏忽和草率。这些领导人中，许多是极端热情的信徒。南非央行前行长提托·姆博维尼（Tito Mboweni）始终是激进的左派人士，他将列宁的画像贴在办公室的墙壁上，一贯信奉稳健货币政策，即便面对执政的左派非洲国民会议的压力和指责，也不为所动，尽管他本人也是该党党员。在忍受长期的通胀之苦后，这些央行行长已经很清楚，他们别无选择。

在通货膨胀成为主要研究对象的几十年里，他们中的很多人都曾在美国大学读书。作为这一代领导者中最典型的代表，印度总理经济顾问、国家经济顾问委员会前主席兰加拉詹（C. Rangarajan）曾就读于宾夕法尼亚大学，还有目前仍担任马来西亚国家银行行长的泽提·阿赫塔·阿齐兹（Zeti Akhtar Aziz）。许多央行行长的政策转型源于沃尔克的成功。此外，他们对德国央行在战后长期控制通胀方面取得的成绩赞不绝口。如果取得成功所担负的压力对他们是一种折磨，那么，站在民众身后，为他们抵挡价格暴涨的冲击，则赋予他们一种神圣的使命感。他们坚信，只有长期稳定的低水平通胀率，才能为经济增长奠定坚实的基础。就长期而言，通货膨胀和经济增长不可能同时发生，二者注定不能相容。在1997年金融危机爆发之前，马来西亚央行前行长贾法尔·侯赛因（Jaffer Husseint）曾对我说："好的银行家，就像一杯好茶，只有泡在热水里煎熬，才能享受它的味道。"

在新兴市场国家中，智利是最早采纳通胀目标制的先驱者。1991年，该国正式制订通胀目标。随后，许多和智利经历相同的国家先后制订了通胀目标，包括巴西、土耳其、俄罗斯和南非。尽管全球竞争的加剧及其他因素明显发挥了重要作用，但锁定通胀目标对抵御通货膨胀确实产生了积极效应。墨西哥在2001年制订通胀目标之后，其年均通胀率已从20%左右下降至目前的4%左右；印度尼西亚于2005年制订通胀目标，其通胀率随后便从14%下降到5%；即便是在巴西，在其央行于1999年制订通胀目标后，其平均通胀率也从10年前的超过700%下降到2006年的4%。

不过，这场战争远未结束。尽管大多数主要国家的中央银行已制订通胀目标，且很多新兴市场国家的央行被授予法律上的"独立性"，但这种自由在实践中并未充分体现。每年，由IMF资助、全球央行行长及财长参加的峰会都会如期召开。2015年，峰会会议在秘鲁首都利马召开。这次会议上，人们私下里听到最多的话题，就是新兴市场国家央行行长对政治干预的不满。对南非的央行官员来说，这似乎不可思议，因为他们从未体会到这种压力。央行的观察家们认为，在新兴市场国家中，中央银行真正享有独立性的国家寥寥无几，而南非就是其中之一，其他还有智利、波兰、捷克共和国等少数几个国家。而其他国家的中央银行则处于灰色地带，大多数只在形式上执行目标通胀率，但在执行过程中，当它们国家的首脑打来电话要求执行宽松货币政策时，它们还是要听命而行。

土耳其的短暂胜利

尽管抗通胀之战在不同国家是以不同形式展开的，但在新兴市场国家，通货膨胀的爆发有着共同的病源。我们有必要深入探讨这些示例，透过它们，我们会发现，不懂基本经济学原理的领导人如何与干预过多、投资太少的政府走到一起，为通货膨胀滋生造就一张温床。

最富戏剧性的例子无疑是土耳其，在那里，所有"疾患"汇集，将通胀率推高至两位数。直至2001年，国家经济彻底崩溃。在危机爆发之前，通货膨胀几乎已流淌在土耳其政治、经济体系的每一根血管。在世俗党派联盟被伊斯兰党派联盟取代后的几十年里，议会始终是国家的实际控制者，但后者的管理更乏力，也更脆弱。不管是否与宗教有关，这些党派均维持了平民主义者增加政府开支的倾向。大选中，他们争先恐后地向选民保证，将创造更多政府就业岗位，或提供更多的政府补贴，唯恐力度不及对手，落在后面。20世纪90年代初的一次选举中曾出现了令人匪夷所思的一幕，一位候选人承诺，将让每个土耳其家庭"人手两把钥匙"，一把房子钥匙，一把车钥匙。

土耳其当时不仅处于冷战的最前沿，还与希腊在塞浦路斯的控制权上存在严重分歧，因此，为增加国民安全感，这些平民主义者开始无所顾忌地提高军费开支。到1975年，其军费开支已超过GDP的5%。尽管土耳其是北大西洋公约组织中最穷的成员国，却是其中军费开支比例最高的国家之一。此外，政府还启动了一系列华而不实的高档建筑项目，其中包括大规模兴建大坝和运河的"东南安纳托利亚项目"——该项目于20世纪70年代开工，迄今已投入约300亿美元，但仍未完工。

它们显然不是能帮助国家实现低通胀增长的有效投资，但许多政治家为了选票，宁愿付出这样的代价。进入20世纪90年代，土耳其政府频繁更迭，平均每9个月就要组建一个新政府。政治上的飘摇不定、严重失稳，反过来又催生一个持续通胀的经济。尽管国会在整个八九十年代处于失声状态，但工资水平还是在快速增长，因为每一届新政府在竞选过程中，不仅要向失业者承诺更多的就业岗位，还要向在职者承诺更高的收入。

为满足高工资、大项目和军备武器的支付需求，政府只好把眼睛盯向自己的银行和公司。于是，土耳其央行开始让印钞机开足马力，肆无忌惮向政府发放贷款，随后，政府又指示国有银行向浮躁务虚的国有公司放贷。为增加收入，帮助政府偿还累累债务，企业就不得不提高商品价格。政府的巨额负债和高通胀率相互结合，使得私人公司很难获得长期融资——尽管很多私人企业集团也有自己的银行。

面对这种高度不确定性,银行家被迫将贷款利率提高到 3 位数。通常情况下,如此高的利率会抑制借贷,遏制通货膨胀,但是在土耳其,畸高的利率产生了相反的效应:企业发现,它们可以提高价格,补偿现有贷款的高利息。20 世纪 80 年代,土耳其的年均通胀率达到 75%,90 年代回落到 50%。2001 年的危机在 2 月份达到最高点时,通胀率再次回弹至 70%。一夜之间,土耳其里拉损失了近一半的价值。此时,土耳其已经陷入恶性循环,持续发酵的通货膨胀让土耳其里拉的价值拦腰斩半,进口商品的价格被提高,并进一步推升物价及通胀预期。

随着热钱纷纷逃离出境,土耳其不得不向 IMF 请求紧急贷款,而后者提出要以实行改革为条件。为满足贷款条件,土耳其政府成立了新的国家经济管理机构,由世界银行前雇员凯马尔·德维斯(Kemal Dervis)牵头。随后,德维斯对土耳其经济进行了整改。中央银行被正式赋予独立决策权,彻底摆脱政治压力,不再为政府漫无边际的开销买单。与此同时,成立银行监管机构,对内部借贷活动进行审查和限制。此外,政府还关闭了许多摇摇欲坠的银行,为银行业注入新资本,注资规模达 GDP 的 30%,为留下来的银行补充净资本。以前,国有公司的定价以满足政府弥补赤字的需求为基础,而在这次改革中,国有公司被出售给私人企业家,由后者根据市场供需关系定价。为保证工资决策不受政治家左右,成立由企业和劳工参加的专门委员会,就公正就业及工资上涨开展谈判。意外的是,该委员会取得了良好效果。

到 2002 年举办全民选举时,通胀压力已有所缓解,尽管此时的土耳其人已疲惫不堪,但他们还是抓住机会驱赶一战以来一直主导土耳其政治的世俗党派,极力推举温和的伊斯兰教派领导人雷杰普·塔伊普·埃尔多安。埃尔多安在目睹通货膨胀如何让前任下台后,似乎认识到,价格暴涨一样会让他下台。于是他果断采取措施,大力削减政府开支:在他上台时,土耳其的政府赤字高达 GDP 的 14%,而在他的任期内,政府赤字持续减少,到 2011 年,已降至历史新低的 1%。埃尔多安延续了前任的策略,将更多的国有企业进行私有化,涉及电信、制糖和烟草等行业。到 2014 年,土耳其通胀率在 30 年里首次降到一位数,初步企稳的经济走上了繁荣之路。到

2012年，土耳其的人均收入几乎增加了两倍，达到10 500美元。土耳其也再次迎来久违的高速增长与通胀率下降并存的大好形势。2011年，土耳其通货膨胀率首次降至4%的历史新低。

随后土耳其的发展依旧未能摆脱规律，贪腐与退化的怪圈隐隐袭来。2011年，埃尔多安以压倒性优势第三次连任，而他也不出所料地显露出对经济的自负。此时，改革已趋于停止，国内投资增速放缓。在埃尔多安上任初期，土耳其国有公司的出售就已吸引了外国投资者，通胀率和利率的大幅降低，也刺激土耳其人增加了国内投资，但投资对GDP的比例始终没有超过20%。随着埃尔多安的傲气不断上涨，政府投资的质量开始退化。他执掌的政府开始加大对特大工程的投资，很多项目存在越来越浓重的宗教气息，对经济几乎没有推动作用。政府预算赤字再次膨胀，到2014年，该数字已较埃尔多安上任初期翻了3倍，超过GDP的2%。与此同时，年均通胀率也从2011年的最低点4%一路攀升，在4年后达到8%，远高于新兴市场国家的平均水平。显然，这是一国经济即将陷入危机的信号。

印度：下一个中国，还是另一个巴西？

在2008年全球金融危机后的5年里，印度成为全球唯一遭受两位数通胀率折磨的大国，而这场危机，也让人们对时任总理曼莫汉·辛格的措施有了更多认识。

辛格于2004年开始担任印度总理，在随后的10年里，印度国内投资占GDP的比率从25%增长到35%以上。这本是一个好信号，但国内的经济精英由此形成一种错误的自信感。由于印度也和中国一样严重依赖投资，因此，很多印度上层人士认为，他们将步中国的后尘，成为下一个高增长、低利率的经济体。在2008年之前，将印度想象成下一个中国的美好梦想似乎还可以实现：当时印度的GDP增长率高达9%，而通胀率仅为5%左右。在辛格第一个任期的大部分时间里，通货膨胀确实远离印度经济。

但2009年进入辛格的第二个任期后，形势发生了变化。随着全球金融危机蔓延，为防止经济增长放缓，辛格政府持续上调政府公共开支，其增长率已达到不可持续的水平：年均上涨18%。投资增长主要由政府带动，而政府也借此加大对经济的干预力度。出于对腐败和游戏规则不确定性的担心，私人公司开始逐渐减少投资。2011～2013年，私人投资整整减少了4%，降至GDP的22%，每年减少的投资总额超过720亿美元。

之后，政府官员开始兴风作浪，对经济指手画脚。他们不仅直接插手中央银行事务，甚至直接颁布新法令。当时，印度曾发生一件让人啼笑皆非的事：英国电信巨人沃达丰在收购一家荷兰公司时，获得了印度政府的补贴。印度政府欲对沃达丰这笔收购交易征税，遭到拒绝后，双方诉诸法律。沃达丰获得胜诉后，自认为受到羞辱的印度政府竟然直接颁布法律规定，无论本国公司还是外国公司，在购买持有印度本土资产的公司股权时，都需要纳税，该法令适用于1961年后的所有收购行为。尽管由此带来的争论迫使政府收回该法令，但如此反复无常的政府，只会让潜在投资者对政府下一步举措的可预测性打上一个大大的问号。

印度的投资不仅无助于控制通货膨胀，而且还会让经济更易遭受通胀的打击。实际上，印度政府的本意是保护国人免受全球经济衰退的影响。他们将巨额资金投入民生项目，很多投资庞大的项目完全以救济为目标：保证每个贫困农村家庭每年至少有100个带薪工作日，以人为的高价收购农民的小麦和水稻（这些非生产性投资往往只会抬高工资和物价）。这只会鼓励更多的印度人待在农村，而不是到城市的工厂寻找工作。因此，这些举措不仅降低了经济的生产效率，还招来了通货膨胀。

显然，这无法改变一个残酷的现实：中央银行在迫不得已的情况下制订通胀目标，但又要承担维持低利率的政治压力。通胀目标和低利率并存，让印度央行成为全世界唯一的例外。

尽管印度一直希望成为下一个中国，其政府却在将印度打造成另一个巴西：一个低增长和高通胀共存的经济体。2009～2013年，印度的主要经济指标纷纷告急：GDP增长率下降近一半，跌至5%；通货膨胀率翻番，达到10%。印度工人已产生更高的价格预期，开始索取更高的工资，而中央银行也开始公开发出警告：价格与工资呈螺旋式上涨的危险正在降临。

这是极其危险的恶性循环。一旦循环形成，没有几年的时间，央行很

难控制。幸运的是，对印度人来说，他们在 2013 年迎来了一位新央行主管拉古拉姆·拉詹（Raghuram Rajan）。拉詹随即发表声明称，控制通货膨胀将成为印度中央银行的首要任务。随后，在 2014 年，印度又迎来了新总理，面对平民主义要求央行降低利率的压力，新总理似乎完全与拉詹站在一起，支持央行通过审慎政策逐步锁定通胀预期。次年，通胀威胁已大为缓解，而全球油价的暴跌，也为印度的抗通胀之战创造了条件。

通货紧缩，一刀两刃

目前，人们已经普遍接受，通货膨胀是生活中无法避免的一部分，就像人的死亡和税收一样。但是在 20 世纪 30 年代之前，通货膨胀绝不是生活的标配。根据"全球金融数据库"（Global Financial Database）提供的自 13 世纪以来的历史数据，1210～1940 年，全球年均通货膨胀率仅为 1%。在这个时期开始时，数据库提供的数据仅包括英国和瑞典，但随着时间的推移，数据的覆盖面逐渐扩大，到 20 世纪 70 年代，这个"全球"平均数据已涵盖 103 个国家。这个长期通胀率低得让人难以置信，在 7 个多世纪的时间跨度里，只有 1%。更令人瞠目结舌的是隐藏在这个平均水平背后的事实：在价格上涨期（通胀期）和下跌期（紧缩期）之间，价格始终在剧烈而频繁地波动。这种波动最终在 1933 年之后告终。当时全球性的通货紧缩期趋于消失，取而代之的是史无前例、已延续 80 多年的一连串通胀期。在很多国家，通货膨胀已成为人生不可避免的要素，就像每个人都要面对死亡一样。而在此之前，通货紧缩才是常态。

全球性通胀在 20 世纪下半叶持久横亘，有多方面的原因。银行业的发展、信贷的普及、由此造成的货币追逐商品的现象，在推高物价方面扮演了重要角色。这背后可能还有另一个原因：70 年代，金本位货币退出历史舞台，中央银行可以随心所欲地发行货币。其结果是，随着全球性通货紧缩在 1933 年之后逐渐消失，全球平均通胀率开始稳步攀升，并在 1974 年达到了巅峰的 18%，而后又经历了几十年的大幅下降，在 2015 年达到 2% 左右。

第 7 章 洋葱的价格

为更准确地反映 20 世纪前的通货膨胀与通货紧缩历史，研究人员从各方收集数据，重新测算和调整历史价格变动，其数据来源既有政府的调查结果，也有农场的账目和医生收费记录，甚至还有美国各大百货商场的销售目录。尽管通过这种倒推方式得到的价格变动数据可能不够精确，但通过多方数据来源还是可以验证：自 1940 年之后，大多数国家已不再出现通货紧缩现象，即通货紧缩普遍消失的基本态势已确立。最近，德意志银行对"全球金融数据库"进行的一次分析也显示，在 1930 年之前的任何一个年份，在样本覆盖的全部国家中，有过半数经历过通货紧缩；而 1930 年之后，经历过通货紧缩的国家数量甚至不到 1/10。在二战结束后，只有两个国家或地区出现了较长时期（至少 3 年）的通货紧缩。其中，一个不为人所熟知的例子就是中国香港地区，1998～2005 年，中国香港地区连续 7 年出现通货紧缩，而另一个国家更令人意想不到，是日本。

正是日本的例子，给通货紧缩留下极其恶劣的名声。因为日本的前车之鉴，当通货紧缩在 2008 年金融危机之后有所抬头时，全世界都为之惊恐不安。今天，全球经济似乎都笼罩在日本曾经历过的通货紧缩威胁之下，尤其是令人窒息的债务问题，不仅抑制了消费需求，还造成了严重的供给过剩。到 2015 年，随着发达国家年均通胀率降到接近于零，人们开始担心，世界经济或将如日本一样陷入典型的通货紧缩周期——自 1990 年资产泡沫破裂以来，日本就一直在这个噩梦中挣扎。

当通货紧缩降临时，物价不再上涨，而是会缓慢下跌。消费者推迟购买行为，等待更便宜的电视机或移动电话。而当消费需求停滞时，经济增长会戛然而止，进而加剧价格的下行压力。和其他经历过经济奇迹的亚洲国家一样（包括韩国在内），日本也曾在 20 世纪 80 年代的繁荣鼎盛期出现过度投资，导致大规模的供给过剩现象：工厂、办公室、百货商场，无不遭遇供大于求的现象。而在经济增长放缓时，供给过剩必然对价格上涨形成抑制作用。在这些战后创造经济奇迹的国家中，只有日本跌入通货紧缩的漫漫长夜中：在 1990 年的经济繁荣终止以后，消费品价格便开始持续下跌，与此同时，经济增长率始终徘徊在 1% 的水平。

事实上，这种恶性的紧缩性周期很难止步。当价格下跌时，人们会对价格形成进一步下跌的预期。对经济管理者来说,要结束螺旋式紧缩周期,让消费者重新开始花钱,唯一的方法是让中央银行向经济注入足够的流动性,以此说服公众:价格即将上涨,市场将再度火爆。反击通货紧缩,这正是日本央行多年来一直追求的目标。

恶性通货紧缩难以根治的另一个原因,是价格下跌对债务人的影响。当物价下跌时,每一美元、每一日元、每一元人民币都相当于拥有了更大的购买力,但债务人的负债金额没有变化。这就产生了一种逆向选择:习惯于欠债不还的债务人,不得不用越来越值钱的货币偿还贷款。正如美国经济学家欧文·费雪(Irving Fisher)在"大萧条"高峰时所言:"债务人还得越多,他们就欠的越多。"至于很久之后日本和中国香港地区经历的紧缩性螺旋式上升,同样因货币坚挺和债台高筑而持续不断。

但是,过度担心日本式紧缩也会带来问题。并非所有通货紧缩周期都会带来日本遭遇的问题。通货紧缩还有好的一面。在《伟大的浪潮》(*The Great Wave*)一书中,布兰迪斯大学历史学家大卫·哈克特·费舍尔(David Hackett Fischer)回顾了美国及多个欧洲国家自11世纪以来的经历,对价格处于稳定或下跌状态的长波进行分析。他发现,在很多情况下,通货紧缩时期往往伴随着经济的高成长。在带来良性结果的紧缩性长周期内,价格下跌的动因并不是消费需求受到持续强化的冲击,而是供给的持续增长。

这些良性通货紧缩的长周期均发生在20世纪30年代之前,而且动因都是由于技术或制度创新降低了消费品的生产成本和分销费用,进而在较长时期内压低这些商品的零售价格。实际上,这些阶段性紧缩的出现,往往与新技术的良性投资潮不期而遇,譬如蒸汽机、汽车、互联网。

我们不妨看看几个良性通货紧缩的例子:17世纪的荷兰,通过开辟新的贸易通道,进行金融创新,创造了一个没有通货膨胀的黄金时代。在这个世纪,荷兰的经济规模整整翻了3倍。在18世纪末和19世纪的"工业革命"时期,英国也经历了一段同样的时光,蒸汽机、铁路和发电等技术的发明,降低了从面粉到服装等所有商品的生产成本,手工生产的面粉全部交给机器化的面粉厂。在这个时期,英国的消费品价格降低了一半,而工业产量则增长了7倍。实际上,在这段时间里,只有拿破仑、克里米亚和普法战争，曾短暂打断消费品价格的下跌趋势。

20世纪20年代，美国也迎来了良性紧缩。当时，美国经济的年均增长率曾接近4%，汽车、卡车等有助于节约劳动力的新机器和新设备的出现，降低了食品、服装和家具等各类消费品的价格。在近期历史中，尽管通货紧缩在全球和国家层面已基本消失，但几个特定行业里还是出现过极为典型的良性通货紧缩，如高新技术行业。在这个领域，随着硅谷在90年代中期不断推出的创新及这些创新的逐渐普及，消费者不仅能享受越来越强的移动计算功能，而且支付的价格也越来越低。这也对其他消费品的价格产生制约效应。

需要强调的是，尽管低通胀率通常是好事，而高通胀无一例外是坏事，但是对于通货紧缩，我们不能一概而论。我们不能简单地判定消费品价格紧缩本身到底是好事还是坏事。最能说明这个问题的例子，莫过于美国19世纪70年代到1914年一战爆发这段时间所经历的长期繁荣。在这段时期的前半段，美国的年均通货紧缩率为3%，后半段则出现了3%的年均通胀率。纵观整个时期，美国GDP迎来了年均3%的强势增长。

尽管通货紧缩已不再是全球经济的主流态势，但它注定会以不同的形式存在下去，出现在世界的某个角落。诚然，就我们所知，部分大国（譬如日本）在战后时期也曾遭遇过持续多年的通货紧缩，但正如德意志银行在其研究中得出的结论，迄今为止，在任何一个既定年份，还没有爆发过全球性的通货紧缩。同样，我们也没有理由相信：通货紧缩的零星出现会给经济增长带来负面影响。

当全球都在为通货紧缩和日本迷局而忧心忡忡时，国际清算银行（BIS）在2015年初进行的一项研究中，也不经意间得出了这样一个出乎意料的结论。根据战后时期38个国家的经历，BIS发现，长期的消费品价格紧缩确实非常罕见，但持续一年左右的短期紧缩并不难见到。就总体而言，这38个国家合计至少出现过100次短期性的通货紧缩。就平均水平看，他们在通货紧缩期内的GDP平均增长率略高一点，达到3.2%，而他们在通货膨胀期的平均GDP增长率为2.7%。在紧缩年份出现经济高增长的国家中，既有发达国家，也有新兴市场国家，比如1970年的泰国，1987年的荷兰，

1998年的中国，2000年的日本，2013年的瑞士。至于紧缩年份对应的轻微增长优势，在统计上并不具有显著性，而且国际清算银行的研究人员也确认，没有明显证据表明，通货紧缩对经济增长到底是有利的还是有害的，具体影响取决于造成通货紧缩的原因。

这就引出了一个不得不面对的问题：哪些是供给驱动的良性紧缩，哪些是需求驱动的不良紧缩？最诚实的回答就是拒绝回答，因为这个问题显然难以回答，它需要深刻解析供给与需求两股力量的较量。这个问题的关键点在于，既然紧缩本身不算褒义词，那么，人们在心理上会倾向于认为，任何含义的紧缩都不利于经济增长。然而历史数据并不支持这个结论。以2015年为例，全球消费需求疲软不振，新兴市场国家债务高企，二者都算是显而易见的不祥之兆，但同时也出现了良性通货紧缩的迹象。例如，造成通胀率下降最重要的诱因之一，是全球石油价格暴跌。这给所有消费品带来了连锁反应：2014年中期，油价从每桶110美元开始一路下跌，到2015年初，油价已降至50美元。出现这种现象的原因是多方面的：需求不振带来的消极影响（尤其是中国的消费需求持续低迷），新页岩油和新勘探带来的积极影响，似乎在一夜之间就完成了美国的经济复兴。席卷全球的紧缩态势，其间既包含着有利的紧缩要素，也有不利的紧缩成分。尽管不能一概而论，但已经有很多人提出，应该适时放弃固有思维，转过头来，应对通货紧缩带来的新威胁。

物价不能代表一切

这种观点忽略了一个事实：在过去的几十年里，我们的世界已发生翻天覆地的变化，不再是原来那个世界。通货膨胀与紧缩之间原有的更迭模式已不复存在，取而代之的是更稳定、更克制的通货膨胀。消费品价格总体的波动性大不如前，而且与其他价格类型相比，消费价格作为经济形势变动信号的重要性也在日益下降。目前，房地产及股票市场与经济衰退之间的关联性持续强化，资产价格（尤其是股票和房地产价格）变动的重要性正在日益提高。

资产价格重要性的提升，源于2008年之前全球化进程的加速。在过去30年里，随着全球贸易及技术进步的提速，生产商的触角已然可以触及全球每一个角落，他们四处寻找生产消费品所需要的廉价劳动力。而消费者也在利用互联网，寻找最便宜的商品，从衬衫到锯条，全都能在互联网上找到。于是，买卖双方的力量共同造就了稳定的消费品价格。

但全球化对资产价格的影响截然不同。它为本地市场打开了一扇与世界沟通的窗户，将本地资产展现给全世界的潜在买家。随着更多买家竞相买入股票或房地产，这些资产的价格自然水涨船高，价格开始进入上升通道，并呈现更剧烈的波动性。目前，外国投资者已成为三星电子和现代汽车等韩国大公司的主要持股者。与此同时，海外买家也是推动高端房地产价格上涨的主要力量，在孟买、纽约、伦敦，很多高档住宅被外国人揽入怀中。这些因素往往会导致资产价格失稳，进而造成更频繁的价格波动。而资产价格的暴涨，往往是山雨欲来之前的不祥之兆。

在最近几十年里，每次大规模的经济震荡均以资产泡沫的破裂为开端。在1990年日本经济崩盘及1997~1998年亚洲金融危机之前，房地产及股票价格均曾掀起一轮狂飙。20世纪90年代末，美国股票市场经历了一场超常规的火爆。2000~2001年，股市大崩盘随之而来，进而引发一轮短暂的全球经济衰退。在此后的复苏时期，美国再次引领全球资产市场，房产及股票价格触底反弹，再度回升。进入2008年，两个市场重新跌入低谷。随后，全球经济遭遇重创，陷入无止境的衰退陷阱，迄今仍在泥潭中挣扎。

通常，房地产或股票价格的暴跌会给经济带来冲击，因为这些资产的价格出现下跌，往往意味着真实财富减少。当人们意识到自己不再如从前富有时，就会缩减需求，减少支出，最终导致消费品价格下跌。换句话说，资产价格暴跌可能触发一轮恶性的消费品价格紧缩，这就是我们在日本看到的现实——20世纪80年代吹起来的房地产和股票泡沫，在1990年突然破裂，导致两种资产的价格进入长期下行通道，使消费品价格长期走低。此外，美国在20世纪20年代也曾出现过类似景象。当时，极度乐观的情绪推动股票市场一路上扬，1920~1929年，股价上涨了250%。随后，股市崩盘，股价一泻千里。在"大萧条"最初几年，消费品价格持续紧缩。

因此，从资产价格之于经济增长的角度出发，我们最关心也是最关键的问题在于：资产价格上涨何时进入泡沫阶段，并开始危及经济增长？

这里有一个经验标准，即房地产或股票价格上涨得越多，下跌的概率就越大。历史经验表明，许多长期性的经济增长，最终都止步于房产价格暴跌，因此，房地产市场尤其值得关注。

总体而言，如果房产价格的增速在很长时期内快于经济增速，就该加倍小心。在2011年一篇有关全球债务危机的论文中，IMF对40个国家的76个极端性金融危机进行了分析。该项研究的结论是，在这些危机爆发之前，几个关键性指标通常都会上涨，其中就包括房产价格。房产价格的年均增长率通常为2%，但是在金融危机爆发的两年前，其价格上涨就开始加速，达到10%～12%。

2015年，奥斯卡·乔尔达（Oscar Jorda）、莫里茨·舒拉里克（Moritz Schularick）及艾伦·泰勒（Alan M.Taylor）合作发表了一篇论文，阐述日渐泛滥的房地产泡沫问题。他们对17个国家170年的历史数据进行研究后发现，房地产泡沫的影响正在持续增强并逐步蔓延。在二战之前出现的52次经济衰退中，仅有7次造成股票或房地产市场泡沫的破裂，而在二战后的62次衰退中，有40次出现房地产、股票市场的崩盘，比例已接近2/3，关联性显著加强。

这篇论文还提出一系列判断资产泡沫后续影响的衡量指标。总之，房地产泡沫从形成到破裂所经历的时间要长于股市泡沫，这主要是因为股票价格的波动性高于房产价格。虽然与股市泡沫相比，房产泡沫不太常见，但一旦出现，其后果更为严重，也更可能招致经济衰退。无论是房产还是股票，当价格大幅超过长期趋势线（根据3位作者提出的标准，相当于价格涨幅超过一个标准差）后，如果随后的下跌幅度超过15%，就意味经济即将出现严重滑坡。

如果吹起泡沫的资金源于借款，其后果将更为严重：债务会显著加大衰退的幅度和长度。如果引发衰退的泡沫并非负债吹起，那么5年后，经济规模将比出现泡沫前减少1%～1.5%。如果出现负债引发的资产泡沫，即投资者用负债大举投资股票市场，那么5年后的经济萎缩幅度将是 4%。而负债带动的房地产泡沫，其 5 年后造成的破坏力将更为严重，经济总量的衰减将高达 9%。

2015 年，很多经济学家发出警告称，全球正面临一场新型的大灾难——日本式的通货紧缩。他们认为，为了应对消费品价格上涨速度放缓，包括美联储在内的各国央行，应着力维持接近于零的利率，避免全球经济陷入难以修复的紧缩周期。面对那些认为通货膨胀依旧是当今世界主要威胁的怀疑论者，这些经济学家和许多主要国家的央行行长一样，坚称消费品价格的停滞足以表明，通货膨胀已不复存在。实际上，在这样的舆论环境下，我们更要关注资产泡沫膨胀。

如果我们接受资产价格通胀的威胁，那么就必须承认，通货膨胀的风险确实还未彻底散去。回顾过去 200 年的历史，没有一个主要国家的中央银行制定过零利率，哪怕只是短期的零利率。在进入 21 世纪之后，美联储成为开天辟地的第一家，同时引来其他国家的银行纷纷效仿。这些宽松货币引发一轮用负债购买金融资产的狂潮，于是，美国出现了股票、债券、房地产 3 种主要资产价格一齐上涨的局面。这样的繁荣不仅前所未有，也不正常。宽松货币政策的支持者自然有他们的理由——股票价格在 2000 年创下历史新高，房产价格在 2007 年登上史上最高点。这的确是事实，但他们没有看到整体经济的现状。

回顾过去的 50 年，美国股票的估值仅在不到 10% 的时间里超过当前水平，债券和房产价格也几乎同时处于历史最高位。在美国，股票、债券、房地产 3 种主要资产当前的综合估值是 50 年内的最高点。简而言之，如果我们将 3 个市场综合为一个市场考虑，那么这个泡沫之大，已远非 2000 年和 2007 年的泡沫所能及，而后者无一例外地招致经济衰退。然而，在总结过去的教训时，美联储给出的解释几乎一样：消费品价格没有出现上涨，就说明经济中不存在通胀风险。

今天，美联储的观点获得了全球央行行长们的一致赞同：他们的天赋职责是维持价格稳定，但这种稳定仅限于消费品，至于资产市场如何兴风作浪，与他们毫无干系。这种观念显然需要改变。当下贸易流及货币流的水平已非战后初期所及，虽然这会遏制消费品价格，但也会推高资产价格。

因此，二者兼顾理应成为央行的目标。而今，我们该适时认清一个无法回避的事实：股票和房产价格的暴涨，很可能成为经济调头而下的前兆。

就总体而言，消费品价格的低通胀确实为经济企稳提供了不可或缺的支持，这是一个普遍性的规律。在任何时期，伴随高通胀的高增长都不可能持续。反之，如果消费品价格缓慢上涨，甚至因供给方的积极变化或良性紧缩而维持稳定，高增长就可能长久维系。而资产价格紧缩则不同，它几乎无一例外地会成为经济衰退的噩兆，而且通常以房产和股票价格的快速上涨为先导。在当下的全球化背景下，跨境贸易和货币流往往会制约消费品价格，但也会放大资产价格，因此，我们不仅要关注洋葱的价格，更要关注股票和房产价格。

第8章 便宜就是好事

你觉得这个国家便宜还是昂贵?

CURRENCY

要准确判断货币危机的起点和终点,务必以本地人为准。当一个国家陷入危机或转向复苏时,本地人必定最先感知到。

第 8 章 | 便宜就是好事

2010 年，巴西还是世界上最炙手可热的经济体之一，那时我听人说，来曼哈顿购物的巴西游客租用集装箱做购物袋。如此的挥霍与放纵，恰好说明巴西货币雷亚尔的汇率出现了问题。剔除通货膨胀因素，当时的巴西雷亚尔对美元的汇率已升至 40 年以来的最高位。来自巴西的富有商人和社会精英，从圣保罗和里约热内卢涌到曼哈顿，疯狂购物、参观展览、购买上东区的公寓留作歇脚之地。对他们来说，所有在纽约出售的东西，似乎都是折扣很大的便宜货。于是，为了接待络绎不绝的巴西顾客，纽约的酒店都开始雇用会说葡萄牙语的门童。在纽约约翰·肯尼迪国际机场，办理登机的柜台前人头攒动，前行缓慢，因为前往里约热内卢和圣保罗的乘客几乎无一例外行李超重或购物太多，导致他们必须在登机前缴纳额外费用。尽管美国的人均收入高出巴西 5 倍，但巴西的精英阶层还是感觉，到了纽约，他们就是这里的国王和王后。

由于币值被严重高估，巴西经济实际上已彻底失衡。这个国家是铁矿石和大豆等原材料的主要出口国，而在进入 21 世纪后，这些大宗商品的价格均大幅上涨。大宗商品价格的上涨不仅仅只推高了巴西雷亚尔的货币价值，南非和俄罗斯等其他大宗商品出口国的货币也未能幸免。对于这些国家的游客来说，坚挺的货币让曼哈顿变成一个卖便宜货的大仓库，但对于到圣保罗和莫斯科的外国人来说，一切又都贵得难以承受。在这里购物，不管是一杯咖啡，还是公司的股票，甚至是一家工厂，他们首先要把本币换成非常昂贵的巴西雷亚尔或卢布。

要理解一个国家的经济前景,首先要回答一个关键问题:你感觉这个国家的商品贵贱如何?如果某国的本币被严重高估,就会促使本国人和外国人将资金向国外转移,这最终会削弱国内经济的增长潜力。相反,便宜的货币则会吸引资金通过出口、旅游或其他渠道进入这个国家,进而推动该国经济的增长。不过很多政治领袖似乎不愿接受这个规律,他们更愿意看到强大的货币。在他们的心目中,强大的货币源于强大的经济,只要有强大的经济,就足以吸引全世界的资金蜂拥而至。当这个国家开始吸引以汇率套利为目标的投机性热钱时,本地和外国的投机者就开始购置股票或债券等资产,不过,这不是因为他们相信该国经济或企业的强大,而是因为他们认定,至少在短期内,货币升值会提高这些资产的价值。这种赌注会在一段时间内变成自我实现的预言,热钱进一步提高货币的升值压力。反过来,本币升值又会削弱出口,打击企业的长期投资热情,进而对整个经济造成全面打击。

货币贬值并不能保证一个国家实现增长,只有币值稳定在一个更具竞争力的水平时,增长才会随之而来。但是,许多国家习惯于将强势货币等同于光明的经济未来。这些错误认识在12世纪亨利一世(King Henry I)统治英国时尤为突出。1124年,出于对英镑贬值的震惊及对相关人员参与合谋的怀疑,亨利一世将近100名皇家指定的货币兑换人召集到温彻斯特皇宫。按照史学家尼古拉斯·梅休(Nicholas Mayhew)的说法,这是"一个以提振信心为目的而精心设计的公开场合",随后,国王对所有人给予阉割处罚,还有几个"幸运儿"被砍去右手。今天,对于导致货币出现某种变动趋势的成因及如何应对这种变动,人们的理解深入了一点,但还远未达到应有的深度。

为什么便宜只是一种感觉

我们将有关货币的关键问题归结于感觉它有多便宜,这样的分析似乎有点肤浅,不过,除了与其他货币的相对价值比较之外,我们确实也找不到更好的办法。但衡量货币价值的过程,远比这种比较复杂得多。假如现在可以用 3 个巴西雷亚尔兑换 1 美元，但是明年要用 4 个雷亚尔才能换 1 美元，那么我们就会感觉 1 雷亚尔能买到的东西越来越少，即巴西雷亚尔出现贬值。但事实未必如此，通货膨胀可以在一定程度上抵消贬值带来的影响，甚至是完全抵消。如果巴西的物价上涨速度超过美国，我们就会感觉雷亚尔越来越值钱。

因此，如果我们不修正通胀率的话，就不可能精确测算一种货币的价值。但是，在衡量巴西雷亚尔的价值时，我们不仅要和某个贸易伙伴（比如美国）的货币价值进行比较，还要与所有贸易伙伴（从美国到中国）的货币进行对比，以这些国家的不同通胀率进行修正，这就会导致货币价值的测算难上加难。这样的计算显然太复杂，由此得到的货币价值也不准确。12 世纪亨利一世解决币值问题的手段，确实过于残忍血腥，其实，当时英镑疲软的主要根源还是在于市场，而且极有可能是灾荒造成食物价格过高。不幸的是，货币兑换中间人最后成为替罪羊。国王和他的亲信们并不知晓，通货膨胀也会侵蚀货币的价值。

然而，在 9 个世纪之后，我们依旧要为如何消除通胀及其他变量对货币价值的影响而发愁。即便是最高深的货币专家也不得不承认，无法找到所有人都能接受的、可靠的货币价值计量标准。目前，全球外汇市场每天注入的货币超过 5 万亿美元，因此，如今大多数贸易商根本不考虑货币估值问题，而是更倾向于买入高利率国家的货币。对此，我们团队的一位资深货币分析师指出："在对货币估值时，什么都没有用。"

目前最常用的货币估值指标为实际有效汇率（REER），该指标根据主要贸易伙伴的消费品价格通胀率调整一国货币的价值。还有一些指标则依据不同通胀指标对货币价值做出调整，如厂商价格、劳动力成本及人均收入增长率等。这些指标也是深奥莫测的"巴拉萨-萨缪尔森"（Balassa-Samuelson）汇率评价法的基础。各种方法之间大同小异，这里需要强调的一点是，外汇分析师选择何种方法，完全依赖其主观判断，其结果也自然各不相同。比如说，在 2015 年初，由于全球石油价格暴跌，按大多数指标计算的俄罗斯卢布均出现大幅贬值，但是按劳动力成本指标计算的卢布反倒出现升值。因此，人们对货币价值认知上的混乱并不意外。

为澄清币值问题，部分专业机构曾试图建立指数，对各国货币的价值进行排序，将货币和一切有关联的东西进行比较。这类指数的鼻祖，无疑是《经济学人》（*The Economist*）的"巨无霸指数"（Big Mac Index）[①]，以麦当劳快餐店里出售的巨无霸汉堡作为货币价值参照对象。后来，又有其他分析师用星巴克的咖啡（"中杯鲜奶咖啡指数"）或其他全球出售的商品进行价格比较。德意志银行每年都会发布一份名为《世界物价地图》（*Mapping the World's Prices*）的报告，该报告采用若干标准进行币值比较，从"iPhone 6"、李维斯经典"501"系列牛仔裤的当地售价，到当地用在周末约会、理发的费用，五花八门。但他们也承认，这种参照物的选择存在较强的主观判断。2015年报告的结论是，由于美元日益坚挺，消费者在欧洲和日本购物时，会感觉比一年前便宜很多，至少美国人会有这种感觉。

感觉货币的价值，是一种无可奈何又无法规避的主观智力游戏，但对于利用抽象模型得到的精确数字，务实者会让你以理性的态度去看待它们。实际上，任何一个国家的价格在感觉上都不同，这种感觉取决于游客来自何地。当然，有些读者或许不赞同这样的看法。然而，同样是在巴西购物，使用美元的美国人就是会比使用欧元的欧洲人觉得巴西的东西更贵，也会比使用日元的日本人觉得更贵。这种感觉确实没有错，但从总体上看，如果一种货币升值，那么，它往往会对大多数主要国家货币出现升值。

此外，在当下依旧以美元为主导的大环境下，对其他货币来说最重要的感觉是，它们相对于美元的贵贱来说如何。近年来，美国作为经济超级大国的地位有所下降——它在全球GDP中占据的份额已从1998年的34%降到目前的24%，然而，它依旧是当今唯一的金融超级大国。美元仍然是全世界人民最喜欢持有的货币。在全球经济产量中，超过一半的国家在使用美元或与美元挂钩的货币。此外，由于美联储是美元的唯一控制者，它作为全球中央银行的地位似乎比以前更牢固。在全球11万亿美元外汇储备中，有近2/3为美元储备，几十年以来，这个比例基本未发生变化。根据

[①] 指用一国"巨无霸"汉堡以当地货币标注的价格，除以另一国"巨无霸"以当地货币标注的价格，再将该比率与实际汇率比较，低于实际汇率，表示第一国货币的价值被低估；反之，则表示该国货币被高估。之所以选择"巨无霸"汉堡，是因为这种商品在全球各地均有出售，且规格相同，因此，用"巨无霸"衡量当地货币的价值，便于进行国际间比较。

国际清算银行提供的数据，在全球87%的金融交易中，至少有一方银行使用的是美元。这个比例听起来高得离谱，却是千真万确的事实，因为大多数全球性的商业活动均以美元计价，即便是双方均不涉及美国人的交易也不例外。一家韩国公司在向巴西人出售智能手机时，更有可能要求顾客以美元支付，因为大多数人更愿意持有世界上最重要的储备货币。

货币价值的主观判断性自然而然地引申一个新问题：一国货币的竞争力到底多大，才便于政治家们操纵把玩（对他们来说，"竞争力"这个词应该等于"便宜"）。例如，在刚刚进入21世纪时，安卡拉的高层官员曾试图让全世界相信，如将当时剔除通货膨胀因素的货币价值与20世纪70年代时相比，土耳其里拉极具竞争力。然而，如果我们将这种分析的起点变成20世纪90年代，那里拉的价格会让人们感觉高得多，当然，这取决于来到安卡拉或伊斯坦布尔的外国人用什么标准衡量他们对里拉的感觉。在目前还找不到公认标准衡量货币价值的情况下，政治家们可以选择最能为他们提供佐证的标准。对局外人来说，他们只能相信自己的感觉，但感觉往往是正确的：如果你感觉街边咖啡店的普通咖啡卖得太贵，那么，这里的大宗交易肯定不会便宜。

我见过最极端的货币贬值，发生在1998年初的泰国。当时，亚洲金融危机正肆虐，按照实际有效汇率计算，泰铢在短短几个月里便贬值近50%。我当时正在负责世界银行东南亚地区事务，对曼谷进行了几次实地考察后，眼前的景象令人震惊：纽约和香港的银行家和分析师进出商场时，无不满载而归，在他们看来，曼谷的商品便宜得不可思议。在纽约需要花上1 000多美元的阿玛尼或菲拉格慕上衣，在这里只要几百美元就能买到。在曼谷的大街上，随处可见提着几套全新卡拉威铝合金球杆的业余高尔夫球手，当时的价格只相当于平时的一半。他们尽可毫无顾忌地采购，带回国内赠给亲戚和朋友，绝对不失为一份大礼。然而，就在近乎疯狂的购物狂潮中，一种更深层次的变化正在缓缓发酵。

亚洲金融危机之所以率先在泰国爆发，部分原因就在于泰铢以前过于坚挺，尤其是相对于其主要竞争对手而言。而由此带来的结果是灾难性的，泰国经济陷入全面停滞，失业率飙升3倍，房产价格直接减半。随后，一路狂跌的泰铢导致泰国人均收入按照美元计算减少超过1/3。一夜之间，泰国人的情绪发生彻底转变，昨天还是刚刚致富的新贵，今天便再次一贫如洗。不过，尽管泰国人觉得自己的腰包空空如也，但泰铢的断崖式贬值却让这个国家的商品不再那么贵。几个月之后，大量资金开始回流，这显然是经济回暖的好兆头。

危机引爆点：5年与5%

在讨论一个国家的发展前景时，第二个必须回答的问题就是：资金到底是在流入还是在流出这个国家？如果人们觉得这个国家的货币很便宜，而且经济形势还算健康，那么寻找便宜货的人就会把钱转移进来。如果货币便宜，但资金依旧在外逃，那只能说明这个国家的经济存在严重问题。例如，到2014年底，油价的暴跌导致俄罗斯卢布大幅贬值，但俄罗斯人每月向海外转移的资金依旧维持在数百亿美元的水平，他们担心俄罗斯的经济形势还会进一步恶化。在这种情况下，便宜已不再是好兆头。

我们可以通过IMF提供的国际收支平衡表（Balance of Payments）了解跨国的资金流动情况，该平衡表记录了合法流入及流出一国的货币量。在国际收支平衡表中，最需要关注的项目是经常账户，该账户可以反映一国的生产总值和消费总额。迄今为止，对大多数国家来说，经常账户中最大的项目就是贸易收支余额，即出口收入扣除进口支出后的余额。不过，贸易收支余额本身过于狭隘，不足以涵盖一个国家的对外债权及债务情况。因此，我们还需关注广义上的经常账户，即体现会影响支付进口款项的其他海外收入流，如本国人在海外向国内的汇款、外国政府的援助及向外国人支付的利息等。因此，经常账户可以反映，一个国家是否需要借钱才能满足其消费习惯。如果一个国家长期维持经常账户的巨额赤字，那么它就会积累大量没有能力偿付的债务。一旦债务达到某个临界点，这个国家就可能陷入金融危机。那么，这个引爆点到底会是什么？

我最开始对这个问题感兴趣，完全是因为2000年的一篇论文。当时正在研究高级经济学的美联储经济学家卡洛林·弗罗因德（Caroline Freund）

发布了一篇论文，他在文中指出，经常账户的增减往往表现出某种可预测的规律，即**如果经常账户赤字已连续上涨4年左右，且赤字总额与当年GDP之比的最高点达到5%，那么这就是经济形势转为恶化的信号**。一旦超过这个上限，赤字通常会迅速逆转，并自然回落，其原因不难理解：企业和投资者对该国的偿债能力失去信心，进而出现资金外逃，从而削弱了该国货币的价值，迫使其减少进口。随后，经常账户赤字进一步收窄，经济开始大幅滑坡，直至进口的减少让经常账户恢复平衡为止。

我进一步扩展了弗罗因德的研究，利用其结论分析金融危机的临界点，将研究范围拓展到所有国家。为此，我首先对1960年以来186个国家的数据进行筛选，随后对不同规模（3年期和5年期）的经常账户赤字进行检验，最后获得2 300个观察样本[①]。我们通过这项研究可以验证，当经常账户赤字持续处于高位时，最常见的结果是5年后出现经济衰退。如果过去5年的年均赤字相当于GDP的2%~4%，那么，经济衰退的幅度相对舒缓；如果年均赤字超过GDP的5%，经济就会出现剧烈衰退，导致随后5年年均GDP下降2.5%。

因此，这项研究为5%的标准提供了进一步的佐证。自1960年以来，经常账户赤字在连续5年内不低于GDP的5%的例子出现过40例。在这些案例中，无一例外在第5年出现经济衰退。在40个案例中，85%在随后5年出现经济增长放缓现象，而出现"某种形式"[②]危机的国家达到80%。增长放缓对许多国家造成冲击，无论是富国还是穷国，无一幸免，这其中包括20世纪70年代的挪威、韩国、秘鲁和菲律宾，80年代的马来西亚、葡萄牙、巴西和波兰，过去10年疯狂烧钱的西班牙、希腊、葡萄牙和土耳其。

归根结底，在5年间，如果一个国家的经常账户赤字每年均在GDP的5%高位上运行，那么，该国随后极有可能遭遇经济增长放缓，进而加大出现"某种类型"危机的概率。任何一个国家一旦进入这种状态，就说明它的开支已明显超过产出，且远高于其支付能力，因此，这个国家必须反其

---

① 在挑选样本时，我只选择了体量较大的经济体（在全球GDP中占据的比重不低于0.2%的国家），因为小国的经常账户受大额外来投资影响较大，赤字剧烈波动，会影响结果的可靠性。
② 在这里使用"某种形式"这个词，主要是参考了卡门·莱恩哈特（Carmen Reinhart）和肯尼斯·罗格夫（Kenneth Rogoff）对危机的定义，即危机可分为银行业危机、货币危机、通货膨胀危机以及债务危机等。

道而行之：增加产出，减少开支。如果经常账户赤字长期维持在GDP的3%或4%的水平上，同样也为这个国家拉响了警报，其经济和金融将出现问题，只不过还没有严重到迫在眉睫的地步。

当经常账户赤字长期低于GDP的3%这个临界点时，很可能是好兆头，但具体还要看导致赤字的资金流向何处。尽管所有赤字都是资金正在流出的标志，但如果这笔资金被用于购买生产性进口，比如修建工厂的机器设备，那么这种流出就可以形成推动经济的正能量。在这种情况下，为进口提供资金的贷款就是良性的生产性投资，有利于未来的经济增长。实际上，在我接触的新兴市场国家官员中，很多人已经认识到，低于GDP的3%的赤字是可接受的，但超过这个水平的赤字则应该警惕。在2015年华盛顿IMF春季会议上，一位来自印度尼西亚的高层官员指出，该国的中央银行目前认为，只要经常账户赤字触及GDP的3%临界点，就必须通过上调基准利率来遏制消费性开支，从而防止出现过度消费的现象。

经常账户赤字的风险取决于这个国家的钱花在什么地方。如果开支主要用于进口不利于未来经济增长的奢侈品，就会导致这个国家难以支付进口款项或偿还支持这些进口的贷款。判断一国资金主要去向的一个简单办法，就是看其赤字占GDP的比率是否与投资占GDP的比率一同增加。如果投资也在增加，那么，这至少可以间接说明资金并没有流向非生产性消费。

非理性繁荣

如果一国的经常账户赤字连续多年超过GDP的5%，就表明这个国家已处于风险之中，因为这种情况几乎都会招致严重的经济衰退。因此，这样的经常账户赤字尤其值得关注。尽管这种衰退的具体表现形式形形色色，但它们都有一个共同点：这些国家长期处于寅吃卯粮的状态，最终丧失偿还外债的能力。泰国就是典型写照。

20世纪90年代初，泰国人还在为他们的制造业出口能力沾沾自喜，认为泰国将像日本一样成为制造业出口大国。实际上，泰国的制造业在当时确实已成功转型，摆脱了对纺织品出口的依赖，开始为日本大型汽车制造商提供零配件，为个人计算机提供半导体，而且泰国人深信，他们注定会达成更大的目标。在泰国人的眼里，他们的富裕远不是本国人均收入水平可以诠释的，因为泰国的汇率政策是将泰铢与强势的美元挂钩。

坚挺的泰铢刺激了各种形式的消费，也让经常账户赤字持续增加的风险陡然增加。在此期间，泰国银行家们追求高端奢侈品牌的作风已人尽皆知。他们狂扫各种海外奢侈品，收集柏图斯酒庄的高档红酒，爱彼手表也成为他们的标配。更糟糕的是，泰国人开始以外币借款为他们的消费盛宴买单，这意味着一旦泰铢贬值，他们将无力偿还这些贷款。但是在20世纪90年代初，泰国人还对这样的风险不以为然。他们坚信，繁荣必将成为永恒，钉住美元的汇率政策将无限延续。除此之外，美元贷款的利率也远远低于泰铢贷款，这更坚定了他们借款消费的决心。

整个曼谷沉浸在妙不可言的盛景中，以至于所有人都对已经拉响的警报熟视无睹。现在回头再看，不祥的阴云当时已笼罩曼谷天空。对于借到的低利率美元贷款，泰国人不仅用来购买奢侈消费品，还用来购置本地的房地产和股票，从而将消费品和资产价格推高到不可持续的高位，而维持这个价格水平的前提就是强势泰铢。随后的历史人尽皆知。然而，泰国人还没有停下消费的脚步，一切似乎都没有发生。1990~1994年，泰国经常账户赤字占GDP的比率以每年7%的速度持续提高，根据经常账户赤字占GDP比率的临界值，我们可以得知，泰国已深陷危险区。

到1995年春天，美元对日元和德国马克等其他主要国家货币的汇率开始升值，由于泰国的汇率政策是泰铢钉住美元，泰铢随之升值。在此期间，泰国最重要的贸易及投资伙伴是日本，因此，衡量泰铢最重要的标准自然是日元。在随后两年里，以日元标价的泰铢变得极为昂贵，即便按照实际有效汇率计算，泰铢对日元的升值也超过50%，这严重打击了日本投资者的热情，进一步降低了泰国的出口增长速度。此时，泰国的经常账户赤字还在继续扩大，并且在1995年和1996年达到GDP的8%。各种传言开始流传，人们开始质疑泰国能否偿还巨额外债，曼谷的股票及房地产市场能否维持畸高的价格。很快，命悬一线的泰国金融便开始让本国及外国投资者恐慌，他们纷纷开始抽逃投资离境。

为抵御资本抽逃带来的失稳效应,泰国央行开始动用外汇储备,耗费数十亿美元回购泰铢,希望借此避免泰铢遭遇断崖式贬值。但随着外汇储备告罄,泰国央行不得不放弃抵抗,取消泰铢钉住美元的汇率政策。1997年,泰铢对美元贬值50%,于是,突然之间,所有泰国人无力偿还为购置房产和股票而借来的美元贷款。股票市场和房地产市场一路狂跌。为偿还外债,泰国迫不得已只好向IMF请求援助。几个月后,熟悉的一幕出现,多年以来的过度消费现在要彻底清算。正如已故的麻省理工学院经济学家鲁迪格·多恩布什(Rudiger Dornbusch)所言,痛苦"从来不会如我们想象的那么快降临,但它只要到来,就会以我们想象不到的速度迸发、扩散"。

土耳其的货币危机

当经常账户赤字占GDP的比率连续多年上涨时,债务规模日渐扩大,以至于无力偿还,这样的赤字就是要出问题的信号。在过去的几十年里,我们的世界一再遭受货币流感冲击。当疾病袭来时,投资者大举抽逃资金,撤离陷入危机的国家,引发同一地区或收入阶层的国家出现资金抽逃现象。尽管这些国家有可能偿还债务,但预期会导致投资者丧失信心。从某种程度上说,自20世纪70年代以来,连绵不断的危机始终在骚扰新兴市场国家市场。这些危机始终围绕着一种挥之不去的顾虑,即穷国迟早会无力偿还它们的负债。从1994年的墨西哥比索危机到1997年的泰国泰铢危机,再到2002年的阿根廷危机,再到其他大大小小、形式各异的危机,每一次危机都可以在下一次危机中找到自己的身影。在这个过程中,不计其数的国家成为无辜的受害者。

新兴市场国家陷入货币危机时,第一个征兆是投资者的大规模外逃,这在1997年泰国泰铢危机中表现得淋漓尽致。一旦出现危机的蛛丝马迹,投资者绝不会坐下去判断一个国家是否已面临严重的经常账户赤字,他们的唯一选择就是不加思考地抽逃资金。我们不妨看看最近发生的一个例子——2013年席卷新兴市场国家的货币流感。当时,投资者根本没意识到,问题的真正根源在于土耳其,而印度和印度尼西亚则是受外部危机所影响。

当时，印度和印度尼西亚的经常账户赤字徘徊在 GDP 的 2%~4%，它们唯一需要做的，就是将货币量减少 10%~20%，即能对赤字形成立竿见影的效应，因为两国货币最初还不是太贵。改变的方向至关重要，毕竟，印度和印度尼西亚的经济不像土耳其或巴西那样不堪一击，而后两者的货币已让人感觉非常昂贵，因而极有可能刺激更多的人去海外购物或投资，从而推动经常账户赤字持续扩大。但投资者显然没有时间做这样的判断，他们的唯一选择就是不加选择地逃离这些国家。在他们眼里，无论是巴西、土耳其，还是印度或印度尼西亚，没有任何区别。

但事实并非如此。当时危机最为深重的是土耳其，其经济结构几乎是为推高经常账户赤字而量身定做的。土耳其缺少几乎所有类型的自然资源，因此，它必须大量进口石油、铁矿、黄金、煤炭、铜及其他大部分原材料。此外，土耳其人还习惯于大手笔地进口各类制成品，从汽车到计算机，一应俱全。储蓄和节俭从来不是他们的信条，整个国家的储蓄率包括家庭、企业和政府储蓄在内，还不到 15%，即使在新兴市场国家中，这也是最低的储蓄率。也就是说，土耳其人需要大量的海外借款为他们的消费买单。由于其储蓄长期维持在低水平上，他们能用来进行本地投资的资金相对有限，而他们的工业也确实非常羸弱，这其中也包括土耳其的出口。虚弱乏力的出口行业，加上对进口石油及其他资源的严重依赖，使得经常账户赤字对土耳其来说已成为家常便饭。在 2008 年后的几年里，由于全球贸易趋缓，石油价格大涨，于是土耳其再次遭遇经常账户赤字快速飙升的困局。到 2013 年，土耳其成为唯一一个经常账户赤字连续 5 年超过 GDP 的 5% 的主要国家，显然，它的货币形势已亮起红灯。

去全球化

实际上，这次警报的强度和紧迫性远不像我们说得这么轻松。这个规则还有一项附注，即到底怎样才算已形成威胁的经常账户赤字，这个定义本身也在不断变化。所谓 5 年期的 5% 临界点，是基于近几十年货币危机的经验值，但这种模式被 2008 年全球金融危机彻底打破。这场危机让全球贸易增长戛然而止，并造成全球资本流动的大幅萎缩。在这样的大环境下，基本模式或许已发生变化。尽管我们生活在一个高度连通的世界里，全球贸易流的增长却遭遇大幅收缩。我们都知道，由于全球贸易对话的破裂，经济增长模式内敛化，同时中国已开始大规模推动零部件生产的本土化，因此，这种退化或将持续良久。

这种变化在业内得到普遍承认，这种认识的转变也引发了一场更广泛的争论，即全球化将在多大程度上让位于"去全球化"。只要全球其他货币流没有倒退，全球贸易放缓或许就不会带来多大影响，但遗憾的是，这个前提并不成立。由于经常账户赤字通常体现为过度的进口消费，因此，任何出现经常账户赤字的国家，只能以外币偿还其进口支出。而这种外币进入该国的形式，可以是外国银行的贷款、外国人购买的股票或债券、外国人对本地工厂的直接投资。这些资金流动在国际收支平衡表上归入一个单独的项目——资本账户。自2008年以来，该项目的枯竭速度甚至明显超过了贸易流的萎缩速度。

麻省理工学院经济学家克里斯丁·福布斯（Kristin Forbes）代表英格兰银行进行的研究显示，跨境资本流的水平已跌至几十年以来的最低点，而这个时段的起点恰好是最后一次全球盛宴的起步。这显然是一次惊人的逆转。1980年，全球资本流总额为2 800亿美元，不到当年全球GDP的2%。随后，中国实行对外开放，为全球贸易及海外投资者敞开大门，其他新兴市场国家紧随其后。这个新的开放性世界引发了一轮新的狂热，促使资本流动在2007年达到9万亿美元的最高点，相当于当年全球GDP的16%。随后，2008年全球金融危机突然而至，悲观情绪持续发酵。到了2014年，全球资本流动降至1.2万亿美元，再次回落到当年全球GDP的2%左右。如果仅从全球资本流动的规模上看，时间似乎再次退回到1980年。

如果你想跨国界转移资金，那么无论是银行贷款还是开曼群岛的地下钱庄，一切你能想象到的渠道都包含在资本账户之中。通常分析师和新闻报道关注的只是资本流动的某一方面，即国外投资者投资于本地股票和债券市场的资金。从技术角度看，那属于"投资流动"的一部分内容，而不是通常所说的"热钱"，因为股票和债券在通常情况下可以迅速出售变现。

这些资本流动均需要在公开市场进行交易，因而具有较高的透明度。但是，所谓的"热钱"，实际上只是资本流动的一个部分，就像克里斯丁·福布斯所说的那样，它是资本流动中最难以预料的部分。除投资流以外，资本流动的其他主要形式还有外国直接投资和银行贷款，而且近一段时间以来，银行贷款已成为资本流动中波动最大的成分。因此，银行贷款是名副其实的"热钱"。

此外，它们也是造成近期全球资本流动萎缩的罪魁祸首。全球资本流动的趋势之所以在2008年后发生逆转，最主要的原因在于，美国、欧洲和日本的大型银行将业务回撤到本国，减少了对海外的贷款。这种回撤在很大程度上是出于银行对新兴市场国家的风险考虑，但最直接的动因还是这些国家在2008年发布的新监管规则。例如，银行必须持有更多的自有资本，这至少在理论上可以提高银行抵御全球性危机的能力。在美国，美联储高管团队曾在主要投资银行办公室驻扎长达数周，现场监督这些投行是否遵守新规则，按照规定使用资产，确保外汇市场等各项业务不会出现过高风险。

在金融危机爆发前的2007年，全球性跨界银行资本流动迎来巅峰，达到当年全球GDP的4%，但在次年便大幅下跌并转为负数。《福布斯》杂志指出，这说明银行不仅不再放贷，甚至已开始清收贷款，将资金调回国内。由此形成的逆向资本流动至今尚未扭转，这种银行业的"去全球化"，将导致美国人和英国人越来越难从其他国家贷款，而他们对进口商品的口味也将难以支撑，而要找到为长期巨额经常账户赤字提供资金的债主更是难上加难。自1990年以来，美国的经常账户赤字与GDP的平均比率已达到3%左右，而英国约为2.2%。实际上，这也是当下所有存在巨额经常账户赤字的国家都要面对的现实，寅吃卯粮的时代恐怕已无法延续。

这些国家会发现，吸引资本流入，让它们以往的生活方式得以延续，正变得越来越不现实。这意味着，它们很快就无力支撑经常账户赤字，在以前它们不会觉得这是问题，而现在危机就在眼前。在全球贸易陷于停滞的大环境下，任何国家都难以通过赚取出口收入来维持经常账户的平衡。相反，每个国家都可能在不经意间坠入危机的深谷。在2008年以前，人们把赤字连续5年达到GDP的5%作为引爆危机风暴的临界值。进入后危机

时代,引爆点或许会来得更快,所需要的赤字水平更低,例如,印度或印度尼西亚的央行官员已多次表示,3%即可认为已达到触发危机的临界点。

"储蓄过剩"好不好?

实际上,在人们不再对全球化津津乐道、转而忧心"去全球化"之前,经济学家就已形成一个共识:**大多数国家都通过开放贸易获得了实惠,而开放全球资本流动带来的结果则喜忧参半,难做定论。**

在全球化风潮达到最高峰时,资本流动的增长程度,可以让所有国家透支未来,从而在不知不觉间坠入金融危机的旋涡。在1980年,一个国家的储蓄水平还与其投资水平密切相关:如果投资稳步增长,那么对大多数国家来说,储蓄就会持续增加。但在进入21世纪之后,这个关系开始发生变化。全球资本流动的增长每年可衍生数万亿美元的可用资金。所有国家无须为花钱或投资而勒紧腰带,因为它们可以轻而易举动用其他国家的储蓄。实际上,这也是全球资本流动最基本的源泉。简而言之,在这个资本流动天平上,一方是储蓄大国,比如中国,其经常账户盈余在2007年已达到GDP的10%;另一方则是会花钱不会赚钱的消费大国,譬如美国,其2006年的经常账户赤字占当年GDP的6%。前者拥有足够的储蓄,为后者的非生产性消费提供资金。然而,这个过程本身蕴含风险,汹涌的全球资本大潮可以让很多国家肆意消费,当支出远超它们的储蓄后,剩下的就是高高筑起的外债。

于是,追求节俭之风的传统美德,再次被人们拾起。国家储蓄的复活在经常账户中表现得最为明显——该账户衡量的是生产与消费的差额,而这个差额的本质实际就是储蓄。如果一个国家的消费超过其生产,就会出现经常账户赤字,这就是在侵蚀它的储蓄。目前,全球贸易持续萎缩,如果将经常账户赤字和经常账户盈余的绝对值总和定义为失衡量,那么,经常账户失衡量已减少6 000亿美元,总和降至2.7万亿美元,相当于全球GDP的1/3左右。这说明跨境流动的资金正在锐减。自2006年达到6%的最高点以来,美国经常账户赤字已减少一半多,降至GDP的2.5%。目前,这个国家对海外资金的依赖性已大大减少。欧元区 19 个成员的平均经常账户赤字在 2008 年达到 GDP 的 1.6%，但是到 2014 年，赤字已经转为盈余，达到 GDP 的 2.4%。在 2007 年遭受重创之后，国内储蓄与国内投资之间的关联性已恢复到 1980 年的水平。由此可见，所有国家都在加大投资，而且投资的大部分资金来自国内储蓄[①]。

在后危机时代，人们最大的顾虑之一，是由投资需求不足而造成的"储蓄过剩"（savings glut）。这种过剩由诸多因素引发，但其中最重要的两种力量，无疑是新兴市场国家的增长放缓及与此相关的大宗商品价格下跌。进入 21 世纪，全球投资占全球 GDP 的比重有所提高，但增长的投资全部来自新兴市场国家，而他们的经济增长在 21 世纪前 10 年中大幅下降。当下，经济增长的放缓，大大减少将这些储蓄用于修建道路或新兴市场国家其他有效投资的机会，而且其中很多国家恰好是石油或大宗商品出口大国。在 2009~2014 年，全球 1/3 以上的投资进入大宗商品市场领域，但是在 2014 年底油价暴跌之后，预计投资规模将大幅减少。

所有因素无一例外表明，经济增长的步伐在进入新时代后行将放慢，但它们也会带来更大的稳定性。许多国家已不再依赖于向陌生的外国人借钱消费，在资本（尤其是各种"热钱"）流动持续升温、货币危机出现日益频繁的背景下，自给自足的消费习惯无疑是一种强大的稳定力量。

危机来了，本地人逃得更快

尽管全球贸易流和资金流的快速膨胀在 2008 年金融危机后已趋于停滞，但许多政治家还是马上将各种形式的本地金融危机归咎于外国人。这种观点确实很常见，能招致货币危机的大规模资金流转换，确实掌控在全球金主手里。这些金主中，很多人也确实是在近几十年全球化的鼎盛时期才登堂入室。至于他们当中最有实力的参与者，包括操纵对冲基金的金融大亨，各类投资公司的共同基金经理，投资于沙特阿拉伯等石油大国的主

---

① 从技术角度来说，储蓄的恢复体现为国内储蓄和国内投资在全球范围内的关联性，二者之间的关联度从 1980 年的 0.8 下降到 2007 年的 -0.1，但此后便逐步回升，目前已提高到 0.7。

权财富基金管理人,为全球数亿劳动者的储蓄提供理财服务的养老金基金。在这些新型金融机构身上,始终笼罩着各式各样的阴谋论。在许多人看来,他们拥有洞察万物的全知之眼,这有点像很多国家对CIA的印象——在信息来源上无所不知,在技术手段上无所不能,从而拥有可以影响甚至制造事实的能力。在他们面前,这个世界上的其他投资者只能甘拜下风。

但我的发现恰恰相反:在新兴市场国家,要确定货币危机的开始与结束,最好跟随本地人。一个国家何时处于危机,何时复苏,通常是本地人最先知道,他们也是最早采取对策的人。所谓的国际玩家,大多只是在跟风而动。

在新兴市场国家,当投资者对经济失去信心,开始出逃货币时,危机通常已经爆发。资金的大规模出逃会削弱本地货币的价值,导致国家无力偿还其外债。随后,这个国家只能向IMF请求救助。面对颓势,执政者马上会将资本外逃的责任推给外国人。这样的景象,已成为每一次货币危机上演时的标准剧本,如1997~1998年亚洲金融危机开始,马来西亚前总理马哈蒂尔曾怒不可遏地指责"罪恶""不道德"的外国投机者。新兴市场国家货币屡遭投机者攻击,如2013年的土耳其里拉、印度卢比和印度尼西亚盾等。实际上,将资本外逃之灾归咎于外国人的,不只是本国的政府,IMF等国际机构也持有这种观点。

这种观点看似合情合理,但它忽略了正常逻辑序列中的几个关键步骤。首先,从民族主义情结出发,对不道德的外国投机者进行攻击,无非是说本国人都是诚信的爱国者,而外国人都是狡诈的吸血鬼。这样的说法显然有悖于"卢卡斯悖论"(Lucas Paradox)。这个由诺贝尔经济学奖获得者罗伯特·卢卡斯(Robert Lucas)提出的理论对如下观点提出了质疑:富国追逐新兴市场高成长和高回报的行为,将导致货币倾向从富国流向穷国。卢卡斯指出,在新兴市场国家,富有的本国人也有动机将资金转移到更富有的国家,而且只需更可信的机构和更安全的投资工具,如美国债券,他们即可实现这个目的。

我的研究也验证了卢卡斯的观点:从有数据记载的1995年开始,新兴市场国家的投资者就一直在输出资本。针对21个主要新兴市场国家的跨界资本流动数据显示,在每个年份,本地投资者都是本地股票市场的资金净流出者。新兴市场国家的本地人确实以本国投资为主要对象，但他们对本地股票的操作通常卖出多于买入。与此同时，外国人在新兴市场国家买入的股票通常多于卖出。因此，除2008年及大规模资本外逃的2015年之外，外国人每年都是净买入者。这丝毫不值得大惊小怪：无论外国人还是本地人，都需要通过分散投资降低风险。因此，发达国家的投资者要拿出一部分资本，投资于新兴市场国家的高收益资产，而新兴市场国家的投资者从追求安全性的角度出发，也会投资于发达国家。驱动投资者转移资金的动机，是出于对自我利益的维护，是为了追逐更多的利润，而不是出于爱国主义情怀，或是制裁其他国家。

实际上，我本人的研究也表明，在过去的20年里，12个主要新兴市场国家爆发过重大货币危机，在其中的10次危机中，本地投资者都是先于外国人向海外转移资金。在货币价值达到最低点时，外国人确实在抽回资本，而且其资本外逃的规模也超过本地人，但他们绝不是领头羊。相反，他们只是跟随先知先觉者顺势而为。在12次重大货币危机中，有8次是外国人在货币触及最低点时抽回对当地的投资——要求债务人偿还贷款，或清空股票及债券。因此，外国人很少通过预见危机而大赚一笔，相反，他们大多在谷底退出且损失惨重。

我猜想，资本外逃始于本地人，可能是因为他们更了解当地市场。在趋势形成很早之前，他们便有机会获取非正常信号，比如，企业经营艰难，破产率大增，而在趋势为官方数据所验证时，一切都为时已晚。大型海外投资机构依赖的信息源只能是这些官方数据。国际收支数据也表明，在1994年墨西哥金融危机期间，本地投资者很早就开始抛出比索，买入美元，而直到18个月之后，墨西哥比索钉住美元的汇率政策轰然崩盘，比索才突然开始剧烈贬值。在1998年8月爆发的卢布危机中，俄罗斯人早在卢布贬值两年之前，已开始向国外转移资金。

此外，精明的本地人往往也是最早的回归者。在上述12次重大货币危机中，当本币触底反弹时，本地人有7次是先于外国人回流资金、赚取汇差。这种规律还体现在另一方面：大型跨国投资者掌握的信息，远不及他们的自我感觉，而本地人的聪明程度远超外国人的想象。

此外，在国际收支平衡表中，资本账户也能为我们提供很多信息，反映本地资金外逃的巨大规模。当本国人开始将国内银行账户中的资金转向巴哈马群岛，或利用其他退出渠道抽逃资金时，在国际收支平衡表中，这部分抽逃资金表现为巨大的资本外流。以近期的俄罗斯为例，早在 2014 年底石油价格大跌、经济即将陷入危机之前，其资本外流的规模就已达到令人瞠目结舌的地步。俄罗斯资本账户的变动情况表明，本地人在 2012 年和 2013 年已开始向国外转移资金，每年抽逃资金的规模达到 600 亿美元。2014 年，这种资本外流增加到 1 500 亿美元，已超过 GDP 的 8%。为维持卢布的稳定，俄罗斯央行在当年向市场抛出超过 1 000 亿美元的外汇储备。

此外，富有的本地人及本地企业还通过非法渠道出逃资金，这些资金只能被计入国际收支平衡表的"差错和遗漏"项目。解开这些隐秘资金的秘密，近来已成为很多经济学家最好奇的游戏。根据德意志银行的研究，目前有足够理由认为，在秘密流出俄罗斯的资金中，很大一部分流向了英国。英国之所以成为俄罗斯寡头企业家最喜欢的资金目的地，部分原因在于英国拥有相对宽松的税法及金融管制。因此，只要更多资金以"误差和遗漏"项目的非常规渠道流出俄罗斯，就有更多的资金通过这种渠道流入英国。据称，2014 年，在土耳其"误差和遗漏"项下毫无征兆出现的超过 90 亿美元的资金流入，就来自俄罗斯。当时恰值俄罗斯与乌克兰之间的冲突持续发酵，卢布大幅贬值，因此，为避免手里的货币因国际社会制裁俄罗斯而受到影响，俄罗斯人选择了转移资金。这种资金流出对俄罗斯来说显然不是好事，但对土耳其而言却是一个好兆头。尽管流入方式不合法，但资金毕竟可以为土耳其人所用。

大公司和富豪自然不缺少资金外逃的手段，但其他人同样也能找到出逃路径。2013 年中期，货币贬值大潮席卷了印度尼西亚、巴西、土耳其等众多新兴市场国家，由于担心本币贬值带来的损失，当地人采用多种资金外逃方式。印度人开始大规模以卢比购买黄金，每季度的兑换总额高达数百亿美元。普通土耳其人则在银行门前排起长队，将储蓄从里拉兑换成美元，最多的时候曾有数百万人排队等待。在 2013 年下半年，土耳其里拉贬值 20%，而里拉换美元的总额达到 220 亿美元。

这不是本地人第一次预测发展中国家即将爆发的重大变迁。在风雨飘摇的20世纪90年代，新兴市场国家的本地投资者就有大规模的资金外逃，以逃避政策因素带来的风险，如政府征收、税负加大、通胀造成的经济失稳或增长波动。由于很多政府均制定政策，对资金流出进行限制，因此，公司和富人往往会寻找被纳入到"误差和遗漏"项下的间接资金输出渠道。

2000年之后，随着新兴市场国家的经济乱局趋于平稳，在普京、卢拉和埃尔多安等人的领导下，金融恢复了秩序，本国人再次急于判断形势的走向。于是，数百亿美元回流国内，进入印度尼西亚、南非和巴西等国，而且大部分资金是沿着外逃路径原路返回。2002年，国际市场有传言称，在选举中表现出明显左派激进风格的卢拉，有可能选择对巴西外债进行违约。但巴西人根本不关心卢拉在竞选过程中所说的话，他们更在意卢拉政府最有可能采取的策略：遵循正统的经济治理政策。此外，此前3年已贬值过半的巴西货币，也让人感觉非常便宜。考虑到资金输入和输出量有严格控制，急于买进雷亚尔的巴西人涌入黑市，他们不愿支付正式外汇交易所收取的兑换费用。本地人的信心阻止了本币的进一步贬值，而这预示着经济反弹即将到来。

我们再看看2015年春天的布宜诺斯艾利斯。当时，阿根廷央行的官员曾在一次私人会晤中试图让我相信，阿根廷比索的黑市价格已经透露出一个积极的信号。他们认为，尽管黑市的汇率低于官方汇率达40%，但这已经比一年前50%的差距大有改观。但我看到的不止于此，黑市的行情表明，阿根廷人对政府的经济重整政策依旧缺乏信心。从货币角度看，只有比索进一步大幅贬值，才能让国人相信，他们的国家或许会再次崛起。

让货币流动起来

尽管本章的核心观点认为，便宜而稳定的货币是经济向好的信号，但我们似乎一直在讨论货币危机，而危机意味一个国家已走到转折点。**对于一个陷入货币危机的国家，预示转折的最强烈信号，是经常账户出现反弹，从赤字转为盈余。**经常账户的盈余表明，该国的货币有可能稳定在一个富于竞争力的低汇率上，这不仅有助于刺激出口，还会迫使本国人减少进口。危机正在消逝，经济或将摆脱不振，再次开始增长。

1997~1998年亚洲金融危机与2010年欧洲危机之间的惊人相似，足以说明这一点。和近几十年的其他货币危机一样，这两次危机在损失程度及扩散方式上如出一辙。回顾1997~1998年，随着货币危机不断扩散，从曼谷蔓延到雅加达、首尔和吉隆坡，投资者纷纷撤资逃离，货币出现大幅贬值。危机在印度尼西亚陷入最低谷，印度尼西亚盾的贬值幅度达到80%，从2 500盾兑换1美元狂跌至16 000盾兑换1美元。几乎变成废纸的盾使得有些银行无力应对蜂拥而至的兑换业务，因为他们的计算机没有为盾的币值设定5位数的操作程序。反过来，货币崩盘又导致该地区股票的美元价值大幅下挫，在股市陷入最低谷时，受冲击最严重的4个亚洲股市的市值总额已跌至仅有2 500亿美元。总体上来说，在泰国、印度尼西亚、韩国和马来西亚这4个国家，股市在短短几个月里一泻千里，此时，它们全部上市公司的市值总和，甚至不及通用电气一家公司的市值。尽管这也是全球市场泡沫化严重造成的结果之一，但如此低的股票估值足以表明，整个国家让人感觉便宜至极。造成这种感觉出现的很大一部分原因，在于其廉价的货币。毫无疑问，转折点即将来临。

亚洲货币危机的规模之大，影响之深，其实并非偶然。回顾1990年，重新审视新兴市场国家在当时经历的货币风暴，我发现，处于这场风暴中心的国家——比如1994年的墨西哥和1997年的墨西哥，随着货币大幅贬值，以美元计价的股票价格总体下跌85%，而在整个被危机波及的地区，股价平均跌幅达到65%。对于在欧元区外围国家率先爆发的欧元危机，其危机的演进模式基本大同小异：在危机的爆发地希腊，股票市场最大跌幅达到90%，随后，暴风雨逐渐蔓延到欧洲大陆的其他外围国家，包括葡萄牙、爱尔兰、意大利和西班牙，这些地区的股票市场平均跌幅达到70%。当危机于2012年陷入最低谷时，这5个欧洲国家的股市总市值甚至赶不上苹果一家公司的市值。希腊股市的升值总额甚至低于美国传统折扣大卖场好市多（Costco）的市值。这些极端性的市场贬值，足以让人有这个国家"非常便宜"的感觉，但这个时刻通常也意味着，危机即将触底反弹。

实际上，身处欧洲危机的每个国家，都可以从先前的亚洲危机中找到相似的身影。作为这两场危机的主角，希腊和泰国都经历了经济大规模萎缩的折磨：在风暴最猛烈的时刻，泰国的经济总量缩减28%，而希腊经济则在2008~2015年减少25%。这样的经历同样适用于损失程度排在第二位的印度尼西亚、爱尔兰，排在第三位的马来西亚、意大利，甚至损失最小的葡萄牙、韩国，两者的经济总量均下降10%。

无数细节揭示了这两次席卷整个地区的货币危机的共性，但也不完全相同。两次危机的最大区别体现在受波及国家对各自货币的管理方式。简单来说，有些国家并未试图通过固定本币价值来人为营造稳定的金融环境，这些国家往往更具灵活性与弹性，因而能更快地触底反弹，走出危机。在这两场货币危机爆发前的10年里，无论是亚洲还是欧洲，都曾试图营造更安全、更稳定的市场，并按照两种不同形式的固定汇率制进行借贷和投资。亚洲国家通常将本币的汇率钉住美元，而欧洲国家则采用新的泛欧洲货币——欧元，并将欧元锚定欧洲大陆最大、最稳健的经济体——德国。基于对货币稳定性的信心，两种计划在两个地区均收到成效，几近完美，于是，银行主动降低贷款利率，当地人开始大张旗鼓地借钱购物，开发房地产，创办新工厂。这种以负债驱动的支出和进口热，最终推动经常账户从盈余变成赤字，一时间，有关这些国家能否如约偿债的传言四处蔓延，尤其是那些身背巨额外债的国家，更令人忧心忡忡。

在亚洲地区，从衰退到复苏的周期转换得更为迅猛，这在很大程度上归结于他们能很快地放弃钉住美元的汇率制度。尽管这项举措会导致货币和股市陷入崩盘的境地，但它也有助于刺激反弹。经过1998年这个令人沮丧的年头，到1999年初，经济复苏已初见成效，所有受到危机打击的亚洲国家，其经常账户余额均转为盈余。就在危机爆发前的几个月里，这些国家的平均经常账户赤字还相当于GDP的5%。但就在随后几年中，东亚经济体的经常账户顺差达到GDP的10%，这要归功于它们拥有便宜的货币、进口减少及出口增加。在经历最初的剧烈贬值后，亚洲国家的货币止住了下跌趋势，稳定在较低的水平上，而足够便宜的货币也为经济复苏创造了条件。这场始于1998年的危机，让这些亚洲国家损失惨重，然而，它们只用了3年半时间，就将经济恢复到危机前的水平。

时间向后推12年，我们再来回顾一下欧洲外围国家经历的这场货币危机，我们发现，意大利、西班牙及其他欧洲外围国家在修复货币制度方面，远不如亚洲国家及时。这当然事出有因，因为它们不可能轻松放弃欧元，这就使这些国家的货币避免遭遇突然贬值，因而，也未出现受迫性的进口快速下降或出口大幅上涨（欧元对美元的汇率最后还是再次下降，但这已经是2014年中期的事）。对这些国家来说，要恢复昔日的竞争力，创造更多的进口收入，减少对外国资本的依赖性，唯一的出路就是削减工资，减少华而不实的公共开支。经济学家将这种苦练内功、勒紧腰带的做法称为"内部贬值"（Nternal Devaluation）。如果这种做法最终恢复一国的出口竞争力，那么，其效果完全等同于货币贬值。只不过内部贬值的经历注定更漫长，在政治上也更加凶险，尤其是一向善待劳动力的传统欧洲国家，需要与工会组织展开艰难的谈判。实际上，即使是在这场危机的5年之后，欧洲外围国家依旧在为复苏挣扎。

公平地讲，对欧洲国家而言，它们所面临的外部环境比亚洲国家更糟。在2008年全球金融危机之后，全球经济经历了二战以来最疲软、最艰难的复苏，在这样的环境下，以出口换取发展的路途必定无比艰辛。在1998年的危机中，亚洲国家不仅拥有取消固定汇率制的选项，更幸运的是，当时的全球经济正处于强势增长阶段，这也为它们的复苏创造了良好的外部环境。推动亚洲国家经济复苏的一个关键的因素在于，1996～2000年，美国经济不可思议地实现了年均4.5%的增长，因此，它对亚洲廉价商品也显示了深不见底的胃口。

最终，欧洲外围国家在2014年迎来期待已久的转折点，它们的经常账户余额显示出赤字不断缩减并转盈余的迹象。这个强烈的信号表明，这些经济体正在以创造的收入偿还其外债。葡萄牙、西班牙和以色列的经常账户均出现较大改善，实现较大的盈余。但意大利和希腊依旧在与赤字斗争。

我曾在2015年5月造访希腊时发现，它的经济再度滑坡，主要是因为它几乎没有制造业。因此，工资及其他成本的大幅减少未换来出口的强力复苏。然而在希腊，物价的下跌确实让它原本美丽的岛屿更具吸引力。在这里，我见到的中国或印度游客，丝毫不少于希腊本国的人，但旅游业对希腊GDP的贡献率毕竟不到7%。对于巴哈马或塞舌尔这样的小岛国，旅游业确实扮演支撑国民经济的主要角色，但要让希腊这样大的经济体恢复到危机之前的水平，旅游业充其量只能发挥一种辅助性作用，而不足以成为决定性力量。即便是泰国这样的度假天堂，在1997～1998年危机正盛的时期，旅游业收入占GDP的比率也不到7%。在随后几年的经济复苏过程中，旅游业发挥的作用依旧非常有限。

应时调整货币价值的自由，解释了为什么许多东欧国家会经历一种完全别样的危机。作为加入欧盟前的热身，波兰和捷克共和国大幅削减了国内工资及政府开支水平，所以在2008年金融危机来袭时，这两个国家的经济状况远好于许多比它们富有的邻国。与此同时，在危机爆发时，它们尚未成为欧元区成员国，因此，在危机袭来时，它们的货币不受制约，可以自由贬值。尽管欧元在危机过后依旧显得非常昂贵，但波兰的兹罗提和捷克共和国的克朗让人感觉非常便宜。这次适时而来的巧合恰好帮助它们快速实现复苏，尤其是在与新兴市场国家争夺客户时，廉价货币成为它们的法宝之一。

因此，东欧国家正在显示强大的竞争力，而让人感觉非常便宜的货币当然是它们的主要优势之一。这种优势不仅针对西欧国家，也包括俄罗斯、巴西、土耳其等新兴市场国家。2008～2013年，在欧洲以外的最大新兴市场国家中，大部分国家的货币在剔除通胀因素后均对美元出现升值。在最大的20个新兴市场国家中，有13个国家的经常账户赤字继续扩大。而7个例外的国家大多数来自欧洲，包括波兰、捷克共和国及匈牙利。艰难的开支削减政策减少了进口，而廉价货币和工资下调提振了出口，尤其是制造业出口。在波兰，依靠市场自动调节的兹罗提价值继续下跌，但其工资依旧比西欧国家的平均水平低75%。这些因素汇聚到一起，让波兰在诸多领域（从服务业到汽车再到农产品等）成为主要出口国家，也让波兰的经常账户在2015年转为盈余。当年，波兰经济强势反弹，实现3.5%的增长。

但是，波兰的形象还是因麻烦缠身的欧元受到牵连，其对海外投资者的诱惑力依旧非常有限。由于极少有跨国企业的高管对波兰感兴趣，因此，尽管波兰拥有约 4 000 万人口，足足相当于东欧第二大国家的两倍，但首都华沙至今没有一家国际性大型连锁酒店。此外，低通胀率也增加了波兰的吸引力，这显然有助于波兰将币值稳定在非常有竞争力的低水平上。当廉价货币与低通胀率相结合时，必然造就一种更强大、更持久的武器，它显然比廉价货币本身更具吸引力，让资本流滚滚流入。

在最近的几次华沙之行中，我发现，在这座首都的很多地方，比如陈旧的砖结构仓库和古老的街巷，出现了很多新开业的餐馆。这些餐厅的风格，大多是为了迎合追赶时尚的当地人及海归人士。就在几年之前，还有很多波兰人去海外寻找工作，以至于在欧洲其他国家，"波兰管道工"（Polish plumber）已成为反移民团体嘴里的象征性词汇。今天，波兰管道工正走在归乡的路上，日趋强大的波兰经济和更光明的就业前景，吸引着这些海外劳动力，而在这背后，兹罗提的强大支撑功不可没。

单纯贬值不会带来繁荣

如果政治领导人沉醉于货币强势即代表国家强大这样的幻觉，那么，深谙"便宜就好"的技术型领导人，则容易走入另一个极端：只需让本币贬值，即可让经济更强大。这是另一种形式的政府干预。和其他对市场的干预一样，干预货币价格往往也会自食苦果。

如果其他国家都在对本币进行贬值，那么，以贬值换取繁荣的策略便是空想。在经历 2008 年全球金融危机后，太多国家试图以货币贬值来提升出口竞争力，在这种情况下，任何国家的优势都只是暂时的。美国、日本、英国及欧元区央行轮番采用"量化宽松"政策，向市场注入大量流动性，此举的目的之一是对本币进行贬值。虽然这一政策似乎让它们在出口竞争中尝到甜头，但也只是非常短暂的优势。

市场早晚会惩罚这种操纵货币价值的游戏，而最严重的后果在于，如果一个国家有大量以美元、欧元或其他外币计价的借款。那么，这个国家需要以更多的本币偿还这些外币贷款。2015 年，全球经济领域始终萦绕一个挥之不去的疑团：为什么那么多新兴市场国家在最近的贬值大潮中收获甚微,譬如巴西、俄罗斯和土耳其。答案并不复杂,它们的货币贬值还不够,它们的货币还不够便宜。

此外,在这些国家,很多公司一直在积累外债。自1996年以来,在新兴市场国家,私人公司对外国贷款人的负债总额占GDP的比率已增加一倍,秘鲁、南非、俄罗斯、巴西和土耳其的私人外债总额与GDP之比均已达到或超过20%。对这些国家来说,本币贬值对经济产生了双重效应:私人公司要用更多的钱偿还债务,而不得不减少它们雇用劳动力或投资建厂、购置设备的支出。

这种恶性循环屡见不鲜。在近几十年的新兴市场国家货币危机历史中,最早的例子或许要追溯到20世纪80年代的拉美危机,而这场危机的部分诱因,就是阿根廷、智利及墨西哥对企业放开对外借款。当然,这项举措并不意外,因为这些国家当时正处于经济腾飞阶段,但苦于无力创造足够的外汇收入,用于支付进口货款及偿还贷款。于是,3国领导人不约而同地选择对本币进行贬值,试图提升经济的竞争力,但最终的结果适得其反,让国人陷入债务违约的窘境。这次危机首先在阿根廷触底,2002年,阿根廷率先宣布停止偿还外债。此次违约在近几十年中确属少见。在危机最猛烈的时候,由于偿还债务造成了货币严重短缺,阿根廷不得不求助于以物换物,甚至在布宜诺斯艾利斯的豪华商场里为换物交易开辟专柜。

货币贬值还可能带来其他意想不到的破坏性。在一个缺乏强大制造业基础的国家,再便宜的货币也难以刺激出口。既然不能赚回外汇,自然也无助于修复经常账户赤字。这也是大宗商品出口国最大的弱点,尽管近期有研究显示,与10年、20年前相比,即便是制造大国,也很难利用廉价货币来刺激出口,这是因为在全球供应链整合后,很多制造商可以在海外采购大部分原材料和零配件。因此,在目前的出口总额中,有相当一部分金额来自进口,在这种情况下,即便制造大国能通过货币贬值达到暂时强化优势的目的,但它们最终还是要承担更高的进口成本。

此外,如果一个国家在食品、能源等基础物资上严重依赖进口,那么,廉价货币将提高这些物资的进口价格。反过来,进口价格的提高又会带动通胀率,进一步削弱本币的币值。这样的恶性循环并不少见,比如土耳其。

这些贬值引发的资本外逃，最终会将政府置于尴尬境地。当外国人跟随本国人向外转移资金时，这些国家的中央银行自然会担心，资本外逃将引发本币出现大幅贬值。于是，央行不得不动用外汇储备买入本币，试图维护本币的"尊严"。但这又会消耗外汇储备，而且只能对本币贬值产生暂时性的延缓效应，这又让投资者有机可乘。虽然它们在抽逃资本时会有部分亏损，但资金的出逃给汇率带来下行压力。很多货币交易商开玩笑说，"维护本币"的真实含义是为外国投资者提供"出逃补贴"。以1997~1998年的亚洲金融危机为例，印度尼西亚和泰国就遭遇了这种尴尬，并损失惨重。因此，最好的对策是从一开始就让市场来决定货币的价格。

真正能以货币贬值来换取繁荣的实例极其罕见。这难免会让我们回想起中国在1993年那次极为关键的人民币贬值。毕竟，这是一次通过贬值实现短期无痛增长的罕见案例。中国的外债规模非常有限，而且对进口商品的依赖性很低，最重要的是，中国拥有强大的制造业基础，在人民币贬值之后，其制造业呈现更强劲的增长态势。但同样的策略，在巴西、土耳其、阿根廷或希腊并没有奏效，原因在于它们缺少制造业，甚至根本没有制造业。在这些国家，由于缺乏出口行业，廉价货币除了会让进口商品更昂贵，诱发通货膨胀之外，短期内不会带来任何效果，即便其有可能促进出口和就业增长，也需要相当长的时间。

另一个值得深思的成功案例来自印度尼西亚。1986年，印度尼西亚政府宣布对本币贬值30%，因为该国当时正在大力推行旨在促进出口的改革。正如印度尼西亚前任财政部长查迪夫·巴士利（Muhamad Chatib Basri）所提，自20世纪70年代以来，印度尼西亚一直以国内建设为主，但是到20世纪80年代，随着国际石油价格大幅下降，出口支柱产业遭受重创后，以改革带动出口成为它唯一的选择。油价下跌直接导致印度尼西亚盾出现贬值，这相当于减少了出口商的真实收入，促使他们成为自由贸易的支持者。在苏哈托执政时期，印度尼西亚的国家经济政策控制在专业型领导人手中。他们的改革首先从降低进口关税和国内税收开始，随后印度尼西亚对外国投资者敞开大门，以创造性手段应对存在于海关领域的腐败问题，即取消海关总署，以一家私人认证机构——瑞士SGS集团取而代之。巴士利称，在印度尼西亚积极寻求对外开放的时期，印度尼西亚盾贬值成为改革计划中的一个重要元素，为印度尼西亚的制造业繁荣创造了条件。

我们可以从另一个角度理解这个规则，即一个经济体越不发达，它对"便宜就好"这一规则就越敏感。假设一个国家只进口非常简单的制造品，比如服装、鞋或加工品，那么对这些商品来说，价格就是影响其销量最关键的要素，因而货币价值的影响也最大。但是如果一国主要生产价格更高的商品，尤其是消费者甘愿支付溢价的高档品牌，那么，尽管汇率依旧会有影响，但影响很有限。

德国和日本就是最典型的例子。在 20 世纪七八十年代，尽管货币大幅贬值，但这两个国家依旧维持长期的强势增长，因为"德国制造"和"日本制造"这两个词，早已成为高档标准和精细工艺的同义词。同样的故事也适用于瑞士。在过去 10 年里，瑞士法郎的升值幅度是其他国家都不能相比的，但是当其他发达国家在全球出口总额中的比重下降时，瑞士出口丝毫未受冲击。

很多人曾研究过"为什么瑞士如此特别"这个话题，其答案在于，这个国家生产各式各样的高品质出口商品，包括药品、机器，当然还有手表。因此，即便强势货币进一步推高这些商品的价格，消费者依旧对瑞士产品情有独钟。根据《经济复杂性图集》(*The Atlas of Economic Complexity*)，只有日本的高档出口商品在品种上超过瑞士。在苏黎世、日内瓦时，我经常体会到对价格的不敏感性，因为在那里，即便是最普通的日常酒店服务，也会体现高雅的品质和极高的效率，让你觉得多掏腰包也心甘情愿。在 20 世纪 90 年代中期，我曾去过 Hiltl 素食餐厅。当时，这家创建于 1898 年的老牌餐厅已采用掌上设备将菜单送到厨房。据说，Hiltl 不仅是世界上最古老的素食餐厅之一，也是最早采用这类传送技术的餐厅之一。无疑，这是一种典型的瑞士组合。

在中国，同样出现了以高档制造业为导向的趋势。中国正在致力于提高它在出口梯级上的位置，减少货币价值对其全球市场份额的影响。今天，技术流和资本流已构成中国出口总额的一半，而在 2002 年，这个比例还只有 30%。2000 年，全球近 80% 的技术类上市公司位于美国、欧洲和日本，但在那以后，这个比例持续减少，目前已不到60%，而中国和韩国正在这个领域里迅速崛起。

今天，全球经济已逐渐走出2008年金融危机的阴影。这种转变的方式表明，以货币贬值促进经济增长的空间正在不断减少。全球贸易已不再持续增长，为了在这块有限的蛋糕中分到更多，新兴市场国家之间正在激烈竞争。在这样的大环境下，仅依赖廉价货币，已不足以缔造经济之星。竞争性贬值游戏的后果更可能弊大于利。

对于越南这样相对较小的国家而言，贬值或许还有用处，毕竟越南的贸易额相当于GDP的1.7倍，因此，其在全球贸易中的份额哪怕只是增加一点，也足以为经济增长带来巨大的推动效应。但是在大国中，贸易的重要性已远不及国内市场。即便如此，这些逆向效应依旧不会阻止政府尝试以贬值换增长，不过，在全球经济增长乏力、全球化趋于停滞且竞争日趋激烈的环境下，最终可能是白费功夫。

因此，最理想的情况是让市场来决定货币价值，而且在评价一国在国际贸易和国际投资竞争中是否有效时，由市场决定的货币价值也是最简单、最实时的指标。如果一种货币变得太贵，它可能会导致经常账户赤字大幅上涨，进而刺激货币外流。如果一个国家5年内的平均经常账户赤字达到GDP的5%，则极有可能引发经济衰退和金融危机。但是在一个"去全球化"的趋势日益增强的世界里，可控制的经常账户赤字限额已有所降低，可能会下调至3%。而且即使经常账户赤字低于GDP的3%，我们依然要清楚，流出的货币到底是用来建设工厂、采购设备，还是用来购买奢侈品。

此外，要准确判断货币危机的起点和终点，务必以本地人为准。当一个国家陷入危机或转向复苏时，本地人必定最先感知到。即便是声名显赫的跨国机构，在大多数情况也只能追随本地人的脚步。当一个国家的经常账户由赤字变成盈余，并从国外吸引到足够的资金支付进口费用或偿还外债时，就意味着一国经济即将出现转折。通常，这个过程需要非常便宜的货币。

当然，货币的大幅贬值绝非好兆头，尤其是当这个国家不仅面临巨额外债，还缺少强大的出口制造业时，廉价货币几乎不会给它带来任何好处。

因此，一国经济增长所需的最理想组合，是由市场决定的廉价货币，加上以低通胀预期为基础的稳定的经济环境。这个组合有利于提升本地企业增加投资的信心，鼓励银行以合理的利率发放贷款，让投资者看好一个国家的长期增长。

第 9 章 债务之吻

债务增长率是否高于经济增长率？

　　债务规模的增长也有可能是健康增长的信号,但前提是债务增速不能长期大幅度地超过经济增速。

第 9 章 | 债务之吻

在 1997 年亚洲金融危机爆发之后,我主动约请一位名叫罗伯特·泽林斯基(Robert Zielinski)的银行业分析师在香港会面。当时,这位最早预见危机来临的分析师已成为热门人物。早在 1995 年,泽林斯基就在一篇短文中警告道,很多新兴市场国家的债务增长率,已经连续 5 年超过 20%,而泰国就是这样一个信贷泛滥的国家。在那个时候,很少有人关注泽林斯基的观点,即便是他所在的怡富投资管理公司(Jardine Fleming)也不例外。在这家亚洲顶级的投行,无人注意到泽林斯基的说法。

特立独行的泽林斯基也未刻意宣传他的观点。1997 年 10 月,泰铢接近崩盘时,他再次著文提出警告。能写出这种风格文章的银行分析师,我还是第一次看到。在这篇文章中,他没有一本正经地罗列各种数据,相反,他借用短剧《债务之吻》(*The Kiss of Debt*)的风格,用 3 页篇幅阐述了信贷狂潮的基本脉络。

故事发生在某个东南亚国家,在这里,繁荣盛世的好时光和几乎可以忽略不计的借款成本,让所有人兴高采烈,甚至迷失了自我。一位银行家催促单纯的农民阿霍伊创办阿霍伊房地产公司,并向他承诺:"像这样的公司,肯定能赚大钱。"一名家庭主妇哭着说,"再给我买 400 万美元的东西,不管是什么!我可不想错过机会。"总理安慰忧心忡忡的财政部部长,别担心找不到钱,他们可以随便到哪家银行借,银行根本不会考虑他们能不能还得起。在每个越来越不理性的场景中,都会有一个低沉的声音在背后重复:"债务之吻,债务之吻,债务之吻……"

泽林斯基最早让我意识到，一场经济风暴即将到来的警报已经拉响：债务人和债权人双双陷入信贷狂热而不能自拔，私人贷款总量的增长速度已远超经济增速。显而易见，信贷危机与负债相联系，但这种相关性可以表现为无限多种形态，比如，提供贷款的是谁——国内贷款人还是国外贷款人，接受贷款的是谁——政府、私人公司还是个人，贷款负担有多大，贷款的增长有多快，还有贷款的期限有多长。这些要素的组合方式有无限种。而泽林斯基将目标锁定在一点上，即金融危机经常发生在私人领域——私人公司和个人的借款持续高速增长之后。直到10年之后，我才意识到，要是早早接受这种观点该多好，因为在全球金融危机爆发前，美国和欧洲的私人债务均处于快速增长状态。与其相比，亚洲的这场金融危机根本不足挂齿。

在过去的30年里，我们的世界日益频繁地陷入金融危机中。每一轮危机过后，都会引发人们寻找能够预示下一枚金融地雷爆炸的信号。然而，每一次危机过后所找到的都是一个新的、泛泛的理由。在20世纪90年代的墨西哥金融危机之后，众人将目光集中到短期债务风险上，因为这一次的罪魁祸首是短期债券。在1997～1998年的亚洲金融危机之后，外债过多的风险成为众人关注的焦点，因为在问题显现后，外国人突然切断对泰国和马来西亚的贷款。这些五花八门的解释只会让人们更加困惑和迷茫，因此，绝大多数大型金融机构都未能在2008年前意识到，信贷危机已近在眼前。

对他们来说，这次失败无疑是奇耻大辱，国际清算银行、欧洲中央银行、国际货币基金组织及其他权威机构开始寻找新的问题根源。到2011年，它们沿着不同路径开展的研究得到相近的结论。它们发现，在所有重大的信贷危机中，都存在一根强大的主线，让它们不自觉追溯20世纪30年代的"大萧条"，某些情况甚至让它们联想到17世纪让荷兰陷入灾难的"郁金香泡沫"。所有这些危机都有一个共同的先兆，也因此成为预警未来危机最强的信号——在相当长的时间内，国内私人债务的增长速度超过经济增速。

此外，这些机构还得出另一个出乎人们意料的结论：一个国家的债务总额，即政府债务及私人门类债务的总和，对其经济增长至关重要，但债务总量的增长速度更重要。泰国曾面对这样的预警信号：1997年，泰国的私人债务总额已达到 GDP 的 165%。但如果债务的增长速度在相当长的时期内未明显超过经济增速，那么，即便是这么大的债务规模，也未必会招致危机。在 20 世纪 80 年代末，尽管泰国的债务规模持续增长，但直到 1990 年之后才开始呈现高速增长态势。在 1997 年之前的 5 年里，泰国经济的年均增长率已达到 10%左右，但私人债务的增速达到 25%。如此令人瞠目结舌的信贷增长速度，只能说明市场已被过度乐观的情绪所主导。人们开始做出越来越不理性的贷款或借款决策，这一点恰好与泽林斯基文章中的情景相符。这些信号足以表明，沉重的债务随时可能点燃危机的火炉。因此，最显著的危机预警信号，是私人债务的增长速度，其占 GDP 的比重从 1992 年的 98%，暴涨至 1997 年的 165%。从寻找危机预警信号的目的出发，我们可以将这个数字定为：私人债务占 GDP 比重在 5 年内的增幅[①]。

我的研究成果于 2008 年后发布，这些发现可归结为两个主要方面：首先，它确定了一个临界点，一旦私人债务 5 年内的增幅超过这个临界点，金融危机将会成为不可避免的大概率事件；其次，此前研究的全部着眼点是寻找金融危机的预警信号，譬如股票市场的暴跌或货币的贬值，而它回答了一个被忽略的问题：如果危机没有爆发，信贷泛滥是否会伤及经济？通过研究我发现，当私人债务超过这个临界点时，国家不仅有可能遭遇金融危机，而且必将严重影响经济增长的速度[②]。

根据 1960 年以来 150 个国家的已有数据，我和我的团队找出了 5 年期信贷泛滥最严重的 30 个案例。我们的目标是，甄别哪种类型的债务危机有引发信贷危机的基因。在这份名单上，爱尔兰高居榜首。在 2004～2009 年，爱尔兰的私人信贷出现了令人瞠目结舌的增长，增长总量达到 GDP 的 160%。进入这个阵容的发达国家中，还有 20 世纪 80 年代末的日本，以及在 2008 年全球金融危机前债务剧增的 5 个国家：希腊、澳大利亚、瑞典和挪威等。在这些新兴市场国家中，信贷潮最汹涌的国家是 80 年代的智利

[①] 实际上，在某些国家，如 20 世纪 80 年代的智利和 90 年代初的印度尼西亚，尽管它们在私人债务快速增长后遭遇危机，但引发危机的私人债务规模并没有这么高，相对 GDP 的比重还不到 50%。
[②] 需要指出的是，到 2015 年，某些私人金融业研究人员已经在发表文章，阐述信贷泛滥和经济增长放缓之间的关联性，比如高盛银行在 2015 年 1 月发表的《解开中国信贷迷局的谜团》，JP 摩根大通在 2015 年 11 月发表的《密切关注新兴市场国家的信贷周期》等。

和乌拉圭，90年代末的泰国、马来西亚。在这30个案例中，私人信贷在5年内的增长速度远超经济增速，且私人信贷的总增加量占GDP的比重不低于40%[1]。

在全部案例中，所有转折点均服从于5年的周期，只要私人信贷占GDP的比例触及40%这一临界点，即出现转折点。也就是说，一旦超过这个红线，大多数国家都会在未来5年内遭遇金融危机[2]。在这30个国家中，有18个国家验证了这个规则，比如希腊——2008年，其私人债务刚刚越过40%的临界点，危机便接踵而至。还有泰国，当私人债务在1993年达到临界点后，泰国便在4年后遭遇金融危机。

至于极端性的债务泛滥，它给一国经济增长率带来的副作用更令人震惊。在全部30个例子中，当然也包括直接带来金融危机的国家。当私人债务超过40%的生死线后，它们的经济增长均大幅下滑，只不过下滑开始的时点各不相同[3]。在这30个案例中，GDP增长率在未来5年内的平均降幅超过一半。以希腊私人债务的5年期情况为例，私人债务规模对GDP的比例从2003年的69%，提高到2008年114%，在5年内整整增加45%。在随后5年中，希腊的年均GDP增长率大幅下滑，从2008年的3%竟然直接跌至−5%。实际上，一旦非理性的乐观情绪散去，人们就意识到，繁荣时期毫无节制的借款人、贷款人都要面对现实，借款人要勒紧腰带偿还债务，贷款人也要忍受贷款损失的痛苦。当非理性的乐观预期遇上理性的残酷现实时，经济便会一落千丈。

我们甚至可以把简单明了的规则称为经济万有引力法则，至少对近50年以来的全球经济而言，其检验结果毋庸置疑。此外，我的研究还显示，当经济周期进入下跌阶段时，即信贷泡沫破灭后，私人债务增长速度的预

---

[1] 对于这30个案例中的大多数国家，在信贷增速岌岌可危的5年里，均对应着GDP的高速增长，因此，信贷增长是信贷规模与GDP之比上升的主要原因。
[2] 在这里，"金融危机"一词的含义指肯尼斯·罗戈夫（Kenneth Rogoff）和卡门·莱因哈特（Carmen Reinhart）在2009年出版的《这次不一样》（*This Time Is Different*）一书中定义的银行业危机。一旦危机席卷银行，就会迫使政府对一家或多家金融机构采取关闭、合并、救助或接管等措施。
[3] 在这30个案例中，有26个国家在随后5年内的年均GDP增长率出现下降。其他4个国家包括马来西亚、乌拉圭、芬兰和挪威，虽然也出现严重的经济萎缩，但由于很快复苏，拉高了未来5年的年均增长率。

测效应尤为显著。如果私人债务在 5 年内增长速度远低于 GDP 增长率，那么就可以为经济复苏创造条件。这样，银行就可以重建储蓄，在量入为出的基础上合理放贷。同时，解除债务压力的借款人，可以在偿债能力的范围内重新借款。

对负债来说，最关键的问题在于：私人债务在较长时期内的增速与 GDP 增速相比，快还是慢？如果一个国家的私人债务增长率在 5 年内持续超过经济增速，那么，它应该提防金融危机的到来和经济增长率的大幅滑坡，因为借款已经失控；与此同时，如果私人信贷在 5 年内的增长率始终低于经济增速，那么就应考虑复苏的到来，债权人已为重启贷款做好准备。

泰国的经历即是这种规则双重效应的典型写照。1993 年，泰国信贷占 GDP 的比率已连续 5 年超过 40% 的临界点。在此期间，泰国的年均 GDP 增长率大幅滑坡，从 5 年前的 11% 锐减到 1993 年的 2.3%。然而，信贷增长还在继续，直至 1997 年金融危机爆发为止。随后，银行和借款人纷纷退出市场，就在舔舐伤口的时候，信贷占 GDP 的比率连续 5 年下跌，直至 2001 年。5 年后，当银行和借款人彻底冷静，为走出困境蓄势待发时，泰国经济终于再次企稳复苏。

债务的诞生

在 2008 年全球金融危机过后，一系列报告加深了我们对金融危机的理解，也让我们更深刻地体会到，为何私人公司及个人的借贷，会成为危机的根源。最根本的答案是，私人领域是债务诞生之地。有些触发因素（比如新的发明或创新）会让人们相信，经济已驶入长期增长的快车道，未来收入前景无比光明，他们完全有能力偿付更多负债。在美国，这意味着可以让居民以房产做抵押借款，而其点燃信贷繁荣的导火索包括潜水钟、运河和铁路的开通、电视机的发明、高效光纤网络时代的到来以及各种新型借贷工具的出现。

最初，新发明创造确实促进了经济增长和收入提高，激发人们无限乐观的预测，不断挑动人们借钱消费、借钱投资的欲望。这个以乐观为基调的阶段可能持续很久，直至新发明对现实积极的推动效应彻底消失，并被经济学家认定，生产率增长的步伐已开始放缓。但很多企业依旧滞留在狂热中难以自拔，惯性推动它们不断修建铁路或光纤电缆，直至投资带来的供给已超过当前需求。还有些企业为了开发更多的住宅和办公室而继续借款，在它们眼中，需求繁荣期还远未结束。当然，也有人忙不迭地奉献新型贷款，让这场盛宴延续。

当债务增速大幅超过经济增速时，面对接踵而来的贷款业务，疏漏必将成为常态。即便运营稳健的银行，也不可能不犯错误。债务狂欢持续的时间越长，出现的错误就会越多，也越严重。随着越来越多的贷款人加入狂欢，很多原本没有资格的私人借款人和投资者成为受益者——他们就是泽林斯基所说的业余者，就像那个高喊着"再给我买400万美元东西"的家庭主妇。当信贷狂欢成为推动经济增长的驱动力时，危机已经到来。

我们今天都已知道，2008年前的美国，其私人信贷质量的持续蜕变集中体现为次级贷款人的兴起。很多次级贷款的借款人根本不符合条件，贷款条款也被人为放宽。尽管次贷市场仅占美国住房贷款的一小部分，但它集中了贷款泛滥最后阶段的种种非理性行为，比如，借款人不需要提供首付、就业证明或还款记录等。这些贷款就像干枯的树叶一样，异常脆弱，并最终成为2008年点燃债务烈火的导火索。

通常，只有在私人贷款方和借款方得意忘形时，政府才会适时而入。随着信贷狂潮愈演愈烈，主管机构通常会对过度扭曲的新借贷业务采取管制措施，但是很快这种管理就会变得无效。每当政府取缔一种问题贷款，就会有另一种贷款冒出。假如监管机构禁止发放次级住房贷款，那些信贷机构马上会推出成本更低或者干脆不需要首付和工作记录的房屋贷款。

然而，某种重大金融意外最终会让这场信贷盛宴戛然而止，而且这种意外通常出现在央行为遏制信贷过剩而大幅提高货币成本之后。随后，经济开始迅速滑坡，监管机构的目标也瞬间逆转。此时，它们的当务之急变为缓解随之而来的金融危机，最惯用的手段无非是将破产的私人企业负债转到政府的账目上。

另外，为了缓解经济衰退的影响，政府往往会通过借款增加公共开支，这就会使政府债务增加。2014年，阿兰·泰勒（Alan Taylor）与同事对1870年以来的金融危机进行了深入剖析，他们得出的结论是："金融危机通常植根于政府负债的观点，并不被历史所支持。"我们往往可以在私人领域找到危机爆发的根源，诚然，如果陷入危机的国家恰好存在巨额的政府债务，那这个国家陷入危机的程度会更深，时间会更长，但这只是因为政府更难筹到开展危机救助或刺激消费的资金。

因此，债务危机的根源在私人领域，而政府的作用只是火上浇油，这个模式如今已得到充分验证。针对1970年以来发生的430次金融危机，IMF认为，其中只有不到70例（或者说不到1/6）主要根源在政府，或说是由主权债务引发的，包括20世纪80年代初给拉美国家带来严重冲击的债务危机。这些危机的幅度也可以说明，每当危机爆发时，那么多分析师迫不及待去声讨政府的原因。当然，这背后还有其他原因——当政府通过大量借款来延续人为的虚假繁荣时，往往加重了危机。

债务的破坏力具有越来越强大的传染性。在传播过程中，其症状会不断加重，而加重的程度取决于债务增长的速度和持续时间。我的研究显示，在信贷狂潮中，即使私人信贷增长没有超过40%这个临界点，依旧可能给经济增长带来严重影响。即使5年内的私人信贷增长与GDP之比只有15%，GDP增长率在未来5年里依旧会下降，在此期间，经济会在1%的水平上低速增长。

随着私人信贷的增长不断提速，经济衰退出现的概率和衰退的程度也会提高。如果私人信贷在5年内的增长达到GDP的25%，经济衰退将成为难以避免的大概率事件。从平均水平看，GDP的年均增长率会下降1/3，但有时也会出现更严重的个别案例。以美国为例，在2002~2007年，私人信贷增长率达到25%，相对GDP的比率从143%提高到168%。与此同时，GDP的年均增长率也从2007年之前的2.9%，降至5年后的不到1%。

随着衰退从美国蔓延到其他国家，各国政府开始以借款增加开支，试图以此抵御日渐扩散的经济衰退。这个过程同样遵循一般性模式——私人公司及个人成为整个信贷周期的主导，而政府只是在跟风。到2014年，尽管坊间普遍认为全球已熬过痛苦的"无杠杆"过程，勒紧腰带的时代已经过去，债务也已获得清偿，但是事实上，这仅在少数几个国家和行业得以实现。有些私人借款者确实在偿还借款，尤其是美国的家庭和金融公司，但非金融机构和美国政府又在催生新的借款。二者相互抵消，导致美国负债总额在经济总量中的份额基本维持不变。在新兴市场国家，很多国家的政府和公司也在积累新的负债，其增速之快令人担心。

由此带来的结果是，从全球范围看，很多国家的债务负担在全球金融危机后居高不下，甚至超过在危机前被认为近乎疯狂的非理性时代。根据麦肯锡全球研究院 2015 年的一项研究，自 2007 年以来，包括家庭、公司和政府在内的全球债务总额，已从 142 万亿美元增加到 199 万亿美元，其占 GDP 的比重从 269% 提高到 286%。因此，从总体上看，当今世界的债务规模已超过 2008 年危机爆发时的水平。就不同地区而言，美国的债务总额基本维持稳定，欧洲略有下降，但主要新兴市场国家的债务总量呈现爆炸式增长。美联储持续下调基准利率，降低借款成本，刺激了新兴市场国家以负债抵御全球经济衰退的欲望。而事实也一再证明，这种低成本负债对私人公司来说，确实有不可抗拒的诱惑力，只会刺激它们不断举借新债。在 2008 年全球金融危机后的 5 年中，私人信贷在多数最大的新兴市场国家里呈快速增长趋势，马来西亚、泰国和土耳其等国家新增的债务总额对 GDP 的比例已超过 25%。简而言之，这些国家正进入一个新的阶段：作为预警信号的信贷规模，已显示这些国家未来的经济衰退将成为大概率事件。

死于债务，生于债务

并非所有的信贷增长都是坏事。如果没有信贷系统为中小企业家提供融资，帮助它们走过创业期，就没有资本主义的繁荣。经济史中向来不缺少良性的信贷繁荣（相对于恶性的信贷膨胀或信贷泛滥而言），即新增信贷与 GDP 之比维持相对缓慢的增速，投资能够推动未来增长的项目。稳定的信贷繁荣可以让银行保证资本金充足，因为它们在利用贷款获得合理收入的同时，不断改善贷款质量，推出合理的创造性信贷产品。

信贷实现良性增长的标准——5 年内信贷的增速低于经济增速。这种速度表明银行体系正在进行自我完善，债权人已准备重新开始放贷，健康的信贷增长期已经开始。实际上，5年期的债务与GDP之比增长越慢，此后的5年就越有可能出现良性的经济增长。在过去的几十年里，很多国家在危机后出现信贷增长与GDP增长的良性转变，比如，1991年陷入危机最低谷并触底反弹的智利，1995年实现良性逆转的匈牙利，还有2002年信贷与GDP之比达到最高点（30%）的捷克共和国。但最经典的触底反弹案例之一，还是经历1997~1998年亚洲金融危机之后的印度尼西亚。

1997年，债务问题最先出现在印度尼西亚的邻国泰国。彼时，印度尼西亚的苏哈托政府并没有意识到，它们的债务问题同样一触即发。作为此前10年的改革措施之一，苏哈托政权已对国外开放了本国银行体系，但由于缺乏周全规划的改革，很多大型产业集团得以创建自己的银行。这些银行运营不规范，被企业集团当做自己的金库。事后调查表明，在某些银行，超过90%的贷款被发放给关系户，还有一部分进入这些银行的母公司、分公司或子公司，甚至直接进入高层官员的腰包。在一种以同盟为基础的贷款决策机制中，放弃对借款人的资格审查自然不足为奇。此外，调查还表明，在某些银行，高达90%的贷款属于不良贷款，借款人逾期未偿还贷款的时间均已超过9个月。

在信贷危机的最低谷，权势人物会紧紧控制他们的债权银行，并让他们坚信，尽管违约已出现，但他们的贷款依然存在价值。在这方面，日本是一个典型的例子，印度尼西亚也出现过这种情况，不过持续时间不如日本久。在印度尼西亚，政府指定13家银行组建专门的重组机构，这些银行的老板均为苏哈托总统的朋友和儿子。该机构负责处置产生大量不良贷款的银行，或将这些银行收归国有，或干脆让它们破产关闭。考虑到印度尼西亚政府对改革表现的态度，市场也感到一点宽慰。但不久后，苏哈托便任命他的一个儿子成为一家银行的负责人，紧接着他又将自己的老部下招入这家银行，这让公众对银行系统的信心猝然崩塌。印度尼西亚的商人开始从银行提取资金，转移到海外银行。

到1998年初，外逃资金的规模极为庞大，印度尼西亚货币贬值超过80%。与此同时，越来越多与政府关系密切的大企业，开始在贷款方面出现违约。随着调查进行，针对银行的坏消息不断出现——尽管苏哈托竭力阻挠，但还是有一些消息被披露，让原本已经风雨飘摇的银行业雪上加霜。调查人员发现，在占全部银行资产一半左右的国有银行中，有很多已处于资不抵债的状态。它们持有的存款不足以为已发放的贷款提供保证，而且很多借款的客户已停止还款。随着这些传闻不断在市场上传播发酵，当年印度尼西亚的银行股票市值总额接近于零，意味着在全球银行业中，印度尼西亚的银行体系基本已不存在。

此后不久，人们涌上街头游行示威，期间暴力事件频发，民众要求苏哈托下台，将国家权力交给改革派。虽然此时的守旧势力依旧强大，但银行重组机构还是抢得先机，对银行的整体股权进行了转移。苏哈托家族及其朋友在银行业中持有的股权被全部剥夺，很多人终身被禁止执业。当时，改革已不再局限于银行业，而是演变成一场政治革命。在一个始终排外的国家，外国人第一次有权持有银行99%的股权，更有能力的职业管理人员取代了原来的银行老板。在亚洲金融危机期间，邻近的泰国和韩国也开始推行银行业改革，但它们的改革都是在现有政权下完成的。而在印度尼西亚，银行业的改革伴随着一场大的政治变革，旧的银行体系连同其掌门人和国家的政治统治者一并退出了历史舞台。

在每个银行业占据社会融资总额80%以上的新兴市场国家（美国的全社会融资总额中，银行占有近50%），银行业失稳必然会给整个社会带来动荡。此时，重建银行体系成为印度尼西亚的当务之急。这个过程包括两个至关重要的步骤：首先需要确认不良贷款，并将不良贷款在账面上清理，否则，负债就会成为日后的拖累；其次，必须向银行注资，帮助银行补充新的资本金，既可以由政府出资，也可以引入新的所有权人，从而为银行提供发放新贷款的资金。

处置不良贷款带来的损失最终由谁来承担，这在很大程度上是一个政治问题，而非商业决策。政府机构可以让借款人承担损失，通过法律途径强迫债务人还款或进行破产清算，或由债务人以汽车、房产等资金抵减债权人的损失。政府机构还可以要求债权人免除债务人的全部债务，或者通过减免部分债务、放松还款条件等方式为债务企业提供援助。2008年全球金融危机后，美国经济触底反弹的步伐之所以快于欧洲，原因在于在美国的大多数州，法律对房产所有者的违约处理相对宽松，而这显然有利于银行清理账面上的坏账。不管借助何种方式，判断信贷危机是否已经结束，通常不是以债务人开始偿还债务为标志，而是要看经济体是否通过减免、以抵押物抵偿或违约等非常规方式对债务进行清算。

在处置不良贷款和向银行注资这两个环节，印度尼西亚的对策不仅积极主动，而且极有效率。由于拒不执行的银行会破坏声誉，因此让银行承担坏账损失没有遇到太大阻力。政府承担了银行约320亿美元的不良贷款，这部分贷款最终以极低的价格被打折出售。随后，政府向银行注入新资本，其资金主要来自发行政府债券。接受注资的银行基本恢复正常经营能力，但仍有很多银行被迫合并或关门。两年后，印度尼西亚的银行数量从240家减少到164家，损失最严重的4家国有银行合而为一，组建了实力强大的曼迪利银行（Bank Mandiri）。在破产的私人银行中，9家银行经过改组合并为印度尼西亚金融银行（Bank Danamon），该银行的原始所有权人曾是苏哈托的亲信，但在政府的严密监视下，这个人还是成功潜逃出印度尼西亚。后经调查，他曾在关系银行获得超过10亿美元的紧急贷款。

在银行内部，我们还可以找到另一个足以表明债务危机正在触底的强烈信号。通常，当一家银行发放的贷款总额超过其持有的存款总额时，就会依赖外部融资弥补存贷差额。这时，这家银行很有可能已遇到麻烦。如果贷款总额超过存款总额的100%，银行就进入了风险区；如果超过120%，则会出现风险预警。在危机爆发后，贷款与存款开始降低，随着银行收缩贷款，注销坏账，最终将开始再次吸收新存款。总之，当整个银行系统的贷款总额开始下降，并低于存款总额的80%时，就意味着银行已开始进入新的放贷周期。

经过这个周期，银行系统恢复平衡，再次达到健康的存贷比，这也是包括印度尼西亚在内的很多国家危机后实现信贷和经济增长复苏的标志。1997年危机爆发时，相关国家的平均存贷比已达到110%。在危机过后，随着银行注销账面上的不良贷款，新贷款业务停止，一年之后，存贷比下降到35%左右，这为银行复苏创造了条件。在亚洲金融危机中，印度尼西亚银行遭受沉重打击，直到今天它们还心有余悸，因此，这些银行始终保持高度的审慎性和稳健性。几乎被危机彻底击垮的曼迪利银行和金融银行，经过合并后，目前已成为亚洲地区经营业绩最出色、服务最受客户青睐的银行。与此同时，曾对泽林斯基的"债务之吻"不以为然的投资银行——贾丁·弗莱明投资管理公司一去不复返，成为被这场危机吞噬的首家银行。

不要患上债务恐惧症

在遭遇债务危机的侵蚀之后，饱受摧残的借款人和银行往往会患上债务恐惧症——借款人不敢借钱，银行担心放贷。消费者和企业只想着还债，丝毫没有创业的念头，而银行也对向那些惊魂未定的顾客发放新贷款存在担忧。在1998年与泰国、马来西亚的银行家谈话时，你会感到他们就像是受到创伤后的应激障碍患者：很多人宁愿无所事事，或购买更安全的政府债券并持有到期，也不愿承担发放新贷款的风险。在随后5年里，这两个国家信贷增长极为缓慢，也影响了大多数东南亚国家的经济复苏。它们的经济增长虽然有所恢复，但增速只能达到危机前的一半或1/3。

在经历2008年全球金融危机后，人们担心投资将一蹶不振，恐惧情绪持续发酵，全球的贷款人和借款人再次陷入债务恐惧症。为揭示这些威胁的严重性，研究人员对历史数据进行了挖掘。他们找到许多"无信贷复苏"的实例，即经济在没有信贷扩张的情况下重启增长。实际上，IMF的一项大型研究表明，在战后近400个经济复苏案例中，有20%~25%的经济复苏是在信贷增长尚未真正开始的前提下出现的。对某些人来说，没有信贷增长的经济复苏有些不可思议，部分经济学家将这种现象称为"凤凰涅槃"。但事实表明，没有信贷复苏的经济复苏，往往疲软乏力。与由信贷推动的复苏相比，其GDP增长率通常会低1/3左右。

在新兴市场国家中，墨西哥是债务恐惧症持续时间最久的国家之一。自1994年比索贬值引发一系列金融危机后，墨西哥就开始尝试不依赖信贷的增长。1994年危机对墨西哥银行业的破坏，丝毫不亚于4年后印度尼西亚银行遭受的创伤，但这些银行的国内所有权人并没有退出经营，因而延缓了不良贷款的清理。与此同时，这些银行缺乏存款，也未恢复发放新贷款的信心。墨西哥民众也对银行彻底失去信心，迄今为止，很多人依旧没有开立银行账户。进入21世纪后，私人贷款机构迅速重整旗鼓，但好景不长，政府强制将3家墨西哥最大的银行出售给花旗银行和汇丰银行等跨国银行，试图实现信贷复苏，但此举也让其国内的私人银行一蹶不振。

2008年的金融危机已让跨国银行对所有贷款业务都心有余悸，其中包括对墨西哥的贷款，而墨西哥的问题恰好是信贷不足。截至2014年，墨西哥的债务恐惧症已延续了20年，在此期间，墨西哥私人信贷持续萎缩，相对GDP的比率从1994年的38%减少到25%，成为全球贷款率最低的国家之一。这段漫长的信贷增长停滞期伴随着同样令人煎熬的GDP低速增长，而智利和巴西的同期人均收入已远远超过墨西哥。

墨西哥所遭遇的债务恐惧症，和美国在"大萧条"后经受折磨的时间几乎一样漫长。正如英国经济学家蒂姆·康登（Tim Congdon）在1989年所指出的那样，在1929年之前的25年里，人们看到的是美国人对经济未来无限乐观的憧憬，而在这场危机之后的25年里，美国人始终没有停止过对经济能否复苏及复苏是否可持续的怀疑。这种怀疑的主要症状是对新借款和新贷款的"极度谨慎"。

当然，正常状态下的债务恐惧症所持续的时间通常会远远少于25年。实证研究公司（Empirical Research）是一家位于纽约的独立咨询公司，他们对"大萧条"以来爆发的所有重大金融危机进行了研究。结论显示，从平均水平看，债务危机爆发后，信贷及经济增长会出现一段时期的萎靡不振，这段时期通常持续4~5年。随后，信贷及GDP增长率开始加速，并恢复常态。这项研究为信贷规则的经济效应提供了证据，它表明5年期的信贷弱增长，往往带来更强劲的经济增长。

经受了亚洲金融危机的这些国家很好地诠释了这个过程。在1997年后的5年中，印度尼西亚、泰国和马来西亚的信贷规模持续减少，其占GDP的比率至少下降了40%。不过到2001年左右，债务恐惧的阴云终于散去①。

---

① 之所以排除本轮亚洲金融危机的另一个重灾区韩国，是因为它采取了不同的经济增长模式，且从未出现信贷增长的下降。

此时,它们需要一个契机来触发信贷繁荣。比如,某些新发明的出现或经济自身的调整会促使人们认为,他们的收入将在未来有大幅改善,而这会让他们有意愿承担债务和经营风险。在东南亚国家,这个契机来自金融业日趋稳定的迹象,即债务总额下降,政府赤字减少。当然,还有全球大宗商品价格的回暖——大宗商品出口是该地区很多国家的主要收入来源。随着信贷增长在进入 21 世纪后强势复苏,这 3 个东南亚国家的平均 GDP 增长率也随之改善,从 1999~2002 年的 4%,提高到 2002~2006 年的近 6%。

如何偿还很重要

对许多国家来说,健康的信贷增长之于经济增长的重要性,无论怎么强调都不为过。在 21 世纪的大部分时间里,新兴市场国家的信贷扩张与 GDP 之比并没有快速上涨。2003~2008 年,中国的信贷持有量占 GDP 的比例基本稳定在 150% 左右,而同期的经济增长率约为 10%。纵观所有新兴市场国家,健康的信贷增长与低通胀相互重叠,让很多国家迎来了久违的金融稳定。

这种稳定也为俄罗斯、巴西、土耳其、印度尼西亚等国家实现社会与经济转型提供了契机。这背后最主要的原因在于,高通胀往往不可预见。如果贷款人连最基本的趋势都无法预测,出于对资产价值的不确定性,他们自然不愿为房产、汽车、企业或其他融资需要提供长期贷款。尽管这样的情况不常见,但依旧存在于许多国家。比如在阿根廷,通货膨胀始终是它们挥之不去的梦魇,银行甚至将长期贷款的期限限制在几个月以内。作为很多美洲中产阶级的必需品,5 年期的汽车贷款或是 30 年的房屋抵押贷款,早已成为难以获得的奢侈品。

对于其他新兴市场国家中的大多数国家(包括东南亚国家)来说,在新的低通胀甚至是无通胀环境下实现健康的信贷增长,已经彻底改变 21 世纪的贷款业务模式。在发达国家的消费型社会,信用卡、抵押贷款或是公司债券早已成为最基本的必需品,但是直到 21 世纪 90 年代,这些东西才被新兴市场国家的消费者所熟悉。即便是在 2000 年,抵押贷款在这些国家仍非常罕见,但是时至今日,它已发展成拥有数十亿美元规模的产业。在巴西和土耳其,抵押贷款占GDP的比率从2000年的0%增加到2013年的7%,在俄罗斯同期增加到4%,在印度尼西亚也增加到3%。这种信贷推动发展中国家经济的积极效应,被称为"经济深化"(financial deepening)。在那些普通民众买不起汽车或房产的国家,除手头拥有大量现金的极少数人之外,对大多数人而言,这些今天看来再简单不过的信贷产品,已成为他们迈入现代社会大门的钥匙。

在健康的信贷增长时期,公众的情绪和心理不同于信贷泛滥时期无所不能的心理。在信贷泛滥时期,市场上充斥着臭名昭著的贷款人和没有还款能力的借款人,但是在健康的信贷增长时期,市场上大多是负责任的贷款人。基于理性的心态,他们为普通大众提供各种稳健而可靠的贷款产品,推动经济增长,让经济进入强劲而合理的可持续增长状态。当全球金融危机在2008年袭来时,所有人的目光立刻转向美国和欧洲,因为正是它们的债务过快增长引爆了这场危机。同时,之前创造"经济奇迹"的东南亚国家,纷纷从神坛上跌落,时至今日,几乎已没人注意到它们的存在。尽管这些国家的债务压力大大缓解,但是它们仍在努力抚平债务危机的创伤。

除印度尼西亚以外,泰国、马来西亚和菲律宾也在经历同样的煎熬。不过,它们面对的未来充满光明。这些国家的债务压力已基本降至可控制的范围,强大的银行为发放贷款做好了准备,其贷款总额也远远低于存款总额的80%。事实将证明,在未来5年内,信贷体系的健康程度对一国经济的复苏前景至关重要。对于西班牙和希腊等国家,其债务规模在2003~2007年的全球繁荣期出现巨大膨胀。危机之后,它们必将面对最缓慢的复苏;而菲律宾和泰国等国家,由于其同期债务增长幅度最小,其复苏的前景自然也最为光明。

进入2015年,另一种角色反转的格局已基本形成。到此时为止,在美国和西班牙等发达国家,私人领域的债务规模已大大降低,而很多新兴市场国家还在为维持高增长率而继续加大债务规模。在经历2008年金融危机的噩梦后,新兴市场国家纷纷开启信贷闸门,其债务水平快速上涨,但经济增长却未能随之而进。

于是，这就引发了不良投资热所带来的副作用。在投资热后期，随着资金缺口的加大，更多头脑发热的债权人会涌入市场，将过多的资金以信贷方式投入非生产性投资项目，这必将造成严重的产能过剩或大量的空置房屋。众所周知，在 2007 年之前的新兴市场国家中，通过债务形成的投资每增加 1 美元，会创造 1 美元的 GDP 增量。但是在全球危机后的 5 年，同样是在新兴市场国家，它们却需要借 2 美元的新债才能创造 1 美元的 GDP 增量，也就是说，它们将越来越多的借来的钱，投入了不能推动经济增长的非生产性投资项目中。到 2015 年，巴西、土耳其和泰国等很多新兴市场国家，都在处理短期内暴增的负债，这些负债也成为遏制经济增长的主要因素。

债务规模的增长也有可能是健康增长的信号，但前提是债务增速不能长期大幅度地超过经济增速。债务规模会在某个未知时点给经济带来巨大影响，但债务的增速更为重要，这也是经济转暖或变冷的标志性信号。债务危机的引爆点通常出现在私人领域，也就是说，私人领域往往是信贷泛滥的始作俑者。债务狂欢的心理不仅会诱发各种非理性的不良贷款，还会导致过度负债，这两者皆会阻碍经济增长，并有可能诱发金融危机。而且它们留下的心理阴影，往往会在危机过后延续良久。一旦债务恐惧症消除之后，银行就会重启贷款闸门，而摆脱债务重压的经济，也将再次腾飞。

第 10 章 吹捧炒作

全球舆论如何看待各国？

关于哪些国家在崛起,哪些国家在衰退,主流媒体的预测通常不准确,因为它们通常是在用历史趋势推断未来走向。

第 10 章 吹捧炒作

1991 年，我开始为一家报纸撰写专栏文章。正是在那个 10 年的最初几年里，我对很多人笃信不疑的报纸头条或杂志封面文章变得异常谨慎。那时，全球媒体都在不遗余力地赞誉日本的崛起，称其为未来的世界经济大国。在从汽车到电子等诸多曾属于美国人的领地中，日本公司的产品销量让美国同行难以企及，在其他行业，日本似乎也做好了取代美国的准备。日本的经济泡沫在 1989 年达到顶峰，当年，东京证券交易所的上市公司市值已达到全球股市市值的一半。日本的地价也水涨船高，充分诠释了寸土寸金的含义。当时，一篇令全世界感慨的报道甚至声称，东京皇宫占地的价值，足以超过加州全部土地的价值。然而，日本的经济泡沫还是在 1990 年砰然破裂，尽管东京股票市场和房地产价格已开始暴跌，但大多数媒体和政治领导层依旧在疯狂的道路上前进。

1992 年 2 月，就在日本市场陷入低迷期两年之后，《时代》杂志还发表了一篇有关日本的封面文章，对这个世界第二大经济体将以何种方式在 2000 年超越美国进行了预测。这篇文章援引日本议会下议院发言人樱内义雄（Yoshio Sakurauchi）的话称，美国的工人懒惰、没有文化，而且美国正在成为日本的分包商。此外，该文还引用了威廉·瓦茨（William Watts）的民调结果，称在美国人看来，日本在经济上的威胁要超过俄罗斯给美国带来的军事威胁。在当年的美国大选中，候选人保罗·桑格斯（Paul Tsongas）甚至声称："冷战已经结束，日本取得了胜利。"

日本这个例子让我深切体会到市场与媒体的本质区别在于它们看待问

题的时间视角。**投资者关注的是未来，而新闻媒体强调的是现在。**它们在时间视角上的差异，源于它们不同的动机。在市场上，参与者需要尽早判断下一轮大趋势来赚钱，而媒体评论员则以解析当日头条新闻而获得声誉。媒体往往在趋势形成若干年后才会燃起激情。它们的激情一旦形成，便难以放弃。当然，激情也会感染市场，前提是新闻媒体恰好能捕捉当下的时代思潮，反映占据现时思潮的主流思想。

在成为专栏作家3年之后，我开始了自己的投资生涯，从此，我的全部时间被两种爱好占用：写作和投资。到1994年，投资者的注意力已转向亚洲其他的目标，尤其是泰国、印度尼西亚和马来西亚。这些国家似乎正在跟随日本，走上通往制造大国之路。此外，媒体也开始大肆宣扬"亚洲崛起"的故事，众多杂志毫不吝啬地将马哈蒂尔·穆罕默德奉为"规划大师"，不计其数的文章极力颂扬"亚洲价值观"，诸如勤俭节约、吃苦耐劳、尊重上司以及家族忠诚等。媒体的疯狂炒作一直延续到1997年金融危机爆发的时候，彼时，东南亚国家大面积遭遇货币危机，市场全面下挫。市场情绪也调转风头，由爱转恨，不过，这也是人之常情。随后，对新"四小龙"经济高唱颂歌的舆论突然消失，取而代之的是人们对这些国家毫不留情地批驳：印度尼西亚领导人及其家族拥有的数亿美元财产，马来西亚企业为获取贷款而行贿的腐败行为，亚洲"高尔夫球场资本主义"（这个词专指商业与政客在休闲场所秘密敲定的不公正交易）造成的投资过剩……

大众媒体再次将赞誉之词送给美国，毕竟，美国看上去的确异常强大。1998年，在亚洲金融危机最严重的时候，美国经济依旧以5%的步幅强势增长。正是美国消费者的需求，让整个世界避免了坠入衰退深渊的命运。而新兴市场经济体的表现却让人失望，虽然马来西亚拥有当时世界上最高的建筑物——吉隆坡石油公司双子星塔。但美国的全球品牌，譬如拥有金色拱形商标的麦当劳，其作为美国经济扩张的载体，在安全性和稳定性方面显然更胜一筹。1998~2003年，人们对很多新兴市场国家的第一感受就是哀其不幸、怒其不争，或者是漠不关心。

《时代》杂志在2003年的一篇封面报道中，将印度尼西亚等东南亚国家贬为"昔日的老虎"（Tigers No More）。报道的基调如同是灾害现场5年后的重访，将这些国家贬得一文不值。然而，这些在危机中饱受摧残的东南亚国家，在随后5年创下年均增长率超7%的奇迹。同样是在这一时期，土耳其等新兴市场国家的经济走出低谷，企稳向好，但国际媒体和意见领袖对此视而不见。尽管土耳其的伊斯兰温和派执政党为加入欧盟大家庭实行了强力改革，但全球媒体看到的，依旧是它们守旧的社会习俗。土耳其和欧盟常常为某种社会习俗问题而争得面红耳赤，譬如严惩通奸或禁止在公共场合接吻。此时媒体就会质问，土耳其真的适合加入这个追求自由文化的政治联盟吗？与此同时，在21世纪前10年中，土耳其的人均收入增长了整整3倍，它成为世界上增长速度第十快的经济体。

著名作家埃利·威塞尔（Elie Wiesel）是二战时期纳粹大屠杀的幸存者。他曾说过，爱的反面不是恨，而是漠视。这种说法用于描述媒体的焦点转换再适合不过。因此，这就出现了一个适合于所有国家的问题：全球意见领袖如何描绘这个国家？经济繁荣持续的时间越长，这个国家在媒体心目中的形象就越可信，也就越有可能被它们奉为未来经济的楷模。但这种爱越深，我反而感受到越多的威胁信号。我们都知道，长期的可持续增长非常罕见。一个经济体的上升速度越快，其维持这种增长的时间就可能越短。

在国家兴衰的历史进程中，这样的规律已经为大量研究所证实。最有说服力的一个范本出自瑞士信贷银行（Credit Suisse），它建立的数据库收集了1900年以来的资料。就同类研究而言，其时间跨度比其他研究延长约半个世纪，其结果验证了霍布斯理论：大多数高速增长都不可持续。无论是发达国家还是新兴市场国家，6%的增长率通常只能维持4年左右，8%的增长率通常可维持3年左右，而10%的增长率一般只能延续两年。

上述结论与类似研究的结果一致：如果强势增长期达到5年临界点，那么，默认假设应该是这个增长期已接近终点。但也有评论家认为，强劲增长会带来更强劲的增长。对一个处于高速增长期内的国家，媒体习惯毫不吝啬地给予赞美，但无节制的赞美只会播下衰落的种子——它让一国领导者变得自负，丧失改革意愿，毫无节制地吸引外资，导致流入的外资远超这个国家所能驾驭的水平。当危机降临时，媒体最先翻脸，无限的爱转为无尽的恨。紧接着，认为危机是这些国家咎由自取的斥责声扑面而来——

当然，它们的指责并非空穴来风，亚洲金融危机所展现的裙带资本主义行为是千真万确的事实，但转折点还远未到来，收拾乱局尚需时日。

下一轮明星往往出自被媒体遗弃的国家，甚至是从未被媒体关注过的国家。当它们走向繁荣（或者说进入复苏）时，经济增长也随之步入正轨，不过经常要在连续多年保持强劲增长势头后，它们才有可能走进媒体的视线。然而，到这个时候，经济增长可能已耗尽潜力，增长接近尾声。由此我们可得出一个基本规律：对任何国家而言，受到全球媒体的青睐都不是好兆头，而它们的漠视常常是好的信号。

在预测下一个热门经济体的话题上，媒体的疯狂吹捧从未兑现。20世纪初，有人已经开始关注全球性经济竞争。当然，那个群体的规模远不及今天，不过，他们在那时就看好拉丁美洲的光明前景，尤其是阿根廷。阿根廷利用英国人的新发明——冷藏船，向全世界出口本国的牛肉和农作物，从而达到全球一流的收入水平。直到20世纪50年代，阿根廷还是世界上最富有的国家之一，但是在平民主义者胡安·贝隆（Juan Perón）的统治下，阿根廷未能跟上世界的现代化步伐，媒体吹捧的对象也因而转移到委内瑞拉。随后的10年间，委内瑞拉利用本国丰富的石油资源，与沙特阿拉伯一道成为欧佩克的创始国之一。进入70年代，全球油价暴涨，委内瑞拉的收入水平一度逼近美国，也当仁不让地被视为为拉丁美洲的未来：在远离世界中心的这块大陆上，在巴西、阿根廷以及后来的智利还掌握在独裁者手中的时候，委内瑞拉已成为西方人眼中的资本主义民主国家。

20世纪五六十年代，媒体领域很少有人关注亚洲，即便有人偶尔想到亚洲，出现在他们脑海中的也只有菲律宾和缅甸这两个盛产金属、宝石及其他自然资源的国家。提到中国和印度，他们只会不屑一顾。实际上，直到60年代中期，很多经济学家还很不以为然地认为，韩国的未来一片灰暗和茫然，美国评论家甚至将韩国称为"毫无希望的无底洞"。在他们看来，美国已经向这个"冷战"最前沿的国家投入了太多的援助资金，但没有换来任何回报。按捐赠者的话来说，他们就是在把钱倒进"老鼠洞"。

这些负面评价无一例外地犯了同一个致命错误：他们对这些国家或是大陆的前景，做出了完全错误的预测。从20世纪70年代起，亚洲的人均收入直线上升，追赶西方国家的脚步不断加快。此时的拉丁美洲已被抛在身后，阿根廷尚在泥潭中跋涉，而80年代的国际油价暴跌让委内瑞拉撞得头破血流。在亚洲，缅甸依旧在贫困中挣扎，1962年的一场军事政变使得政府倒台，但军政府上台后整个国家依旧没有起色。军政府领袖后来将缅甸的国名"Burma"改成现在的"Myanmar"。3年后，菲律宾步缅甸后尘，贪得无厌的费迪南德·马科斯和其同样贪腐成性的夫人成为新的统治者。与此同时，他们身边那些始终不被关注的邻国，尤其是被称为"老鼠洞"的韩国，却开启了经济腾飞的征程。20年后，中国和印度也将走上它们的转型之路。

《时代》封面诅咒

排山倒海的炒作也是一种预测手段。在这种情况下，形成判断的基础并不是数据，如谷歌的点击量、公众媒体的覆盖度、顶级经济学家的调查，抑或是投资者的直觉。在互联网时代，不存在简单的单一标准来判断和解读主流意见。尽管这种观点同样适用于主要新闻杂志的报道，但是很多美国杂志记者喜欢用玩笑来概括这个行当的滞后性：等到一篇报道发布在《时代》或《新闻周刊》（*Newsweek*）上时，这件事早已成为历史。

即便考虑到某些记者是因为自己服务的出版物缺少名气而心生妒意，但我依旧认为，这个笑话的背后确有其值得寻味的哲理，尤其是针对经济领域。至少它可以解释，在1989年10月的一篇报道中，《新闻周刊》为什么会用索尼"侵略"好莱坞这个噱头，作为日本崛起不可阻挡的最新信号。然而，就在几个月之后，日本经济就开始了长达20年的下滑。这个笑话也会告诉我们，《时代》杂志为什么会在2011年11月抖出这样一个问题："这是中国的世纪，还是印度的世纪？"也正是在那一年，主要新兴市场国家的经济均遭遇大幅滑坡，进入低增长时代。

为检验这个命题，我和我的团队回顾了《时代》杂志在1980～2010年的全部封面报道，找到122篇以某个国家或地区经济形势为主题的报道[①]。

[①]《新闻周刊》因资源不全而未被纳入研究。

随后，我们对每一篇报道的观点是乐观还是悲观，观点是否准确进行了确认。研究结果表明，这个笑话至少在某种程度上客观。如果《时代》的报道采取了消极基调，那么，在这122个案例涉及的国家或地区中，有55%的经济体会在随后5年里呈上升趋势。1982年3月，《时代》杂志封面报道的标题是《利率之苦》(*Interest Rate Anguish*)，以此调侃美联储主席保罗·沃尔克采取的上调利率政策。但是在今天看来，面对长期阻碍美国经济的通货膨胀，业界普遍认为这样的措施十分必要。1999年8月，《时代》杂志发布了名为《回归民族主义的日本》(*Japan Returns to Nationalism*)的封面报道，认为这个国家在金融危机后倾向于闭关自守，但日本很快就采取了一轮暴风骤雨般的改革，经济有所起色。2010年，《时代》杂志发表以《支离破碎的美国》(*The Broken States of America*)为题的封面报道，但美国经济随即便开始提速，在随后5年里，其增长速度让其他发达国家自叹不如。

另一方面，如果《时代》以积极乐观的口吻发表报道，那么，66%的相关国家或地区会在随后5年出现经济增长下滑现象。1980~2010年，这样的事情发生了37次。1992年2月，《时代》发表了一篇称赞日本经济的封面报道，随后，日本的经济增长率便从1987~1991年的超过5%，下滑到随后5年的勉强超过1%；2006年5月，《时代》的封面报道是《法国式改革》(*The French Way of Reform*)，称法国正在以常理难以解释的速度发生着变化，但就在这之后的5年间，法国的经济增速便降低一半，不足1%；2007年11月，《时代》的封面报道标题是"加速的德国"，随之而来的便是德国经济的大幅收缩……这样的例子比比皆是。

当然，我们的目的不是为了贬低《时代》杂志或其他新闻媒体，而是为了解释推理与线性思维这两个交相呼应的问题。这些行为偏差会导致最严谨的人在涉及国家经济命运的大问题上迷失方向，尤其是形势一片大好时。毕竟，记者更愿意倾听市场研究者、严谨的学者以及IMF等主要金融机构的观点。而凭借其权威性的地位，IMF的预测当然会引导市场的主流思想，也往往会被视为全球普遍接受的观点。但对于当下热门的经济体，它也无法规避普通人的心理偏差，以系统的方式给予追捧和炒作。

2013年，美国财政部前部长劳伦斯·萨默斯（Lawrence Summers）及其同事兰特·普里切特（Lant Pritchett）发表了一篇名为《亚洲热正在回归中值》（Asiaphoria Meets Regression to the Mean）的文章。这篇文章以极其辛辣的口吻，毫不留情地斥责了当时的热炒之风，对中国和印度经济未来几十年将数倍成长的预测提出了质疑。实际上，萨默斯和普里切特是在提醒 IMF 及其他预测机构，不要认为这些热门国家会永远热下去，务必要清醒地认识到，对战后经济的诸多预测中，唯有一个结论才是永恒的：所有经济增长最终都倾向于"回归中值"。换言之，所有国家，不管其增长有多快或是多慢，最终都会回归到历史上的 GDP 增长率中值。而这个中值对应的，是 3.5% 左右的 GDP 年增长率和 1.8% 左右的人均收入增长率。

IMF 的预测假设，中国和印度的经济增长不会回归，而会以略微适中的速度持续增长，最终，其经济总量将在 2030 年达到目前的 4 倍，两个国家的经济总量之和将达到 53 万亿美元。但萨默斯和普里切特认为，历史已经一再表明，中国和印度的经济增长率回归中值的可能性更大，这意味着到 2030 年，他们的经济规模最多增长一倍，相当于经济总量之和为 11 万亿美元。那么，依据线性推理得到的预测，将比依据回归中值模型得到的结论多 42 万亿美元。正是基于这种被无限夸大的预测，媒体才对中国和印度的崛起大肆炒作。

值得欣慰的是，在 IMF，已经有一些研究人员在倾听这样的声音。2014 年，江浩（Giang Ho）和保罗·毛罗（Paolo Mauro）发表名为《增长：当下还是永恒？》（Growth: Now and Forever?）的研究报告。在文中，他们对 IMF 和世界银行自 1990 年以来的预测进行了分析。他们发现，萨默斯和普里切特的批评基本正确。很多预测者似乎对经济回归中值的规律视而不见，而江浩和毛罗指出："历史记录已经得出基本一致的结论，即这些预测的倾向过度乐观。"但 IMF 和世界银行之类的金融机构，依旧在乐此不疲地发布预测，为新兴市场经济热潮煽风点火。当然，"这个时候去预测经济变脸，的确非常困难"。

我个人的观点是，IMF 近期发布的预测，至少对中国的预测，确实存在火上浇油的炒作趋向。2010 年 4 月，就在中国的经济增长达到鼎盛点时，IMF 曾做出预测，认为中国的经济增长在总体上还将维持现有步伐；未来

5年内，中国经济增长率将在现有基础上略微下降0.5个百分点，但是在2015年，依旧可以达到令人咋舌的9.5%。然而，到2015年中期，根据官方发布的数据，中国的经济增长率约为7%。

在2010年后，IMF对中国陆续做出的预测依旧十足乐观。按照他们的预测，在未来5年，中国的经济增长都将逐年小幅下降，但幅度非常微小，绝不会诱发大规模的衰退。2015年4月，IMF依旧对中国2020年的增长率给出超过6%的预测值，但中国的经济增长率实际上已经接近这个水平。

尽管经济学曾被19世纪的史学家托马斯·卡莱尔（Thomas Carlyle）嘲笑为"枯燥、乏味、古板、守旧的学科"，但在现实中，它充斥着不计其数的"乐观偏差"（Optimism Bias）①。这种根深蒂固的乐天精神，在IMF长期以来不愿预测经济衰退的秉性中，已表现得淋漓尽致。针对IMF在1999~2014年对189个国家发布的年度经济预测，《经济学人》开展了一项研究。该研究显示，某国在当年出现经济增长、次年便陷入萎缩的情况，合计发生了220次。但是在每年4月发布的次年经济预测中，IMF从未发布过经济即将衰退的预测。《经济学人》发现，就经济增长率的预测值而言，即便在 -2%~10%随机挑选一个数字，其准确性也会高于IMF的预测。

遗憾的是，这种乐观倾向不局限于IMF，大多数经济学家习惯于小幅调整他们的预测，因而难以预见到重大变化。例如，联邦储备银行费城分行对50家顶级预测机构进行了一次季度性调查，在2008年年初的时候，由于大量信号显示"大衰退"已逼近，股票市场大跌几乎已成为大概率事件，这些预测机构纷纷下调预测，但调整方式依旧是他们习以为常的小幅微调。针对美国的经济增长率，他们给出的平均值为1.8%，只有两家机构做出了低于1%的预测，但没有一家机构在当年给出负的增长率。今天，我们都已经知道，"大衰退"在2007年就已开始。

我曾怀疑，IMF和世界银行的乐天派精神有其特殊原因：**作为其预测对象的很多国家，从根本上说都是它们的客户。**当出现其经济前景不好的评价时，不管这种评价是否公正客观，这些国家的政治精英都会奋起还击。我发现，很多独立经济学家都要面对这样的压力，尤其在最近几年，随着

---

①指个体倾向于认为自己更可能经历好的事情，而他人更可能经历坏的事情。

新兴市场国家的话语权和影响力不断增强，任何不利于它们的预测都有可能遭受质疑。

"捧杀"：集体狂热之后

事实表明，长期的强势增长在任何国家都不现实，而对某些国家来说，这样的增长更是难如登天。但这个最基本的事实并没有让过去 10 年的炒作受到丝毫影响。2002 年之后，诸多因素相互融合，引发了一轮几乎遍布新兴市场国家的繁荣大潮。根据 IMF 对 150 多个国家的跟踪调查，其总体增长率在随后 5 年增长一倍以上，平均增长率超过 7%。于是，预测机构立刻集体发声：包括中国、印度、巴西和俄罗斯在内的主要新兴市场国家，将进入高速增长期，并最终推动这些国家的人均收入达到发达国家的水平，由此制造了群体集聚的神话，即全球收入水平将趋于一致。

无论是对致力于贫困人口的非政府组织、寄希望于新兴市场的全球投资者，还是对急于发现全球力量格局中下一轮大转型的评论家，这样的情境都不会缺少诱惑力。为数众多的观察家开始预言，新兴市场国家的崛起必将把美国赶下全球霸主神坛，尤其是在 2008 年全球金融危机之后，这样的预言似乎更可信。两年之后，美国经济依旧在灾难后的痛苦中挣扎，而以中国为代表的新兴市场经济体，则实现了 3 倍于美国的经济增速。

随着新兴市场国家的增长优势不断扩大，群体集聚的神话也得以延续，至少在当时未受到挑战。但是大多数人所忽略的是，2000～2010 年这 10 年的美好时光，对新兴市场国家来说同样不同寻常。1960～2000 年，大多数新兴市场国家的人均收入均低于美国。宾夕法尼亚大学发布的权威性"佩恩全球报表"（Penn World Table），涵盖各国的增长率数据。在纳入该表统计范畴的 110 个新兴市场国家中，仅有不到 45% 的国家在 2000 年前缩小了与美国的差距，即使在 20 世纪 70 年代的资源商品繁荣期也是一样。但是在 2000 年之后，这种局面发生了变化，低息货币、大宗商品价格上涨以及席卷新兴市场国家的贸易流增长等诸多因素相互融合。在随后的 10 年里，80% 新兴市场国家的人均收入增速均超过美国。

于是，对新兴市场国家的炒作一时成为时尚，这当然是意料之中的事情。但是在2005～2010年，新兴市场国家的5年期增长率出现了密集上涨的局势，这的确有点诡异。

在纳入"佩恩全球报表"的110个新兴市场国家中，仅有3个国家在人均收入增长率上逊色于美国，而其他107个国家都让美国甘拜下风，或者说，97%的新兴市场国家都在赶超美国。这样的繁荣史无前例。落后于美国的3个国家分别是尼日尔、厄立特里亚和牙买加，均为在世界经济版图中的小国。一时间，似乎所有新兴市场国家都在崛起。

但是如果就此做出这种整体性高成长可延续数十年的假设，显然不切实际。即便是对一个国家来说，集聚效应也很难实现。根据世界银行在2012年的一项研究，在过去的半个世纪中，仅有13个新兴市场国家实现了从贫困国家到中产阶级国家的蜕变，并最终进入中等收入国家行列。按某些指标计算，韩国已站在了发达国家大家庭的门口，捷克和波兰也近在咫尺。群体集聚效应意味着，在未来的几十年里，将有众多国家实现飞跃式增长，走出贫困国家或中产阶级国家的行列，步入富裕国家的队伍；国家与国家之间的阶级差距将趋于模糊，并最终消失。当所有国家都已远离贫困，或者说，至少只存在中产阶级国家的时候，我们的世界将成为一个没有穷人的乌托邦。在那个时候，这个乌托邦似乎不再只是梦想。

然而到了2010年，诸多信号表明，很多国家的高速增长或许只是昙花一现。这股成长狂潮似乎已走到终点，而不是我们想象的大一统繁荣的起点。就在2010年底，随着全球资本流和贸易流陷入低谷，大宗商品行情走弱，新兴市场国家的增长已出现明显的放缓迹象。到2015年左右，新兴市场国家的平均增长率已从2010年最高点的7.5%，回落到4%的长期趋势增长率。如果剔除中国，这个平均增长率会降至2%左右。与此同时，美国的增长速度明显超过这个平均水平，并将俄罗斯、巴西和南非等在沼泽上跋涉的国家远远抛在后面。此时的集聚效应已不复存在，与美国相比，很多在过去10年曾被热炒的新兴市场国家都在萎缩。此外，由于新兴市场国家的人口增长速度通常更快，因此，在人均收入指标上，它们与美国的差距又被进一步拉开。

是"金砖五国",还是"一金四砖"?

在过去 10 年里,我始终反对所有以"金砖五国"为主题的炒作,这种炒作主要就是用单一标准去判别所有国家,而不考虑这个国家的经济是属于依靠生产商品而增长的制造型经济——如中国,还是依赖上天眷顾的大宗商品型经济。以出口石油为主的俄罗斯和以出口铁矿石和粮食为主的巴西等国,一旦全球主要大宗商品价格出现大幅波动,它们的经济增长就会受到严重影响,通常会出现大幅收缩。回溯过去 50 年,我发现,在大宗商品价格波动与赶超速度提高的国家数量之间,至少在短时间内会体现出非常清晰的关联性。

在 1970 年后的每个 10 年里,人均收入逼近西方的国家数量,均随大宗商品价格的波动而起伏。20 世纪 70 年代,全球大宗商品价格指数上涨了 160%,28 个国家相对于美国出现快速集聚(在这里,我们对快速集聚是这样定义的:首先追溯研究 173 个国家在 1960 年之后的增长率,然后再按 10 年期进行分析,将这些国家在每个 10 年内的人均 GDP 增量与美国的人均 GDP 进行比较,并依次排序。对排在前 1/4 的国家定义为"快速集聚"型案例。对可定义为"快速集聚"型的国家,其人均 GDP 在 10 年内的增速不低于美国人均 GDP 的 2.8%)。但进入 20 世纪八九十年代,由于大宗商品价格陷于停滞,快速集聚的国家数量减少到 7 个。在 2000 年之后,大宗商品价格的翻倍,让新世纪的前 10 年成为证明集聚效应的绝佳案例,37 个国家追赶美国的步伐加快。

对于这些依赖大宗商品的国家来说,最大的问题在于,一旦主要大宗商品的出口价格下跌,它们追赶的脚步就会停下。2008 年,世界银行曾组织了一场由全球知名经济专家参加的论坛,受邀成员包括美国前财政部长罗伯特·鲁宾(Robert Rubin)以及南非财政部长特雷夫·曼努埃尔(Trevor Manuel)。论坛由 2001 年诺贝尔经济学奖获得者、美国斯坦福大学商学院院长迈克尔·斯宾塞(Michael Spence)主持。这个"斯宾塞委员会"(Spence Commission)的目的,就是解决长期的稳定增长问题,并揭示这个仅存在于战后时期的现象。委员会列举了 13 个在至少 25 年内年均增长率超过 7%

的国家，但他们发现，在这些所谓的长期增长结束后，这些国家结局却截然不同。

在这 13 个国家中，仅有 6 个国家继续增长，并达到中等收入水平。而在这 6 个国家中，有 5 个属于制造业出口大国，留下一个令人感到费解的国家——马耳他。另一方面，在 7 个达到中等收入前就遭遇停滞的国家中，有 6 个严重依赖大宗商品，即博茨瓦纳、马来西亚、阿曼、泰国和巴西。自 1914 年以来，巴西的人均收入一直与铁矿石、糖和大豆的价格同步起伏。目前，巴西的人均收入仅为美国的 16%，仅比 1914 年高一个百分点。

尽管对增长前景影响深远，但原材料在经济生活中扮演的角色似乎很渺小，这是掩盖大宗商品诅咒的一个重要因素。世界银行估计，就平均水平看，自然资源对中低收入国家 GDP 的贡献率约为 8%，而对发达国家 GDP 的贡献率却只有 1.4%。

但如果资源性产品在出口或政府收入占据相当大的比例，那么我们可以说，这 8 个百分点完全有可能决定一个国家的命运。大宗商品价格波动的速度往往很快，而且幅度很大，这就会导致石油、棉花或糖的收入流剧烈波动，从而将一国推入危机之中，尤其是当这个国家恰巧需要外汇收入来偿还外债时，收入骤然剧烈波动的影响可想而知。在拉美国家，很多国家都遭遇了以低增长为特征的"失去的十年"，其中一个重要原因是大宗商品在这些国家的出口总额中占据了半壁江山。

在很多国家，石油、天然气及其他与大宗商品相关的公司由政府拥有，而政府的收入和运行又严重依赖这些公司。因此，大宗商品价格的猝然波动有可能将政府推入经济深渊。

根据俄罗斯公布的官方数据，石油收入仅占其 GDP 的 10%，在其出口收入中却占据了一半以上，更是为政府贡献了 1/3 的财政收入。2014 年，全球油价暴跌让俄罗斯跌入一场深重的危机。就在石油价格暴跌前的一年，一份杂志的封面报道还盛赞普京总统是"世界上最强大的人"，称赞他在外交领域取得的一系列胜利，尤其是对于克里米亚半岛的归属权问题。这显然是事后诸葛亮式的吹捧和炒作：俄罗斯在人均收入指标上已落后于西方国家，而受石油影响的衰退，只会拉大原有的差距。

玫瑰色的灾难大片

尽管依赖大宗商品的经济体命运与跌宕起伏的价格休戚相关，但线性思维依旧推动着人们继续炒作，而这种思维的背景就是马尔萨斯式的悲剧场景。英国学者托马斯·马尔萨斯（Thomas Malthus）早在19世纪便做出预言，全球人口的增长将超过粮食产量的增长，进而导致大规模饥荒。尽管在此之后，马尔萨斯的预言从未实现过，但在每个10年里，甚至是每隔几年，都会有专业人士提出各种悲观论调。在2011年的粮食价格大幅上涨之后，著名的国际发展及救援组织乐施会（Oxfam）便提出警告，在人口持续增长的情况下，农产品产量的低速增长将导致食品短缺。按照乐施会的预测，如果谷物价格在20年后翻一倍的话，那么到2030年，陷入粮食危机的人口将增加数百万。这对国家未来的兴衰影响重大，尤其是巴西这样的农业大国。如果谷物和大豆价格持续上涨，它们自然会受益无穷。

然而，这些情境的假设与马尔萨斯的预言犯了同样的错误。他们低估了农民、石油和钢铁大亨或是其他大宗商品生产商的创新能力，更没有看到生产能力持续改善的巨大空间。在二战后的历史中，剔除通胀影响的全球粮食价格每年以平均1.7%的速度持续下跌。出现这种局面的很大一部分原因在于，当粮食价格上涨时，农民收入提高后，他们就会增加投资，改善化肥质量，购置效率更高的联合收割机和拖拉机，从而增加了粮食供给。

2011年，农业发展走到尽头的观点再次引发人们对粮食价格大涨的担心，并引发市场恐慌和抢购现象，甚至导致现有农田中的马铃薯无法收摘。这也是造成当前农业产量增速缓慢并将持续下降的原因。和以前一样，这个场景的出现，是因为忽略了通过多种方式提高粮食供给量的可能性。中国、巴西和前苏联国家的粮食产量只有美国的一半，因此，如果这些国家引进国外先进农业技术，它们的农业产量就有可能大幅增长。比如说，在新兴市场国家，有30%的粮食和50%的水果蔬菜在运输过程中被损耗，那么如果巴西和俄罗斯的道路状况能得到改善，最终运抵市场的粮食数量就会大大增加。

如果用老眼光看待农民，会让我们忽略一个事实：现代农业企业对价格信号有着非常快速的反应能力。实际上，已经有研究显示，农民对市场信号的反应速度远快于跨国石油公司等其他大宗商品供应商。高价格的最大敌人就是高价格本身，因为价格过高，必然会促使厂商寻求新的供给品。

这也是我们在2011年看到的现实：悲观的末日论预言家们纷纷发布报告，称食品价格将大幅上涨，饥荒即将来临。与此同时，新一轮投资已开始对饥荒发起反击。在2000~2010年，全球有1万亿美元投资用于提高原材料产量，从美国的页岩油到巴西的糖，涵盖范围极广，而新增供给立刻推动价格进入下行通道。从2009年到2011年年初，上涨了66%的食品价格立刻止住步伐，开始下跌，并在随后两年下跌了约30%。

在当前10年里，食品及其他大宗商品价格的大幅下跌，迅速扭转了全球媒体对巴西等国家的印象。2009年底，当巴西的经济繁荣达到顶峰时，《经济学人》刊登的封面报道题目就是《起飞的巴西》（*Brazil Takes Off*），配图是昂首冲向里约热内卢天空的基督雕像。然而，在随后4年里，巴西的经济增长却下跌过半，按美元计算的股票市场总市值也损失了50%。2013年底，《经济学人》再次刊登了以巴西为主题的封面文章，配图依旧是那尊基督雕像，只不过这次大头朝下冲向地面，嘴里念念有词："巴西完了吗？"

"中等收入陷阱"存在吗？

为什么说一个国家的经济难以维持强势增长呢？一种普遍接受的解释就是中等收入陷阱。穷国可通过简单改进（比如铺路）加快发展速度，但是在达到中等收入后，它们就很难维持先前的高速增长。此时，它们需要开发更先进、更高效的产业。但我们看到的现实是"发展陷阱"，它可以让任何收入水平的国家偏离发展轨道。创造生产性行业的前提是拥有高效的银行、学校以及监管体系，而这需要持续稳定的投资和信贷支撑。然而，所有这些不可能一蹴而就。因此，这些基础设施的欠缺，必将在长期内制约一国发展。换句话说，一个国家在发展阶梯上的每个阶段，都要面对各种各样的挑战。

从2010年开始，中等收入陷阱成为媒体热炒的一个话题。2013年，伯克利大学经济学家巴里·艾琛格林（Barry Eichengreen）和同事的一项研究显示，在谷歌检索"中等收入陷阱"（middle-income trap）一词时，可以得到40万条相关链接。点开这些链接，他们发现，有可能落入中等收入陷阱的国家不仅有越南和印度这样的贫困国家，也有马来西亚、土耳其等较为富裕的国家。不过，在这些链接中，陷阱这个概念的内涵很模糊，定义也多种多样。因此，它无助于回答这样一个问题：到底哪些国家最有可能坠入中等收入陷阱。

"中等收入陷阱"这个词最早是由世界银行在2007年提出的，但在2013年9月，世界银行的新一批研究人员重新分析了这个概念，并提出了一系列疑问。他们说，研究表明这种陷阱的"存在性没有几乎任何依据"，对于能否按一国正处于追求欧美国家的哪个阶段来判断其是否处于中等收入这个问题，研究人员也提出了若干质疑。他们发现，一国经济会在很多收入水平上陷入停滞，而不只在划分中等收入和高收入的临界点上。他们最终得出的结论是，这些经济体的经济增速只是回落到正常水平。**仅仅因为其经济增速低于快速集聚所需要的速度，就把"陷阱"这个标签贴到这些国家的身上，显然是错误的。**实际上，在战后的大部分时间里，很多国家一直陷于贫困状态，比如孟加拉国、尼日尔、萨尔瓦多和莫桑比克等，其人均收入水平还不到美国的5%。

然而，富裕国家也会遭遇停滞甚至是倒退。艾琛格林团队发现，当一国的人均GDP达到美国的75%时，其经济增速放缓的可能性达到最高，但这个水平已远远超过了中等水平的收入。而且很多国家在达到非常富裕的水平后，仍出现了长达7年的增长停滞：日本的人均GDP在1992年达到28 000美元时，经济增长率大幅回落；中国香港地区的人均GDP在1997年达到27 000美元，而后出现经济增长放缓现象；新加坡在1997年达到35 000美元后出现经济下滑；挪威在1998年达到43 000美元后经济停滞；爱尔兰和英国在2003年分别达到了38 000美元和32 000美元，随后也陷入停滞。而且，这些国家遭遇的增长放缓或停滞非常严重。在2003年之前的7年中，爱尔兰人均收入的年均增长率达到6.6%，但是在随后7年里一落千丈，最后竟然出现负增长，年均增长率下跌到−1.3%。当然，至今我们还不知道用哪个词来描述爱尔兰的境遇。不过，既然有中等收入陷阱，我们或许也可以用"繁荣陷阱"（prosperity trap）这个词。

在某些罕见的特例中，经济衰退可能会非常恶劣，以至于将新晋的富裕国家再次拉回中等收入行列。这种情况在20世纪至少出现了3次。在过去的100年里，委内瑞拉经历了从中等收入到富裕国家、再返回中等收入的轮回。阿根廷的人均收入在20世纪30年代曾达到美国的65%，但是到了2010年，便降到只有美国的20%。眼下的希腊也是一个例子，希腊金融业从2010年开始遭遇危机。随后，希腊降级为新兴市场国家，人均收入也跌破了标志发达国家的25 000美元大关。造成希腊衰落的原因是漫长的金融危机，而金融危机也是出现这种特例的主要诱因。

就平均数量而言，每进入下一个10年，在收入水平上降级的国家超过升级国家的数量都会有所增加。自20世纪40年代末以来，很多国家都曾出现过收入水平降级的现象，包括50年代的菲律宾、八九十年代的俄罗斯、南非和伊朗。2012年，世界银行的一项研究发现，在二战结束后的这段时期，有13个经济体向上突破收入临界点成为高收入国家，同时有31个国家向下跌破临界线，从中等收入国家变成低收入国家，其中就包括饱受战争摧残的几个国家——伊拉克、阿富汗和海地。

经济学家对这种现象的解释是，强势增长通常缺乏"持久性"。早在20年之前，这种现象就得到了纽约大学经济学家威廉·伊斯特利（William Easterly）及其同事的证明，并在随后被反复验证——但它们几乎都是负面案例。例如，萨默斯和普里切特将"超级高速增长"定义为在至少8年里维持6%的年均增长率。他们对1950年以来经历过"超级高速增长"的全部28个国家进行分析后发现，这些国家经历的超常繁荣"极为短命"，平均持续时间为9年，随后便开始滑坡，而且几乎都是以非常快的速度急剧下降。一般情况下，这些国家的年均增长率要回落至勉强超过2%的水平。对所有国家来说，这个增长率是"近乎完整的回归中值"。

这种过程也有好的一面，只不过不为人所关注而已。在前一个10年里陷入停滞的国家，未必会在下一个10年里继续止步不前。在每个为期5年的经济周期中，竞争格局会发生翻天覆地的变化。有些国家的债务狂欢已达到顶点，它们面前或许就是深不见底的债务危机，有些国家已经开始忙着还债，为后续的强势增长铺平道路。新技术给新行业带来难以估量的竞争优势，新一轮大选也让新一代领导人登上舞台，不过他们带来的可能是福音，也可能是灾难。从意大利到日本，改革派领导人在最近几年纷纷上台，他们给僵滞的政体带来了冲击，增大了经济向好的概率。但是这种繁荣不可能持续百年，可能只是 5 年，或许最多不超过 10 年。这个规律也适用于依赖大宗商品的经济体，他们的繁荣与衰落就像钟表的时针，周而复始，循环往复，但每一次循环都建立在更高的商品价格基础上。1998 年 9 月，《时代》杂志将饱受危机折磨的俄罗斯搬上封面，标题为《救命》。但是，在随后的 5 年里，由于全球石油价格暴涨，俄罗斯的经济增长率也从 -5% 一路飙升至 7%。

角落里的经济明星

为什么经济明星总是出自被媒体忽视的某个角落？这背后还有另一个层面的原因：增长最快的国家几乎总是最贫困的国家，而这些国家常常不被媒体所关注。而且在贫困国家，完成快速增长的任务相对也更容易，只需修建几条像样的道路，或是更简单的措施，就有可能让经济走出一无所有的黑暗。

为了说明这一点，我们回顾了 1950~2010 年每个 10 年期增长最快的 10 个国家。这些国家构成了一个特殊群体，在经济起飞之前，它们的人均收入都低于 3 500 美元。我挑选出的国家包括 20 世纪 50 年代的尼日利亚和土耳其，60 年代的新加坡，70 年代的马来西亚和罗马尼亚，还有 80 年代的埃及和博茨瓦纳。也有例外，就是原本已经非常富裕但依旧出现快速增长的国家——它们往往都是资源型国家，抓住了油价暴涨的机会，踏入全球增长最快的前 10 个国家的行列，比如挪威和其他盛产石油的小国。除它们外，在每个 10 年期，超级增长明星通常来自相对较为贫困的国家，它们都不曾受到过媒体的青睐。

在这个 10 年期的全球增长最快排行榜上，无名小辈的数量之多以及它们的增长步幅之快，均令人不可思议。这个排行榜还有一个特征，在几个10年期里连续上榜的国家十分罕见。几乎没有人能料想到，巴西会在1980年后跌出榜单，也没有多少人会预测到中国的入榜。更让人难以想到的是，在1990年后，这个排行榜上会找不到日本的影子，而在下一个10年期里却出现了俄罗斯的身影。在每一个新的10年期，都会出现很多新的名字，从20世纪50年代的伊拉克到60年代的伊朗，再到70年代的马耳他，但是在下一个10年期里，它们又会消失得无影无踪。而且，还有这样一些国家，在全球媒体还对它们十分看好时，它们却已经到了消失的边缘。而当它们被彻底遗忘在阴暗的角落里时，这些国家又一骑红尘，冲上榜单。未来的领导者往往在被遗忘的落后者当中崛起：在这个10年期里，菲律宾逐渐成为全球最热门的新兴市场国家，而此前停滞不前的墨西哥，成为拉美国家中最有可能在近期爆发的希望之星。

漠视也是一种好的信号。当繁荣化为泡影时，媒体蜂拥而至，对冰冷的"经济尸体"展开疯狂解剖，毫不留情地揭露它在繁荣后期毫无节制的过度消费和无法偿付的海量债务。此时，政府经常会组建专门委员会，负责关闭银行，处置不良贷款，撤换大型国有公司中的贪腐官员和不称职的管理者，推行旨在确保不再重蹈覆辙的改革。

清理或将持续若干年，具体还要视危机的程度而言。比如说，在亚洲金融危机期间，债务危机的第一个信号在1996年出现于泰国，到次年夏天，危机已经全面爆发。一些大的全球投资者趁机而入，在1997年夏天开始大肆买入泰国股票。这也是罗斯柴尔德男爵在19世纪70年代采取的投资策略，此后被人无数次模仿："市场上尸横遍野的时候"，就是买入的最好时机，因为这也是价格跌到谷底的信号。"趁火打劫"，永远是成本最低、风险最低的投资策略。然而，当"血流成河"的国家深陷灾难而难以自救时，更大的危机便会随之而来，这也是亚洲国家在1997年后的经历。当时，危机开始向其他新兴市场国家扩大，并最终导致泰国股市市值再度蒸发70%。很多在1997年夏天买入泰国股票的投资者血本无归。

经济最有可能走出低迷、驶上发展快车道的时刻，并不是在它们还被媒体关注的时候，而是在媒体已经移情别恋、盯住下一个黑马的时候。因为此时，遭受危机重创的国家，可以静下心来休养生息，重整旗鼓。时间转入 21 世纪，全球媒体早已经忘记那些曾在亚洲金融危机中倒下的国家，转而寻找新的热点，在当时而言，主要是科技繁荣的受益者。与此同时，俄罗斯、土耳其和南非也迎来了新的领导者。

在廉价货币的刺激下，很多东南亚国家开始了以出口来带动复苏的新历程。这些新的领袖人物让经常账户重回平衡，让债务得到控制，不过，这已经是 1997 年和 1998 年之后很久的事情。因此，这些媒体认为已经被危机打倒的国家，很难再入他们的法眼。2000 年，《时代》杂志的封面报道引发众议，这幅名为《瓦希德的苦恼》（Wahid's Woes）的报道配图，是在一次会议上昏昏欲睡的印度尼西亚总统。但在此后，银行困局的解决和货币贬值带来的出口提升，让印度尼西亚的增长率从接近零提升到近 5%。

虽然说经济增长缺乏持久性，但媒体对某些经济体的负面报道有时颇具持久性，这让他们对这些国家的成功视而不见。2003 年，全球媒体的聚光灯转移到俄罗斯的身上，此时，普京总统刚刚以逃税和欺诈的罪名将石油大亨米哈伊尔·霍多尔科夫斯基（Mikhail Khodorkovsky）送进监狱，西方媒体认为这些指控纯属莫须有。霍多尔科夫斯基的入狱及围绕此事的谣言，引发了媒体对普京领导下的俄罗斯是否会回归苏联体制的猜测。但事实上，普京已让改革派人士占据了重要经济岗位。虽然经济繁荣依旧在延续，但国际媒体对俄罗斯的口诛笔伐，让这一轮繁荣似乎根本就不存在。

我自己也经常忽略那些不被全球媒体关注的国家。比如说，2002 年，在阿尔瓦罗·乌里韦成为哥伦比亚总统后，便开始着力打造国内和平局面，重启饱受战争折磨的国家经济，但我并没有意识到这个国家即将到来的经济好转。要相信一个长期与毒品、谋杀为伍的国家能在短时间内转危为安，扭转局面，需要巨大信心。然而，"失败国家"这个命题绝对不是永恒的。

作为一个曾被视为失败国家并成功逆袭的典范，国际媒体对菲律宾的冷落并不罕见。在 2010 年 1 月造访马尼拉期间，我体会到一种万物复苏的气息。被邻国超越的感觉让菲律宾人感到厌倦，他们对被称为"清理先生"（Mr. Clean）的领导人给予了无限希望——打击腐败，重启投资，将人均水泥消耗量恢复到 8 年以前的水平。但是菲律宾毕竟已落后几十年，我的媒体朋友们当然不愿意相信我。在他们看来，我心目中菲律宾的美好未来，不过是一则笑话而已，很多人至今都不愿意相信。

另一方面，围绕2014年莫迪当选印度总理的炒作热潮，却让我十分担心。当年12月，《时代》杂志读者评选莫迪为"年度风云人物"，但编辑拒绝将这份荣誉授予莫迪。毫无疑问，这让将选票塞满《时代》投票箱的印度读者大失所望。但是在我看来，假如莫迪真登上《时代》杂志封面，那只说明，全球媒体对印度的吹捧已近疯狂，而这种火爆往往是衰落的前奏。莫迪已成为全球媒体的新宠儿。在媒体人心中，全球经济急需一个亮点，而莫迪就是那个可以点燃经济复苏导火索的改革家。莫迪所承受的期待太多，以至于无论是在曼哈顿还是在孟买，没有一个金融分析师敢于给印度经济做出负面评价。给我的感觉是，当莫迪没有出现在《时代》杂志的封面时，印度实际上是赢了。

媒体关注当下，国家需要未来

如果说杂志封面往往会指向错误的方向已成普遍规律，那《经济学人》则是一个例外，这要归功于它们的逆向思维。回顾1980~2010年《经济学人》的209期封面，我发现，在这份英国杂志发表看好某个国家经济的报道后，2/3的相关国家在随后5年改善了经济。反之，当《经济学人》看衰某个国家的经济时，一半以上国家的经济最后出现下滑。

1998年5月，《经济学人》的封面标题是《欧洲正在起飞》（*Europe takes flight*），配图是超人从倒下的电话亭里冲向天空。随后，整个欧洲地区的经济确实出现了高速增长，年均增长率从1998年前的1.7%提高到随后5年的2.6%。3个月后，当大多数媒体还在分析前两年招致亚洲金融危机的"高尔夫球场资本主义"时，《经济学人》已经看到了亚洲经济回暖的迹象。它的预言也再次应验。1999年1月，《经济学人》以《互联网股票为何将陡然坠地》（*Why internet shares will fall to earth*）为标题，成为唯一对经济持怀疑态度的国际媒体。其怀疑最终为事实所验证，互联网泡沫的破裂将美国和全世界拉入衰退。

但这并不代表这份杂志不会与主流意见同流合污。实际上，就在巴西经济于 2009 年砰然倒塌之前，《经济学人》还以《巴西的崛起》（Brazil Rising）作为封面报道的标题。此外，它还对非洲经济的涨跌周期做出了完全相反的预言。20 世纪 90 年代，非洲经济连续第二个 10 年出现令人失望的增长，2000 年 5 月《经济学人》的封面标题是《毫无希望的非洲》（The Hopeless Continent）。但是就从这一年开始，非洲经济进入了高速发展的 10 年。在这段时期，非洲年均增长率超过 5% 的国家从最初的 14 个增加到 28 个。依据 2000~2010 年的强势增长，2011 年 12 月，《经济学人》的封面刊出了一个令人鼓舞的标题——《非洲在崛起》（Africa Rising）。但这一次它又错了，因为非洲并不是一个独立的经济体，而是 53 个差别很大的国家。将相去甚远的国家人为捆绑到一起，为所谓的"快速集聚"提供依据，这只会给非洲崛起增添炒作的素材。

一年后，《时代》杂志步《经济学人》的后尘，同样以非洲崛起作为报道的主题。这一次报道，为非洲经济敲响了丧钟。实际上，此时的非洲经济已停止了快跑的步伐。到 2013 年，年均增长率超过 5% 的非洲国家数量已从 28 个减少到 21 个，而出现高通胀的国家数量却在增加。随后，有关非洲的报道开始分化为更多现实的小故事。而这些故事的主人公各不相同，其经济发展前景也呈现出光明、中庸和晦暗等不同的景象。

人们对 2000 年以后的非洲经济持乐观态度，主要源于领导模式的显著改善。越来越多的国家开始放弃独裁统治，加入民主选举的行列。但直到这一个 10 年期即将结束，这些民选领导人也未能成为名副其实的经济改革家。在南非，领导人雅各布·祖马（Jacob Zuma）因花费 2 300 万美元公款为其个人装修住宅而遭到炮轰；在尼日利亚，古德勒克·乔纳森（Goodluck Jonathan）曾被国人视为第一个清正廉洁的总统，却因对石油收入减少处理不当，以及与北方反对派势力的关系而遭到诟病，并导致极端组织"博科圣地"不断壮大。尽管南非和尼日利亚已成为非洲经济的启明星，但权力真空问题已遍布整个非洲大陆。莫易卜拉欣（Mo Ibrahim Foundation）是一家位于伦敦的非政府组织，在 2009~2013 年，它竟然未能找到符合"非洲杰出领导人奖"的候选人。无奈之下，它只能在 2011 年将奖项颁发给时任佛得角总统的佩德罗·皮雷斯（Pedro Pires），但佛得角毕竟只是一个对非洲几乎没有影响力的小岛国。

由于表现抢眼的领导人寥寥无几，很多国家在各项经济指标上的表现均令人失望。导致"非洲崛起"的观点盛行的另一个因素，就是很多新当选的领导人正在着力控制铺张浪费的政府。但事实证明，当2008年全球金融危机袭来时，这种想法立刻就变成了一个良好的心愿。为避免经济衰退，很多非洲国家的政府迫不及待地加大政府开支，提高公务员薪水，启动各种形式的公共项目。诸多非洲国家的政府赤字随即大幅上涨，超过GDP的3%。这一数字在很多专家看来是非常危险的，而到达这个警戒线的国家数量也从2008年的11个增加到2013年的20个。

此外，通过投资减少对石油及其他大宗商品依赖的非洲领导人，更是难得一见。在2000~2010年，非洲及亚洲地区新兴市场国家的出口总额增长了500%，但是在亚洲，约400%的增长来源于批量产品。也就是说，这部分收入通过大批量出售汽车、家用电器及其他制造品实现。与此同时，非洲的繁荣则依赖于全球大宗商品价格的上涨：在全部收入增量中，约400%的增长来自可可、咖啡和石油等大宗商品价格的提高。整个地区几乎没有对新建制造型工厂的投资。在非洲的南撒哈拉地区，大宗商品收入约占GDP的一半，而制造业则持续萎缩，其对GDP的贡献率从1990年的16%减少到2014年的11%。当新兴市场国家需要稳定增长和更强大的中产阶级时，这个去工业化过程却在反其道而行之。

一旦大宗商品价格反转下行，这些经济体的崛起就将戛然而止。这个反转过程已在2011年拉开序幕，随着黄金、铁矿石及其他多数大宗商品价格的持续下滑，很多非洲国家发现，要维持政府预算和经常账户的平衡已变得越来越困难。众所周知，如果经常账户赤字连续5年保持在GDP的5%的水平，那么这将成为货币危机即将爆发的严重警报。越来越多的非洲国家进入这个危险区，并开始陷入无力偿还外债的窘境。有几个非洲国家已被迫向IMF发出求救信号，其中包括莫桑比克、赞比亚和加纳。它们急需以新增贷款或延期偿付维持国际收支平衡。

不过，非洲也不是没有亮点。在如此大的疆域里，不可能所有地区都

"不可救药"。印度洋沿岸的几个国家正在冉冉升起,其中乌干达和肯尼亚共同创建了东非联盟(East African Community)。这个新的地区性共同市场将为两国发展本地贸易创造条件。与很多非洲国家不同的是,肯尼亚和乌干达是很多大宗商品的进口国。因此,它们是石油及其他原材料价格下降的受益者。尽管两个国家的经常账户均为赤字,但它们的进口开支并没有花在奢侈品消费上,而是用来购置机器设备及其他生产资料,而这必然有助于它们的未来成长。此外,肯尼亚新当选的总统乌胡鲁·肯雅塔(Uhuru Kenyatta)被认为是非洲大陆最有希望的新领导人。尽管有国际调查称,这位 2013 年上台的肯尼亚新领导人曾涉嫌种族暴力事件,但他的经济管理能力已经得到了本国民众的认可。这股热炒非洲的大潮在过去 10 年发生了180 度的大转折,从"无可救药"到"崛起",但事实远比口号复杂得多:53 个非洲国家展现出多层次的成长模式和发展格局,有些国家确实在崛起,也有国家几乎不可救药。

关于哪些国家在崛起,哪些国家在衰退,主流媒体的预测通常不准确,因为它们通常是在用历史趋势推断未来走向。因此,一国的增长持续时间越长,就越会让媒体青睐有加。爱的理由虽然极富感染力,但往往流于片面。要克制这种盲目并带有误导性的浪漫情怀,最好的办法就是从多角度出发,参照各类标准,对媒体吹捧炒作的目标做出理性判断。当然,最重要的还是要牢记一个准则:高速增长的时间越长,它持续下去的概率就越小。最让你一见钟情的国家,基本不可能在未来 5~10 年里成为经济前景最美妙的国家。与此同时,让你咬牙切齿的国家,通常是出于某种原因而成为众矢之的,比如,频繁爆发的政治动乱或是金融危机。在外界看来,这些不安定因素让它们的经济显得脆弱,即使要修复也需要时间。于是,这些危机四伏的国家逐渐从媒体视野中消失,成为被遗忘的群体。这给了它们养精蓄锐的机会,在下一个成功故事中,它们也最有可能成为主角。对每个国家来说,最值得期待的炒作,就是不做任何炒作。

第11章 国有三分：优异、普通、差劲

下一个经济奇迹在哪？

要正确把握一个国家的兴衰,最可靠的途径就是建立一套灵活的规则体系。

第 11 章 | 国有三分：优异、普通、差劲

如果以危机前的标准来看，进入后危机时代，称得上成长明星的国家屈指可数。2007年，也就是全球金融危机袭来的一年前，经济增速超过7%的新兴市场国家数量达到了战后最高点，超过60个，其中包括中国、印度和俄罗斯。但时至今日，达到这个经济增长率的国家仅剩下9个。按照本书提出的标准，只有一个国家算得上大国：印度。排在次席的是埃塞俄比亚。而且考虑到印度国家统计局采用的新会计核算方法具有较大弹性，印度的增长率有可能被人为高估。

显然，这个新时代的一个重要特征，就是全球性的经济增长放缓。人口减少、贸易及货币流的去全球化，还有日益沉重的减债压力（去杠杆），各种因素交织在一起，导致世界经济遭受重创。不过，这些趋势绝不应是过度悲观的理由。虽然衡量增长的标准普遍下降，但至少我们可以通过横向比较，判断哪些国家在崛起，哪些国家在衰落，这也是我在本书前10个章节提出10项规则（或者说10个标准）的目的所在。这些规则的价值不在于肯定或是否定哪些国家，而在于它们能提高我们对一个国家未来5~10年的发展做出正确预测的概率。我们可以对每个预测国家在这10项规则上的表现打分，分值为1~10。然后，根据各项规则的得分总和，对一国的经济前景做出评价，并对人均收入处于相同级别的国家进行排序，划分为优异、普通、差劲3个等级。

在2008年金融危机前的30年里，全球经济的年均增速超过3%，但当前的平均增长率有可能还不到2.5%。由于增长最快的国家几乎全部为

低收入国家,因此,对各国经济是否成功的比较和判断,需要建立在人均收入相同或相近的基础上。但考虑到整体增长率下降这一现实,每一类的评价标准都应适当下调。因此,对年收入不到 5 000 美元的低收入新兴市场国家,应该将认定健康增长的标准至少下调两个百分点,也就是说,不低于 5%。对收入在 5 000 ~ 15 000 美元的中低收入国家,目前的增长率应维持在 3% ~ 4%。至于人均收入在 15 000 ~ 25 000 美元的中等收入国家,增长率能维持在 2% ~ 3% 就已经很不错。而人均收入超过 25 000 美元的发达国家,在后危机时代,实现超过 1.5% 的增长率即认定为高速增长。

对于很多在 2008 年金融危机前已获成功的国家,在确定考量这些国家经济是否成功的合理标准时,我们首先需要调整自身的心态与思维方式。调整得越早,越有利于我们做出正确的判断。不妨举个例子,若干年之前,我们或许可以看到,除中国外,其他某个国家也曾多年维持了 7% 甚至更高的增长率。但是在今天,这些国家的领导者和评论家们需要改变思维,用更现实的标准去做出衡量和判断。

2016 年 3 月,我吃惊地发现,人们对当下经济的情绪已没有丝毫的乐观,而是充满悲观:我让媒体朋友说出一个他们最看好的国家时,得到的唯一回应,就是他们满脸的茫然。他们发现,要诋毁某个国家的经济前景倒是越来越容易。我猜想,他们判断一国经济发展潜力时,采用的依旧是危机前的标准,这也是他们看不到任何希望的缘故吧。要以正确的眼光看待事物,需要牢记经济学家约瑟夫·熊彼特(Joseph Schumpeter)说过的一句话:"相比于乐观的基调,以悲观的视角看待事物,往往会给普通人留下博学多才的感觉。"

没有国家能成为经济的乌托邦。在任何时点,一个国家都不可能在全部 10 个标准上得到高分。即便是最有希望的国家,最多也只能在六七个标准上拿到高分。很多经济学家曾试图寻找一个完美的标准,而且有些人声称已经找到,但是在现实中,永远都不可能存在这样一个放之四海而皆准的标准,因为任何单一标准都无法涵盖美好未来的全部内涵。如果让我评判到底哪个标准最可靠,我也只能说,虽然任何单一标准都不能肯定一国的经济前景,但有一个标准可以否定一国的未来。这个标准就是"债务之吻"。加速增长的负债表明这个国家的未来并不光明,具体来说,当一国债务在5年内的增长速度比同期GDP增速高出40%以上时,严重的经济衰退几乎已不可避免。但是目前拉响这个警报的国家并不多。因此,一种在看待问题上严谨、全面和与时俱进的视角,比任何单一标准都更有效。

美 国

目前的民意调查结果显示,很多美国人认为,他们的国家正在沿着错误的轨道前进。这种观点也从一个侧面折射出一个事实:美国刚刚经历了二战后历史中最疲软的一轮经济复苏。但是与其他主要发达国家相比,美国经济走出2008年金融危机的脚步还算踏实有力。这就再次验证了上述观点:我们必须换一个视角去看待后危机时代的成功。

在过去的10年里,虽然美国人的劳动参与率大幅下降,但美国依旧是全球经济移民最向往的就业天堂,其劳动人口增长率远高于其他大多数发达国家。因此,美国在人口标准上的得分依旧相对较高。我们可以把人口标准的含义理解为,劳动力的数量越少,经济增长就越困难。一个国家弥补劳动力增长乏力的唯一手段,就是让女性、年长者或外来移民加入本国的劳动力大军。

美国政府正在积极推进《跨太平洋伙伴关系协议》(TPP),试图联合12个国家建立一个新的共同市场,这将让美国在打造地理甜点这个标准上迈出一大步。换言之,如果一国能通过建立商业关系、修建公路、机场或开通其他贸易渠道等方式,稳定、强化它在全球及地区贸易中的地位,那么,我们就可以说这个国家形成了地理甜点。尽管当下各国政治势力并不看好自由贸易,导致该计划前景尚不明朗,但TPP的确有可能让美国在短期内受益。在此前5年里,贸易对美国GDP的贡献率从19%提高到24%。但是在眼下,贸易有可能受到去全球化趋势的制约:进入2015年下半年,全球贸易增长率出现了2008年金融危机以来的首次负增长。

就总体而言,美国的经济前景依旧好于其他发达国家。在刚刚过去的几个月里，美国的经济形势似乎变得令人难以捉摸。如果以"工业先行"的标准来看，投资的强势增长是经济增长的利好信号，尤其投资对象恰好又是高科技、特别是制造业等生产性行业，这将对经济形成长期的推动作用。在这个方面，美国企业已在技术领域投入了数十亿美元，这显然是一轮非常值得欣慰的投资潮。它将进一步改善页岩油及天然气的生产技术，并造就更多引领全球潮流的软件、互联网公司。到 2015 年，按股票市值计算，全球最大的十家公司均在美国，这在 2002 年之后还是头一次。在这个强大的美国企业群体中，最具代表性的公司莫过于苹果公司。此外还包括脸书、亚马逊、Netflix 及谷歌在内的几家互联网公司。这 4 家公司名称的首字母也构成了一个引领时尚的新缩写——FANG。

然而，这就自然而然地引出"吹捧炒作"标准：当一个国家的高速增长接近尾声时，全球媒体往往会一拥而上，将赞扬毫不吝啬地送给这个国家。但是当危机降临时，媒体则会翻脸不认人。等到这个国家走出困境、即将强势复苏时，它早已在媒体视线中消失得无影无踪。关于美国高科技公司的报道，曾一度是全球商业媒体最痴迷的话题。目前，4 家"FANG"公司的股票市值总额已达 1 万亿美元，超过巴西及俄罗斯股票市场市值的总额，比印度仅少一点点。在过去 10 年里，作为"金砖四国"的核心成员国，这几个国家曾被媒体疯狂热炒，其热度仅稍逊中国。但是在进入这个 10 年期后，这几个国家的形势不太乐观，均出现了经济滑坡现象。而"FANG"带来的热潮或许是它们自己登上巅峰的信号，但对整个美国经济的影响可能很有限。

与此同时，这些标准也显示出美国其他领域有可能发生恶化的迹象。页岩油技术让美国成为世界第一大石油生产商，原油日产量从 2008 年最低的 800 万桶增加到目前的 1 200 万桶。如此高速的发展的确令人震惊：2014 年，美国大企业将 1/3 的投资投向能源产业，而这个比例与美国企业在 2000 年科技股泡沫前对技术、媒体和电信的投资比例相似。20 世纪 90 年代末，对硅谷风险投资企业的投资形成了一轮良性投资潮，因为它们至少留下了像谷歌这样的生产性企业，但泡沫破裂还是引发了 2001 年的经济衰退。

目前，随着全球油价暴跌，美国的能源投资也随之大减，从得克萨斯州到北达科他州，钻井平台纷纷停产歇工，昔日的石油城正在变成鬼城。这轮石油大潮留下了一个新的生产性行业，作为一种长期性的利好因素，它能有效地抑制美国能源价格无止境的上涨，却给美国经济带来了短期风险。因为能源投资是推动美国近期经济增长的主要动力，而这种动力目前已消失殆尽，这将导致美国经济在短期内增长乏力。

此外，美国在货币标准上的优势也基本不复存在，这个标准的核心就在于价格。2014年之前，美国的货币优势还未完全消失，廉价美元能够强化出口的竞争优势，并抑制进口开支，迫使美国人学会量入为出。这种节俭在统计贸易及其他外汇交易的经常账户上有所体现，当一国为满足消费而向外国大举借债时，就会导致该账户出现巨额赤字。2006年，美国的经常账户赤字达到最高点，占GDP的比重超过5%。根据货币标准，如此高的比例通常意味着灾难即将来临。当危机爆发、经济下滑时，美元开始贬值，到2014年，美国的经常账户赤字已减少到GDP的3%以下，摆脱了危险区。

但是进入2015年，美元再度升值，对一篮子主要货币的升值幅度超过20%。目前，美元相对于日元、卢布、巴西雷亚尔、南非兰特及其他很多新兴市场国家的货币，已出现明显高估。强势美元让美国的出口和制造业成为受害者，并有可能让美国的经常账户赤字再度陷入危险区。

与此同时，在过去5年间，包括政府债务和私人债务在内的美国债务总额，基本维持不变，相当于GDP的250%左右。根据"债务之吻"的核心标准，债务增速超过经济增速是国家遭遇麻烦的重要信号。因此，这条标准属于美国的加分项目。然而，总体上的稳定性掩盖了总量上的过度。从有利的一面看，和银行及金融领域的其他企业一样，美国家庭一直不断削减债务负担。但政府及其他领域的企业在增加负债，尤其是页岩油生产行业的企业。美国扣除金融企业后，其他领域企业的负债总额与GDP之比在过去5年里呈上涨态势。尽管增长速度还不算快，但值得担忧的是，在这些负债中，有很大一部分资金被企业用于金融工程计划，譬如股票回购。这样做的目的，无非是为了推升股价，这显然有悖于生产性投资的内涵。因此，在债务标准上，贷款质量的退化是另一个值得关注的利空信号。

当下美国的另一个基本潮流，就是平民主义的崛起。从政治周期这个标准上看，这显然是一个不利的信号。当新任领导人上台时，开展大规模改革的可能性陡然增加，尤其是在经济危机之后，民众的诉求让恢复增长成为他们不可推卸的责任。

但经常不代表没有例外。在其他进入后危机时代的国家，当选民对收入不均严重不满或是对外来威胁感到忧虑时，他们最想得到的可能不是改革，而是补偿。在当下的很多国家，这已经成为民众的主流情绪，也包括美国。2016年的美国总统大选始终笼罩在平民主义氛围中，这在几十年以来前所未有。而这股思潮的领袖人物既有左翼派别的地产大亨唐纳德·特朗普，也有代表右翼势力、号召对富豪阶层开展政治革命的民主党候选人伯尼·桑德斯（Bernie Sanders）。

平民主义的纲领不利于经济发展，尤其是当它促使主要候选人采取更为激进的立场时，只会导致经济运行偏离正轨。特朗普在移民等问题上的强硬立场，让很多共和党的总统候选人感到不满。在他们看来，这会伤害美国对海外人才的吸引力。幸运的是，就像政治周期标准所阐述的那样，激进的平民主义者还不至于给成熟的民主国家带来严重威胁。即便是在新兴市场国家，他们也不会成为主流，部分原因在于，政治体系本身就隐含着足够的制约和均衡机制来抑制激进政策造成的不安定因素。

我们很难设想，一个亿万富翁会登上俄罗斯或墨西哥的最高权力舞台，因为在这些国家，民怨和不平等更为直接，也更为严重。而在美国，最富有的美国人通常会得到更多的尊重，而不是憎恨，因为美国在"好富翁"与"坏富翁"这个标准上依旧名列前茅。当富豪不仅控制一国的经济，还将政治和家族纽带作为赚取财富的主要手段时，这个国家就会成为以再分配为目的的政治运动的高发地。尽管美国富豪的财富总额已超过GDP的15%，但他们中大多数人还算得上"好富翁"——也就是说，他们的财富不是来自家族继承，而是自我创业，并且他们创业的领域远离了采矿或建筑等腐败高发行业。因此，在评价富翁本性这个标准上，美国至少不会得到一个很糟糕的分数。就总体而言，根据在10个标准上的得分总和，美国在发达国家中依旧足以得到一个好评。

其他美洲国家

透过美国选民的情绪，已能看出各国在任领导人在后危机时代面临的挑战。2015 年，在 30 个人口数量居前列的大选制国家中，有 8 个国家进行了大选。在它们当中，有 5 个国家的现任领导人下台——尼日利亚、阿根廷、波兰、加拿大和斯里兰卡，而其他国家的继任者也受到严重冲击，如西班牙。这与 2003～2007 年的鼎盛时期形成了鲜明对比。当时，每 3 个进行大选的国家中，就有两位现任领导人实现连任。最剧烈的变动往往就发生在我们看来最不可能发生变动的地方。在拉丁美洲，困境正在让很多国家走回正轨。主要食品价格的螺旋式上涨和经济增长的停滞，点燃了阿根廷和委内瑞拉左翼政府下台的导火索。这是"洋葱的价格"标准的内涵：洋葱等生活必需品的价格暴涨，不仅会让一国的经济前景暗淡无光，而且往往会带来领导人的更迭。特别是，在经济停滞、高通胀和生活水平下降同时出现时，"洋葱的价格"标准几乎会注定成为现实。我们可以用一个简单的经验法则，判断通货膨胀率是否远高于新兴市场国家的平均水平。就目前而言，这个平均水平已降至 4% 左右。在阿根廷，25% 的恶性通货膨胀与零增长不期而遇，最终让执政 12 年的总统基什内尔及其党派黯然下台。而委内瑞拉的形势甚至连阿根廷都会感到庆幸，100% 的通胀率，−10% 的经济增长，让执政 17 年之久的现任政府宣告下台。

在上述国家中，第一次上台的领导人会大大提高变革的可能性，而他们的入手点往往就是政府的角色。如果政府不断减少对私人经济的干预，并加强对道路和安全的投资，加大对生产性行业的投资以促进私人经济，那么，这个国家的前景就会更加光明。强化对港口、通信网络和工厂等设施的投资，有助于一个经济体实现理想中的增长，即没有高通胀的快速增长。

在委内瑞拉，政府似乎不愿意放弃任何权力，因此，这个国家的未来依旧堪忧。但是在阿根廷，新任总统毛里西奥·马克里（Mauricio Macri）则通过大刀阔斧的改革，引导该国向好的方向发展。首先，马克里放松了资本管制，此举立竿见影，阿根廷比索迅速贬值，改善了出口竞争力。他还大幅削减了出口关税，取消对农产品出口征收的关税及配额限制，增加了对农场用电和用水的补贴。此外,他还任命了新的央行行长。在经历了多年的政府干预后,新任行长誓言要恢复中央银行的独立性,而这正是抵御通货膨胀的关键所在。阿根廷统计局因伪造经济数据而遭到 IMF 及其他机构的谴责,马克里毫不犹豫地将他们全体解雇。随着本地的经济前景由差劲转为优异,马克里甚至提议将委内瑞拉踢出地区性的贸易集团——南非共同市场。对委内瑞拉这个重要的南美大西洋沿岸国家来说,第一次为 10 年以来的不当治理付出了沉重代价。

唯一幸存下来的执政者是巴西的工人党。不过,尽管在 2014 年底成功连任,眼下的迪尔玛·罗塞夫总统却不得不面对被弹劾的威胁①。她的民意支持率已从 2013 年的最高点 60% 下降到目前的 10%。罗塞夫也是唯一一位民意支持率低于通胀率的大国领导人。受大宗商品价格下降影响,巴西经济遭受剧烈冲击,并面临着 20 世纪 30 年代以来最严重的经济衰退。

长期以来,巴西政府一贯主张积极干预经济。今天,这种干预已到了新层次。在罗塞夫上任之前,巴西一直维持较大的预算盈余,但是在她的领导下,不仅盈余变成赤字,而且赤字不断加大,已达到 GDP 的 10%,这是全球所有大国中的最高比例。为控制不断膨胀的赤字,罗塞夫被迫提出一系列削减预算的应急政策。但由于近 70% 的预算用于社会保障及工资,削减开支的空间非常有限。在这种情况下,罗塞夫削减赤字的计划只能着眼于提高税收,但这就有可能进一步损害经济。总统的权力非常有限,以至于根本就没有办法推行任何严肃的改革,以改变过度慷慨的政府,譬如允许很多巴西人在五十多岁即告退休。

臃肿的政府和长期居高不下的借贷成本,多年以来始终制约着巴西的投资。这显然是对"工业先行"标准的违背。在发展中国家,如果投资水平相当于 GDP 的 25%~35%,就是增长的好兆头。当投资被用于制造业或高新技术等生产性产业时,其对增长的推动作用更大。而在巴西,投资对经济总量的比重仅维持在 GDP 的 20% 左右。更重要的是,巴西不仅没有投资新厂,反而日益依赖大豆、糖及其他大宗商品,其大宗商品在出口

---

① 2016 年 8 月 31 日中午,巴西参议院最终表决通过总统弹劾案,总统迪尔玛·罗塞夫被罢免职务。

总额中的比重已从2000年的46%提高到目前的67%。尽管巴西在个别领域拥有一批极富竞争力的国际知名企业,但是在高度依赖大宗商品的经济模式中,这些企业只是例外。在全球媒体和市场的心目中,巴西变成了反面的典型,新兴市场国家的一切弊端,似乎都可以在巴西身上找到踪迹。

在"吹捧炒作"标准上,如果全球媒体已没有力气再去批评一个饱受摧残的国家,而是干脆将它彻底遗忘,那么,这就是一个向好信号。比如说,当下的巴西已成为媒体批评的对象,但它并非一无是处。比如说,巴西的货币会让人们觉得很便宜。有些人意识到货币贬值带来的经济失稳,他们开始向海外转移资金,但富有的巴西人还是坚持留下来——这就是一个好兆头。同样是饱经沧桑的资源大国,富裕的俄罗斯人抓住每个机会,争先恐后地带上钱袋一走了之。相比之下,巴西的有钱人加入了美国和中国买家的行列,在国内寻找廉价的投资机会。在圣保罗,酒店为接待海外商人专门开设了每晚200美元的房间,而在最火爆的时候,这些酒店每晚费用最高曾超过1 000美元。最近在纽约召开的一次会议上,一位来自圣保罗的富豪主动承认,他在巴西进行了大量投资,因为"巴西正在挥泪大甩卖"。

跟随巴西的本地人,因为他们会带你找到预示经济可能回暖的其他信号。在圣保罗的大商场,巴西本土生产的服装远比中国服装便宜,后者拥有新兴市场国家中最贵的货币。但货币优势的增强一直未能扭转巴西的经常账户赤字,部分原因就在于,巴西是世界上最封闭的经济体之一。但随着时间的推移,经常账户赤字正在逐步减少。2015年初,赤字触及GDP的5%高位,但一年之后,这个比率就降低到了3%以下,摆脱了危险区。据某些乐观的估计,巴西的经常账户赤字将在2017年转为盈余,这个转折点通常标志着稳定增长期的到来。

尽管巴西还没有形成自己的地理甜点,但它至少已在反思自己的封闭政策。巴西国际贸易占GDP的比率仅有20%,如此低的比例极为罕见。2000~2015年,巴西的竞争对手们签署了数十项贸易合同,而同期巴西仅达成了两笔交易。封闭立场松动的第一个信号出现在2015年11月。据报道,在土耳其的G20峰会期间,罗塞夫总统与欧洲国家签署了意向性贸易协定。总之,尽管巴西的改革还不足以让它的经济前景摆脱差劲的评论,但它确实已经走出黑暗无光的谷底。货币的贬值，让曾高喊"上帝之国"的全球评论人士集体失声，这反而成就了巴西经济的改善。

大宗商品价格的暴跌，让几个安第斯山脉邻国的经济前景一片惨淡。在过去10年最炙手可热的几个明星经济体中，仅有秘鲁的前景还算乐观，而哥伦比亚已滑落到中等水平，智利更是跌入差等生的行列。与此同时，基于这些标准，拉美国家中得分最高的国家应该是墨西哥。

最近几年，由左翼势力执政的巴西、委内瑞拉和阿根廷刻意远离全球市场，并采取与美国对抗的政策导向。而墨西哥却积极实行对外开放，通过改善与美国这个巨人邻居的关系，也让墨西哥尝到了甜头。美国对墨西哥制造业的巨大投资，帮助其大大减少了对石油的依赖，石油出口占墨西哥出口总额的比重已从20世纪80年代的40%降低到目前的10%。墨西哥由此成为拉美地区唯一减少石油依赖性的国家，而该地区的其他大多数国家，依然得经受油价暴涨暴跌的冲击。

在2012年恩里克·培尼亚·涅托（Enrique Pena Nieto）当选墨西哥总统前，我就见过他。那时，当地媒体批评他是一个英俊潇洒但头脑空虚的小伙子，还有一个肥皂剧女主角般的妻子。但是，对于如何将墨西哥的经济增长率提高一倍，他心里早已经有了一个脉络清晰的计划。不过，计划的推行还是受到了干扰，这背后既有其妻子涉嫌价格不公正的房产交易，也有运气的因素——在墨西哥向外国投资者开放石油业时，全球油价暴跌。但他的部分改革措施还是取得了成效。

从上台开始，培尼亚·涅托的领导团队就被认为是自负的改革者。他们曾拒接原政府要员的电话，但他们后来逐渐学会了如何与之相处。政府通过了具有里程碑意义的法律，打破电信等行业的垄断格局，削弱了工会的话语权，向海外投资者开放能源等领域，改善税收征管体系，并加大对公共基础设施的投资。像前危机时代的很多国家一样，墨西哥的最大挑战也来自人口危机。墨西哥劳动适龄人口的增长率一直维持在1.2%左右。对墨西哥这样一个新兴市场大国来说，这个增长率显然不足以满足其经济增长的需求。为维持3%以上的增长率，墨西哥只能寄望于提高生产率，而这又要求政府增加对基础设施、设备及培训的投资。为此，培尼亚·涅托政府正努力提高投资率。长期以来，墨西哥的新增投资总额一直徘徊在 GDP 的 20% 左右，而墨西哥城为新建国际机场就耗资 120 亿美元。

电费居高不下始终是困扰墨西哥的一个关键问题。墨西哥的电价比北部边境线另一侧的得克萨斯州高出了一倍多。为此，政府计划修建新的天然气管道，将价格更低的美国天然气输送到墨西哥的发电厂。与此同时，墨西哥还将兴建更多的发电厂。电价成本的降低，再加上墨西哥比索的贬值以及工资竞争力的提高，吸引了一批海外投资者，如韩国的大型汽车制造企业——起亚。2015 年，起亚汽车放弃巴西和美国，选择在墨西哥建设一座汽车年产量达 100 万辆的工厂。

在北美洲，由于墨西哥政府不断改善港口设施，加强贸易合作，积极引进外商，汽车制造业出现了由北向南、由加拿大向墨西哥的快速转移趋势。墨西哥政府已签署了 45 项自由贸易协定，这个数量相当于美国的两倍。加拿大官员已公开认输，墨西哥正在赢得这场地区性贸易竞赛。目前，全球主要汽车企业均开始在墨西哥兴建新厂，扩建老厂，从宝马到通用汽车，从丰田到起亚，无一遗漏。这些工厂从最北方的奇瓦瓦（Chihuahua），一直延伸到最南部的普埃布拉（Puebla）。善于推进地区均衡增长的国家，必然成为地理规则的受益者。在推进财富普及和地区均衡发展这个方面，比墨西哥做得更好的国家屈指可数。

多年以来，墨西哥始终像是一架等待起飞的飞机。此时，随着各项改革的落地，墨西哥正在呈现出其他国家，尤其是拉美国家难以企及的美好未来。当巴西及其南方邻国还在经济滞胀中煎熬时，墨西哥的通胀率已远低于新兴市场国家的平均水平，国民经济正在以 3% 左右的增速稳步前进。对一个人均收入达到 10 000 美元的国家来说，这无疑是极大的利好信号。

南　亚

按照"吹捧炒作"的标准，寻找下一个胜利者的最好去处，往往是当下被冷落的地方。在过去的几十年里，南亚国家似乎从未进入全球媒体的眼球。印度是一个例外。多年以来，媒体一直在近乎疯狂地炒作印度。在

2014年5月以后，媒体的狂热变得更为剧烈。当时，新任总理纳伦德拉·莫迪正式上台，他承诺将对印度经济实施大规模改革。与此同时，印度的几个小邻居依旧不为人所关注。当人们在国际新闻中听到巴基斯坦、孟加拉国和斯里兰卡的名字时，更多的是与恐怖袭击、血汗工厂或是起诉战犯这样的事情联系在一起。这样的印象，显然掩盖了客观经济现实，即南亚次大陆低调的崛起中，孟加拉国、斯里兰卡和巴基斯坦的贡献不可磨灭。

从总体上看，南亚国家正以接近6%的年均增长率迅猛发展。按照后危机时代的标准，这绝对是非常出色的业绩，即便是对这些低收入国家来说，也是不同寻常的高速成长。该地区的领导人正在大力推进改革，信贷增长处于可控状态，劳动力人口强势增长，尤其是在巴基斯坦和孟加拉国。与大多数新兴市场国家不同的是，大宗商品价格下跌反而成就了南亚国家，因为这些国家均属于大宗商品进口国。石油价格的下跌，有效遏制了经济加速增长过程中的通货膨胀。高增长与低通胀，这无疑是最理想的增长组合。2015年，南亚成为全球加速增长型经济体最密集的地区。

整个地区正在形成新的地理甜点。自2008年以来，很多新兴市场国家都受到了劳动力价格上涨的困扰，导致它们在全球出口总额中的比重持续下降。孟加拉国、巴基斯坦和斯里兰卡则成为最大的受益者，它们成为全球制造商在中国以外寻找廉价劳动力的天堂。目前，孟加拉国已成为对美国及德国输出成衣的第二大出口国，仅次于中国。为了扩大对印度洋的影响力，中国和日本加大对该地区的投资力度，双方在建设新港口方面的投资高达数十亿美元。这些港口均处在东西方贸易通道沿线的重要位置，它们构成了地理甜点的基本要素。最近，北京刚刚宣布一项耗资460亿美元的"中巴经济走廊"计划，该计划将把巴基斯坦南海岸的港口和中国西部连接起来。但日本也不是输家，它从中国手里抢走了孟加拉国的深水港建设项目，计划在南方海岸马塔巴里（Matarbari）修建该国的第一座深水港口。

目前，在斯里兰卡和孟加拉国，投资占GDP的比重已接近30%，其所在地区形势稳定，具有低通胀与高成长的特征，而且大部分投资都进入了工厂。过去，投资与制造业的匮乏始终制约着巴基斯坦的发展，它们在GDP中的比重仅有12%，但目前这种状况似乎正在改变：一向脆弱的巴基斯坦政府开始对极端主义暴力发力。自2014年以来，塔利班已在白沙瓦地区残害了100多名无辜儿童，那里的普通巴基斯坦民众对塔利班恨之入骨。在他们眼里，所有塔利班分子都是罪不可赦的魔鬼。民众的怨气似乎刺激了巴基斯坦军队，他们开始严厉打击塔利班武装。进入2015年，每天恐怖主义事件所导致的死亡人数已减少到10人，而2009年是30人。

在2014年的一次旅行中，我深深体会到巴基斯坦的危险。当时，我们的保安人员将我们的活动范围严格限制在一家卡拉奇酒店里。然而，一年之后，我们已获准可在巴基斯坦各地游玩。尽管还要携带保镖，但他们已不必全副武装，而在以前，他们需要随时准备进入作战状态。我们随行的一位保镖居然穿了一双蓝色绒面革的休闲鞋。即便是发生在2016年3月的那次伤亡惨重的拉合尔爆炸案，也没有破坏当地人的乐观情绪。他们说，最令人振奋的，就是这个曾腐化堕落的军队正在走向成熟。他们将军队的职责定位于保护国家安全，而把建设国家经济的任务交给纳瓦兹·谢里夫（Nawaz Sharif）的平民政府。就目前形势看，谢里夫政府的任期极有可能延续到2018年。在政变频发的巴基斯坦，这显然标志着一种巨大的进步。

自2012年执政以来，谢里夫政府有效遏制了通货膨胀。目前巴基斯坦的通胀率已降至3%以下，政府预算赤字占GDP的比例也从8%降到5%，经常账户赤字的比重则从GDP的8%降低到1%，都进入了安全区。媒体评论人士认为赤字的减少得益于油价的下跌，并将巴基斯坦取得的进步，归功于IMF的季度检查（2013年IMF提供紧急贷款的条件之一）。这显然还不足以让国际社会放心，它们担心改革会随着IMF检查的终止而被搁置。就目前而言，巴基斯坦政府与IMF的合作还会持续若干年。

对于出现在巴基斯坦的这股乐观思潮，与其说是来自谢里夫，还不如说是由暴力事件减少和中国资金注入所引发。毕竟，对于像巴基斯坦这样一个小国来说，解决资金短缺问题才是重中之重。根据中国政府制订的460亿美元"中巴经济走廊"计划，未来20年，中国将在巴基斯坦国内修建大量公路、铁路及电厂。巴基斯坦或许无法那么快完成如此多的项目。但即便是一半的投资，也足以让目前的外国投资增加一倍。从卡拉奇到拉合尔，所有酒店都挤满了参与经济走廊项目的中方代表。与其邻国一样，

巴基斯坦在过去几年里也迎来了经济增长的加速。

尽管心态的改变不如巴基斯坦那么明显，但孟加拉国也正在向着这个方向前进。随着出口和投资的强劲增长，孟加拉国实现了经常账户顺差，人口趋势更令人鼓舞。到2020年，只有少数几个国家的劳动适龄人口增长率能够达到或接近2%，这是过去一些国家创造经济奇迹时的劳动力增速。而南亚就有两个这样的国家——巴基斯坦和孟加拉国。

此外，巴基斯坦、孟加拉国和斯里兰卡这3个南亚小国家在"债务之吻"标准上同样表现优异。在过去5年里，3个国家的私人债务与GDP之比呈现出极为适当的增速，它们的银行也保持着健康的资产负债率。按照"债务之吻"标准，如果尚未收回的贷款总额不超过存款的80%，即表明银行运营状况良好，因为在这种情况下，银行手里拥有足够可用于发放新贷款的存款。而3个南亚国家的银行均满足或超过这个标准。在过去5年中，很多新兴市场大国的信贷规模急剧膨胀，甚至已达到了危险的程度。这也从另一个侧面表明，南亚地区还存在着大量的机会。

自20世纪40年代的独立运动以来，南亚经济始终受困于不稳定的政府。专制政权带来的经济风险依旧笼罩着这些国家，让这里成了腐败高发的温床。就平均水平看，专制政体维持长期高速增长的概率较低，而且增长稳定性差，增长容易出现大起大落。但是在马欣达·拉贾帕克萨（Mahinda Rajapaksa）第四次竞选总统失败后，这种经济增长出现大幅波动的风险在斯里兰卡已然减弱。他的下台让当地企业家长舒一口气。在拉贾帕克萨执政时期，他们对这位独裁者敢怒不敢言，现在他们终于可以吐露心声：他的连任失败，让斯里兰卡规避了"穆加贝威胁"——在罗伯特·穆加贝长达35年的统治中，津巴布韦经济大起大落，最终导致整个国家几乎瘫痪。

印度的经济前景倒是没有起伏，长期以来都是悲观与乐观并存，从未有过哪种情绪占过上风。在莫迪刚刚上台时，他的支持者曾希望他能改变印度不温不火的局面，而批评家则担心，他的激进和权力欲望不适合这个世界上最大的民主国家。然而，在上任两年后，人们发现，莫迪在处理经济事务时的谨慎比起其前任有过之而无不及。新政府延续了印度的传统治理模式，平稳地走在渐进式变革的道路上。他也曾实行很多积极的政策，譬如减少汽油补贴，在印度各邦倡导建立竞争型联邦制的政治环境。莫迪很清楚价格稳定的重要性，他主动放权中央银行，将治理通胀作为央行的首要职责。

但是在莫迪领导下，印度也为悲观主义的滋生提供了大量养分。阻碍印度走上经济快车道的一大障碍，就是控制着全部贷款总额的75%的国有银行体系。这个比例超过新兴市场国家平均水平的两倍，而且国有银行的坏账率也达到了让人瞠目结舌的15%。僵化的银行体系制约了信贷的健康增长，导致印度企业家对本地投资始终采取极其谨慎，甚至是抵触的态度。

新的投资主要来自外国投资者，而莫迪也将吸引海外投资作为投资增长的主要手段。2015年8月，世界第一大电器制造商富士康公司宣布，它将在马哈拉施特拉投资50亿美元，用于建设新工厂及研发中心。这当然是个利好消息，但是纵观全世界，所有大国的投资主导力量都是本国人，而莫迪政府主要通过口号吸引外国投资。最初，他计划通过鼓励"印度制造"以发展制造业，但随后他的注意力转向科技领域，变成了"印度发明"。对于这些技术研发中心，人们最大的担心是，原本在没有政府资助和干扰的情况下独立发展起来的它们，会受制于不必要的干扰。

投资疲弱往往导致经济易出现通货膨胀，原因很简单：如果缺乏适当的公路和工厂体系，当经济增长加速时，就有可能出现供不应求的情况。在过去几年里，印度始终是一个易遭受通胀的国家。在莫迪政府的领导下，以控制通货膨胀为首要任务的中央银行，将印度的通胀率从两位数降低到5%，尽管部分下降是由于全球油价暴跌造成的。这显然是一场大胜，但其通胀率依旧远远高于新兴市场国家的平均水平。

在"地理甜点"标准上，南亚始终受制于超低水平的区域贸易。莫迪热衷于推动与邻国的贸易。他主动出击，与孟加拉国建立紧密的贸易和外交联系，缓和与世仇巴基斯坦的关系。现在，印度最需要做的事情就是进一步放开视角，放眼全世界，但印度显然还没有走到这一步。经济政策研究中心（Centre for Economic Policy Research）是一家由欧洲经济学家组建的非营利组织。该机构的统计数据表明，自2010年以来，印度已实行了500多项贸易保护主义措施，这个数字远超其他国家。

与其说印度是一个国家，还不如说它就是一个大陆。构成印度的28个邦各不相同，关系复杂，其人口甚至远远超过欧洲各国的人口总数。目前，印度的主要经济活动还掌握在地方的首席部长手中，如哈里亚纳邦和安得拉邦等地。他们频繁奔走于纽约和北京等地，以期吸引投资。这或许可以解释，尽管来自新德里的消息前后矛盾，令人很难判断这个国家的真实面貌，但5%～6%的年均增长率对后危机时代的低收入国家来说，是一个比较不错的结果，虽然这个数字远低于政府发布的官方数字。随着印度的几个南亚邻居相继发力，整个地区正呈现欣欣向荣的局面。最值得庆幸的是，所有这一切是在不为人所关注的情况下进行的。我们从未在主要媒体上看到过"南亚虎"这样的字眼，至少现在还没有出现这样的炒作，这对它们来说当然是好事。

东南亚

印度次大陆是一个例外：该区域内的所有国家均在保持通胀形势稳定的情况下，实现了合理的高速增长，这在世界其他地区从未有过。紧挨南亚的是东南亚国家。这个围绕中国南海而生的群体，显示出优异、普通、差劲并存的复杂格局。这里出现了世界上最不被看好的逆袭典范——菲律宾，它经历了5年的强势增长。与此同时，在信贷、投资、通胀率及经常账户赤字这些最能反映问题的指标上，菲律宾依旧未显示出任何衰退的信号。尽管全球投资者将大量资金投入到菲律宾的股票和债券上，但是在阴云笼罩的后危机时代，国际媒体的报警雷达上依旧没有出现菲律宾。投资在默默增长，看不到任何信贷暴涨的狂热。经济增长率长期超过6%，通胀率却仅有1%多一点。政府干预的"稀缺"，让菲律宾在新兴市场国家中成为难得一见的另类。这里几乎不存在电力或汽油补贴，在大银行乃至马尼拉股票市场的任何一家上市公司中，也很少有掌握在政府手里的股份。

很久以来，菲律宾一直是人们嘴里的笑柄。要让媒体认可这个国家的转型，恐怕还需时日。在政治周期中，即便是成功的领导者长期把持权力，也不是一个好现象。按法律规定，阿基诺三世将在2016年卸任。他的离任会给菲律宾的前景带来一定程度的不确定性，因为目前的候选人在执政纲领上迥然不同。他们中既有锐意进取的改革派，也有固执守旧的老牌政客。但就目前来看，菲律宾依旧处于政治周期中的上升阶段，在政府治理、政府角色、信贷、投资、通货膨胀及资金流等方面均显示向好迹象，劳动力群体也在快速增长。从前的落后者，已然成为今天全球竞赛中的领跑者，而且领先优势似乎还会扩大。

在东南亚地区，印度尼西亚的经济前景仅次于菲律宾。这个结论虽然让人有点意外，但印度尼西亚至少没有像其他依赖资源的国家那样陷入瘫痪。2011年秋季，随着全球大宗商品价格暴跌，巴西、俄罗斯和南非纷纷陷入衰退。不过，作为全球主要的铜、棕榈油及其他原材料出口国，印度尼西亚的经济增速只是略有放缓。印度尼西亚的人均收入仅为3 500美元，相对较低的收入水平一定程度上缓冲了外部震荡，而且有利于恢复增长。相比其他国家，印度尼西亚的优势还在于较大的国内投资规模和消费群体。

2014年，印度尼西亚通过公民投票选出了一位没有从政经历的总统。特立独行的政治局外人、曾做过家具生意的佐科·维多多在执政初期屡屡犯错，但此后，维多多似乎从错误中找到了方向，目前已基本走上正轨。他的经历验证了"逆境成就好政策"这个道理。在大宗商品价格下跌导致经济增长趋缓后，维多多开始大力推行改革。他削减了能源补贴——最糟糕的政府干预措施之一。随后，为吸引更多投资进入制造业，他计划加大财政对公路及其他基础设施建设的投入。他对不称职的技术派内阁进行了大刀阔斧的改组——仅仅因为掌管资金的新部门尚未正式命名就推迟投资的做法，令他难以容忍。2015年底，在与奥巴马总统的会晤中，维多多同意加入《跨太平洋伙伴关系协议》，对于这个一向封闭的传统经济体，这是其向开放迈出的一大步。一旦该协议正式实施，印度尼西亚就必须对经济运行的某些方面进行改革，比如，取消政府必须向国有企业采购的规定，消除外国人进入印度尼西亚市场的障碍。

全面贸易协议可为一国领导人推行棘手的改革提供政治掩护，因为除满足国际间义务之外，他们别无选择。从雅加达到最近的港口虽然仅有50公里，却需要耗费6小时车程，因此，面对出口收入的锐减，维多多计划加大路网投资，以迅速改善出口条件。印度尼西亚的经常账户赤字已降到GDP的3%以下，而且货币也不贵。尽管目前的人口数量还在增加，人口结构趋于年轻化，但这种趋势即将结束。老龄化趋势预计在2025年前后来临。因此，印度尼西亚当前面对的最大挑战就是未富先老。

在发展前景上，越南排在印度尼西亚之后。在从政治格局到信贷状况等各个标准上，越南的得分相差很大。自越战以来，越南共产党一直是越南的执政党，目前尚无任何松动迹象。尽管有传闻将对国有企业进行私有化改造，但他们显然依然占据着国民经济的1/3的比重。为抵御全球经济衰退的影响，越南政府正在加大干预力度。目前政府的财政赤字已占到GDP的6%，超过新兴市场国家平均水平的两倍。此外，在过去10年里，越南为推动经济增长掀起了一轮信贷大潮。中央银行对坏账激增视而不见，甚至通过刻意瞒报，人为降低坏账规模。

由于政令不一，以至于外界根本就无法判断，到底谁才是越南的最后决策者。不过，只要执政党能持续改善民众的生活水平，国家就不会发生社会动乱。生活水平的持续改善，确实为越南政权的稳固奠定了基础。越南的人均收入仅为印度尼西亚的1/3，但它的公路远非后者所能及。随着8车道公路的开通及高架桥的建成，河内国际机场到市中心的距离已缩短到10英里左右，乘车仅需20分钟。

越南将自己视为下一个中国，它从农业国迅速进化为了出口制造大国。在过去10年里，越南的投资在鼎盛时期曾占到GDP的40%，但随后下降到GDP的28%。按投资标准，对于发展中国家而言，当投资占GDP的25%～35%时，最有利于实现长期的无通胀高增长。此外，越南的通货膨胀率也从2011年超过20%的最高峰，降至目前的2%以下。外国直接投资占GDP的6%，这也是东南亚国家中的最高水平，而且大部分海外投资被用于汽车和智能手机等制造业。不久之前，越南还是一个发展极不均衡的国家，但是现在，工厂已遍布全国各地，从北方的河内到南方的胡志明市，工业设施比比皆是，体现出增长的地区均衡性。

今天，中国人谈论的是本国增长放缓是否会影响到周边国家，而他们在河内的邻居却认为，越南的经济增长将在当年及次年不断提速，出口也会因《跨太平洋伙伴关系协议》而实现飞跃。越南是一个典型的地理甜点示例，在很短时间内，整个国家实现了与全球及地区贸易通道的对接。尽管繁荣确是事实，但越南的美好前景仅依赖于两个标准的高分："工业先行"和"地理甜点"。因此，与菲律宾等发展较为均衡的经济体相比，越南的崛起更具不确定性。

昔日的明星沦落为落后者，这个规律似乎在马来西亚和泰国等越南邻国的身上得到了验证。在东南亚国家间的排名上，这两个国家的名次开始下滑，造成这种结果的部分原因在于政治因素，如马来西亚总理纳吉布·拉扎克（Najib Razak）屡次卷入腐败丑闻。尽管马来西亚的经济严重依赖棕榈油和石油出口，但纳吉布似乎并不认为大宗商品价格下跌会给本国经济带来多大危害。在2015年10月的纽约之行中，我的一位同事曾问纳吉布总理，林吉特的贬值是否有利于提振马来西亚的制造业。但他却答非所问，称林吉特的贬值对旅游业是一件好事。然而，对于马来西亚这么大的国家来说，旅游业不可能发挥主导作用。当被再次问及制造业的形势时，他似乎有点不知所措。尽管房间后排的一位助理替纳吉布圆了场，但这位助理提到的也只有原油及其他原材料的投资问题。这给在场人员留下的印象就是马来西亚正在错失一个难得的机会，因为廉价货币只有与合理的改革相配套，才能提振马来西亚的制造业。

在泰国，强大的制造业及其所创造的就业机会，保证了社会与政治的稳定，为经济增长创造了良好的外部条件。然而，这一切或许都将发生变化。2014年5月，泰国军方发动了自20世纪30年代以来该国的第19次政变。发动政变的军方领导人在非公开会议上似乎稍有歉意，并承诺马上举行公民选举。但事实并非如此，他们已着手起草一部新的宪法，让代表农村呼声的政治势力边缘化，并摧毁泰国的民主制度。随着形势的发展，城市精英的胜利已成事实，并在人口结构上得到了充分体现：首都曼谷的人口已超过第二大城市清迈的10倍，而且还在继续增长。而且就地理标准而言，地区间不平衡的加剧已给泰国这样的中等规模国家敲响了警钟。

泰国应充分利用其东南亚商业中心的地理位置，推动国内的均衡增长。然而，首都与农村地区之间的政治对立，却导致经济发展被忽视。即便是政变期间及之后仍在维持经济正常运转的政府公务人员，也不知道该何去何从。新组建的政府恢复了20世纪80年代的军事经济模式，经济增长出现大幅滑坡。此外，泰国的人口老龄化问题严重，收入持续下降。不过，由于军方采取高压政策，街头的示威游行已基本消失。泰国商人暂停投资，都在观望态势的进一步发展，投资就此锐减，建筑项目全部停工。但是过去几年里，由于个人借款大量增加，导致信贷规模的扩张速度大大超过经济增速。目前，泰国的债务压力仅次于中国和土耳其。所有这些表明，在未来若干年，泰国的经济增长极有可能长期萎靡。

东 亚

从增长均衡性上考虑，韩国的未来并不明朗。以往，该国一贯强调公平竞争，但是贫富差距的扩大导致社会矛盾日益加重。上台伊始，韩国总统朴槿惠①曾提出"经济民主"的执政纲领，但是在2015年底，就业条件的恶劣，掌握国家工业命脉的财团与政府相互勾结，促使韩国民众走上街头，向她发出抗议。不仅如此，韩国的劳动适龄人口也在减少，并且全球贸易的萎缩制约了其传统增长源泉——出口。因此，我们很难设想韩国如何在未来5年实现快速增长。作为昔日的奇迹创造者，该国目前的发展前景显示出中庸的色彩。

尽管日本的人口增长趋势更为严峻，日本的经济形势或许会展现出令人振奋的一面。2010年，中国超越日本，成为世界第二大经济体，但是按照政治周期标准，这场危机或将刺激日本开启新一轮复苏。两年后，沮丧的日本人选出了新一届首相——安倍晋三。安倍上台后，便承诺将以"三支箭"提高国家的开放性和竞争实力，唤醒沉睡的日本经济。所谓的"三支箭"就是：扩大政府开支；实施宽松的货币政策；推动改革。

安倍的很多改革目标直指日本的核心问题。政府正在减少对经济的干预，并采取积极措施应对正快速老龄化的劳动力人口。高额的债务至少已

---

① 2017年3月10日，韩国宪法法院通过了对总统朴槿惠的弹劾案，朴槿惠当即被免去总统职务。

不再继续膨胀，日元也变得异常便宜，而且其开放贸易和恢复竞争力的方式也不算高调。为帮助日本跨国企业参与海外竞争，安倍政府将公司所得税从40%削减至32%，并将下一步的减税目标设定在29%，略低于德国。为改善人口的老龄化趋势，安倍推行"女性经济学"（Womenomics），具体包括大幅改善生育制度等措施。成年女性的就业率已从2010年的60%，提高到目前的65%，这个比例已超过长期止步于63%的美国。此外，安倍政府还在探讨创建经济特区的可能性，对海外劳动力采取更宽的政策，尤其是对从事老年人护理工作的海外劳工。这项举措或许可以验证日本对经济移民的开放程度。

安倍政府与美国同是《跨太平洋伙伴关系协议》最积极的倡导者。该协议的实质，就是日美试图抢在中国之前，重写国际贸易准则。安倍一直在摸索如何重启长期停滞的日本经济。他的一项重要计划，就是取消对农民的高额价格补贴。实际上，这项耗资巨大的补贴根本没有发挥任何作用。此外，安倍政府还将进一步开放旅游业，以低额的税收、便捷的签证手续和廉价日元来吸引海外游客。自2011年以来，外国旅游者的数量已从800万增加到2 000万，在2015年，有一多半的游客来自中国。最近在成田国际机场到东京的高速列车上，增加了中文服务广播。

这也验证了货币大幅贬值带来的经济影响——越来越多的中国人拿着发展中国家最昂贵的货币，跑到拥有发达国家最便宜货币的日本消费。这就是廉价货币的吸引力。东京已经变成了大型的折扣店，这也为2015年贡献了一个时髦的新词汇——"爆买"。在这里，外国游客几乎已不加选择，从化妆品到高科技马桶坐垫，都成为他们爆买的目标。资金开始流入日本，25年以来，日本国内市场物价第一次止跌。从"洋葱的价格"的标准来看，这显然是一个利好信号，表明挥之不去的破坏性通货紧缩或将走到尽头。

尽管日本的债务总额达到了GDP的390%，仅仅看数字本身，或许令人咋舌，但是在"债务之吻"这个标准上，日本的境况还不算危险。政府债务确实有点高得离谱，已相当于GDP的220%。在发达国家中，意大利的债务负担排在第二，而日本的政府债务已接近意大利的两倍。需要提醒的是，在债务问题上，最关键的信号并不是债务总量，而是债务的增长速度。

在过去 5 年，日本债务的增速已有所下降，而且银行存款充沛，足以覆盖新增贷款。

在外界心目中，循规蹈矩是日本人的最大特征，尽管日本对此并不认同，但是它在这些标准上取得的进步，足以让它从差劲上升到普通。不过，几个关键性问题还会继续制约日本的经济前景。根据预测，到 2020 年，日本的劳动适龄人口总数将减少近 1%。因此，它在"人很重要"这个标准上的得分当然非常低。尽管与中国相邻让它在"地理甜点"标准上占有优势，但目前的领地问题已让地域优势转化为危机的根源。投资在总体上处于增长态势，但增长势头极其微弱。日元已贬值一年有余，尽管这有利于吸引游客，但尚未对出口形成推动作用。在日本的出口总额中，有 1/4 出口的目的地是中国，远超对其他发达国家的出口。因此，中国市场的需求持续萎缩，必将影响日本的出口。不过，在诸多经济体前景堪忧的大环境下，即便是从差劲升级到普通也是一次巨大的进步。

在发达国家中，前景最不好的国家是亚洲的邻居——澳大利亚。它和加拿大共同验证了一个道理：大宗商品诅咒不止出现在贫困国家。在 2011 年之前，石油、天然气及其他大宗商品价格居高不下，澳大利亚和加拿大由此成为最大的受益者。身处这种近乎疯狂的经济热潮，任何国家都难免染上肆意借钱、大肆花钱的瘾头，这两个国家也未能例外。随着大宗商品的价格暴跌，两个国家都在经历着痛苦的自我调整。

在"地理甜点"和"工业先行"这两个标准上，加拿大的状况略好于澳大利亚。2015 年，加拿大人在经历了 10 年经济停滞之后，终于将执政党赶下台，并迎来了年轻的新总理贾斯汀·特鲁多（Justin Trudeau）。最初，人们还对这位被外界认为是"社会主义者"的新领袖存有怀疑，但事实证明，他很清楚加拿大最需要什么。他曾表示，加拿大必须斩断对石油的依赖，通过加入美国的《跨太平洋伙伴关系协议》进一步开放本国经济。此外，政府还需加大对道路和工厂的投资。加拿大的制造业基础较为厚实，虽然其竞争力有所减弱，但还远不像澳大利亚制造业那么糟糕。加拿大的最大优势，或许就是其经济与美加贸易紧密相关。当然，地理甜点并不是静态的，随着邻国经济的起伏和贸易模式的转化，其甜度会有增有减。

澳大利亚从优异到差劲的转变十分迅速。在长达 1/4 个世纪的时间里，澳大利亚曾远离衰退。但长期的成功酿成了严重的自负感，即便是澳大利亚最大的加分项——人口开放政策带来的人口高增长，也在遭遇威胁。尽管外来移民数量逐年减少，但是在澳大利亚的政治生活中，反外来移民的情绪仍在不断发酵。目前，外来移民每年为澳大利亚带来 0.7% 的新增人口，比 2008 年整整减少了一半。外来移民大量减少的主要原因，是大宗商品生产行业的就业机会持续减少。

与很多新兴市场国家一样，澳大利亚也长期得益于高居不下的大宗商品价格。最近几年，在债务规模持续放大的同时，澳大利亚也加大了投资力度，但资金的主要投放领域是房地产和大宗商品行业，如铁矿石。这显然有悖于"工业先行"的原则。澳大利亚人喜欢借钱购买股票和房产，2010～2014 年，当地房价的涨幅超过 50%，让澳大利亚成为同期发达国家中房价上涨幅度最大的国家。按照"洋葱的价格"标准，消费品价格上涨并不是唯一重要的通胀因素。大量事实表明，房地产价格快速上涨与经济衰退之间存在着强烈的关联性。2015 年，对房地产的投资已超过澳大利亚 GDP 的 5%，如此之高的投资规模往往意味着泡沫已然形成。

在澳大利亚经济处于繁荣期时，工资水平大幅上涨。与此同时，澳元也不断升值，严重削弱了国内工厂的出口竞争力。低沉的制造业仅为澳大利亚贡献了 8% 的 GDP，这是主要发达国家中最低的数字。不幸的是，即便是这么低的水平也难以维持，仍在继续降低。在 2013～2014 年，福特、通用汽车及丰田陆续宣布，考虑到当地的高成本，它们将关闭在澳大利亚的汽车制造厂。这些计划一旦付诸实施，澳大利亚的汽车行业将在 2017 年彻底消失。同时，汽车制造业在其他国家却蓬勃发展。紧随法国雷诺和德国大众的步伐，福特和尼桑也开始将生产设施向欧洲尤其是西班牙转移。

欧 洲

欧洲几个主要大国的经济前景各不相同：德国未来一片光明，英国不温不火，而法国则前景暗淡。德国继续依靠 2002 年开始实施的"哈茨改革"

降低劳动力成本,提高出口竞争力。自2005年担任德国总理起,安吉拉·默克尔始终致力于维持这种态势,而这也是她对德国经济的主要贡献。德国政府预算基本维持平衡,通胀水平稳定,并在2008年后基本规避了债务过度膨胀的现象。尽管银行体系还有一些薄弱环节(集中在州立银行),但至少不存在系统性问题,且坏账率相对较低。与此同时,德国稳定的投资也为其出口提供了持续动力。

德国已成为欧洲制造业的心脏,其供给网络覆盖了东欧的低成本劳动力市场。同时,其国内富豪阶层的财产主要来自生产性行业。这些行业不仅最能创造就业,而且最不可能引发与经济增长相悖的政治逆流。

在富豪阶层的全部财富中,仅有1%来自腐败高发行业的"坏富翁"。然而,默克尔在任期间最美好的时光,或许也是她最后的时光。2015年,默克尔顶住了右翼势力对接纳难民的反对,让百万难民涌入德国,德国由此成为全球接纳难民最多的国家。实际上,这是德国为解决劳动力老龄化问题的必要手段,因此,在"人很重要"这个标准上,这个大胆举动可以为德国加分。然而,由此引发的争论也降低了默克尔在2017年第四次连任的概率。不过,这对德国绝非坏事。从政治周期标准看,政治新人取代长期执政的领导人通常是利好信号。

与德国相比,英国显得相对弱小。英国似乎正成为一个大号的新加坡,变成一个以服务业为主导的岛屿经济体,其增长的动力在很大程度上由伦敦的金融业提供。目前,金融业的规模已占据整个英国经济的20%,而制造业对英国GDP的贡献率仅为9%,在所有主要发达国家中,这个数据排名倒数第二,仅高于澳大利亚。然而,英国在自然资源储量上就远不如澳大利亚那么幸运。2016年,英国经济的内敛化趋势已成为它留给国际社会的第一印象,前首相戴维·卡梅伦(David Cameron)承诺就英国是否应脱离欧盟进行全民公决①。英国此举的部分原因在于减少其接纳难民的压力。民众对财富分配不公的呼声持续高涨——伦敦拥有80位亿万富翁,是全球富豪集中度最高的城市。这股潮流迫使工党走向极端左翼,并迫使保守派

---

① 2017年3月16日,英国女王伊丽莎白二世批准"脱欧"法案,授权英国新首相特雷莎·梅正式启动脱欧程序。

政府考虑提高对经济的干预度，比如，对跨国银行采取更为严格的监管。

与此同时，英国的国内经济却出现了过热迹象：房地产价格直线飙升，目前已达到史上最高点，其增速超过工资增速的两倍。坊间盛传，在伦敦，中国和俄罗斯留学生每月支付的公寓租金已超过英国人的平均年收入。尽管消费品价格上涨有限，但房产及其他资产价格的暴涨已引发了通胀威胁。在英镑变得昂贵的那段时间，欧元显得非常便宜，这进一步削弱了英国的出口竞争力。但是，英国也有可以得高分的标准。自2010年以来，英国的公司和家庭已大幅减少了私人债务，私人债务占GDP的比重已下降33%。此外，英国的贸易依旧强劲，在"人很重要"这一标准上也可以拿到高分。对富裕国家而言，英国目前的人口增长趋势较为有利，而且英国对经济移民极具吸引力（尽管它对战争移民持抵制态度）。总体而言，英国的增长前景徘徊在中游水平。

此外，全球政治对在任领导人的抵触心理，也给欧洲国家的排名带来了负面影响，并迫使政府加大经济干预力度，收紧对外开放度。2015年，虽然国际社会对极端主义势力崛起的担忧持续发酵，却没有在任何欧洲大国引发权力更迭。欧洲的核心国家依旧坚挺。整个欧洲的经济增长率约为1.5%，通胀率基本可控。因此，尽管很多人曾有顾虑，但欧洲并没有成为右翼极端主义势力的天堂。面对边缘党派的挑战，英国和法国的执政党均在大选中取得胜利。然而，平民主义政党的兴起却让意大利、葡萄牙和西班牙等国家回归竞争改革的轨道。

最大的变动发生于西班牙。整个2015年，西班牙都处于下滑中，其经济增长前景的排名从发达国家的前列跌到中间位置。全球金融危机在2010年开始"袭击"欧洲，这次危机给西班牙留下了巨额债务负担，迫使它进行改革。按照"债务之吻"标准，债务和GDP之比的大幅降低有利于一国进入新一轮借贷及增长周期，在2011～2015年，西班牙的私人债务与GDP之比下降了30%，是发达国家中最大的降幅。随着西班牙持续偿债，工资及劳动力成本也随之下降。在此期间，全球制造商纷纷涌入西班牙开设工厂，西班牙由此提高了它在全球出口总额中的比重，这在发达国家中并不常见。

但是到了 2015 年，马里亚诺·拉霍伊（Mariano Rajoy）领导的中右翼政府对艰难的改革已不再热心，这直接导致他们在 2015 年 12 月的大选中失去了议会多数席位。随着改革趋于停滞，西班牙当下的前进，只是既往改革的惯性作用，其前景堪忧。

综合考虑各项标准，可以看出法国也在走下坡路，尤其是它的政府，已成为经济增长的最大羁绊。作为全世界最大的官僚机构，法国政府开支占 GDP 的比重从 2000 年的 51% 上涨到 2015 年的 57%。政府曾经承诺削减政府开支、整治官僚作风，但其中大多不彻底。例如，政府曾计划取消禁止零售商店在星期日营业的规定，但只限于一年中的 12 个星期日。自 2010 年以来，和意大利一道，法国的国际竞争力持续减弱，但劳动力成本上涨了 5%。此外，在发达国家中，法国也是后危机时代债务增长最多的国家，在过去 5 年，其私人债务增量占 GDP 的比重上涨了 16%。

尽管法国拥有庞大的海外人群，但如何融合生活在其城市中的多种族人口依旧是它面对的一大难题。2015 年的恐怖袭击事件，进一步加剧了已有的矛盾：一群持枪分子对巴黎发动了恐怖袭击，并造成了大量人员伤亡。此后，对恐怖主义的担心，再加上右翼民主主义势力的兴起，使得法国借助海外移民解决人口老龄化问题的前景变得不明朗。目前，法国被认为是新的"欧洲病夫"——这个称号曾属于 20 世纪 70 年代的英国和 90 年代的德国。

视线东移，转向波兰、捷克共和国和罗马尼亚。它们充分利用了与德国的邻居关系和西欧的发达市场。欧美公司不断减少在中国开设的离岸工厂，并开始了向东欧转移的进程。凭借相对较低的劳动力成本和廉价的货币，这些国家吸引了越来越多的德国工业巨头在它们那里建设汽车和其他制造业工厂。整个东欧地区的出口强势增长，经常账户余额大多维持平衡或盈余状态，外债水平相对较低。目前，捷克共和国的经济前景一片大好，在主要新兴市场国家的排名中遥遥领先。无论是在 2008 年前，还是之后的时期，该国均未出现债务泛滥问题，因而也规避了近期爆发的全球信贷狂潮。

在过去的 5 年里，波兰成功地解决了债务问题。作为该地区最大的经济体，波兰在很多标准上表现优异。在全球大多数新兴市场国家投资停滞的情况下，波兰的企业投资持续增加，充满活力的波兰富豪已经把商业版图扩张到德国和瑞士。不过，波兰也为前文的观点提供了鲜活的例证：任何国家都不可能成为经济乌托邦。当一个经济体看起来一切向好时，悄然到来的政治周期规则已开始展示威力，波兰的经济形势极有可能急转直下，并造成严重后果。

这种转变出现在2015年10月。当时，波兰最大的反对党、极端保守的法律与公正党在议会选举中胜利，成为波兰议会的第一大党。随后，总统新闻发布会便传出波兰将不再升起欧盟旗帜的言论，整个欧洲为之哗然。新政府准备提高针对银行利润的税负——此举极有可能对信贷造成不利影响，并声称将对政府媒体及司法机构进行控制。其任命最高法院人选的决定，更是让外国团体感到不安。

当然，没有必要担心法律与公正党会"摧毁波兰民主"，但是，在新政府上台后就淡化之前关于下调退休年龄、支付高额生育补贴的承诺，并高调提倡平民主义，这确实让波兰的经济前景大打折扣。在大选前，波兰在8个标准上表现良好，而在大选后，只余6个。政治前景的暗淡和官僚主义倾向有可能会扼杀波兰的经济活力。

与波兰在南方边境接壤的罗马尼亚，同样是一个令人称叹的国家。罗马尼亚在经过长期的停滞之后重新崛起，但依旧不为国际社会所关注。虽然罗马尼亚的债务规模在2008年后持续膨胀，但这个国家还是成功恢复了活力。当印度等国家还在想办法让银行确认坏账损失时，罗马尼亚早已对坏账做出了严格界定，因此该国银行的财务状况远不像财务报表看起来的那么糟糕。此外，罗马尼亚正在大力缩减政府规模，目前，罗马尼亚成为少数敢于出售国有企业多数股权的国家之一。

不过，罗马尼亚也无法摆脱影响整个东欧地区的危机——劳动力规模的快速萎缩。1989年，走到执政终点的罗马尼亚前总统尼古拉·齐奥塞斯库还在强迫国民多生育，并对25岁以后尚无子女的成年人课以重税。事实证明，增加生育率对政府来说是一件非常困难的事情，这也让罗马尼亚与波兰、捷克共和国一道，成为新兴市场国家中老龄化最快的国家：根据联合国的预测，到 2020 年，罗马尼亚的劳动适龄人口将减少 1.2%。按照这个速度，罗马尼亚即便在女性生育或引进外来移民等方面采取重大措施，也无法扭转人口下降的趋势。但是考虑到罗马尼亚强烈的求变决心和向好的发展趋势，随着它在这些标准上的持续改善，其经济前景依旧光明。

这些东欧国家的崛起，与正背道而驰的俄罗斯形成了鲜明对比。俄罗斯的命运多舛及其在诸多领域统治力的消失，或许是 2015 年最具戏剧性的一幕：在这一年，当东欧各国通胀率下降、增长率上升的时候，俄罗斯却陷入了滞胀之中。在经济收缩 3% 的同时，它的通胀率高达 15%。在当下的全球大国中，俄罗斯也是各项标准中得分最低的国家之一。

俄罗斯领导人普京已进入了第四个任期，俄罗斯也陷入了长期的停滞。普京以牺牲国内改革为代价来支持海外军事行动，试图扩大俄罗斯在中东及东欧地区的影响力。在与乌克兰的领土争端及对叙利亚局势的干预中，俄罗斯均成为最后的胜利者，这为普京赢得了民众支持。据官方统计，普京的民意支持率为 90%，与此同时，经济困难让其他国家的领导人失去民心。但是从政治周期标准出发，某个领导人在一个国家的长期执政并不是一件好事。

普京最大的失败在于，他始终未能改变俄罗斯经济的单一性，即过度依赖石油，并因油价的下跌而陷入困境。为了换取现金，俄罗斯政府目前正在考虑出售俄罗斯航空公司及其他国有公司的少数股权，但尚无放弃控股权的意向。俄罗斯的制造业缺乏竞争力。尽管石油价格大跌，但俄罗斯的亿万富翁数量依旧让其他新兴市场国家难以企及。不过，在这些富豪中，有 67% 的人所从事的行业与政治高度关联，如石油、天然气开采。因此，在政治格局、政府对经济的干预程度、富豪性质和人口因素等方面，俄罗斯都只能得到差评。它唯一表现优异的方面就是货币。随着卢布贬值、石油价格大幅下跌，俄罗斯的货币变得极其便宜。

在石油行业的鼎盛期，莫斯科变成了一个繁华之都，大街小巷塞满了宾利、迈巴赫之类的豪车。截至 2015 年底，全球油价在 18 个月的时间里，从每桶 110 美元暴跌至不足 50 美元，莫斯科由此变成了另一座城市。卢布对美元的汇率整整下降了一半多，多年以来，人们从未觉得莫斯科的物价如此便宜。在我 2015 年秋季去莫斯科的时候，当地人用了一辆价格适中的轿车——丰田凯美瑞来搭载我和我的同事。随着卢布的大幅贬值，很多失望的俄罗斯人不得不取消原计划的地中海休假，以至于俄罗斯旅游局局长奥列格·萨福诺夫（Oleg Safonov）不得不提醒他们，这些"必须得去的海滩"绝对是值得一去。

普京始终对经济采取守势。在俄罗斯的媒体宣传中，普京被塑造成敌对环境下的俄罗斯大国形象维护者。普京也始终坚持俄罗斯不屈服于外国势力的立场。因此，尽管国内债务的快速膨胀让俄罗斯在"债务之吻"标准上吃了亏，但仅在 2015 年，俄罗斯就偿还了数十亿美元外债。与此同时，普京政府没有为维护卢布币值而在外汇市场上浪费财富。它们明智地采取放任政策，在整整一年的时间里，任由卢布贬值。在这种情况下，尽管以美元计价的石油价格出现下跌，单位美元的石油收入现在却可以换取更多的卢布，这对政府预算来说反倒有利。卢布的贬值与削减政府开支相配合，大大改善了政府财政状况。在 2014 年，俄罗斯要维持预算收支平衡，需要每桶石油价格至少达到 100 美元，但是现在，石油价格在 50 美元左右时，俄罗斯即可实现预算平衡。这对俄罗斯抵御外来压力来说至关重要。相比之下，尼日利亚和沙特阿拉伯等主要产油国需要石油价格至少达到 80 美元，才能实现预算平衡。

普京经济战略的最大问题，在于它完全以抵御外部压力为目标，对国内增长推力不足。面对后危机时代的两大问题——去杠杆和去人口，俄罗斯的形势十分不利，在新兴市场国家中排名靠后。目前，俄罗斯的老龄人口急剧增长，导致其国内私人债务激增。面对第三个问题——全球化，俄罗斯出台了近 500 项贸易保护措施，数量仅次于印度，排名世界第二。

普京的高级顾问在私下里承认，早在 2012 年初，俄罗斯的 GDP 增长率就已经下降到了 2%，而当时的石油价格还未开始下跌。因此，阻碍俄罗斯经济发展的因素不只是石油。俄罗斯财政部的官员曾向我们展示一张令人担忧的表格。这个表格显示，在过去 5 年里，俄罗斯的投资规模持续下降，还不到 GDP 的 20%——该比例在主要新兴市场国家中最低。更让人担心的是，俄罗斯目前尚无改变这种状况的计划。

土耳其及中东地区

土耳其的现状与俄罗斯非常相似。虽然没有石油或其他自然资源,但是和所有依赖大宗商品的经济体一样,土耳其经济目前也遭遇了滞胀。埃尔多安以富有魅力的改革者形象登上了土耳其的政治舞台。他很清楚,土耳其需要限制政府开支,控制恶性通胀。但埃尔多安已执政13年,他的执政方式趋于僵化。目前,土耳其政府只是在加紧对经济的控制,埃尔多安似乎也失去了对经济的控制。过去几年,埃尔多安与央行时有冲突。他的观点很奇特:应对高通胀的正确手段就是降低利率。此外,他还主张,低利率有助于防止银行违反禁止高利贷的伊斯兰教规。这表明在土耳其,宗教已开始凌驾于经济之上。

土耳其因此成为另一个陨落的经济明星,它的经济前景并不乐观。土耳其的私人债务在过去5年的增长已超过GDP的35%。土耳其的石油全部依靠进口,油价大跌原本会让土耳其的经常账户很快走出赤字,但土耳其的出口竞争力极为有限,导致其经常账户赤字的调整非常缓慢,直到最近才脱离危险区,降至GDP的5%以下。由于经济停滞不前,土耳其通胀率高位运行,导致埃尔多安领导的正义与发展党在2015年5月失去了议会的多数席位。直到7个月后,他们才利用民众对恐怖袭击和"伊斯兰国"扩张的担心,重新夺回议会的主导权。在这种极端形势下取得的胜利,必然会强化正义与发展党的平民主义和民族主义倾向。因此,土耳其仅在人口和地理这两个标准上获得高分:在土耳其,劳动力增长趋势非常乐观,国内各地区间发展均衡。

毗邻中东产油国,尤其是海湾国家的好处已不复存在,该地区的战乱让土耳其也面临威胁。而廉价货币的优势是有前提的:货币价格由市场决定,而非政府。沙特阿拉伯及其他海湾国家的一个根本问题是,它们的货币均采取钉住美元的固定汇率政策。因此,石油价格的下降并没有拉低这些国家本币的价值,或是为恢复预算平衡提供契机。这一点与俄罗斯相近。

面对席卷阿拉伯世界的动乱,各海湾国家纷纷加大政府开支,试图以此预防政治动荡,这加剧了这些国家的预算问题。2015年1月,沙特阿拉伯的新国王正式加冕。他执政后所做的第一件事就是大规模发放补贴，对军人、公费学生、退休人员及全体的政府公务员发放相当于两个月的工资或补贴，而这部分人群超过全部人口的一半。自2012年以来，沙特一直维持着高达两位数的政府预算，目前政府财政赤字约为GDP的15%——主要新兴市场国家中最高的财政赤字率。沙特周边国家的形势同样不容乐观。目前的海湾地区恰恰与南亚相反：所有国家的经济都将在未来几年遭遇滑坡，这也是全球唯一没有例外的地区。

非 洲

脱离具体情况去空谈新兴市场国家没有任何意义，非洲也是如此。这里有53个国家，2/3国家的人口不足2 000万，还有近一半国家的年GDP低于100亿美元。这样的经济体量相当于美国佛蒙特州的1/3。除少数例外（譬如南非），这些非洲国家大都缺乏完善的法律体系，统计数字漏洞百出，以至于外部分析师根本就得不到准确的数据。从总体趋势看，非洲国家状况进一步恶化的概率很大。在全部非洲国家中，经济增长率超过6%的国家从2010年的22个减少到2015年的9个，通胀率超过10%的国家则从4个增加到10个。

很多非洲国家的经济发展趋势与大宗商品价格涨跌同步：即便是繁荣时期，它们也没有将上天恩赐的财富投入到新兴产业。当大宗商品价格在2011年进入下行通道时，这些国家的货币同时贬值，但由于缺少强大的工业基础，使得货币贬值不仅不能推动出口，反而造成这些国家难以偿还在经济高速增长时期欠下的巨额外债。

南非是仅次于尼日利亚的非洲第二大经济体，也是大宗商品的主要出口国，其产品包括黄金、钻石和铁矿石等。但是，和俄罗斯、巴西等其他类似国家一样，南非存在投资匮乏、货币贬值、执政党僵化及政府对经济干预过多等问题。近期，雅各布·祖马总统曾在一周内两次任命新的财政部长，试图在不引发市场动荡的前提下推行其大规模投资计划。然而，与其他依赖大宗商品的经济体不同的是，南非拥有极其稳健的金融机构和运营良好的大型银行。自2008年以来,南非的信贷增长始终处于可控范围内。

南非货币兰特已大幅贬值,它或许已成为世界上最便宜的货币之一。即使在南非首都开普敦的顶级餐厅就餐,每个人的费用也不超过20美元。而且这个国家的滞胀程度远不像其他资源大国那么明显:GDP增长虽然持续低迷,但至少还在增长,通胀率始终没有达到两位数,确保货币贬值不会给出口竞争力造成负面影响。总而言之,从各项标准的综合得分看,南非的形势远不像俄罗斯那么悲观。

实际上,南非的增长放缓也体现出整个非洲大陆在2011年后所面临的困境。那个时候,全球各大媒体还在疯狂炒作非洲崛起。时至今日,非洲大陆的发展现状和未来前景已截然不同,优异、普通、差劲3档,皆可对号入座。放眼整个大陆,好故事多发生在以肯尼亚为中心的东非地区,而以尼日利亚为中心的西非逐渐落后。

2015年,尼日利亚曾经成为媒体短暂炒作的对象,当时刚刚赢得大选的穆罕默杜·布哈里(Muhammadu Buhari)承诺将大力惩治腐败。我对此持谨慎态度,因为他的前任古德勒克·乔纳森也曾有过类似承诺,可事实上,在他的领导下,丰厚的石油利润却被少数人中饱私囊。而乔纳森的前任奥卢塞贡·奥巴桑乔(Olusegun Obasanjo)尽管因为腐败早已臭名昭著,但他在任期内还是为尼日利亚积累了相当可观的外汇储备。然而,乔纳森在2010年上台后,却让尼日利亚的外汇储备从500亿美元减少到330亿美元,尽管在此期间尼日利亚的外汇收入因石油价格上涨而增加。

当石油价格在2014年停下上升的脚步时,尼日利亚的外汇储备已岌岌可危。到2015年,主要石油输出国都拥有相当可观的储蓄,体现为它们的外汇储备和主权财富基金的规模,至少可以匹配GDP的规模。但是在尼日利亚,其储蓄总额已降至GDP的8%。储蓄锐减的主要原因就是贪污,而由此带来的结果,就是尼日利亚的储蓄仅能支付一年多的预算赤字。

作为前军方领导人,布哈里曾承诺坚决打击腐败及恐怖组织博科圣地,因为打击腐败和恐怖主义显然是为本国经济带来安全与信任的根基。但他或许低估了石油诅咒的魔力,这种魔力已经侵蚀了整个国家,也摧毁了这个国家的未来。由于财政收入的70%来自石油出口,因此,油价的暴跌导致尼日利亚2015年的财政赤字接近GDP的5%。石油出口收入的下降，也导致了尼日利亚的经常账户10年以来第一次出现赤字。与其他非洲国家一样，尼日利亚也需要寻找新的方式，改正自然资源大国挥霍储蓄、不善投资的恶习。

相比之下，非洲东部的肯尼亚则是有机会在这个10年期内实现快速增长的极少数非洲国家之一。肯尼亚是一个石油进口国，因而得益于石油价格的下跌，也不会受到石油诅咒的威胁。肯尼亚还拥有一个锐意改革的领导人——乌胡鲁·肯雅塔（Uhuru Kenyatta）。2013年，肯雅塔和平当选这个国家的新领袖。上任伊始，他便着手吸引外资。最近，他又任命了新的央行行长，负责清理金融系统的薄弱环节，并关闭了经营不善的银行。尽管肯尼亚在货币标准上表现不佳——肯尼亚先令尚显昂贵，其经常账户赤字远远超过GDP的5%，但是肯尼亚在其他几个标准上均在向好的方向发展。投资与GDP之比从2009年的不到19%提高到目前的近24%。新建电厂的投产，让肯尼亚的居民用电价格下降了一半。东非共同体（East African Community）是一个前途光明的地区性经济共同体，跨国公司和投资者则将肯尼亚视为东非共同体的主心骨。此外，在中国设想的新"海上丝绸之路"上，肯尼亚也是重要的一站，按照中国的设想，它将新建一条从蒙巴萨港到肯尼亚首都内罗毕的道路，全长275英里。届时，肯尼亚将在地理位置、工厂和人口等标准上进一步巩固优势。尤其是在人口要素上，其劳动适龄人口预计在2020年之前实现3%的年均增长率，肯尼亚由此将成为全球人口增长速度最快的国家之一。

再谈长期增长的神话

在当下这个10年期开始时，还有很多观察家认为，我们已处在"非洲世纪"的黎明。但是，随着那一轮繁荣散去，**不确定性成为全球经济的主旋律**。那些包含某个地区、动辄跨越几十年的泛泛预测，已成为过气之词。对世界上的任何国家来说，只要乐观还没有被漫无边际的悲观彻底取代，希望就尚在。尽管全球增长放缓已成定局，整个世界已进入去人口、去全球化和去杠杆的周期，但一定会有某些国家在逆境中脱颖而出。

在发达国家中，前景尚好的国家包括德国和美国；在中等收入大国中，大多数东欧国家及墨西哥似乎正在走向光明的未来；在低收入国家中，南亚、东非和部分东南亚国家里或许会冒出几颗明星。当然，这只是依据他们当下的表现做出的预测。或者说，在 2016 年 3 月这一时刻，这些国家带给我们的还是希望。然而，经济政策的迅猛转变、新发明的不期而至、又或是某种不为我们所知的上苍安排，都可能让这些预测变得毫无意义。此外，如果像很多人担心的那样，全球性衰退将在今年到来，那么，任何国家要想实现高速增长都很不易。但这个阶段并不会持续，全球衰退的持续期通常只有一年，而我们的预测时间窗口为 5 年。

归根到底，我们使用这些标准的目的，在于捕捉动态的变化，这也是我一直在实时调整每个国家得分的原因；同时也可以解释，我为什么从来不相信，某个国家的得分或排序会在未来 5 年里一成不变。著名心理学家、作家菲利普·泰德洛克（Philip Tetlock）对过去几十年的数千个预测进行了检验，并将结果写入他的畅销书《超预测》(*Superforecasting*)。通过大量事实对比，他发现：**随着预测时间跨度的延长，预测本身的可靠性会逐渐降低；如果预测的时间跨度超过 5 年，预测与随机猜测到底哪个更可靠无法确定**。换言之，二者都不靠谱。出于跟踪国家未来走向这个更有实际意义的目的，预测的时间窗口既不能太短，也不能太长。诚然，时间跨度越短，预测的可信度和可行性就越高，但跨度太短的话，也就失去了对制定规划和政策的指导意义。

在未来的 5 年里，饱受 2008 年金融危机摧残的全球经济将展现出全新的面貌。后危机时代即将结束，2020 年的全球形势注定会发生翻天覆地的变化。所有国家基于这些标准的得分和排序都将发生变化，而规则本身的外延甚至是内涵也需不断进化，以反映变化的现实。但我坚信，这些规则的核心理念不变。要正确把握一个国家的兴衰，最可靠的途径就是建立一套灵活的规则体系。

对渴望预见未来世界的人而言，请务必牢记，极少有哪个国家能稳定增长数十年，而且这寥若晨星的几个幸运儿，必须要在所有标准上身处"甜蜜点",远离危险区。有几个国家能得到上苍如此的眷顾呢?在这个问题上,昔日曾创造"经济奇迹"的东亚国家就是最好的例证。通过坚持不懈地推行改革,这些国家实现了持续、稳定、均衡的增长,在通货膨胀、信贷及投资等各规则上均未出现严重背离。但是这些国家最终也没能摆脱衰退的命运。每个国家都不可避免地要经历繁荣与衰退,没有一个国家能永无止境地繁荣,也没有一个国家会坠入无底的深渊。在一个变化无常的世界里,唯一确定的,就是政治与经济周期的周而复始。

致谢

在我写作生涯的前20年里，我一直谨遵克里斯托弗·希钦斯（Christopher Hitchens）的教诲："每个人的心中都有一本书，但大多数人只是让那本书一直留在心里。"过去，对于能够撰写专栏文章，我已经觉得心满意足。当想到写作一本书时，我还是感觉不自信，但这一切都因为托尼·埃默森（Tony Emerson）而发生了改变。2010年，他辞去在《国际新闻周刊》（Newsweek International）的主编职位，专心协助我撰写《一炮走红的国家》（Breakout Nations）一书。自那以后，埃默森就成为我所有创作的搭档。《国家兴衰》同样如此，没有托尼，它就不会面世。

在吉塔尼亚·坎德哈里（Jitania Kandhari）的带领下，我有幸拥有了绝无仅有的优秀研究团队。他们和我一起思考当下世界的运行方式。自1998年开始，我和吉塔尼亚就一直交流不断。她对经济研究似乎有着无穷无尽的能量和激情，这一点我只能自叹弗如。我由衷感谢她，因为她总会在我最需要的时候出现，给我带来指导和帮助。当然，还要感谢斯蒂文·夸特利（Steven Quattry）的辅佐，他绝对是我见过的学识最全面的人。他感兴趣的领域早已不局限于经济学和政治，而且他的平行思维方式也对我的观点产生了重大影响。此外，还要感谢团队的另一名成员索海姆·桑古普塔（Soham Sengupta），他总是第一个解答我问题的那个人。不过，如果没有保罗·维纳（Paul Weiner）的鼎力支持，我真不知道该怎样做事情。他一直是这个研究团队的好后勤，11年来，我的每一项事业都带有他的汗水。在这本书的纽约发行过程中，他再次展示了出众的组织能力。思维敏捷的克里斯蒂·德索扎（Christine Dsouza）在孟买发挥的作用同样值得尊敬。

从1991年开始创作以来，我的妹妹舒米塔·迪夫沙瓦（Shumita Deveshwar）始终是我最坚定的支持者。最初，她的任务就是收集相关新闻的剪报，为我家里的迷你图书馆增添素材；随后，她开始给我写的每一篇文章提意见。在托尼出现之前，只要我需要舒米塔，她就会随时放下手头的事情，帮助我提升文章水平。这本书也不例外，她投入了大量精力逐字逐句地加以润色。对于这种毫无怨言而又全心全意的帮助，我不知道该如何回报。当然，同样的支持还来自我的父母。

西姆兰·巴贾瓦（Simran Bhargave）是我最亲密的朋友，同时也是我的导师。多年以来，她或许是对我的观点和创作影响最大的人。此外，她还教我如何保持独立。按照英国小说家拉迪亚德·吉卜林（Rudyard Kipling）的话，就是在所有人都失去理智并咒骂你的时候，你依旧要保持头脑清醒。巴贾瓦花费大量时间阅读和修改本书的草稿。她为我灌输了写作的精髓：如果你无法简洁地解释一件事，就说明你还没有充分理解这件事。

逐字逐句地阅读别人的书，并提出细致入微的建议，这种无私的事情并不经常发生。我非常幸运，因为我找到了很多愿意这样做的人，他们花费了宝贵的时间阅读我的作品。哥伦比亚大学的皮埃尔·亚拉德（Pierre Yared）总能以独到的视角提出与众不同的建议，这一点恰恰是我最需要的，因为他的观点会让我的剖析更深邃。我还想感谢艾米·奥登伯格（Amy Oldenburg）对本书的推荐，以及对我的创作给予的支持。多拉布·索帕里瓦拉（Dorab Sopariwala）对细节有着无与伦比的敏锐力，是印度最受尊重的研究员，而拉乌尔·夏尔马（Rahul Sharma）曾是多家媒体的主编，他们对全书的初稿进行了细致的梳理和校对，并提出了很多宝贵建议。我的好友萨巴·阿什拉夫（Sabah Ashraf）也阅读了书稿，并提出了一些重要看法。

我的很多同事，包括阿舒托什·辛哈（Ashutosh Sinha）、保罗·普塞拉（Paul Psaila）、吉姆·阿普顿（Jim Upton）、斯万纳德（Swanand Kelkar）和艾美·哈腾贾迪（Amay Hattangadi）等都阅读了全文，并向我提出了很多修改意见。此外，我还要感谢团队中的其他成员，感谢他们

致　谢

对具体章节和观点的贡献：蒂姆·德林卡尔（Tim Drinkall）、埃里克·卡尔森（Eric Carlson）、克里斯蒂娜·佩德拉西塔（Cristina Piedrahita）、盖迪·阿里（Gaite Ali）、皮埃尔·霍维里尔（Pierre Horvilleur）、维沙尔·古普塔（Vishal Gupta）、约格·克里诺（Jorge Chirino）、萨缪尔·鲁伊（Samuel Rhee）、穆尼布·马蒂尼（Munib Madni）、于梅（May Yu）以及加里·陈（Gary Cheung）。塞丽尔·穆勒–贝尔托（Cyril Moulle-Berteaux）很早就是我的智力启蒙老师，本书的很多观点就是我们讨论的结果。他的超强分析能力很少见，感谢他对本书各个主题提出的重要见解。

此外，我身边有很多思维敏捷、见解独到的编辑，他们对本书非常感兴趣。企鹅出版社的斯图尔特·普罗菲特（Stuart Proffitt）和诺顿出版社的布兰登·库里（Brendan Curry）在百忙中抽出大量时间，耐心地阅读了本书，对全书的措辞语句进行了润色，让本书的文笔更加顺畅。我还要再感谢我的代理机构、传奇律师安德鲁·威利（Andrew Wylie）的律师事务所，很高兴能成为他们的顾客。此外，还要感谢威利在伦敦的合伙人詹姆斯·普兰（James Pullen）对本项目的支持。

作为一名投资人和作家，我有幸能接触到全球顶级研究公司编写的报告，并与这些公司的分析师进行面对面的交流。我很难一一列举这些人的名字，但我还是要对丹·费恩曼（Dan Fineman）致以真挚的谢意。

很多人都受到了法里埃德·扎卡里亚（Fareed Zakaria）对当下时事看法的启发，而我有幸成为了他的挚友，我们曾数次借会餐的机会促膝长谈，对很多全球性问题进行深入交流。更重要的是，他曾反复向我强调，一定要写一本书，因为这可以"深化一个人的智力资本"。法里埃德的观点和持之以恒的鼓励，对我最终提笔创作起到了决定性作用。

回顾那些在本书形成和出版过程中给予帮助的人，我深深为他们的热忱而感动。对于他们为此而投入的时间以及给予我的包容和支持，怎样感谢都不为过。最后我想说的是，在再次对上述各位表示衷心感谢之时，也要为书中可能存在的纰漏表示歉意。如确有不当之处，一切责任皆由本人承担。

 ✕ READING YOUR LIFE

人与知识的美好链接

十几年来，中资海派陪伴数百万读者在阅读中收获更好的事业、更多的财富、更美满的生活和更和谐的人际关系，拓展他们的视界，见证他们的成长和进步。

现在，我们可以通过电子书、有声书、视频解读和线上线下读书会等更多方式，给你提供更周到的阅读服务。

微信搜一搜
🔍 海派阅读

关注**海派阅读**，随时了解更多更全的图书及活动资讯，获取更多优惠惊喜。还可以把你的阅读需求和建议告诉我们，认识更多志同道合的书友。让海派君陪你，在阅读中一起成长。

也可以通过以下方式与我们取得联系：

📱 采购热线：18926056206 / 18926056062　　📞 服务热线：0755-25970306

✉ 投稿请至：szmiss@126.com　　🐦 新浪微博：中资海派图书

更多精彩请访问中资海派官网　　www.hpbook.com.cn ▸